会计信息系统与业财一体化

（金蝶 KIS 专业版）

杨长生　周明智／主　编
张　黄　谢　婧／副主编

立信会计出版社
LIXIN ACCOUNTING PUBLISHING HOUSE

图书在版编目(CIP)数据

会计信息系统与业财一体化 / 杨长生，周明智主编.
—上海：立信会计出版社，2017.6(2021.12 重印)
ISBN 978-7-5429-5438-1

Ⅰ.①会… Ⅱ.①杨… ②周… Ⅲ.①会计信息—财务管理系统 Ⅳ.①F232

中国版本图书馆 CIP 数据核字(2017)第 151633 号

策划编辑　陈　瑶
责任编辑　方士华
封面设计　南房间

会计信息系统与业财一体化
KUAIJI XINXI XITONG YU YECAI YITIHUA

出版发行　立信会计出版社
地　　址　上海市中山西路 2230 号　　邮政编码　200235
电　　话　(021)64411389　　传　　真　(021)64411325
网　　址　www.lixinaph.com　　电子邮箱　lixinaph2019@126.com
网上书店　http://lixin.jd.com　　http://lxkjcbs.tmall.com
经　　销　各地新华书店

印　　刷　常熟市华顺印刷有限公司
开　　本　787 毫米×1092 毫米　1/16
印　　张　20.25
字　　数　455 千字
版　　次　2017 年 6 月第 1 版
印　　次　2021 年 12 月第 5 次
书　　号　ISBN 978-7-5429-5438-1/F
定　　价　43.00 元

前　言

《会计信息系统与业财一体化》是相关作者和会乐之家网团队在充分调研了当前中小企业信息化建设需求的基础上，从企业财务业务一体化建设的实际应用需求出发，结合金蝶软件公司最新 KIS 专业版会计信息化软件中所提供的管理功能，精心组织编写的一本适合大学本科院校教学和社会实践的教材。

本教材教学内容设计新颖，章节内容分为理论教学和实务操作两部分，学生学习时可以跳过理论部分直接进入操作实务，需要深入了解细节时再学习理论部分。通过模拟一家汽车零部件生产加工企业实际应用场景介绍了软件能够帮助企业做什么，以及如何通过会计信息化软件提升管理人员专业技能和企业管理水平。

本教材引入管理会计理念，强化管理会计应用，融合了会计科目核算体系、财务报告分析体系等部分管理会计内容的应用，不再局限于财务会计核算应用功能介绍，借以提升会计专业学生对管理会计的认识。

本教材强化业财融合，引入财务共享理念，除了总账系统自动生成的期末结转凭证，其他凭证全部在业务模块根据业务单据自动生成，自动传递到总账系统，实现财务业务一体化应用。

本书作者长期从事会计信息化教学，并身体力行投入到企业信息化实践建设应用。他们长期担任企业财务顾问、财务总监或企业 ERP 项目负责人，成功辅导过上市公司规划实施企业资源计划 ERP。

《会计信息系统与业财一体化》共分三个部分，含 18 个项目。第一部分金蝶 KIS 专业版 V14.0 管理软件简介及安装。第二部分财务业务一体化应用之基础模块。第三部分财务业务一体化应用之购销存模块。

为方便教师教学、学生学习，编者准备了丰富的教学辅助资料，内容包括金蝶 KIS 专业版教学软件、学习账套章节备份数据、PPT 教学课件、录屏课件、截图等内容。可登录会乐之家网 http://www.1891376.com 网站下载，也可以加入到会乐之家 QQ 群 1891376、会乐之家微信 happyaccountant 下载交流学习。

本书由湖北十堰职业技术集团学校杨长生老师和湖北汽车工业学院周明智老师任主

编，湖南工学院张黄、湖北十堰职业技术集团学校谢婧任副主编。全书具体编写分工为：杨长生老师负责第一部分“金蝶 KIS 专业版 V14.0 管理软件简介及安装”和“第三部分业务财务一体化应用之购销存模块”中的项目十二；周明智老师负责“第二部分业务财务一体化应用之基础模块”和“第三部分业务财务一体化应用之购销存模块”中的项目十一；张黄老师负责“第三部分业务财务一体化应用之购销存模块”中的项目一至项目六；谢婧老师负责“第三部分业务财务一体化应用之购销存模块”中的项目七至项目十，并由杨长生老师负责统稿。

书后配有一套实训练习题。

书中内容若有错误或不完善之处，敬请读者指正，以期再版时更加全面完善！

编　者

2017 年 6 月

目 录

第一部分　金蝶 KIS 专业版 V14.0 管理软件简介及安装

项目一　金蝶 KIS 专业版 V14.0 管理软件简介

金蝶 KIS 专业版管理软件秉承“让管理更简单”和“规范企业管理，降低经营成本”的设计理念，经过多年的知识积累，针对小企业发展各阶段的特点，推出了面向小企业业务财务一体化灵活应用的企业管理软件——金蝶 KIS 专业版 V14.0。金蝶 KIS 专业版 V14.0 是构建于 SQL Server 数据库之上，充分汲取 20 万客户的成功应用经验，面向小型企业开发的管理软件。

一、新增功能介绍

1. 会计档案

（1）公共档案库：产品部联合会计专家，全力打造行业知识库，提供标准会计科目体系、凭证模板库及管理报表模板。只要是专业版用户，都可直接下载使用此功能。

（2）企业会计档案：为企业提供独立的云盘空间，可用于存储凭证附件，随时随地查看原始凭证，不用再翻箱倒柜。

（3）个人会计档案：为个人提供独立的云盘空间，可用于存储个人制作的凭证模板、管理报表模板。

2. 智能化的业务处理

（1）智能凭证：提供标准凭证模板库，支持根据历史凭证更新模板库；支持按摘要携带历史凭证会计科目信息等，快速完成日常的凭证录入工作。

（2）智能期末结转：企业结账的小帮手，自动完成期末账务检测，并可对未处理的账务一键生成凭证。即便是百忙之中，也可确保期末结账安全无误！

（3）管理报表：集合 EXCEL 报表优势，快速获取账套数据编制报表，不再需要解读一个个晦涩难懂的报表函数，不再为增加了一个明细而对着报表发愁。向导式的指引，助您快速完成报表编制，分分钟搞定企业多变的数据需求。

（4）进销存流程简化：支持出入库单审核后自动生成发票，发票审核后自动勾稽。此功能更贴合小微企业管理与业务需求。

3. 我的 KIS

(1) 以用户为中心，为客户提供贴心服务。

(2) 资讯时时推荐(税务小技巧、业务、会计等处理方法)，让客户在使用软件的同时能够获得更多的知识。

(3) 云课堂常年提供产品常规培训，同时邀请会计专家，打造全新的学习平台。

4. KIS 专业版系统管理

(1) 一键式自动安装部署更简单，不再需要各种环境检测与配置，集合所有安装所需，一步到位。一杯茶的时间，给您一个愉快的专业版体验环境。

(2) 集成账套管理、加密服务、移动应用管理于一体，再也不去分别运行多个管理程序了。

(3) 客户服务器按需更换，比智能卡更智能。

二、软件业务财务功能模块简介

金蝶 KIS 专业版 V14.0 主界面如图1-1-1所示。

1. 采购管理

(1) 根据生产、库存等情况自动生成采购建议。

(2) 支持现购、赊购和退货等多种采购业务。

(3) 完善的供应商信息管理和信用控制。

(4) 严格的采购定价控制，全面的采购历史价格查询。

(5) 提供多维度的采购订单执行情况报表。

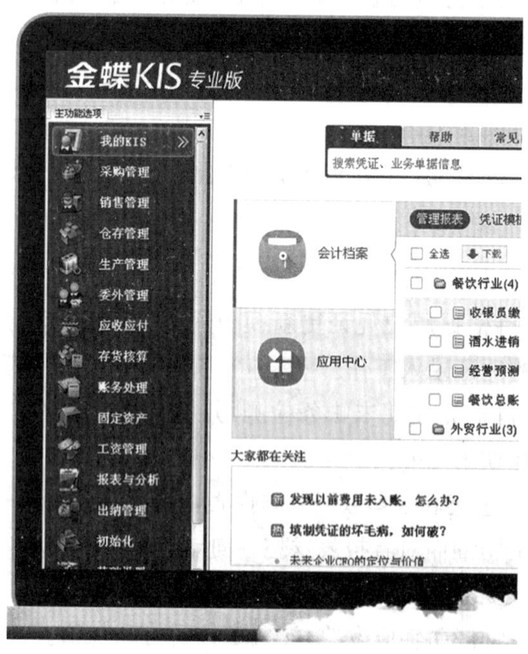

图 1-1-1

2. 销售管理

(1) 支持现销、赊销、委托代销等多种销售方式。

(2) 客户信用管理，减少回款风险。

(3) 多价格管理体系，按客户、数量、时间设置价格；

(4) 报价管理、订单执行进度跟踪。

(5) 销售和盈利情况分析，销售业绩分析。

3. 委外管理

(1) 按委外任务单进行发料控制。

(2) 委外成本自动核算。

(3) 委外费用往来管理。

(4) 提供委外订单执行情况跟踪报表。

4. 生产管理

(1) 以生产任务单为核心，进行生产领料和产品入库。

(2) 按需领料、分批领料，有效记录领料情况。

(3) 生产进度全程跟踪，提供多维度生产统计分析报表。

(4) 费用分摊，生产成本自动核算。

(5) 支持多级 BOM 管理。

5. 仓存管理

(1) 支持多种常规出入库业务及产品组装、拆卸、盘点业务。

(2) 支持动态盘点。

(3) 支持存货批次管理、保质期管理。

(4) 全面的安全库存预警机制。

(5) 准确的即时库存、考虑在订量的可用库存查询。

(6) 丰富的仓存统计分析报表。

6. 应收应付

(1) 支持预收款、预付款管理。

(2) 支持多种核销类型，快速进行多方核销。

(3) 支持应收应付直接生成财务凭证。

(4) 支付其他应付应付款管理。

(5) 自动生成往来对账单。

7. 存货核算

(1) 支持总仓、分仓独立核算。

(2) 多种核算方式，通过向导方式，快捷地完成存货成本核算。

(3) 提供外购、估价、自制、其他入库的成本核算功能，采购费用自动分摊。

(4) 自动盘盈盘亏，库存成本调整功能。

(5) 自动生成凭证(见图 1-1-2)。

图 1-1-2

8. 账务处理

(1) 支持《企业会计制度》《小企业会计制度》《新企业会计准则》和 2013 年实行的《小企业会计准则》。

(2) 业务单据自动生成凭证，快速过账与编制报表。

(3) 实时的账簿管理，多视角的财务核算与分析查询。

9. 报表与分析

(1) 支持T型账户生成以及凭证指定科目生成现金流量表。

(2) 快速生成简易现金流量表。

(3) 支持报表汇总。

(4) 预置资产负债表、利润表。

(5) 支持自定义报表。

10. 出纳管理

(1) 提供现金和银行日记账，高效完成日常现金收支流水账。

(2) 可实现现金的盘点、存款业务与银行之间的对账。

(3) 实时的现金及银行存款报表管理。

(4) 提供支票管理功能。

11. 工资管理

(1) 支持员工计时和计件工资的分类核算和统计。

(2) 实现工资发放、工资费用分配、银行代发等功能。

(3) 实现员工个人所得税的申报、代扣代缴及汇算清缴。

(4) 支持工资条打印。

12. 固定资产

(1) 支持固定资产新增、变动、清理等管理。

(2) 提供8种折旧方式。

(3) 自动计提折旧。

(4) 自动完成费用分配。

(5) 提供丰富的固定资产报表。

13. 移动应用平台(见图1-1-3)

(1) 无缝连接微信公众号。

(2) 应用涵盖商品管理、销售管理、采购管理、财务报表等。

(3) 实现移动端下单及追踪订单执行情况。

(4) 快速查询财务报表和科目余额。

(5) 快速审核财务凭证和财务报表。

图1-1-3

三、产品特性

1. 易学、易用、易维护

金蝶KIS专业版V14.0在安装部署、日常业务操作，以及数据安全保护方面，都作出

了重大的易用性的突破。快速简洁的两层安装部署结构无需用户掌握专门的系统维护技术，即可完成安装。

2. 成熟、可靠、效率高

金蝶 KIS 专业版，充分吸收了金蝶 KIS 和金蝶 K3 两代产品的优良特性，积累 20 万客户成功应用经验，继承金蝶在企业管理软件领域内近 10 年的研发经验，具有高度的成熟度和可靠性。

同时系统采用 Microsoft SQL Server (MSDE)数据平台，提供强大的数据存储、联查和汇总功能，确保数据的安全可靠。

与时俱进，金蝶 KIS 专业版 V14.0 产品设计融入了国内现行的《企业会计准则》《小企业会计准则》《政府会计制度》的理念和行业规范，预置了多套会计制度、会计科目、常用会计报表体系，帮助企业、行政事业单位进一步推动内部流程的规范和会计制度的实施。

3. 灵活的自定义功能

金蝶 KIS 专业版 V14.0 针对企业在管理中的各种需求，在标准化功能的基础之上，提供了强大的自定义功能，满足企业对各种业务单据、报表上的个性化需求，使产品更贴近用户的业务习惯和管理维度。

4. 强大的数据交换功能

本产品提供从基础资料、初始数据到日常业务单据(进销存单据、凭证、卡片、工资数据)的数据导入导出。各种数据和账表支持引出为多达六种格式外部数据文件。同时还提供丰富的第三方系统接口，支持与其他软件产品的集成应用。

5. 可扩展性

金蝶 KIS 专业版 V14.0 在企业信息化的过程中，提供阶段性的解决方案。而且金蝶软件将提供的完整的产品支撑，从 KIS 到 K3 再到 EAS，在企业全生命周期中的不同阶段提供适用、可靠、先进的信息化解决方案。各产品间可以平滑升级，减少信息化建设的重复投资。

6. 业务财务一体化、灵活应用

金蝶 KIS 专业版 V14.0 通过核算项目、现金流量、财务分析、进销存管理、存货核算等，帮助企业全面掌控运营资金流及物流，更好地支撑企业财务业务等关键业务的灵活应用。

7. 投资少、见效快、性价比高

金蝶 KIS 专业版 V14.0，全面满足小企业投资少、风险低、性价比高的管理信息化需求，从而达成阶段化持续发展的目标。

案例分享

案例 1　顺德区友成金属制品厂有限公司：金蝶 KIS 专业版，低成本实现信息化扩展

广东省佛山市顺德区友成金属制品厂有限公司始创于 1997 年 1 月，是一家股份制私营企业，主要生产高档汽车、赛车及高档重型机车的消音器及排气管，以及各种五金零件

部件。公司自创建以来，一直与外资企业合作，主要客户有：欧洲规模最大的摩托车制造企业PAIGGIO集团，美国的ZERO公司、SDG及TRIPLEX汽车赛车公司，意大利的BUCCI MOTOR及TMM公司，澳大利亚的RONSTAN公司及最大轮椅制造商安爱公司，其最终产品均销往日本、欧美市场。

我公司很早就在用金蝶KIS软件了，刚开始用的时候软件的功能基本上都能满足我们的需求，但随着企业的发展，我们对内部管理的要求也越来越多，所以很希望软件都能够帮我们解决。但是如果每有一个新的需求，我们都要选择升级软件或者购买新软件的话，成本会非常高。而且新软件上线也需要一段时间，很有可能会影响到我们的正常工作。

例如以前我们很多的单据，像出入库单、采购单、生产单等都需要打印出来，但很多时候同样一份文件打印了非常多次，浪费了很多的耗材，虽然我有制定一些措施来限制这种浪费，但效果非常差。升级到专业版的最新版本后，我在它的应用商店里看到了一款打印控制的插件，马上就购买安装了，现在通过插件，我不仅能看到每种单据打印了多少，还能对打印次数进行限制。

现在有空的时候，我会经常到专业版的应用商店里看看有没有适合我们公司使用的插件，像报表那些，我看到合适的马上就会购买，不但费用低，而且自己就可以动手实现下载安装，不需要专业人员来处理，非常方便。金蝶KIS专业版这种灵活的扩展功能，对我们企业的信息化开展帮助非常大，也帮我们省了不少的费用。

根据自身的业务场景和管理需求，友成金属制品厂选购的金蝶KIS专业版模块覆盖了销售、采购、仓库、生产和财务等管理环节。随着软件的深入应用，友成金属制品厂的管理能力得到了很大的改善和提升。我们用到的五金材料种类和型号都非常多，以前还没有使用软件的时候，所有的材料库存数据都是记录在账本上，在出入库频繁的时候，我们根本来不及在账本上做记录，整个库存账是非常乱的，数据查询起来也是非常不方便，对其他部门的业务开展造成了很大的影响。

现在通过专业版提供的仓存管理模块，我们规范了出入库单据的录入，录单工作轻松了很多，我们有了更多的时间来管控材料的收发和领用，减少了材料在无形中的浪费。有了专业版的即时库存查询之后，销售、采购等部门都不再打电话给我们了，他们自己就能够查询到相关的数据，快速完成相关工作的开展，我们大家的工作都轻松了很多。

客户感言

金蝶KIS专业版的管控贯穿我们企业的各个环节，从订单、采购到生产、出入库等，各项业务信息都能实现共享，方便各部门及时对自身的业务进行调整；在专业版的帮助下，我们实现了企业的规范化管理，很大程度上节约了我们的生产成本，增强了我们在市场上的竞争力。

案例2　中圆超市配送中心：移动老板报表，实时决策有据可依

任丘市中圆超市配送中心是一家主要从事食品批发配送的公司，是河北任丘当地食

品配送行业的领军企业，拥有库房面积近 3 000 平方米。旗下代理的品牌有：旺旺、好丽友、卡夫、恰恰、达利园、阿尔卑斯、康师傅、维维、脑白金、黄金搭档等，以为消费者提供和保障食品安全为己任，赢得了市场的认可和青睐。因为工作原因，我经常出差，有时会接到一些大客户或经销商打来的业务电话，需要尽快作出一些产品结构调整的重要决策，这时就要花费大量的时间通过电话与公司各部门沟通，但数据往往还不能及时搜集全且经常出现传达失误的情况，令远在千里之外的我手足无措、焦急万分。决策也容易变成失策。

有一次在外地出差，一家国内知名的食品品牌供应商打电话希望加大他们品牌产品的进货量，而我正在出差处理一些重要的事情实在没有精力再打电话回公司让各个部门汇集数据认真分析，所以只凭主观的印象答应了供货商的请求，结果造成了库存的积压，占用了一大部分资金，损失很大。

自从使用金蝶 KIS 商贸高级版的老板报表后，真的为我解决了很多麻烦。在手机上使用之后，我无论到什么地方都没有了后顾之忧，我可以随时随地都在手机上调取销售、库存、采购，往来账款等各项数据，决策有据可依，再也不会失策了。工作和生活都由此变得轻松，真的非常感谢金蝶，有这么好的产品。

根据自身的业务场景和管理需求，任丘市中圆食品配送中心选择了金蝶 KIS 商贸高级版，覆盖了采购、销售、仓库和财务等环节。随着软件的深入应用，中圆食品的管理能力得到了很大的改善和提升。

使用软件前，销售人员每天去拜访客户，并且记录客户的产品需求。通过手机向办公室报单，由办公室人员录入并打印出第二天的销售单，晚上通过销售单装车。在外的业务员无法知道即时库存，只能通过电话询问库存，有很大的延时性，为第二天的发货带来了很多不确定性。而且明显加大了办公室人员的工作量。使用金蝶 KIS 商贸高级版销售助手后，销售人员每天通过自己的移动端去查询库存，可以随时知道公司的即时库存，更方便灵活的处理业务，提高了工作效率，并且大大减轻了办公室人员的工作量，为公司节约了大量人力和财力。

我们要采购的产品种类多、数量大、内容繁杂，之前都是手工提供物料申请单，采购部进行归类汇总下单，到货后还要跟进区分批次，核对订单，数据工作量大，浪费人力去做数据筛选工作，牵扯太多的精力。

使用了金蝶 KIS 商贸高级版的“订单模式”可以更精确地掌握采购情况，到货情况，采购部的精力可以从文案工作转移到对物料的价格管理、供应商管理的高度上来，工作效率明显提高，成绩显著。

使用软件之前我们都是老式财务工作方式，各种凭证、报表都是手工录入，每个月产生很多的纸质文件，非常杂乱，各种数据汇总和查找都很困难，每月月底核算成本时，还要安排人手加班加点的工作，出来的数据还不一定准确，工作量大，没有效率。

使用金蝶 KIS 商贸高级版后，营运部门通过财务数据，不仅知道如何控制成本，增加利润，对于公司制定运营方案，有了可靠地依据。

项目二　金蝶 KIS 专业版 V14.1 环境配置及安装

一、系统安装配置要求

1. 服务器端

(1) CPU：最低要求 1.6 GHz Pentium 4 处理器。

(2) 推荐:3.0 GHz Pentium 4 处理器及以上。

(3) 内存:最低要求 2G,推荐使用 8G 内存。

(4) 硬盘:需要 20GB 以上的可用空间。

(5) 驱动器:DVD-ROM 驱动器。

(6) 显示:Super VGA(1 024×768)或更高分辨率的显示器(32 位真彩色)。

(7) 鼠标:Microsoft 鼠标或兼容的指点设备。

2. 客户端

(1) CPU：最低要求 1.6 GHz Pentium 4 处理器。

(2) 推荐:3.0 GHz Pentium 4 处理器及以上。

(3) 内存：最低 RAM 要求 1G,推荐使用 4G 内存。

(4) 硬盘:需要 10G 以上的可用空间。

(5) 驱动器:需要 DVD-ROM 驱动器。

(6) 显示:Super VGA(1 024×768)或更高分辨率的显示器(32 位真彩色)。

(7) 鼠标:Microsoft 鼠标或兼容的指点设备。

二、操作系统要求

(1) Windows XP Professional(32 位)(SP3)简体中文版。

(2) Windows Server 2003 Standard /Enterprise 简体中文版(32 位)(SP2)(不支持 64 位)。

(3) Windows 7 旗舰版 简体中文版　(32/64 位均支持)。

(4) Windows Server 2008 Standard 简体中文版　(32/64 位均支持)。

(5) Windows 8 企业版 简体中文版 (32/64 位均支持)。

(6) Windows 8.1 专业版 简体中文版 (64 位)。

(7) Windows 2012 企业版 简体中文版 (64 位)。

(8) 不支持 Windows 98、Windows 2000、Windows XP Home 版、Windows Server 2003 64 位。

三、默认安装目录

KIS 专业版的默认安装目录为:[ProgramFiles]\Kingdee\KIS\profession\Advance

四、安装组件

安装组件分为“客户端”“服务器端”“老板报表”。

客户端和服务器端安装都需要对环境进行检测。其中服务器端安装还需要针对是否已经安装了数据库(SQL Serve，SQL 2008 Express)进行检测，若检测到没有安装可用的数据库，则安装程序自动安装 SQL 2008 Express。

五、安装过程

KIS 专业版有两种安装模式：单机模式安装和客户端—服务器模式。

1. 安装前检查

(1) 检查您所选用的计算机是否符合系统配置要求。

(2) 检查您选用的计算机是否已经正确安装了符合要求的操作系统。

(3) 检查您选用的计算机是否进行了网络\虚拟网络配置。

(4) 建议您在安装之前进行病毒检查。

(5) 卸载旧版本前妥善备份有用数据。

2. 安装注意事项

(1) 建议安装前先退出其他应用程序，暂停使用防病毒软件和防火墙。

(2) 关闭防火墙。操作步骤：依次单击【开始】→【控制面板】→【windows 防火墙】→【关闭防火墙】。

(3) 关闭数据执行保护。操作步骤：按【win 键＋R 键】调出“运行”对话框，输入“sysdm. cpl”→【确定】→【高级】→第一个【设置】按钮→【数据执行保护】，选中“仅为基本 windows 程序和服务启用 DEP(T)”【确定】→重启电脑。

(4) 在 win7/2008/8 操作系统下，请使用 administrator 用户登录操作系统，进行安装使用。

(5) 如果无法使用 administrator 用户登录操作系统，还有两种方法：第一种，请确保用户账户控制设置为最底下的“从不通知”。操作步骤：按【win 键＋R 键】调出“运行”对话框，输入“msconfig”→【确定】→【工具】→【更改 UAC 设置】→【启动】，调到最底下的“从不通知”→【确定】→【重启电脑】。第二种，以管理员身份运行程序。操作步骤：光标选中金蝶图标→点击鼠标右键→【属性】→【兼容性】→勾选“以管理员身份运行此程序”→【确定】。

(6) 目前可支持 SQL2000(SP4)、SQL2005(SP3)、SQL2008(SP2)、SQL2012(SP1)。

关于数据库安装：①金蝶 KIS 专业版安装盘中自带了 SQL 2008 Express 数据库(在安装金蝶 KIS 专业版服务器端时，可以根据操作系统的版本自动安装)。②如果并发用户在 5 用户之内，可以使用金蝶 KIS 专业版自带的 SQL 2008 Express 数据库，如果希望获得更好的性能，建议使用中文版 SQL server 数据库。③如果并发用户超过 5 个用户，不建议使用金蝶 KIS 专业版自带的 SQL 2008 Express 数据库，建议使用中文版 SQL server 数据库。④如果需要使用 SQL Server 数据库，请先安装好 SQL Server 数据库，再安装金蝶 KIS 专业版。⑤在安装 SQL server 时设置“身份认证模式”的地方，请选择混合模式。

安装完数据库请一定重新启动机器。

项目三　金蝶 KIS 专业版 V14.1 安装

一、金蝶 KIS 专业版 V14.1 安装过程

(1) 请通过金蝶官网 http://www.kingdee.com/products/KIS/下载安装程序。为方便学习,本教材教学辅助资料中提供最新版金蝶 KIS 专业版教学演示版安装程序,供大家学习使用。

图 1-3-1

(2) 安装前先对软件压缩包进行解压缩操作,解压后的金蝶软件安装程序文件夹如图 1-3-1 所示。

(3) 打开上图文件夹,执行安装程序中的"金蝶 KIS 专业版 V14.1 安装程序.exe",如图 1-3-2 所示。

图 1-3-2

(4) 在弹出的安装窗口,如果不需要改变程序文件存放路径,直接单击"立即安装"按钮,如图 1-3-3 所示。

图 1-3-3

（5）最新版的金蝶软件采用无值守全自动安装。系统自动检测安装环境，配置安装程序，不再像以前版本需要人工控制处理部分选项，如图 1-3-4 所示。

图 1-3-4

（6）系统默认检测是否安装了需要的数据库，如果没有，金蝶安装程序会根据操作系统版本，自动帮客户安装上 SQL 2008 Express 数据库，如图 1-3-5 所示。

图 1-3-5

（7）系统会自动提示安装完成，直接单击“开始体验”完成安装，如图 1-3-6 所示。

图 1-3-6

二、预置演示账套

服务器端安装时，安装程序将自动恢复“KIS演示账套(企业)”，这样用户在初次使用的时候马上可以登录系统，不需要新建账套即可感受系统的简洁性。该账套的预设用户名为 Manager，密码默认为空，如图 1-3-7 所示。

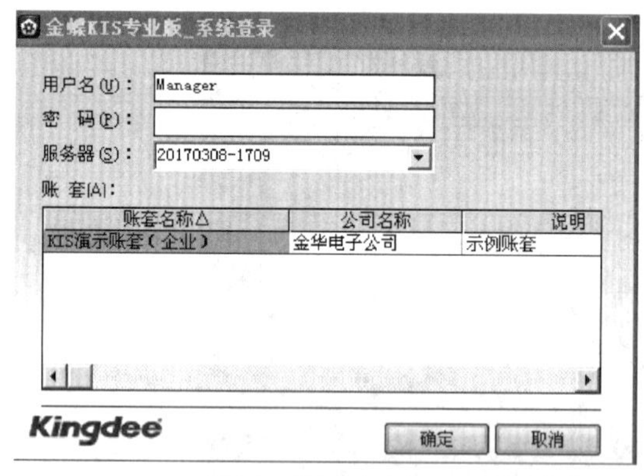

图 1-3-7

三、卸载金蝶 KIS 专业版

卸载命令将从计算机上移去所有与金蝶 KIS 专业版有关的文件。卸载旧版本前记的妥善备份有用数据：账套、所有自行设置过的套打文件 *.ndf，如果使用报表分析系统，请备份[Program Files]\Kingdee\KIS\profession\Advance\Database 目录文件(32 位操作系统和 64 位操作系统下金蝶软件程序文件和数据文件存放路径不同。)

若您确认要卸载系统，有以下两种操作方式：

1. 直接使用金蝶卸载程序

依次单击【开始】→【程序】→【金蝶 KIS 专业版】→【卸载金蝶 KIS 专业版】。

2. 使用操作系统的卸载应用程序的功能

(1) 依次单击【开始】→【设置】→【控制面板】。

（2）双击【添加/删除程序】图标。

（3）在【安装/卸载】标签中，选择【金蝶 KIS 专业版】，然后单击【删除】。

（4）系统将询问您是否真的要删除本系统，选择【是】，系统将执行卸载操作。

（5）公共的动态连接库程序请在慎重考虑后确定是否删除。

重点提醒

卸载完成后，请一定重新启动机器后再安装金蝶软件，否则容易出现意外错误。

四、KIS 专业版客户和维护人员必读

KIS 专业版客户要升级到 KIS 专业版 V14.1，就必须在卸载计算机上金蝶 KIS 专业版之前，备份有用数据，包括：

（1）账套备份：依次单击【开始】→【程序】→【金蝶 KIS 专业版】→【工具】→【账套管理】中所有有用账套。

（2）套打模板文件：KIS 专业版安装目录下的所有业务套打模板文件和“系统盘：\Kingdee\KIS\profession\Common\NOTEFILE”目录下的所有财务套打模板文件（以.ndf 为文件名后缀）。

（3）报表分析文件备份：..\Kingdee\KIS\profession\Advance\Database 目录下的所有文件。

重点提醒

KIS 专业版 V14.1 系统管理采用金蝶云通行证登录方式，如果客户系统管理员更换，请务必在进行工作交接时，通过 KIS 专业版的【系统管理】→【用户管理】中进行“更换管理员”操作。

五、常见问题处理

1. 如果安装过程中出现如图 1-3-8 所示的提示信息：

图 1-3-8

请在安装完成软件后，按提示手工修改。在 SQL Server 配置管理器中，修改系统登录身份为内置账户 LocalSystem。

2. 安装演示账套不成功

（1）没有正常重新启动或其他意外情况，会出现演示账套不能够成功恢复。

（2）可以手工在服务器上运行。[ProgramFiles]\Kingdee\KIS\profession\Common\InstallDB.exe 完成演示账套恢复。

第二部分　业务财务一体化应用之基础模块

项目一　系统管理概述

应会内容：新建账套、手动备份、自动备份、账套恢复、加密管理。

学习建议：本部分内容要联网注册，申请试用才能启用。考虑到实际工作中软件注册设置是有软件供应商来完成的。建议教学时教师来完成新建账套，学生直接从账套备份、账套恢复开始学习。

案例背景

本教材模拟教学案例如下：东风双成汽车零部件有限公司，一般纳税人，生产销售东风重型汽车零部件，经营车桥总成、减速器总成、气室、桥壳、轮毂总成、前轴、半轴等产品系列，是东风商用车公司一级供应商。2017 年 1 月购买金蝶 KIS 专业版 V14.1 管理软件，希望通过信息化手段提升企业业务财务管控能力，实现规范化、低成本、高效率运营，向管理要效益。在十堰双成财税咨询公司技术支持下，东风双成零部件公司启用了业务财务所有模块，实现了业务财务无缝连接，前端业务单据自动生成记账凭证，为后期企业资源计划 ERP 全面应用夯实了根基。

一、系统管理概述

系统管理整合了账套管理、移动应用、加密管理、用户管理（系统管理的管理员）等功能。

软件安装完成后，依次单击【程序】→【金蝶 KIS 专业版】→【金蝶 KIS 专业版—系统管理】，即可启动系统管理。根据使用情况不同，系统管理分为三种状态：

（1）体验版：安装完成以后，第一次登录 KIS 专业版—系统管理，以体验版直接打开。此状态下，客户端可以使用演示账套进行软件体验。不能使用系统管理中的账套管理、加密管理、用户管理功能，如果需要使用，需要先登录或申请试用。

（2）试用版：在体验版下，单击【我要试用】，填写试用申请，即可进入试用版。如果已经有金蝶云通行证账号，单击【未登录】或【更多】菜单下的【登录】可以切换到登录窗口，输入用户名和密码即可登录到试用版。试用版可以使用系统管理中的所有功能，但客户端账套试用不能超过 3 个期间。

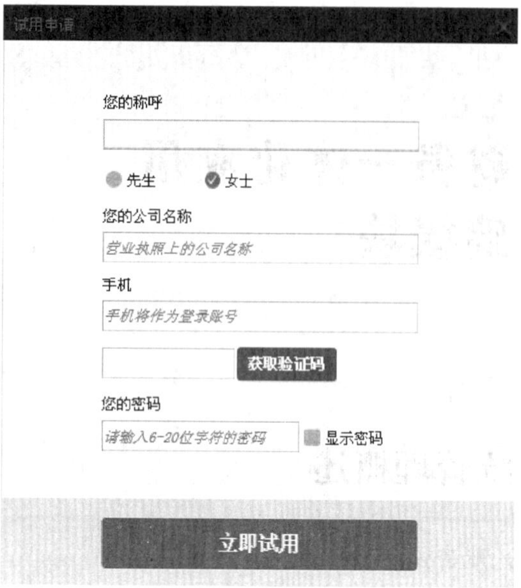

(3) 正式版:进行注册激活后,系统管理会切换为正式版,表示您已经是金蝶的正式客户。根据您购买的站点,可以使用对应的功能模块。

在系统管理界面的下方,会显示如下信息:电脑名(系统管理所在的计算机名称)、IP 地址、版本号(系统管理版本号)、网络连接状态。

二、试用申请

在系统管理为体验版时,单击【我要试用】或在【登录】窗口,单击【我要试用】,可以提交试用申请,此项操作要求系统管理必须是连网状态,如图 2-1-1 所示。

图 2-1-1

试用申请录入资料说明,如表 2-1-1 所示。

表 2-1-1　　软件使用表填写说明

项　目	字 段 说 明	必填项(是/否)
您的称呼	您的姓名	是
	“先生”&“女士”(默认为女士)	是
您的公司名称	请录入您公司营业执照上的公司名称,在后续的产品注册、软件使用中,均会依照当前录入的信息显示	
手机	您的手机号码,用于系统登录与管理	是
获取验证码	用于注册验证,通过手机号获取,300 秒后失效	是
您的密码	金蝶系统管理和金蝶云通行证的登录密码。要求不少于 6 位字符	是
显示密码	勾上后,录入的密码直接显示录入的内容	

录入资料完成后,点击【立即试用】提交试用申请后,系统会自动切换到系统管理登录界面,输入手机号、密码登录系统管理,即可进入试用版。

三、系统管理登录说明

(1) 申请试用后的第一次登录,必须是连网状态下登录。

(2) 后续登录时,如果系统管理是连网状态,则默认直接取上次的登录状态直接登录。

(3) 如果系统管理是断网状态,会提示:“您当前未连网,是否以离线方式登录”,选择【是】,直接以离线方式登录,登录后,移动应用和用户管理中的功能均无法使用。

(4) 可以通过【更多】下的【离线密码】进行离线状态密码设置。

(5) 如果当前录入的用户在多个企业均为管理员身份，单击登录后，弹出选择企业界面，如图 2-1-2 所示。

图 2-1-2

第一次选择登录的企业，所有的系统管理内容均与该企业 ID 绑定，显示的账套、移动服务、用户管理，也与该企业一致。

后续开机时，如果为连网状态，自动进入上次选择的企业。如果需要切换企业，通过菜单中的【登录】录入管理员信息后，可以重新选择。

如果同一家企业，购买了多套金蝶的产品，系统同样会提示您选择对应的产品。

四、系统管理其他功能

1. 忘记密码

忘记密码时，可以通过登录界面的【找回密码】功能，直接进行重置密码操作。

2. 更多菜单功能

(1) 登录：调出系统管理登录界面，可以用于更换系统管理登录账号及更换组织。

(2) 立即激活：用于注册成正式版，与加密管理中的功能一致。在试用版下才会显示，体验版和正式版下均不显示。

(3) 状态检测：与右下角的状态关联，用于检测服务通道状态是否正常。

(4) 检测更新：检测系统管理版本和更新(不包括专业版客户端和基础功能的更新)。

(5) 离线密码：用于设置离线状态时的密码，只用于系统管理离线状态时的登录。

(6) 更换服务器：要求必须连网操作，正式版状态下才使用。如果要更换服务器，必须先点击【更换服务器】，然后才能在新服务器上登录使用。

(7) 帮助：系统管理帮助手册，支持 F1 快捷调用。

(8) 产品论坛：在连网的状态下，可以直接用当前管理员身份登录到 KISDEE 产品论坛。

(9) 日志：用于查询系统管理操作日志。

(10) 关于：显示系统管理版本信息。

(11) 退出：单击后关闭并退出系统管理。

重点提醒

更换系统管理操作系统或换电脑重装系统管理前，需要先备份账套，并在连网状态下单击系统管理【更多】菜单中的【更换服务器】。如果没有执行此项操作，则重装后登录系统管理时会提示“您的账号已经在＊＊＊(系统管理 IP 地址)电脑登录，请先到原系统管理上进行【更换服务器】操作。”

如果因系统管理异常，无法完成上述操作，请联系软件售后服务人员，单独提交申请到金蝶总部进行特殊处理。

五、账套管理工具

账套管理系统(如图 2-1-3 所示)为系统管理员维护和管理金蝶 KIS 账套提供了一个方便的操作平台,它是围绕着金蝶 KIS 账套来进行组织的。

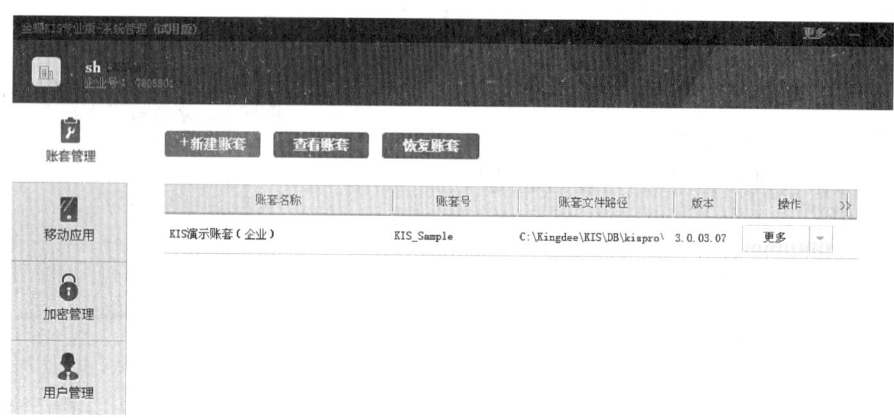

图 2-1-3

账套在整个金蝶 KIS 系统中是非常重要的,它是存放各种数据的载体,各种财务数据、业务数据、一些辅助信息等都存放在账套中。账套本身就是一个数据库文件。

1. 新建账套

在 D 盘新建一个文件夹,命名为"金蝶财务数据备份",用来存放账套数据库和备份信息,如图 2-1-4 所示。

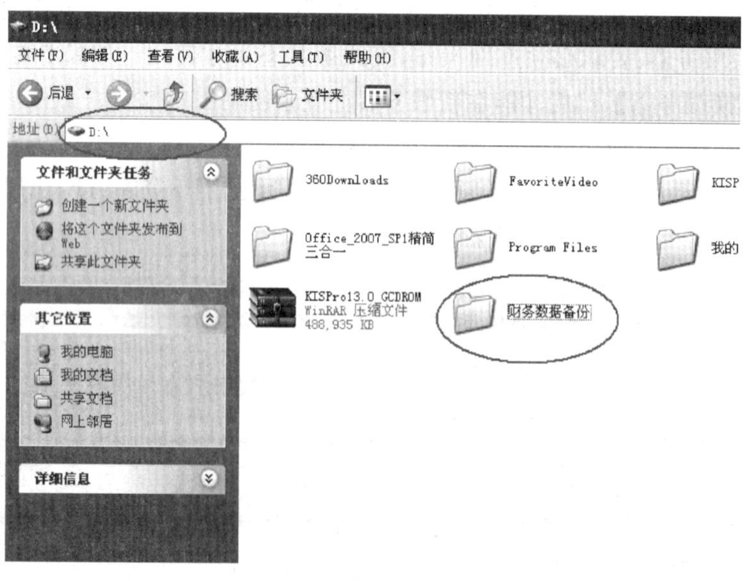

图 2-1-4

【实训操作练习 1】

新建一个账套，账套信息如表 2-1-2 所示。

表 2-1-2　　账套信息表

数据项	录入内容	必填项(是/否)
账套号	建议使用系统默认的账套号码	是
账套名称	东风双成汽车零部件	是
账套路径	建议默认系统设置，不做改动	是
公司名称	东风双成汽车零部件有限公司	是
地址	湖北十堰	否
电话	18971916133	否

【实训操作步骤】

(1) 依次单击【开始】→【程序】→【金蝶 KIS 专业版】→【金蝶 KIS 专业版—系统管理】如图 2-1-5 所示。

图 2-1-5

（2）系统直接打开【账套管理】子模块，显示“账套管理”操作界面，如图 2-1-6 所示。

sh
企业号：7805801
账套管理
移动应用
加密管理
用户管理
+新建账套
查看账套
恢复账套
账套名称
账套号
KIS演示账套（企业）
KIS_Sample

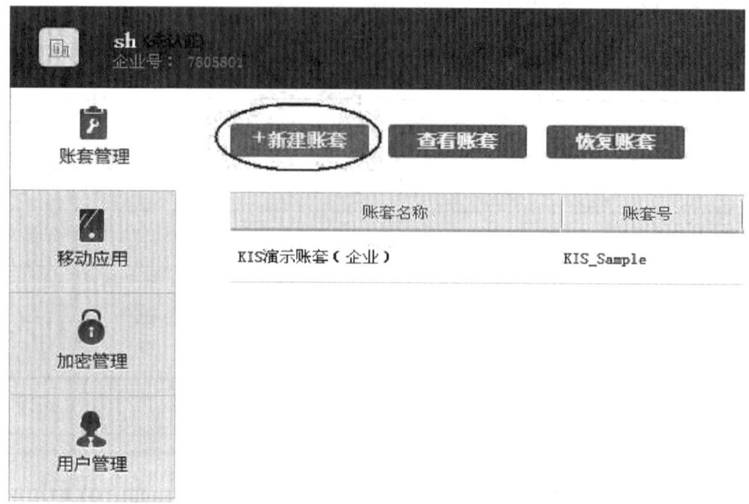

图 2-1-6

（3）鼠标单击【新建账套】快捷按钮，出现如图 2-1-7 所示窗口。

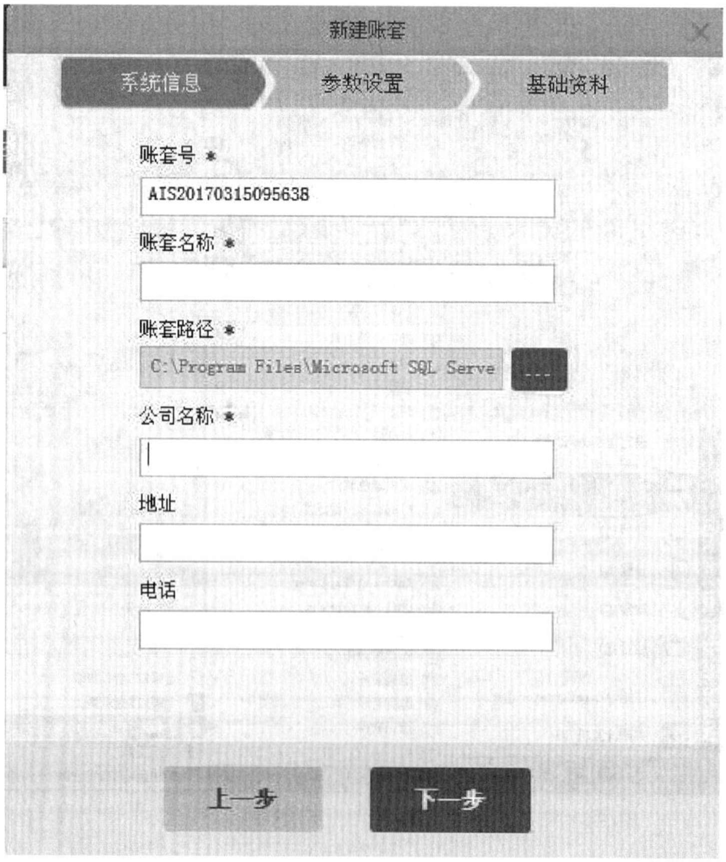

新建账套
系统信息
参数设置
基础资料
账套号 *
AIS20170315095638
账套名称 *
账套路径 *
C:\Program Files\Microsoft SQL Serve
...
公司名称 *
地址
电话
上一步
下一步

图 2-1-7

图 2-1-7 中信息可参考表 2-1-3 填写或选择。

表 2-1-3　　新建账套—系统消息

数据项	说　明	必填项(是/否)
账套号	账套在系统中的编号。用于标识账套具体属于哪个组织机构	是
账套名称	账套的名称,建议使用公司简称	是
账套路径	账套数据保存的路径。该路径是指数据服务器上的路径,建议默认	是
公司名称	公司的名称,建议使用全称	是
地址	公司经营地址	否
电话	公司电话	否

(4) 录入账套信息表中信息,显示如图 2-1-8 所示。

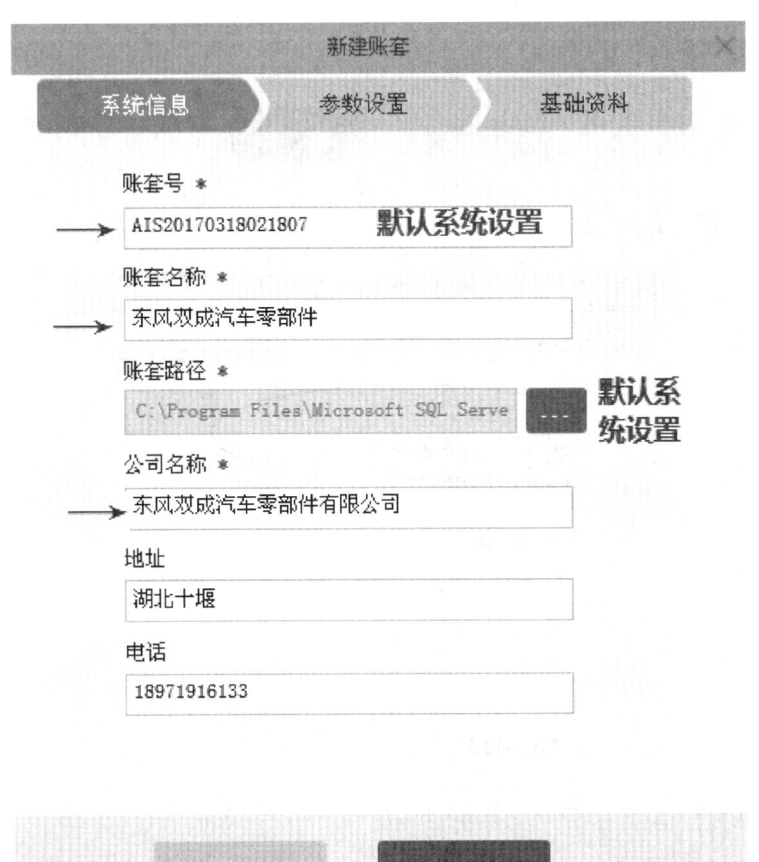

图 2-1-8

(5) 所有信息都输入完毕之后,单击【下一步】,在弹出的窗口选择如图 2-1-9 所示。

(6) 信息输入完毕,单击【下一步】,在弹出的窗口操作如图 2-1-10 所示。

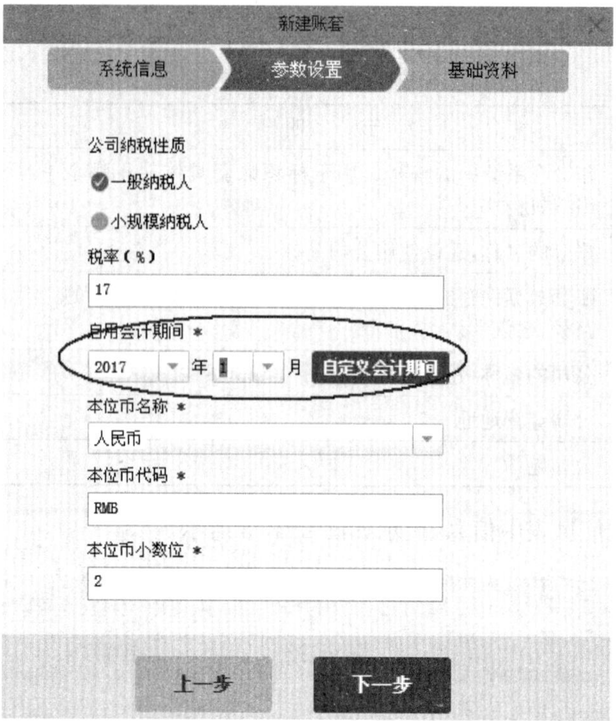

新建账套
系统信息
参数设置
基础资料
公司纳税性质
一般纳税人
小规模纳税人
税率（%）
17
启用会计期间 *
2017
年
1
月
自定义会计期间
本位币名称 *
人民币
本位币代码 *
RMB
本位币小数位 *
2
上一步
下一步

图 2-1-9

新建账套
系统信息
参数设置
基础资料
请选择科目体系 *
2013年小企业会计准则科目
查看科目
不预设科目体系
请选择凭证字 *
记
收、付、转
现收、现付、银收、银付、转
建账后再设置
上一步
开始建账

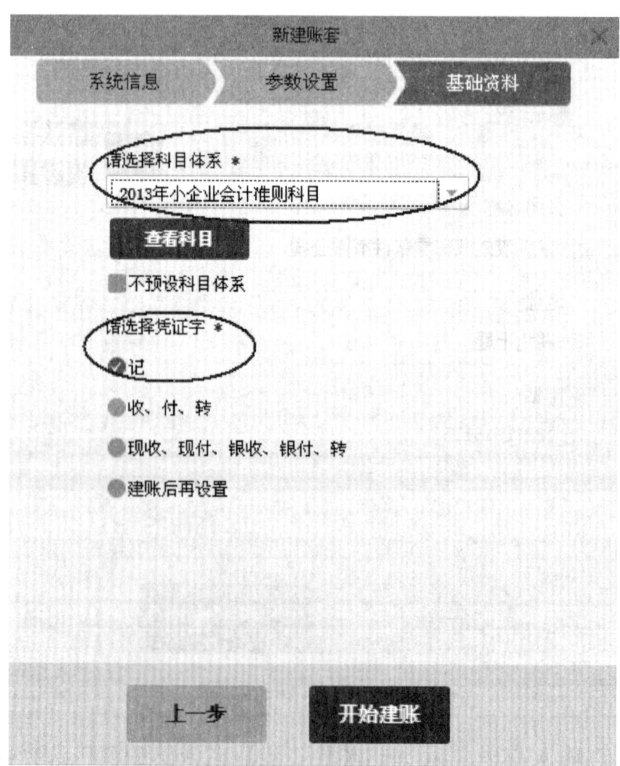

图 2-1-10

(7) 信息输入完毕，单击【开始建账】，系统就会开始自动进行账套的创建了，如图2-1-11所示。

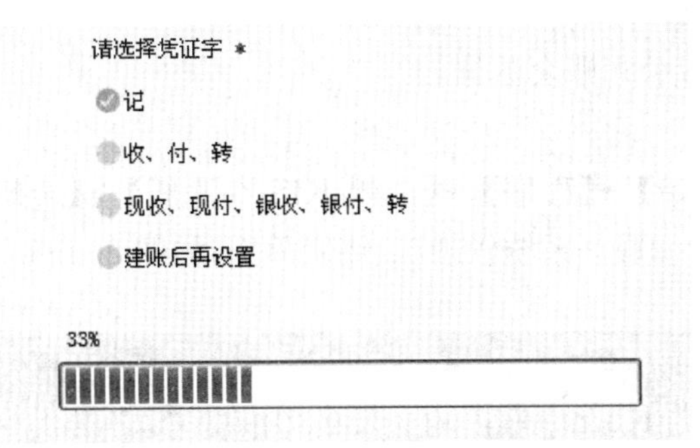

图 2-1-11

创建完成出现的提示画面如图 2-1-12 所示。

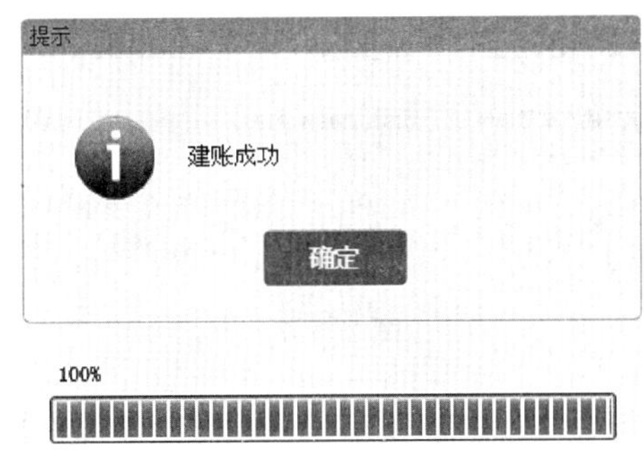

图 2-1-12

(8) 单击【确定】，完成新建账套任务。

可以看到系统中新增加了一个名为“东风双成汽车零部件”的账套，如图 2-1-13 所示。

图 2-1-13

2. 备份账套

为了保证账套数据存放安全不出意外，不影响企业或者行政事业单位财务工作正常开展，需要定期对业务财务账套数据进行备份。这样一旦原有的账套毁坏，则可以通过账套恢复功能将以前备份的账套文件恢复成一个新账套进行使用。

备份账套:该功能可以将账套文件备份成一个新的金蝶 KIS 专业版账套。

【实训操作练习 2】

手动备份东风双成公司账套数据。

【实训操作步骤】

(1) 依次单击【开始】→【程序】→【金蝶 KIS 专业版】→【金蝶 KIS 专业版—系统管理】,进入“金蝶 KIS 专业版—系统管理”试用版界面,如图 2-1-14 所示。

图 2-1-14

(2) 选择需要备份的账套:鼠标单击【东风双成汽车零部件】账套名称。

(3) 手动备份账套:

① 单击“东风双成汽车零部件”账套菜单【操作】→【更多】(右面的下拉箭头),在弹出的菜单窗口单击【手动备份】,如图 2-1-15 所示。

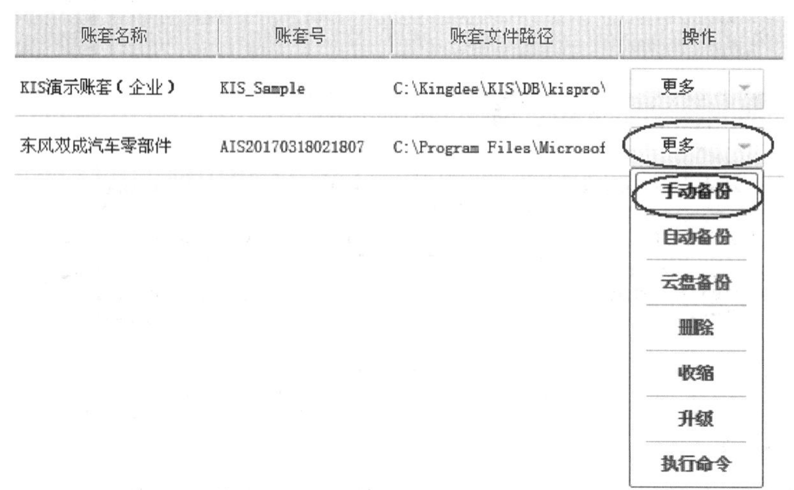

图 2-1-15

② 在弹出的窗口中，单击【备份路径】右边的选择按钮，如图 2-1-16 所示。

备份账套

账套备份
出于安全上的考虑，账套最好是要经常备份；你可以指定备份文件的路径和文件名，这样就可以把选定的账套备份。

要备份的账套信息

账套号

AIS20170318021807

账套名称

东风双成汽车零部件

备份到

备份路径

D:\

文件名称

F东风双成汽车零部件_20170318

确 定　　取 消

图 2-1-16

③ 在弹出的复选窗口，选择存放数据的文件夹 D:\金蝶章节数据备份，并单击【确定】返回，如图2-1-17所示。

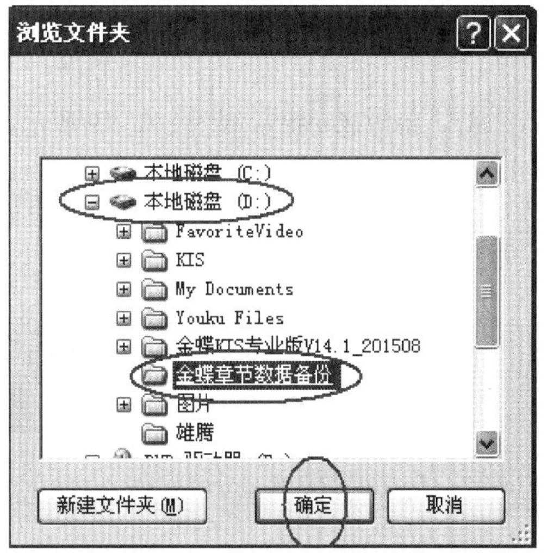

图 2-1-17

重点提醒

为确保数据安全强烈建议：备份数据一定不要存放系统盘 C 盘；备份数据要定期复制存放到外部存储设备如移动硬盘上或其他的电脑上。

(4) 可以看到账号和账套名称系统默认，软件自动按照“账套名称＋备份日期”命名备份数据文件名称，可以根据需要自己命

名，单击【确定】完成数据备份，如图 2-1-18 所示。

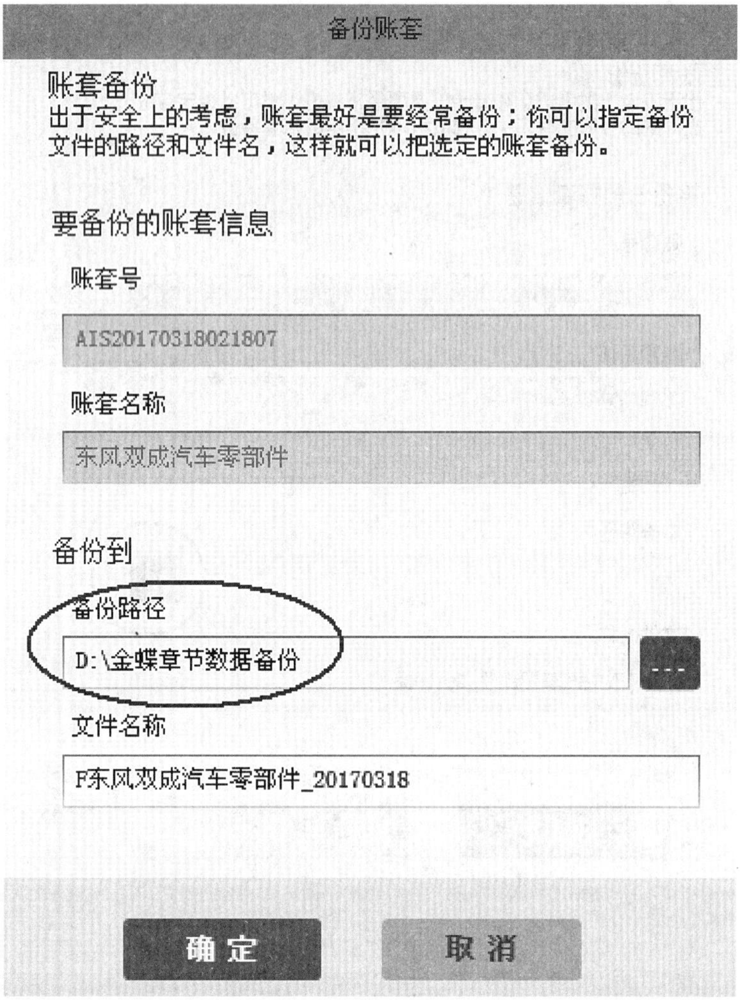
备份账套
账套备份
出于安全上的考虑，账套最好是要经常备份；你可以指定备份文件的路径和文件名，这样就可以把选定的账套备份。
要备份的账套信息
账套号
AIS20170318021807
账套名称
东风双成汽车零部件
备份到
备份路径
D:\金蝶章节数据备份
文件名称
F东风双成汽车零部件_20170318
确 定
取 消

图 2-1-18

(5) 备份成功提示如图 2-1-19 所示，单击【确定】退出，数据备份完成。

提示
备份成功，生成了两个文件：
数据库文件:D:\金蝶章节数据备份\F东风双成汽车零部件_20170318.bak
说明性文件:D:\金蝶章节数据备份\F东风双成汽车零部件_20170318.dbb
确定

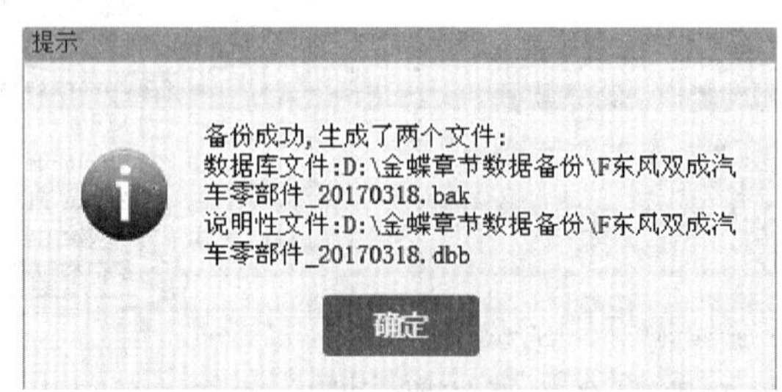

图 2-1-19

(6) 打开存放备份数据的文件夹，可以看到新加了两个备份文件，如图 2-1-20 所示。

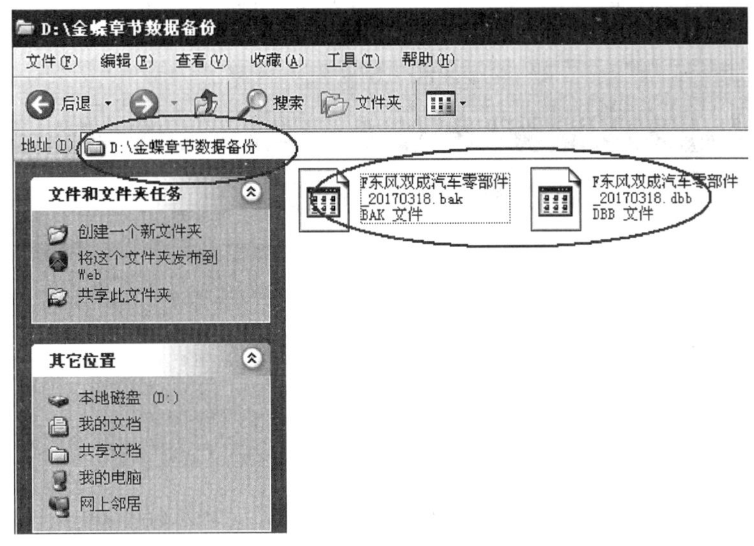

图 2-1-20

(7) 自动备份账套。

① 单击菜单【更多】右边下拉按钮→【自动备份】，打开"自动备份账套"界面，选择设定备份数据文件存放路径。

② 备份方案设置中的两个选项说明如图2-1-21所示。

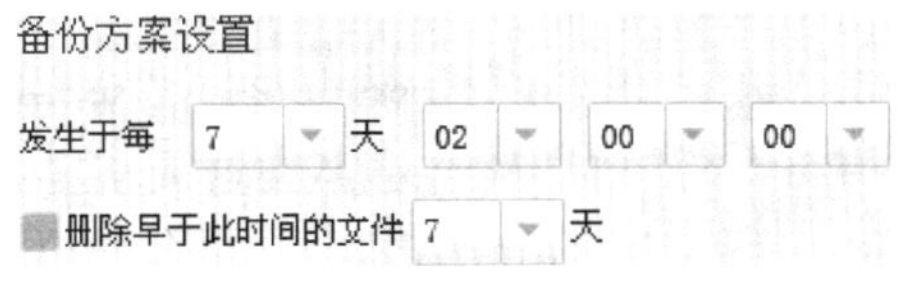

图 2-1-21

发生于每天：这是一个时间参数，说明自动备份发生在什么时间，采用24小时制。系统默认为凌晨2点，天数控制为3位。例如设置为3天，则从设置时刻算起，以后每过3天的凌晨2点(数据服务器电脑一定要处于开机状态)就会自动备份一次。

删除早于此时间的文件：设定一个过期期限，如7天或30天，程序会自动帮助删除这些文件，天数控制为3位。勾选前面的复选框设置才会有效，不勾选不生效。

③ 设置完成后，点击【确定】即可开始备份账套。

重点提醒

当方案保存后，只有重启加密服务器自动备份设置才能生效。

3. 删除账套

根据工作需要删除不需要的账套。

【实训操作练习3】

删除东风双成汽车零部件有限公司账套数据。

【实训操作步骤】

(1) 依次单击【开始】→【程序】→【金蝶KIS专业版】→【金蝶KIS专业版—系统管

理】,进入“金蝶 KIS 专业版—系统管理”试用版界面,如图 2-1-22 所示。

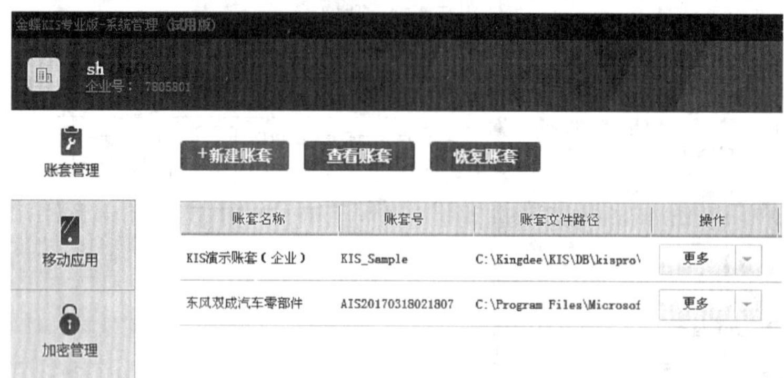

图 2-1-22

(2) 选择需要删除的账套:鼠标单击“东风双成汽车零部件”账套名称。

(3) 单击“东风双成汽车零部件”账套菜单【操作】→【更多】(右面的下拉箭头),在弹出的菜单窗口单击【删除】,如图 2-1-23 所示。

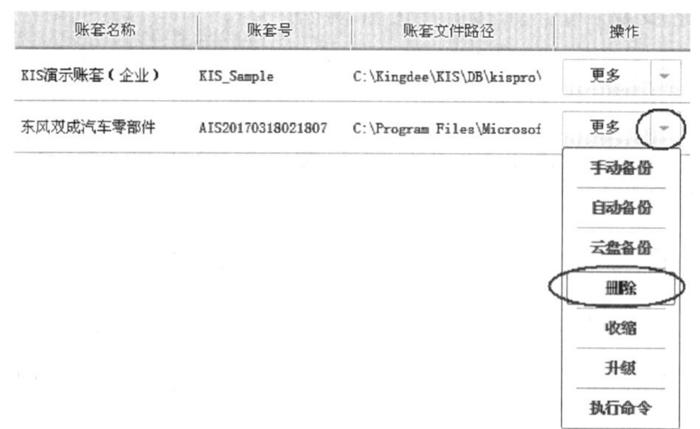

图 2-1-23

(4) 系统会给出一个是否确定删除的提示。单击【是】,如图 2-1-24 所示。

(5) 系统提示是否备份该账套。此处单击机【否】,如图 2-1-25 所示。

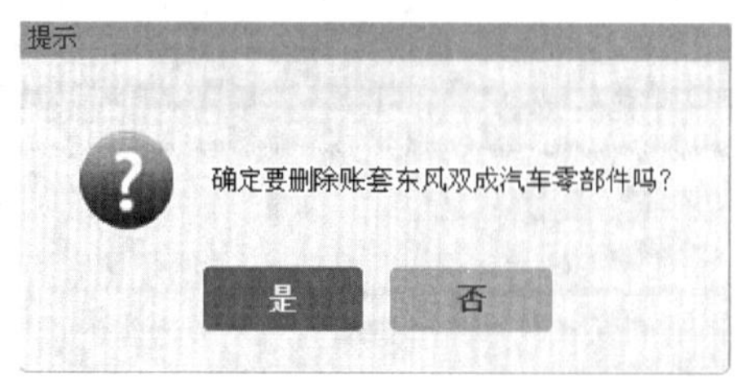

图 2-1-24

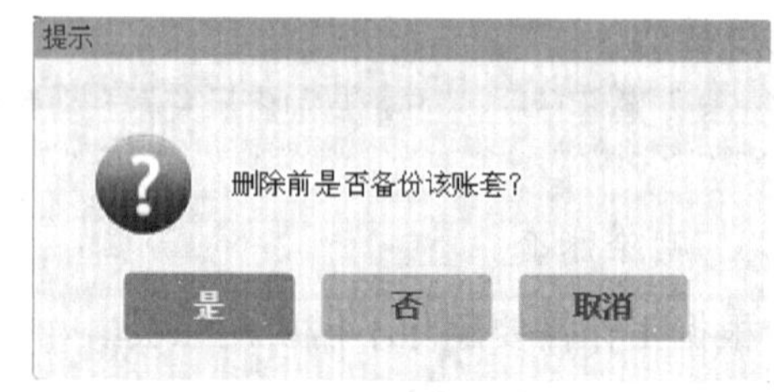

图 2-1-25

(6) 删除账套成功,可以看到账套管理界面已经没有东风双成零部件的账套,如图 2-1-26所示。

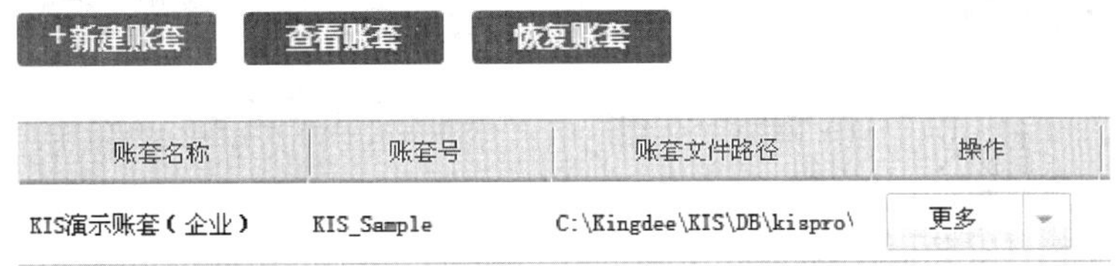

图 2-1-26

重点提醒

实际工作中：系统提示删除前是否要备份账套时，强烈建议一定要选择“是”做数据备份，以免误删造成数据丢失，影响正常工作。

4. 恢复账套

该功能可以将备份的账套文件恢复成一个新的金蝶 KIS 账套。

【实训操作练习 4】

恢复东风双成汽车零部件有限公司账套数据。

【实训操作步骤】

(1) 依次单击【开始】→【程序】→【金蝶 KIS 专业版】→【金蝶 KIS 专业版—系统管理】，进入“金蝶 KIS 专业版—系统管理”试用版界面，如图 2-1-27 所示。

图 2-1-27

(2) 单击图 2-1-27 中【恢复账套】按钮。选择备份文件存放路径，单击【备份文件】，系统会自动在“恢复到”栏显示恢复数据存放路径；在“账套号”对话框自动生成一个新的账套号；在“账套名称”栏自动显示账套名称，操作如图 2-1-28 所示。

恢复账套
选择备份文件
C:\
D:\
FavoriteVideo
KIS
My Documents
Youku Files
图片
金蝶KIS专业版V14.1 201508
金蝶章节数据备份
F东风双成汽车零部件_20170318.dbb
恢复到
文件路径 *
C:\Program Files\Microsoft SQL Server\MSSQL10.SQLEXPRESS\MSSQI
账套号 *
AIS20170318042636
账套名称 *
东风双成汽车零部件
确 定
取 消

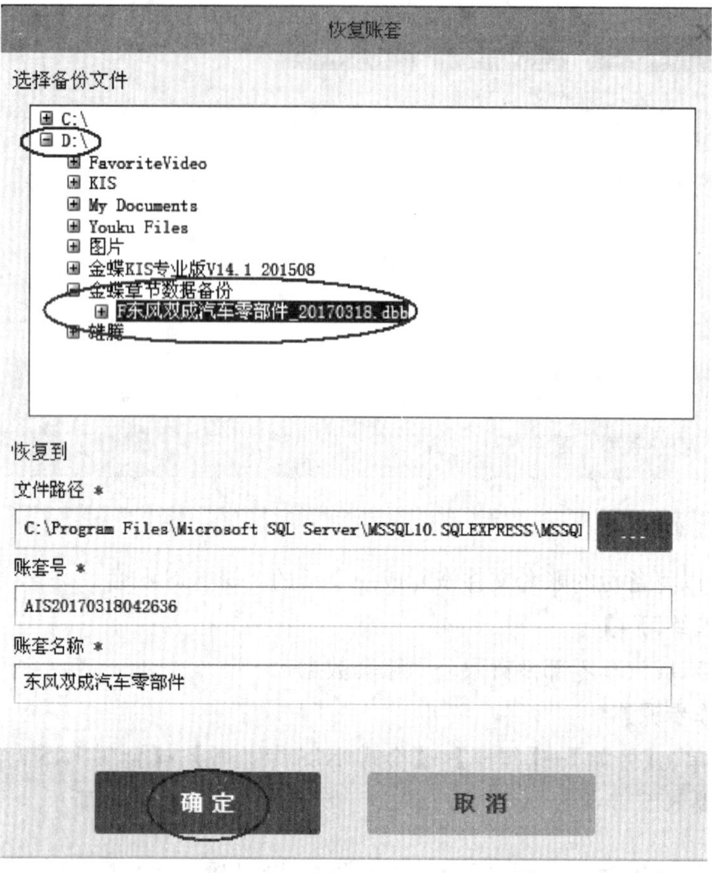

图 2-1-28

(3) 单击【确定】按钮，提示“恢复账套成功”，如图 2-1-29 所示。

提示
恢复账套成功!
确定

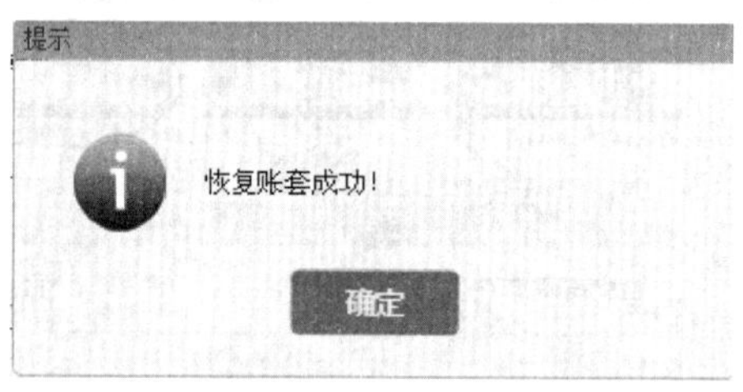

图 2-1-29

(4) 在账套管理中会看到东风双成汽车零部件有限公司的账套数据已经恢复成功，如图 2-1-30 所示。

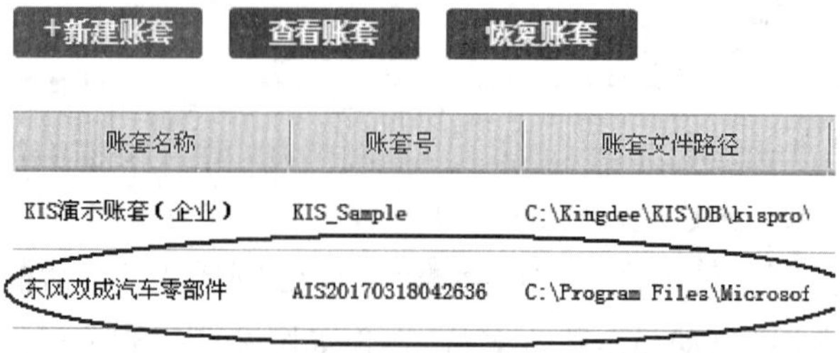

+新建账套
查看账套
恢复账套
账套名称
账套号
账套文件路径
KIS演示账套(企业)
KIS_Sample
C:\Kingdee\KIS\DB\kispro\
东风双成汽车零部件
AIS20170318042636
C:\Program Files\Microsof

图 2-1-30

重点提醒

实际工作中，账套备份和账套恢复操作非常重要。使用单机版和没有专用服务器的单位，一定要按天或者按月做好数据备份，以免发生意外影响工作。

案例：2015 年某车架厂春节放假前，存放财务数据的电脑崩溃，硬盘损坏，导致 2015 年 1～12 月财务数据全部丢失。全体财务人员连续加班 2 周，重新录入全年凭证，才保证了年终决算预算工作的正常开展。

幸运的是，该企业只使用了财务软件，若是业务财务一体化运行，业务财务数据一并丢失，加班也无法挽回损失。

项目二　基础设置和初始化

应会内容：财务参数设置、业务参数设置、会计科目模板的选择、会计科目引入、会计科目属性设置、核算项目大类及明细的增加修改、期初余额录入、期初余额试算平衡、启用出纳系统、启用财务系统、启用业务系统。

技巧提示

为了操作方便，我们可以把工作中不需要使用的软件功能模块隐藏起来，操作如下：

(1) 在金蝶 KIS 专业版主界面，单击打开【系统】→【界面自定义】，如图 2-2-1 所示。

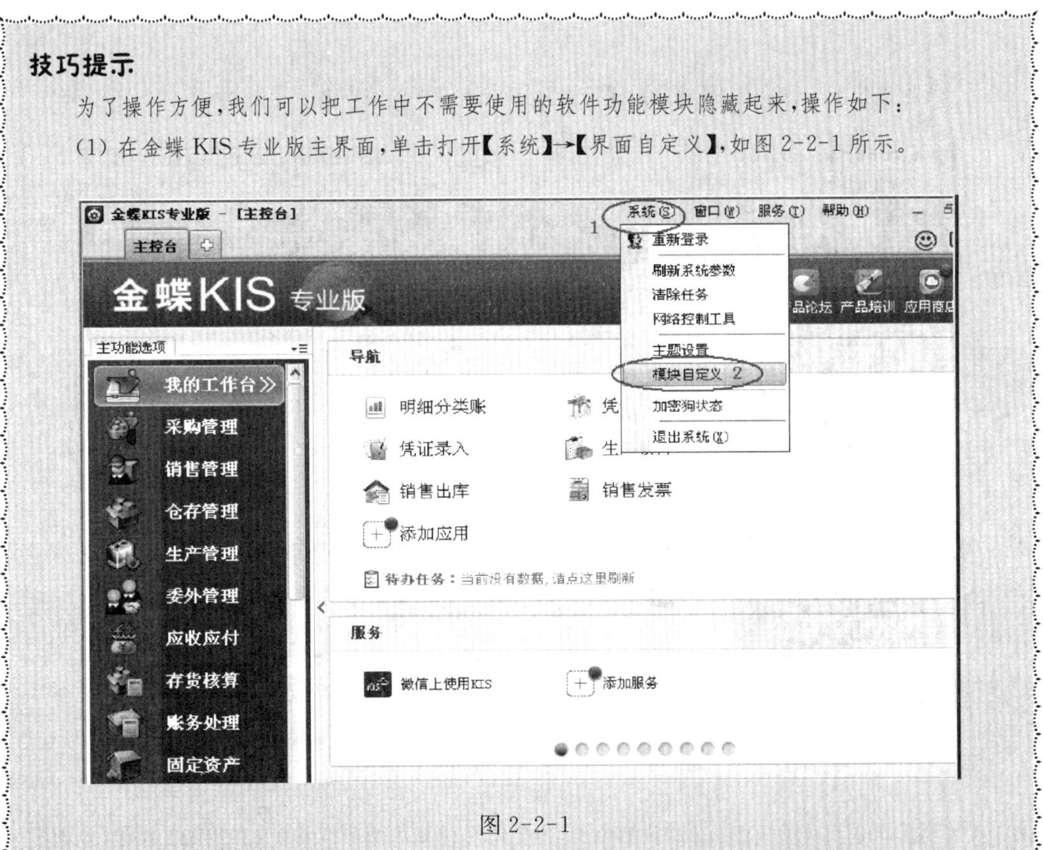

图 2-2-1

(2) 按图 2-2-2 中标识操作。

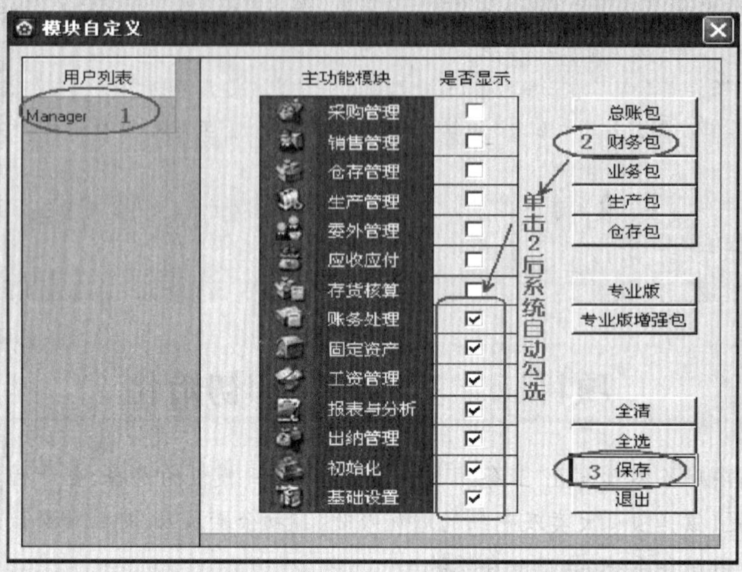

图 2-2-2

(3) 在弹出窗口依次单击【确定】→【退出】。重新登录后会发现界面很简洁,如图 2-2-3 所示。

图 2-2-3

实际工作中可以根据权限分工进行设置,需要使用隐藏的功能模块时,重复以上操作,勾选需要使用的功能模块,保存后下次就会显示该模块。

基础资料，是软件系统中使用的各种基础数据的总称。用户在录入凭证或者录入单据时，都毫无例外地需要输入一些业务资料信息，如科目、币别、商品、客户、金额等信息，所有的凭证、单据都是由一些基础资料信息和具体的数量信息构成的。对于这些基础数据，为了便于进行统一的设置与管理，实现共享，金蝶软件提供了基础资料管理功能。

在金蝶KIS专业版系统主界面上，选择【基础设置】，进入基础资料的维护管理界面。主要是对以下各项基础资料进行维护管理：

（1）会计科目、币别、凭证字、计量单位、结算方式、核算项目。

（2）辅助资料、收支类别、采购价格资料、销售价格资料、组装件BOM、物料辅助属性。

（3）系统参数、单据设置、条形码规则、条形码关联。

（4）用户管理、上机日志。

一、基础设置——系统参数

登录KIS专业版V14.1系统后，首先需要对系统初始参数（即企业信息、会计期间和启用期间的设置）和记账本位币进行设置。然后进行其他一些基础参数的设置，它的设置关系到所有业务和流程的处理，用户在设置前要慎重考虑。

1. 财务参数

（1）财务参数详细说明，如表2-2-1所示。

表2-2-1 财务参数详细说明

财务参数	说 明
启用会计年度/启用会计期间	新建账套后，首先需要定义此项内容，一旦设定后，不允许修改
当前会计年度/当前会计期间	显示账套的当前会计年度和当前会计期间，不可修改，只可查看
“本年利润”科目	在此处可选择设置“本年利润”的会计科目。单击“本年利润科目”右面面的【 】，系统将为您列示出所有的会计科目，选择一个具体的科目作为“本年利润”科目
“利润分配”科目	在此处可选择指定“利润分配”的会计科目。单击“本年利润科目”右面的【 】，系统将为您列示出所有的会计科目，选择一个具体的科目作为“利润分配”科目。“以前年度损益调整”的结转到该科目
数量小数位	此处对数量设置了具体的小数位数后，在“凭证录入”时，数量和单价在自动计算后将按照所设置的小数位数四舍五入后进行保存
单价小数位	此处对单价设置了具体的小数位数后，在“凭证录入”时，数量和单价在自动计算后将按照所设置的小数位数四舍五入后进行保存
启用往来业务核销	如果选择这一个选项，则启用往来业务核销，否则核销管理将不能使用
往来业务必须录入业务编号	选中这个选项，则凭证录入时对设置了往来业务核算的科目必须录入往来业务编号

（续表）

财务参数	说　明
账簿余额方向与科目设置的余额方向相同	用于账簿格式的显示，如选中这一个选项，则在显示账簿时，账簿的余额方向始终是同科目的方向一致，如果不同，则是以负数来进行显示，如"应收账款"的科目余额方向为借方，当科目余额为借方余额时，则直接显示为，借100；如果科目余额为贷方余额时，以负数来显示，如借－100。如果不选择这一个选项时，当余额方向同科目本身的方向相反时，则是显示科目余额的方向，金额始终为正数，如上例，余额是贷方余额时，显示为贷100
明细账（表）摘要自动继承上条分录摘要	选择了该选项，系统在生成明细分录账、数量金额明细账、核算项目明细账、核算项目明细表时，如果凭证中该条分录没有摘要，则明细账摘要自动继承上条有摘要分录的摘要。如果不选择该选项，则自动继承凭证中第一条分录的摘要，而不是上条有分录的摘要。核算项目明细表在不选择该选项的情况下，如果第一条分录科目下挂核算项目且有摘要，则自动继承第一条分录的摘要，如第一条分录科目下不挂核算项目，则不继承摘要，核算项目明细表的摘要栏为空
多栏式明细账损益类科目期初余额从余额表取数	只有在企业性质下有该参数。对于采用表结法的用户来说，不是每一期都会结转损益，该选项使多栏式明细账损益类科目期初余额从余额表取数，从而使多栏式明细账损益类科目期初余额在表结法下能够对应正确取数
多栏式明细账成本类科目期初余额从余额表取数	只有在企业性质下有该参数。成本类科目处于未结平的状态（余额不为零），系统参数选择该参数。多栏式明细账取数时，左边多栏式与具体明细栏目的期初余额取自初始余额录入的期初余额。成本类科目已结平（余额为零）时，不选择该参数，左边多栏式余额为零，但具体明细栏目的期初余额取自初始余额录入的实际损益发生额
不允许跨财务年度的反结账	选择该参数，不能进行跨年度的反结账
核算项目余额表非明细级核算相的余额合并在一个方向	选择该参数，核算项目余额表按照其明细级核算项目的余额汇总后，如果既有借方余额又有贷方余额，需要以借贷方的差额填列，填列方向选取差额的正数方向。如果选择了系统选项"账簿余额方向与科目设置的余额方向相同"，则此选项的作用就会失效
凭证过账前必须审核	对凭证过账作出限制，如果不选择此选项，凭证不审核也可以过账；如果选择了这个选项，则凭证必须审核后才可以进行过账处理。一般情况下都应选择这个选项，使业务的处理流程更加严谨
凭证过账前必须出纳复核	该参数控制在凭证过账前需检查凭证是否经过出纳复核。选择该选项，凭证必须经出纳复核后才能过账。该选项只对有"现金"科目或"银行存款"科目的凭证有效，即只对这类凭证在过账前进行检查是否出纳复核，对其他不涉及"现金"科目和"银行存款"的科目不用进行检查
凭证审核后不允许出纳复核	勾选该选项，则系统控制了出纳复核在前、审核在后。不勾选该选项，即审核在前、出纳复核在后和审核在后、出纳复核在前可以同时存在，没有控制两者先后顺序

（续表）

财务参数	说　　明
不允许手工修改凭证号	选择了此参数，新增凭证时，系统自动给出一个凭证号，在凭证中该凭证号显示为灰，不允许用户修改。修改凭证时也不允许修改凭证号。如果不选择此参数，则凭证号可由用户自行修改并保存
录入凭证必须输入现金流量项目	在总账中，可以通过在凭证中对"现金流量"科目指定现金流量项目的方法编制现金流量表（具体对现金流量表的操作中有详细的现金流量的说明）。如果在凭证中必须对"现金流量"科目输入现金流量项目，则需要选择这个选项；否则，现金流量项目为非必录项，凭证保存时不做检查
录入凭证时指定现金流量表附表项目	如果用户选择该选项，则在凭证录入时对于附表相关科目，必须输入现金流量附表项目，凭证保存时检查该凭证是否合法，如未输入附表项目，则视同凭证不合法，不予保存。如果用户取消该选项，则在凭证录入时，不对附表相关科目是否录入现金流量附表项目做检查
不允许修改/删除业务系统凭证	对非账务系统生成的凭证，如果选择这一个选项，则凭证在总账中只能查看，不能进行修改或是删除
银行存款科目必须输入结算方式和结算号	选择此项，在凭证录入及保存的时候，对于"银行科目"（在科目属性设置中选中了"银行科目"这一选项的会计科目）系统会作强制性检查，如不通过，凭证无法保存
禁止成批审核	如果选中这一个选项，则必须一张张凭证的单独审核，不能进行多张凭证的批量审核
审核与反审核必须为同一人	如果不选，则可以实现反审核其他人的凭证
凭证审核与制单不能为同一人	默认勾选，即凭证审核与制单不能是同一人；如不勾选，则凭证审核与制单可为同一人

（2）固定资产参数详细说明，如表 2-2-2 所示。

表 2-2-2　　　　固定资产参数详细说明

财务参数	说　　明
不折旧（对整个系统）	如果对固定资产仅进行登记管理，不需要计提折旧，则可以选择此选项
折旧率小数位	用户可以根据企业固定资产管理的需要自定义折旧率的小数位精度，系统默认为 3 位小数位
单位小数位	用户可以根据企业固定资产管理的需要自定义固定资产数量的小数位精度，系统默认为 0 位小数位
卡片生成凭证前必须审核	如果需要加强固定资产管理业务的审核监督，则可以选择这个要求对卡片进行审核的参数，由资产管理主管对固定资产卡片的新增、变动、清理业务进行审核后，再进行后续业务处理。该选项控制的是凭证生成时，如果该业务没有审核，则不能生成相关凭证

（3）工资参数详细说明，如表 2-2-3 所示。

表 2-2-3　　工资参数详细说明

财务参数	说　明
结账前必须审核	对工资系统结账进行控制。选择该参数,则在工资系统结账前必须对工资进行审核,若未审核,则不能结账,系统提示:还有工资数据未审核,请先进行工资数据审核后再结账。未选择该参数,则对工资管理系统的结账不作审核控制

2. 业务参数

(1) 采购参数详细说明,如表 2-2-4 所示。

表 2-2-4　　采购参数详细说明

采购参数	说　明
采购发票和入库单数量不一致不允许勾稽	选择该项,如果入库单和发票物料匹配但数量不一致,则勾稽时直接提示"采购发票中的物料数量和入库单中该物料的数量不一致,分别是……无法勾稽"。不选此项,如果入库单和发票物料匹配但数量不一致,则勾稽时的处理不变,即提示"采购发票中的物料数量和入库单中该物料的数量不一致。分别是……请确认是否勾稽",有用户选择是或者否
允许采购入库单上数量大于采购订单上的数量	选择该项,则采购入库单关联采购订单生成或者采购发票关联采购订单,采购入库单再根据采购发票生成时,允许采购入库单上数量大于采购订单上的数量
采购信用额度控制方式	①继续保存不提示。选择此项,在实际的采购订单、采购入库单、采购发票或其他付款单的其他应付类型的制单过程中,不受此供应商信用额度的影响。②提示并允许制单人继续保存。系统默认选择此项,在实际的采购订单、采购入库单、采购发票或其他付款单的其他应付类型的制单过程中,保存前判断此供应商的应付账款余额是否超过信用额度,如果超过,系统根据用户的选择来决定是否保存单据。③提示并不允许制单人保存。选择此项,在实际的采购订单、采购入库单、采购发票或其他付款单的其他应付类型的制单过程中,保存前判断此供应商的应付账款余额是否超过信用额度,如果超过,系统会不允许保存
采购订单交货提前预警天数	该参数表示未关闭的采购订单,在到达交货日期多少天前给予预警。默认为 0 天。该选项只对"采购订单到期交货预警表"是否在预警提示区中显示起作用
采购入库单审核后自动生成发票(专用发票/普通发票)	选择此项,在采购入库单审核的时候,系统会自动生成一张与之相关联的采购发票,并且根据选择项生成对应的专用发票或普通发票
审核关联采购入库单生成的发票时自动勾稽	选择此项,审核采购发票时,如果采购发票根据采购入库单关联生成的,则在审核的同时,自动进行勾稽

(2) 销售参数详细说明,如表 2-2-5 所示。

表 2-2-5　　　　　　　　　　销售参数详细说明

销售参数	说　明
销售发票和出库单勾稽数量不一致不允许勾稽	选上此选项后，如果出库单和发票物料匹配但本次勾稽数量不符，则勾稽不成功。不选上此选项，如果出库单和发票物料匹配但本次勾稽数量不符，则系统会提示有差异，但仍允许用户勾稽成功
允许销售出库单上数量大于销售订单上的数量	当用户选中该选项时，则销售出库单关联销售订单生成或者销售发票关联销售订单，销售出库但在根据销售发票生成时，允许销售出库单上数量大于销售订单上的数量
销售信用额度控制方式	(1) 继续保存不提示：选择此项，在实际的销售订单、销售出库单、销售发票或其他收款单的其他应收类型的制单过程中，不受此客户信用额度的影响
	(2) 提示并允许制单人继续保存：系统默认选择此项，在实际的销售订单、销售出库单、销售发票或其他收款单的其他应收类型的制单过程中，保存前判断此客户的应收账款余额是否超过信用额度，如果超过，系统根据用户的选择来决定是否保存单据
	(3) 提示并不允许制单人保存：选择此项，在实际的销售订单、销售出库单、销售发票或其他收款单的其他应收类型的制单过程中，保存前判断此客户的应收账款余额是否超过信用额度，如果超过，系统会不允许保存
销售订单交货提前预警天数	该参数表示如果未关闭的销售订单，在到达交货日期多少天前给予预警。默认为0天。该选项只对“销售订单到期交货预警表”是否在预警提示区中显示起作用
销售出库单审核后自动生成发票(专用发票/普通发票)	选择此项，在销售出库单审核的时候，系统会自动生成一张与之相关联的销售发票，并且根据选择项生成对应的专用发票或普通发票
审核关联销售出库单生成的发票时自动勾稽	选择此项，审核销售发票时，如果销售发票根据销售出库单关联生成的，则在审核的同时，自动进行勾稽

(3) 存货核算参数详细说明，如表 2-2-6 所示。

表 2-2-6　　　　　　　　　　存货核算参数详细说明

存货参数	说　明
结账检查未记账的单据	若所有的核算单据均需要生成凭证，核算系统的存货余额及发生额需要与总账系统的存货类科目保持一致，则应选中此选项，系统会在期末结账前检查是否还有未记账的业务单据，保证核算单据生成凭证的完整性
同价调拨单生成凭证	对同价调拨单生成凭证的控制，当选择此选项时，在生成凭证界面，可以把同价调拨单过滤出来，并生成凭证。在业务期末结账时，如果选择“结账检查未记账的单据”时，如果同价调拨单未生成凭证，则不允许业务期末结账。在业务期末结账【查看】功能中能看到未生成凭证的同价调拨单。当不选择此选项时，则在生成凭证界面，同价调拨单不能过滤出来，可以不用生成凭证。在业务期末结账时，即使选择“结账检查未记账的单据”，也不检查同价调拨单是否生成凭证。在业务期末结账【查看】功能中也不能看到未生成凭证的同价调拨单

（续表）

存货参数	说　　明
暂估冲回方式	暂估差额生成方式可以为“差额调整”，也可以为“单到冲回”，系统自动生成的入库成本调整单和冲回单据都需要手工生成凭证，对于新生成的单据也自动确认勾稽关系。注意：此参数一旦选择确定后，就不能再变更了，请慎重选择

（4）仓存参数详细说明，如表 2-2-7 所示。

表 2-2-7　　仓存参数详细说明

仓存参数	说　　明
库存总量高于或等于最高库存提示	最高库存量是指为避免库存积压而大量占压储备资金而规定的企业所能承担的、以基本计量单位计算的当前物料最大库存储备量。最高存量也是针对所有仓库而言的，而不只针对单个仓库储存能力。如果选择该选项，则在库存类单据的录入和审核时，系统判断当前单据引起的即时库存变化是否造成涉及最高库存量的影响，对于造成的影响予以提示，避免出现因库存数量过高到超出正常储存范围，从而妨碍企业正常的生产经营活动。请参照手册第三章关于物料基础资料的相关描述。如果不选择该选项，系统将不提供上述功能
库存总量低于或等于最低库存提示	最低库存量是指为满足企业正常的生产经营需要，当前物料所能允许的、并以基本计量单位计算的最小库存储备量。最低存量是针对所有仓库而言的，而不只针对单个仓库储存能力。如果选择该选项，在库存类单据的录入和审核时，系统判断当前单据引起的即时库存变化是否造成涉及最低库存量的影响，对于造成的影响予以提示，避免出现因库存数量不足妨碍企业正常的生产经营活动。请参照手册第三章关于物料基础资料的相关描述。如果不选择该选项，系统将不提供上述功能
出现负库存时提示	该选项提供了系统的基本功能。如果选择该选项，则在单据保存、审核或反审核时，系统计算即时库存数量，确定仓存总量，有出现负库存的情况会给予预警，并分情况处理：当用户在【基础设置】→【系统参数】→【业务基础参数】设置中选择允许负库存的，系统只提供警告；如果选择不允许负库存，系统将不允许该业务单据继续处理。系统默认为选中
保质期预警提前天数	该参数表示物料在超期前多少天时给予预警。默认为 0 天。该选项只对“保质期到期预警表”是否在预警提示区中显示起作用
呆滞料预警（物料无发生额天数）	该参数表示物料在多少天无发生额时给予预警。默认为 90 天。该选项只对“库存呆滞料分析表”是否在预警提示区中显示起作用

（5）应收应付参数详细说明，如表 2-2-8 所示。

表 2-2-8　　应收应付参数详细说明

应收应付参数	说　　明
预警天数	上述两个选项是应收应付管理系统的“收付款预警”功能的附属功能。请参见联机帮助应收应付系统的相关描述

系统提供收付款期限管理功能，以满足用户对收付款管理的需求。收付款预警就是收付款管理中的功能之一，即系统根据应收应付系统选项“应收/应付预警天数”的选择，对于超过收付款期限的应收或应付账款提供预警。

（6）生产及委外参数详细说明，如表 2-2-9 所示。

表 2-2-9　　生产及委外参数详细说明

生产及委外参数	说　　明
关联销售订单生成生产单及委外加工单时，扣减其已关联销售出库的数量	用户如果选择该选项，则关联销售订单生成生产任务单或委外加工单时，自动扣减销售订单已关联出库的数量，将扣减后的数量带入生产任务单或委外加工单表头“数量”字段中
允许生产任务单及委外加工单上数量大于销售订单上的数量	只勾选了本参数：允许“生产任务单、委外加工单表头数量>销售订单数量”。 本参数并同时勾选了“关联销售订单生成生产单及委外加工单时，扣减其已关联销售出库的数量”，则允许“生产任务单、委外加工单表头数量＋销售订单中出库数量>销售订单数量”
生产领料及委外发料单超过限额控制方式	当保存生产领料单时，如果发现关联的生产任务单上实际领料数量>计划用量，则根据这里选择的控制方式进行控制。 系统提供三种控制方式：①继续保存不提示；②提示，并允许制单人继续保存；③提示，并不允许制单人保存； 系统默认选择第二种方式进行控制
BOM 损耗率公式	软件提供两种损耗率公式：①标准用量÷（1－损耗率）；②标准用量×（1＋损耗率）；选择【标准用量÷（1－损耗率）】，业务单据如生产任务单等的用量根据这个公式计算；选择【标准用量×（1＋损耗率）】，业务单据如生产任务单等的用量根据这个公式计算； 系统默认方式为：A
生产及委外任务超期提前预警天数	该参数表示未关闭的生产任务单或委外加工单，在计划完工多少天前给予预警。默认为 0 天。该选项只对“生产任务超期预警表”和“委外加工超期预警表”是否在主控台的［预警提示区］中和我的工作台［预警区］同时显示并起作用

3. 业务基础参数

（1）初始参数。

参数的设置前提有两个：业务系统处于初始化阶段；业务系统中不存在任何已录入的初始余额和业务单据。满足以上两个前提，用户才能进行初始参数的设置或重新设置。

系统需要设置的核算参数详细说明，如表 2-2-10 所示。

表 2-2-10　　　　系统需要设置的核算参数详细说明

基础参数	说　　明
启用年度和启用期间	系统默认为系统年度和日期，由用户可以自动更改，选择业务实际的启用年度和期间
库存结余控制	主要是让用户确定是否允许负库存出库和允许负库存结账，负库存出库控制的是出库环节，允许负库存结账控制的是结账环节
存货核算方法	可选择总仓、分仓核算。若选择总仓核算，系统在存货核算时不考虑出入仓库，按单据日期确定收发序列，计算出库单价。而当系统分仓核算时，则应区单据上仓库，分别建立收发序列，计算出库单价。以加权平均法为例，若某物料从多个仓库收发，则采用总仓核算，同一物料只有一个加权平均出库单价，所有的该物料的出库单均取此单价。而分仓核算，则有多少个仓库，则可能有多少个加权平均出库单价，该物料在各个仓库的出库单均对应取不同的出库单价
库存更新控制	主要是针对库存的即时库存更新的处理，系统有两种选择，如果选择“单据审核后才更新”，则系统将在库存类单据进行业务审核后才将该单据的库存数量计算到即时库存中，并在反审核该库存单据后进行库存调整；如果选择“单据保存后立即更新”，则系统将在库存类单据保存成立后就将该单据的库存数量计算到即时库存中，并在修改、复制、删除、作废、反作废该库存单据时进行库存调整

重点提醒

“库存结余控制”中是否负库存的判断就是根据即时库存所确定的。为了保证数据处理的严肃性，建议用户采用“单据审核后才更新”。

（2）基本选项详细说明，如表 2-2-11 所示。

表 2-2-11　　　　基本选项详细说明

基本选项	说　　明
审核人与制单人可为同一人	本选项设定业务单据的审核人和制单人是否可为同一人。若选中，表示单据制作和审核可为同一人；否则表示同一操作员不能审核自己制作的单据。系统默认为选中
使用双计量单位	是指在业务处理时使用几种计量单位来衡量物料的收、发和结存。如果选中该选项，则系统在业务单据中显示两种计量单位，即基本计量单位和常用计量单位；否则则在业务单据中只显示常用计量单位，系统默认为不选中。常用计量单位包括采购、仓存、销售计量单位，分别在采购、仓存、销售环节使用，参见仓存系统中多计量单位说明。需要说明的是，无论是否选中该选项，在报表查询中都可以查询到两种计量单位显示的业务数据信息
打印（打印预览）前自动保存单据	如果选中该选项，系统提供打印、打印预览单据前将单据自动保存的功能
合计栏显示数量合计	用户要按企业物料的性质来决定是否选择该选项：在同一张单据录入和显示的物料可能因为性质的不同而采用不同的计量处理，所以合计这些物料的数量是没有意义的，此时就不应选中该选项；而有的企业物料质检性质类似、计数方法也相同，就可以在数量合计栏显示纯数量合计，以满足一定的统计需要

（续表）

基本选项	说　明
辅助属性间隔符	物料辅助属性设置组合属性时，当组合属性的名称由系统自动生时，基本辅助属性值将以此处设置的分隔符分开，分隔符可为“/”“—”“,”“.”，系统默认为“/”。在更改了间隔符以后新设置的组合辅助属性将按照新设间隔规则显示，以前已经设置的仍按照原间隔符规则显示
存货名称	根据用户录入数据在单据和报表显示存货名称，以满足不同类型用户的需要，建议工业用户录入物料，商业客户录入商品
只允许删改本人录入的单据	选中该选项时，修改删除单据保存时判断修改删除人和制单人是否为同一人，如果为同一人，则可以修改删除，不为同一人，则不可以修改删除；不选中该选项时，修改删除人和制单人可不同
审核与反审核必须为同一人	如果不选，则可以反审核其他人审核的业务单据；如果选择，则只能反审核自己审核的业务单据

(3) 其他设置。

专用发票精度：不考虑物料属性中设置的精度，而只考虑此处设置的“专用发票精度”。设置完成后，该设置会直接应用到相关的单据数据处理里。

折扣率精度：位数会影响到采购、销售系统中使用到折扣率的单据，系统默认该精度为四位，录入时只能录入 0～8 的整数。

【专用发票精度】

不考虑物料属性中设置的精度，而只考虑此处设置的“专用发票精度”。设置完成后，该设置会直接应用到相关的单据数据处理里。

【折扣率精度】

位数会影响到采购、销售系统中使用到折扣率的单据，系统默认该精度为四位，录入时只能录入 0～8 的整数。

【实训操作练习 5】

设置东风双成汽车零部件有限公司系统参数。

【实训操作步骤】

(1) 登录金蝶 KIS 专业版主界面。

用户名：manager；密码为空。选择要登录的账套名称，单击【确定】，如图 2-2-4 所示。

(2) 单击【基础设置】→【系统参数】，如图 2-2-5 所示。

(3) 在“系统参数—系统消息”窗口，录入企业相关信息，信息录入说明如表 2-2-12 所示。

图 2-2-4

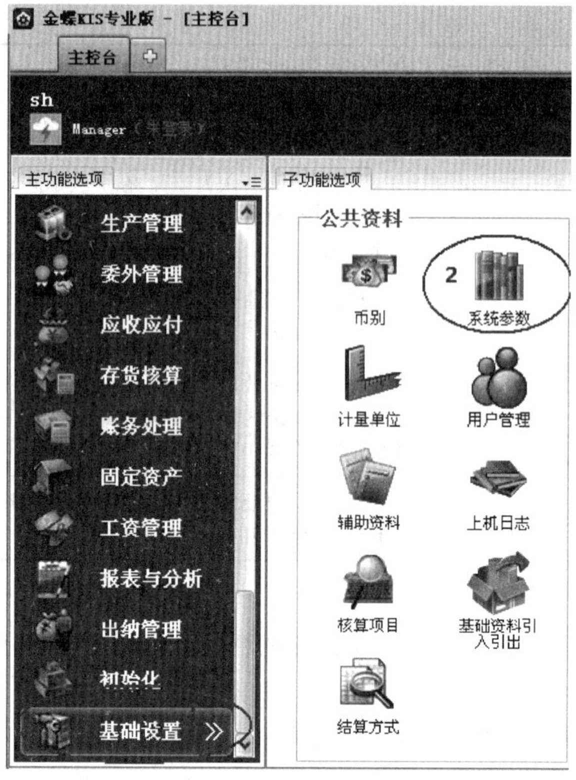

图 2-2-5

表 2-2-12 信息录入说明

参　数	说　　明
公司名称	公司的名称，手工输入，必录项
税号	公司的税务登记号，手工录入，非必录项
银行账号	公司的银行账号，手工录入，非必录项
地址	公司的地址，手工录入，非必录项
电话	公司的联系电话，手工录入，非必录项
传真	公司的传真号码，手工录入，非必录项
E-mail	公司的 E-mail 地址，手工录入，非必录项
公司纳税性质	公司是一般纳税人还是小规模纳税人，根据新建账套时的设置显示，非必录项。后续可修改
税率	公司适用的增值税税率。非必录项
记账本位币	确定账套的记账本位币信息，一旦确定就不可以再修改

（4）录入企业相关内容如图 2-2-6 所示，并单击图 2-2-7 中“会计期间”标签。通过“会计期间”页面进行会计期间的设置，包括设置一个会计年度有多少个会计期间数以及各个期间的起始日期。显示如图 2-2-7 所示。

系统参数

系统信息 | 会计期间 | 财务参数 | 出纳参数 | 业务基础参数 | 业务参数

企业信息

公司名称：东风双成汽车零部件有限公司

税　号：91420300097277478

银行账号：4367422651020050596

地　址：湖北十堰

电　话：18971916133

传　真：07198666886

E_Mail：naturer@189.cn

公司纳税性质：● 一般纳税人　○ 小规模纳税人　税率(%)：17

记账本位币

代码：RMB　名称：人民币　小数位：2

图 2-2-6

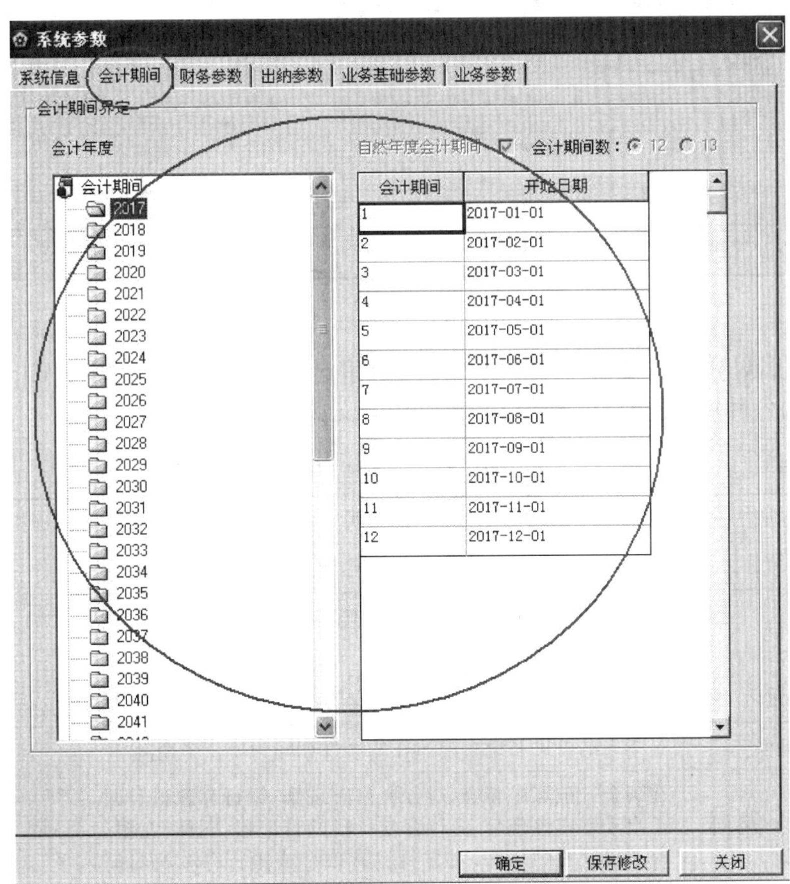

图 2-2-7

(5) 默认系统设置的会计期间，单击【财务参数】标签。东风双成汽车零部件有限公司根据实际工作需要，设置参数如图 2-2-8 所示。

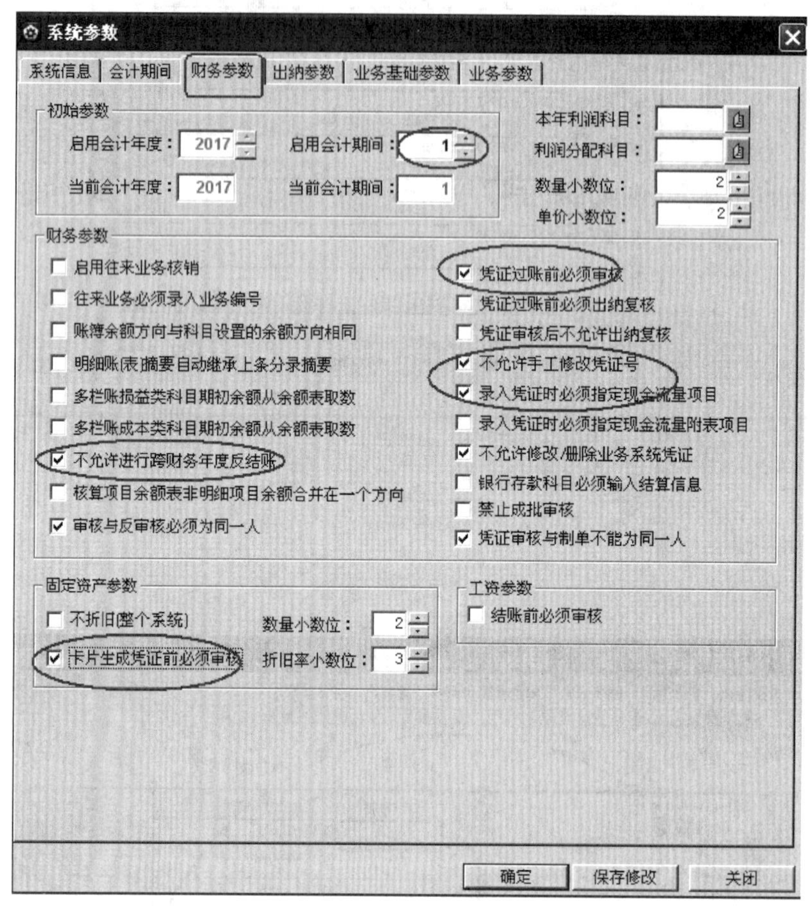

图 2-2-8

(6) 单击【出纳参数】，进入出纳模块设置界面。在“出纳管理”标签页中，提供了出纳管理系统的各种控制的参数，各个参数的具体含义如表 2-2-3 所示。

表 2-2-13　各个参数的具体含义

数据项	说　明	(是/否)必填
启用会计年度	是指启用出纳管理系统的会计年度	否
启用会计期间	指在上面指定的会计年度中的哪一个会计期间启用出纳管理系统的	否
当前会计年度	是指出纳管理系统目前的会计年度是哪一个年度	否
当前会计期间	是指出纳管理系统目前所在的会计期间为哪一个期间	否
自动生成对方科目日记账	在现金日记账中新增，对方科目有现金、银行存款科目时，不自动生成该现金、银行存款科目的日记账；同样，在银行存款日记账中新增，对方科目有现金或银行存款科目时，也不自动生成该现金或银行存款科目的日记账	否

（续表）

数据项	说　明	（是/否）必填
允许从总账引入日记账	不选此参数，则双击“总账数据—引入日记账”提示“没有选择‘允许从总账引入日记账’参数，禁止从总账引入日记账”，不可操作，同时现金日记账和银行存款日记账的引入按钮和文件菜单中从总账引入日记账都应为灰。选此参数，则表示可以从总账引入现金日记账和银行存款日记账	否
与总账对账期末余额不等时不允许结账	出纳管理系统在结账时，系统判断银行日记账与现金日记账所有科目以及科目的所有币别与总账的对应科目和币别的余额是否相等，只有相等的情况下才允许结账	否

东风双成汽车零部件有限公司出纳模块参数设置如图 2-2-9 所示。

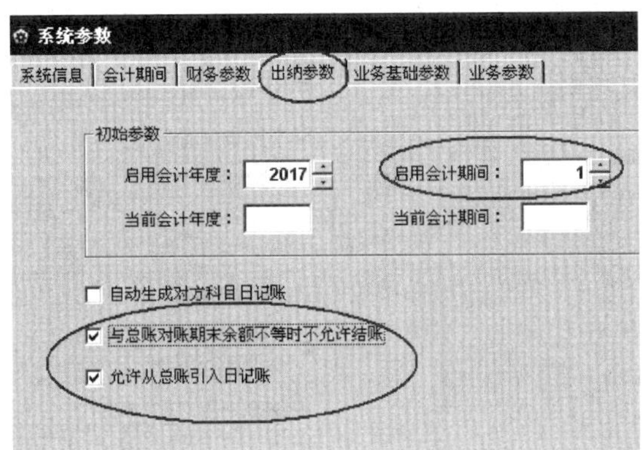

图 2-2-9

（7）单击【业务基础参数】，转入“业务基础参数”页面。东风双成汽车零部件有限公司业务基础参数设置如图 2-2-10 所示。

图 2-2-10

(8) 单击【业务参数】标签,转到“业务参数”设置界面。东风双成汽车零部件公司业务参数设置如图 2-2-11 所示。关于参数设置详见软件帮助“业务参数”说明。

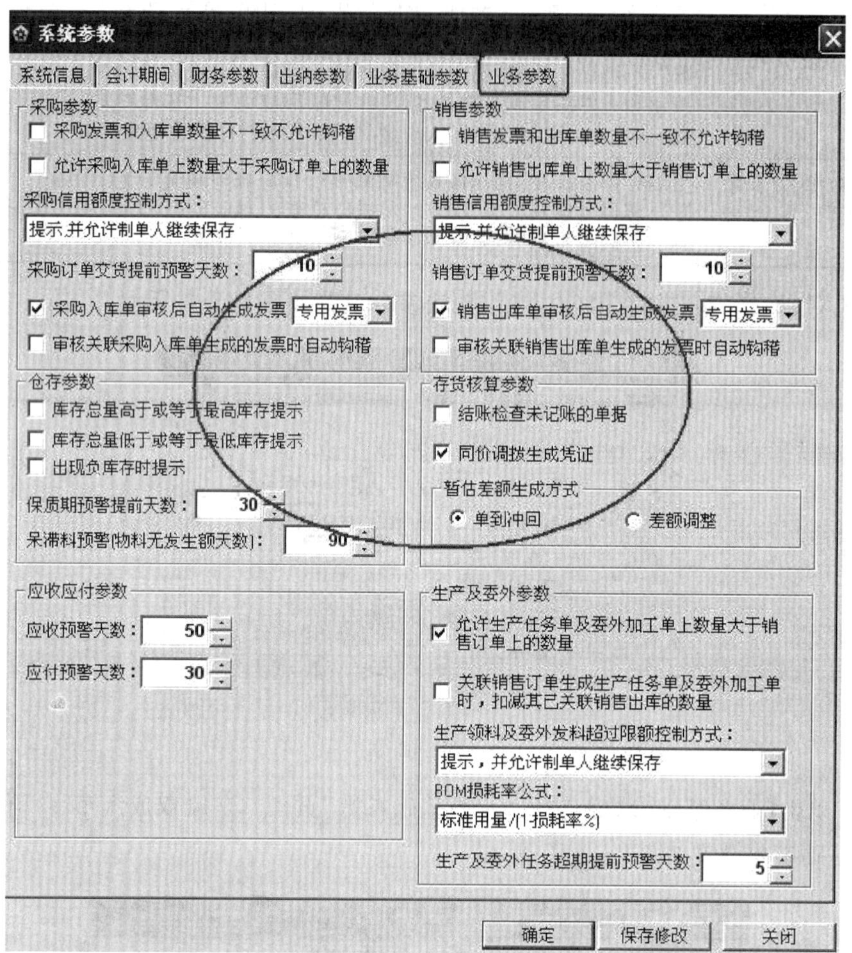

图 2-2-11

(9) 单击【确定】,系统提示是否启用财务模块初始设置,如图 2-2-12 所示。

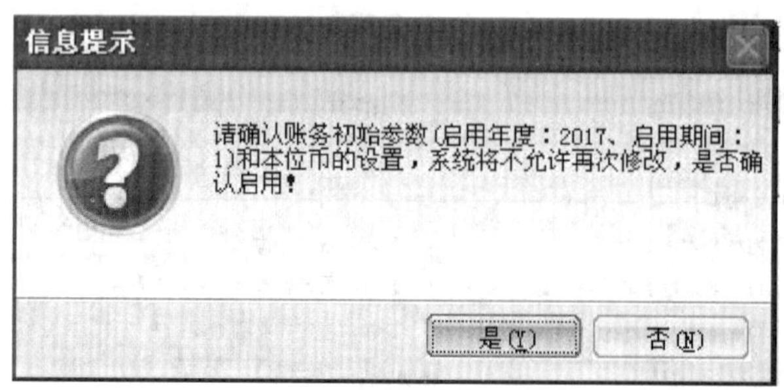

图 2-2-12

(10) 单击【是】,系统提示是否启用出纳系统,如图 2-2-13 所示。

图 2-2-13

(11) 单击【是】,系统提示是否启用业务系统,如图 2-2-14 所示。

图 2-2-14

(12) 单击【是】,系统提示参数设置成功,将重新登录系统,如图 2-2-15 所示。

图 2-2-15

至此,基础设置——系统参数设置完毕。

二、基础设置——用户管理

用户管理是对账套使用者的管理,包括新增用户、删除用户、用户授权。如果给特定的用户授予了管理员的权限,该用户登录后,也可以在客户端进行用户管理。

【实训操作练习 6】

新增用户组:财务组,授权组为基础资料、账务处理、固定资产、报表、财务分析、出纳管理、工资、应收应付管理系统、存货核算系统。

业务组:授权组为基础资料、采购管理系统、仓存管理系统、销售管理系统、生产管理系统、委外管理系统、购销存公用设置。

【实训操作步骤】

（1）在金蝶 KIS 专业版主界面，依次单击【基础设置】→【用户管理】→【新建用户组】，如图 2-2-16 所示。

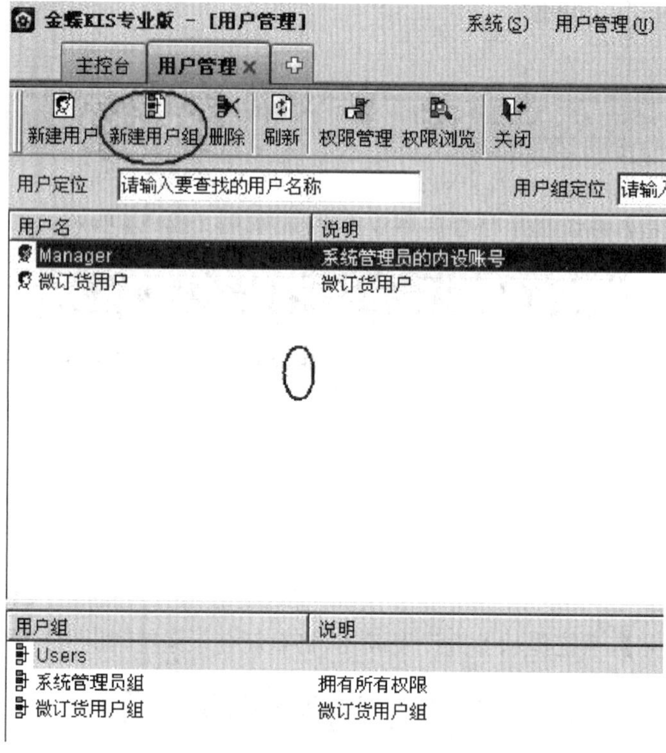

图 2-2-16

（2）在用户组名处输入：财务组；说明处输入：财务人员；单击【确定】，如图 2-2-17 所示。

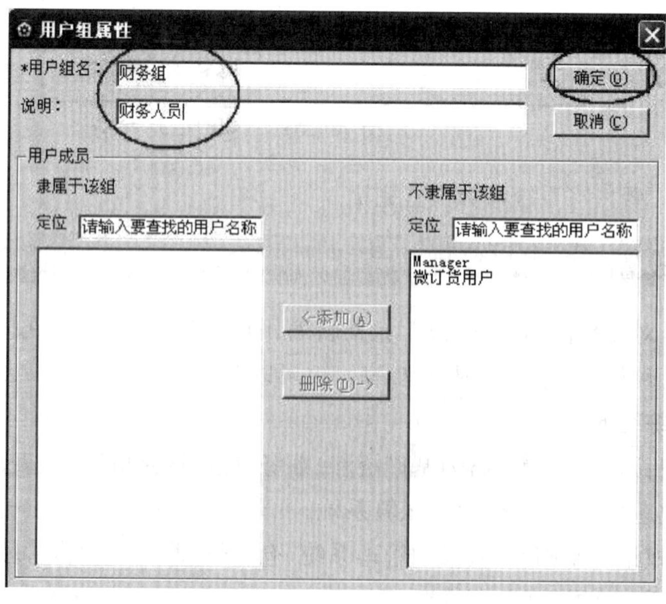

图 2-2-17

（3）单击【新增用户组】，在用户组名处输入：业务组；说明处输入：业务组；单击【确定】，如图 2-2-18 所示。

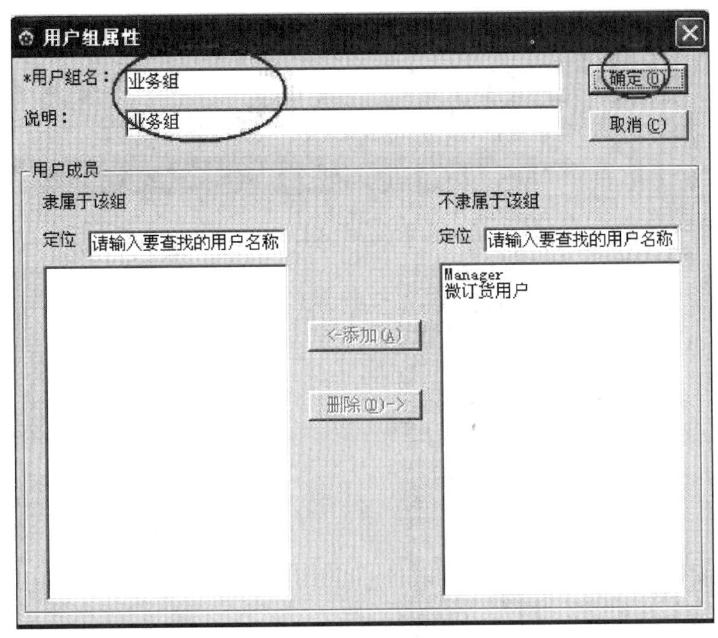

图 2-2-18

（4）对财务组人员授权。在"用户管理"页面，依次单击【财务组】→【权限管理】→勾选授权模块→【授权】→【关闭】。详细操作图解如图 2-2-19 所示。

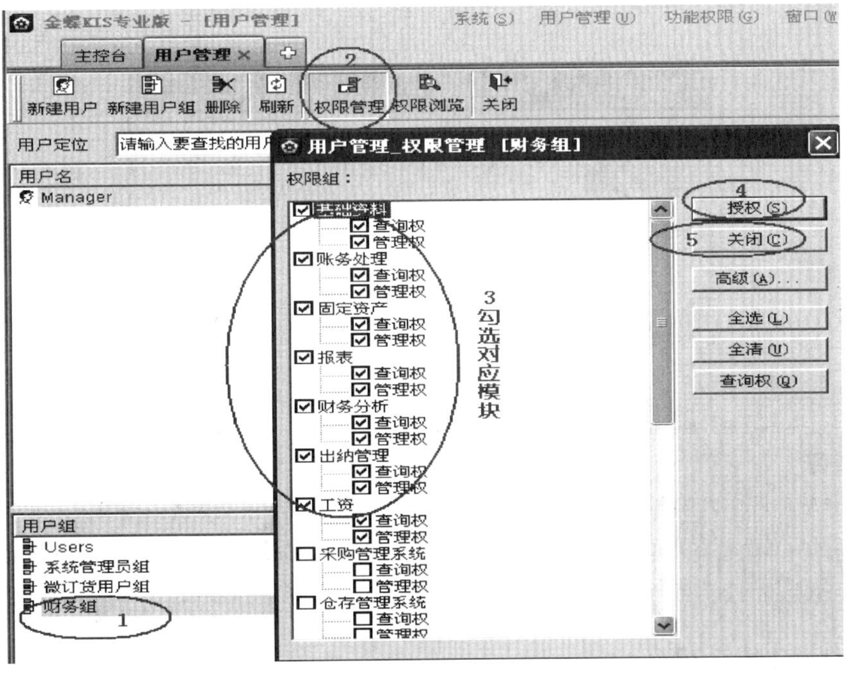

图 2-2-19

注意勾选时不要漏掉了“存货核算”和“应收应付管理系统”模块。

(5) 参照上述操作步骤完成业务组的授权设置，如图 2-2-20 和图 2-2-21 所示。

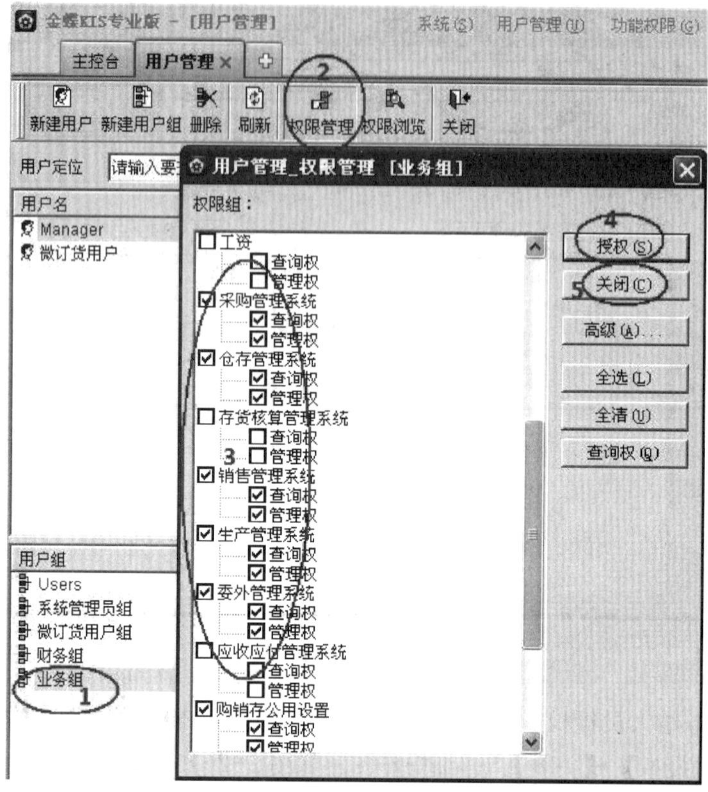

图 2-2-20

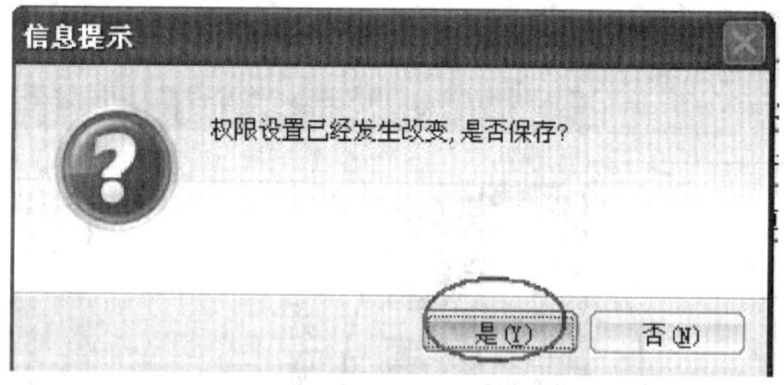

图 2-2-21

重点提醒

系统管理用户管理：显示系统管理管理员信息，并提供更换管理员功能。如果企业的管理员需要变更，可以在金蝶系统管理【用户管理】界面，单击【更换管理员】，根据提示向导，录入新管理员相关信息，即可完成系统管理管理员更换。注意：更换管理员时，系统管理必须为在线连网状态。

【实训操作练习 7】

新增操作员：杨信，CEO，密码：yx1235，并授权。

【实训操作步骤】

(1) 在用户管理界面,新增操作员杨信,CEO,密码 yx1235,系统管理员组。按图 2-2-22 和图 2-2-23 中数字标识操作。

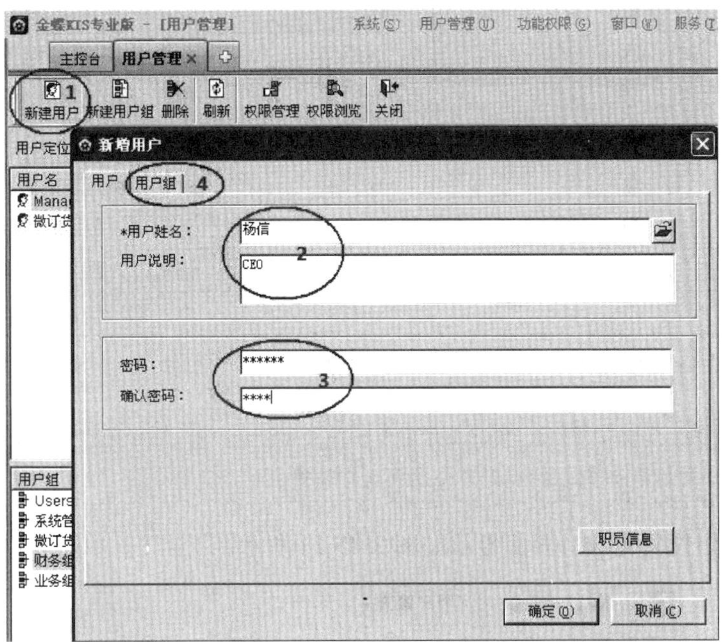

图 2-2-22

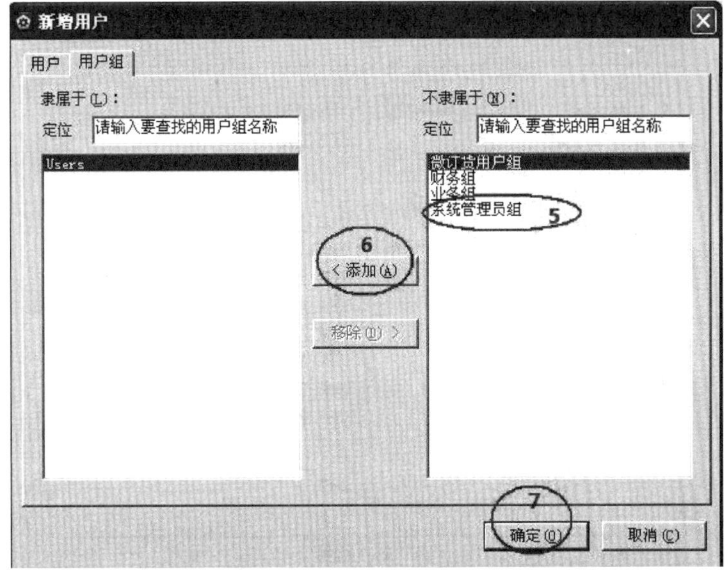

图 2-2-23

(2) 参照上述操作方法,依次增加后面 2 号到 10 号操作员并设置好用户所在工作组。2～10 号操作员信息如表 2-2-14 所示。

表 2-2-14　　2～10 号操作员信息

序号	姓名	职位	密码	组　别
2	方　晴	CFO	fq1235	系统管理员组
3	王　毅		wy1235	成本往来会计,授权财务组
4	李　欣		lx1235	资金会计,授权财务组权限
5	刘　琴		lq1235	资产会计,授权财务组
6	张　红		zh1235	总账费用会计,授权财务组
7	王　磊		wl1235	仓管人员,授权业务组
8	王　鑫		wx1235	采购部,授权业务组
9	刘　翔		lx1235	销售部,授权业务组
10	王　俊		wj1235	生产部,授权业务组

重点提醒

本案例操作员授权较为粗放,实际工作中要根据个人职责权限,明细到某一具体的功能模块和菜单命令、单据增加删除修改打印、账表修改查询打印等。

(3) 操作员设置完成后界面显示如图 2-2-24 所示。

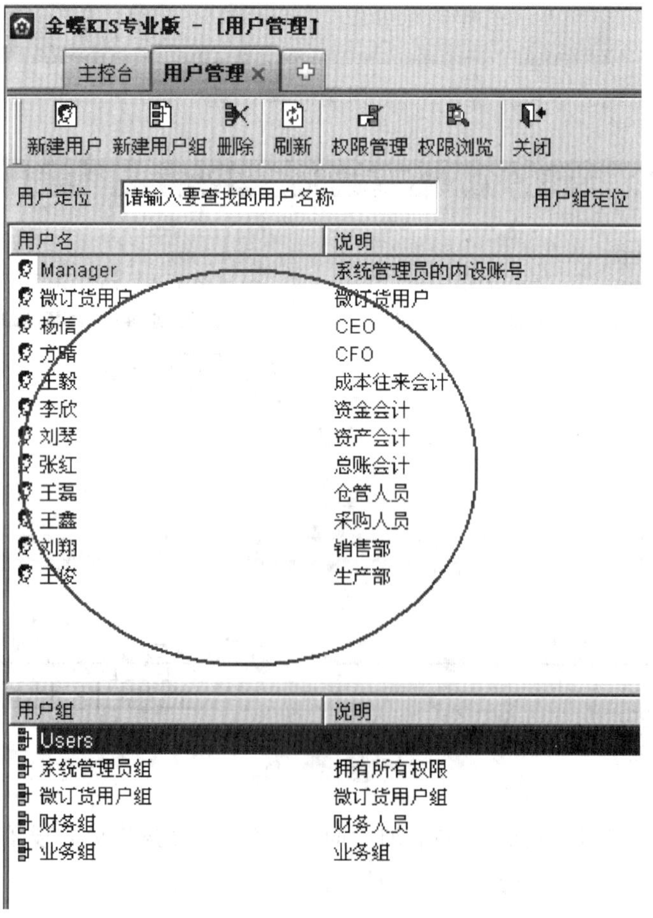

图 2-2-24

三、基础设置——币别

币别操作说明如表 2-2-15 所示。

表 2-2-15　　币别操作说明

数据项	说　明	必填项(是/否)
币别代码	表示货币币别的代码,本系统默认使用 3 个字符表示,最多支持 8 个字符表示。建议使用一般惯例编码,如:RMB、HKD、USD…。提醒:在输入货币代码时尽量不要使用“$”符号,因为该符号在自定义报表中已有特殊含义,如果使用该符号,那么在自定义报表中定义取数公式时可能会遇到麻烦	是
币别名称	表示货币的名称,如人民币、港币、美元等	是
记账汇率	在经济业务发生时的记账汇率,期末调整汇兑损益时,系统自动按对应期间的记账汇率折算,并调整汇兑损益额度	是
折算方式	本系统可选择折算方法有直接汇率法和间接汇率法两种汇率折算公式,用户可根据实际情况选择其中一种。系统默认为直接汇率法	是
金额小数位数	指定币别的精确的小数位数,范围为:0～4	是
固定/浮动汇率	指定币别是固定汇率还是浮动汇率,用户可根据实际情况选择其中一种。系统默认为固定汇率	是

【实训操作练习 8】

东风双成汽车零部件有限公司使用以下币别信息如表 2-2-16 所示。

表 2-2-16　　币别信息

代码	名称	汇率	小数位数	固定汇率
RMB	人民币	1	2	否
USD	美元	6.81	2	否
HKD	港币	0.87	2	否

【实训操作步骤】

(1) 在金蝶 KIS 专业版主界面,依次单击【基础设置】→【币别】,打开“币别”界面。操作步骤如图 2-2-25 所示。

(2) 单击【确定】完成新增操作。

重复上述操作步骤新增港币,操作完成后界面如图 2-2-26 所示。

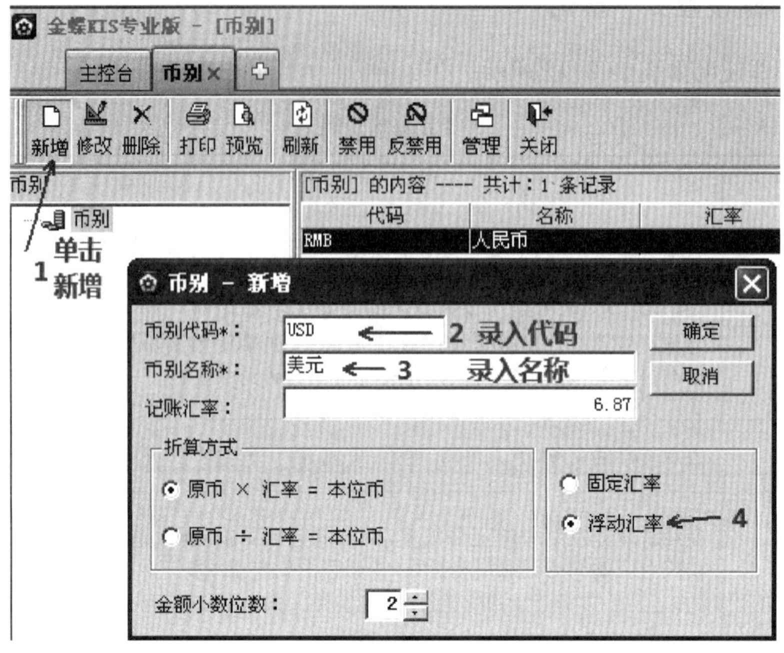

图 2-2-25

[币别] 的内容 ---- 共计：3 条记录

代码	名称	汇率	小数位数	固定汇率
RMB	人民币	1	2	否
USD	美元	6.81	2	否
HKD	港币	0.87	2	否

新增操作成功显示上述3条信息。

图 2-2-26

四、基础设置——计量单位

存货的设置必定涉及计量单位。在金蝶 KIS 专业版中，计量单位的设置先要设置计量单位组，再在组中设置计量单位。

金蝶 KIS 专业版中允许存在多计量单位，为了便于管理，可以通过计量单位组对不同计量单位进行分类管理和显示。同时为了管理操作的方便简洁，系统约定从计量单位组只能存在一级，也就是说，计量单位组下不能再新增计量单位组，只能新增计量单位。同时金蝶 KIS 专业版约定：在一个计量单位组中，有且只能有一个默认计量单位。进入主界面后，选择【基础设置】→【计量单位】，就可以进入计量单位维护界面。在维护界面中，可以对计量单位组和计量单位进行维护管理。

计量单位组可以进行以下操作：计量单位组管理、新增、删除、禁用、引出、打印、预览。

重点提醒

由于有些存货的计量单位可能会有几个，一个为主计量单位，其他为辅助计量单位，为了能够体现该存货多种计量方法及这些计量单位之间的运算关系，所以本系统将其设置成一个一个的计量单位组，在组中各计量单位是主计量单位和辅助计量单位的关系。因此一个计量单位组系统只默认一个计量单位，默认计量单位的系数为1。此计量单位组中其他的计量单位都为辅助计量单位，辅助计量单位的系数为计量单位的倍数。在设置存货信息时，存货只能获取到默认的计量单位，所以用户有多少必须要用的计量单位，则必须要设置多少计量单位组，并且购销存系统中的核算都是用主计量单位来参与计算的。

【实训操作练习9】

新增以下计量单位组和计量单位，如表2-2-17所示。

表2-2-17　　新增计量单位组和计量单位

单位组	单位代码	单位名称
常用组	01	套
常用组	02	个
常用组	03	辆
常用组	04	件

【实训操作步骤】

(1) 在金蝶KIS专业版主界面，依次单击【基础设置】→【计量单位】，系统进入新增计量单位组界面，按图2-2-27指示操作。

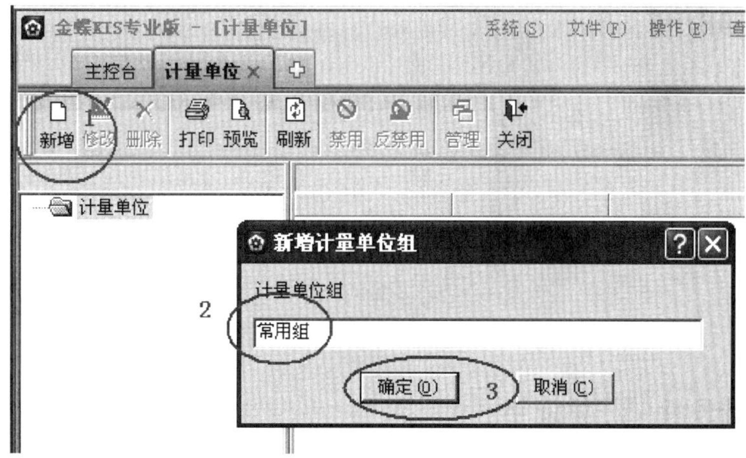

图2-2-27

(2) 单击左栏【计量单位】下面的【常用组】，然后鼠标左键在右栏空白区域单击一下，再单击【新增】，在弹出的窗口录入计量单位代码和名称，单击【确定】，如图2-2-28所示。

图 2-2-28

(3) 重复上述操作，录入其他计量单位，新增完毕，界面显示如图 2-2-29 所示。

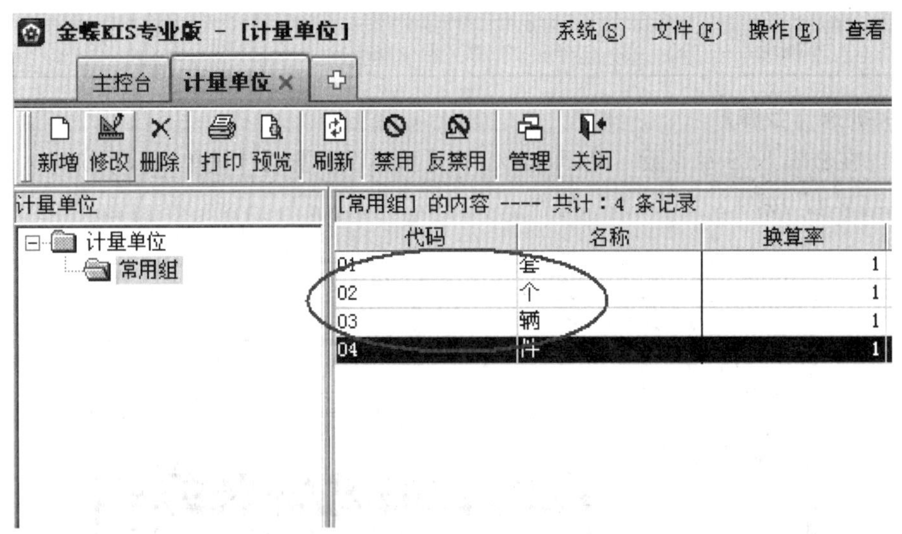

图 2-2-29

五、基础设置——凭证字

凭证字就是在录入凭证时使用的用于标记凭证类别的凭证字，它与实际工作中所使用的凭证字的含义是相同的。

系统在新建账套时已经默认凭证字为“记”，不需要重新设置。如果企业需要使用“收、付、转”字凭证或者其他类型凭证字，则需要重新设定。

下面以增加凭证字“收”为例介绍设置增加凭证字的操作。

在金蝶 KIS 专业版主界面，依次单击【基础设置】→【凭证字】，在弹出的如图 2-2-30 所示窗口，按提示操作。

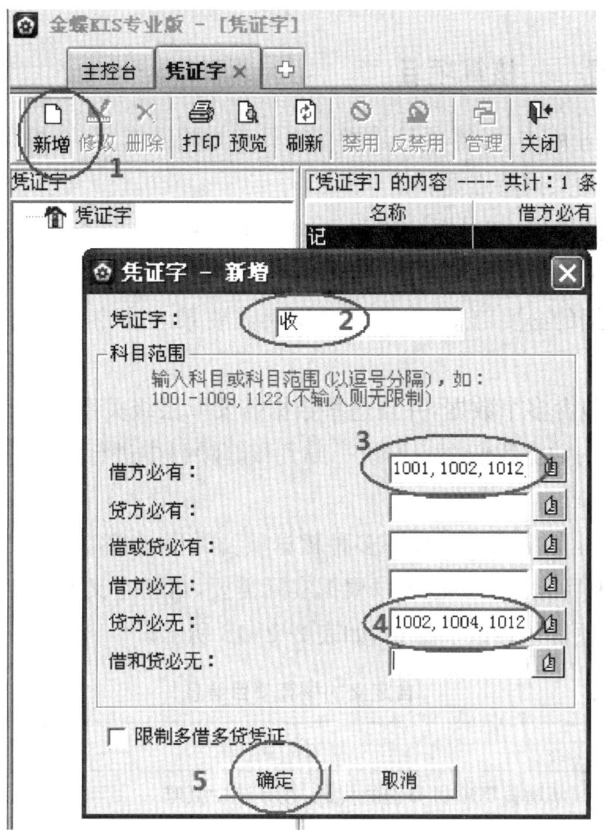

图 2-2-30

限制多借多贷说明：凭证即在账务处理系统进行凭证录入时，如果选择了限制多借多贷的凭证字，则系统将对当前凭证进行判断，如是多借多贷凭证，则该凭证不允许保存。对于一借一贷、一借多贷、多借一贷的凭证系统不做上述限制。

因为此处是增加“收款凭证”，所以借方必有库存现金、银行存款、其他货币资金科目，贷方必无库存现金、银行存款、其他货币资金科目，单击【确定】完成凭证字增加。

重点提醒

用户也可以不设置默认凭证字，在这种情况下，系统将根据拼音排序将排在首位的凭证字带到新增凭证中。

六、基础设置——结算方式

进入金蝶 KIS 专业版主界面后，依次单击【基础设置】→【结算方式】，就可以进入“结算方式”界面。在“结算方式”界面中可以对结算方式进行初始数据录入和日常维护操作。

结算方式可以进行以下操作：新增、修改、删除、浏览、禁用管理、引出、打印、预览。

这些操作与科目、币别等的操作方法相同，故不再详述，使用方法可以参见前述相关内容。

七、基础设置——核算项目

在金蝶 KIS 专业版中，核算项目是指一些具有相同操作、作用相类似的一类基础数据的统称。核算项目的共同特点是：

(1) 具有相同的操作，如可以增删改，可以禁用，可以进行条形码管理，可以在单据中通过 F7 进行调用等。

(2) 是构成单据的必要信息，如录入单据时需要录入客户、供应商、商品、部门、职员等信息。

(3) 本身可以包含多个数据，并且这些数据需要以层级关系保存和显示。

具有这些特征的数据我们把它们统一归到核算项目中进行管理。这样管理起来比较方便，操作起来也比较容易。

在金蝶 KIS 专业版中已经预设了多种核算项目类型，如客户、部门、职员、存货、仓库、供应商、现金流量项目等。用户也可以根据实际需要，自己定义所需要的核算项目类型。

自定义的核算项目包括以下信息，如表 2-2-18 所示。

表 2-2-18　　　　自定义的核算项目信息

数据项	说　明	必填项(是/否)
代码	新增核算项目类别的代码，在系统中需唯一	是
名称	新增核算项目类别的名称。如新增类别名称“银行”	是
自定义属性的名称	该类核算项目的具体属性名称。客户、供应商的地址，存货的长、宽、高等。核算项目的属性可以有多个	是
相关属性	自定义属性所需。可以是系统中已有的任意一种基础资料，也可以是用户自定义的基础资料。如果设置为“无”，自定义属性类型可以通过下面的“类型”和“长度”随意定义	是
类型	类型：逻辑、日期、文本、整数、实数、货币。“相关属性”为“无”的情况下，类型才可以设置	否
长度	自定义属性数据值的最大长度。“相关属性”为“无”的情况下，长度才可以设置	否
缺省值	自定义属性的默认缺省值	否
属性页	自定义属性在核算项目中默认显示的界面位置。默认显示在“自定义”界面中。也可以手工输入一个新的界面名称。建议名称不要超过 4 位中文字符	是

1. 新增核算项目类别

新增一个核算项目类别“银行”，包括的属性有银行的代码、名称、地址、区域。地址属性：类型为文本类型，长度为10。区域属性：为系统中已经存在的辅助资料。

操作步骤如下：

(1) 在“全部核算项目”界面内，选择“核算项目”根目录，此时菜单内容相应改为对核算项目类别的操作。

(2) 依次单击【操作】→【新增核算项目类别】，进入“核算项目类别—新增”界面，如图2-2-31所示。

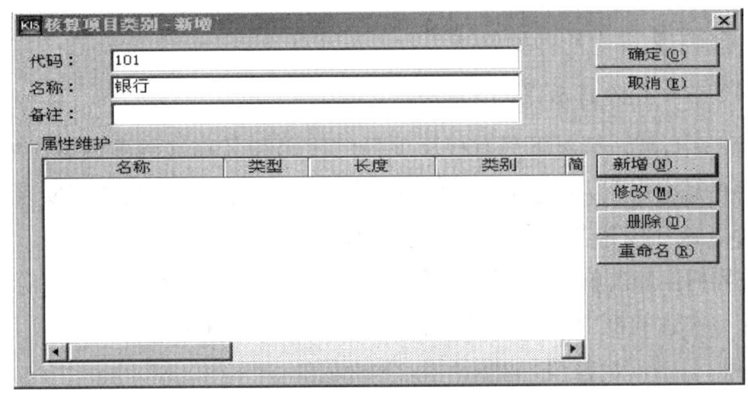

图2-2-31

(3) 输入核算项目类别的代码和名称，代码、名称这两个属性不用新增，因为系统默认就有。

(4) 单击【新增】，打开“自定义属性—新增”界面，如图2-2-32所示。为该核算项目“银行”新增自定义属性“地址”。

(5) 在图2-2-32的“名称”处输入地址，相关属性保持为“无”，类型设置为“文本”，长度设为“10”，缺省值为空，属性页默认为“自定义”。

(6) 输入完毕后，单击【新增】，保存自定义属性的资料，返回到“核算项目类别—新增”界面。此时“核算项目类别—新增”界面自定义属性处多了一条记录。

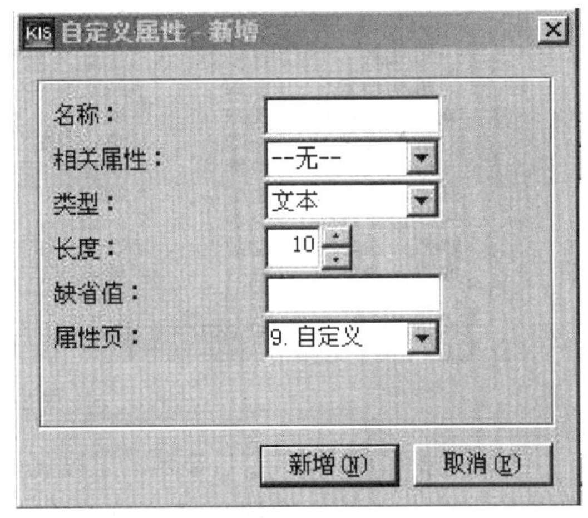

图2-2-32

(7) 再次单击【新增】，打开“自定义属性—新增”界面，为该核算项目“银行”新增自定义属性“区域”。在图2-2-32中的“名称”处输入区域，相关属性处选择辅助资料“区域”，缺省值和属性页保持系统默认状况，不做变化。

(8) 输入完毕后,单击【新增】,保存自定义属性的资料,返回到“核算项目类别—新增”界面。此时“核算项目类别—新增”界面自定义属性处一共有了两条记录。

(9) 单击【确定】。核算项目类别“银行”就新增成功了。

2. 修改核算项目类别

如果要修改某一核算项目类别的属性,具体操作步骤如下:

(1) 选中一个核算项目类别。

(2) 在菜单上选择【操作】→【修改核算项目类别】,或右击选择【核算项目类别修改】,弹出“核算项目类别修改”界面,在这里,可以修改核算项目类别名称、新增自定义核算项目属性、对核算项目进行自定义显示等。

(3) 单击【确定】,保存所做的修改。

3. 核算项目自定义显示(【F7】界面)

在【F7】窗口中,默认情况下只有核算项目的代码和名称这两项内容。如果用户希望可以显示更多的信息,可以通过系统提供的核算项目自定义显示功能来实现。

下面以存货这个核算项目来进行说明,具体的操作是:

(1) 在主界面上依次单击【基础设置】→【存货】,打开“基础资料—存货”管理的主窗口。

(2) 在窗口左边的框中选择“存货”根目录,选择【操作】→【修改核算项目类别】,打开“核算项目类别——修改”窗口,如图 2-2-33 所示。

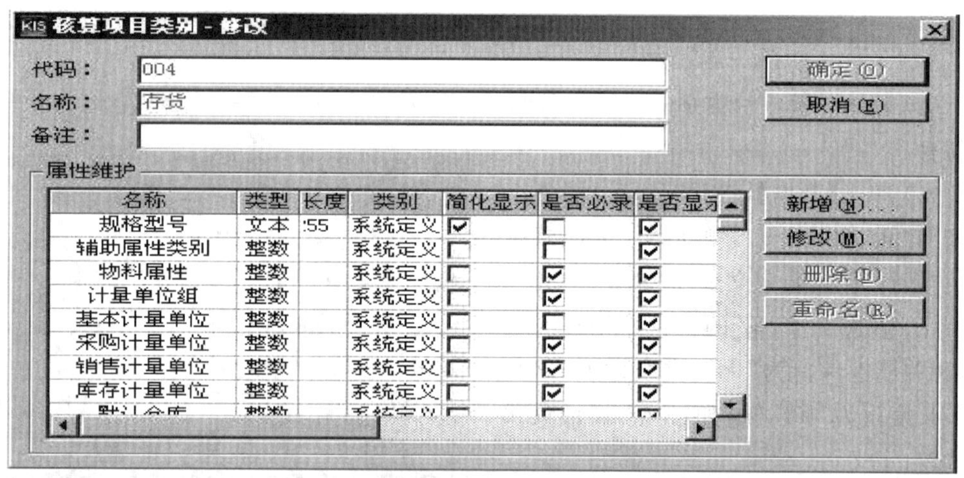

图 2-2-33

(3) 选择希望在 F7 窗口显示的字段属性,如上图的规格型号、物料属性等,然后在简化显示列选中“√”,单击【确定】,关闭当前窗口。

(4) 以后在录入单据时,在“存货”上单击【F7】键,打开【F7】窗口时,就可以看到存货的规格型号、物料属性等信息了。

(5) 如果希望在核算项目管理(如存货)窗口中也可以根据自定义列进行显示,则需要在“基础资料—存货”窗口中单击【查看】→【选项】,在打开的“选项”窗口中的“核算项目显示”中选中“核算项目简化显示”。

重点提醒

用户可以随意自定义希望在【F7】窗口中显示的列。但是需要注意的是，自定义显示的列越多，会对打开【F7】窗口的速度有一定的影响。因此建议用户不要自定义显示过多的列。

4. 核算项目自定义隐藏字段（新增编辑界面）

目前在核算项目的新增、修改界面是显示核算项目的所有属性。但是对于某些用户，其中有些属性基本不使用，用户希望可以在录入或修改时隐藏这部分属性，这时可以使用核算项目的自定义隐藏字段功能。

下面还是以存货这个核算项目来进行说明，具体的操作步骤如下：

(1) 主界面上依次单击【基础设置】→【核算项目】→【存货】，打开“基础资料—物料”管理的主窗口。

(2) 在窗口左边的框中选择“存货”根目录，选择【操作】→【核算项目类别修改】，打开“核算项目类别——修改”窗口，如图 2-2-34 所示。

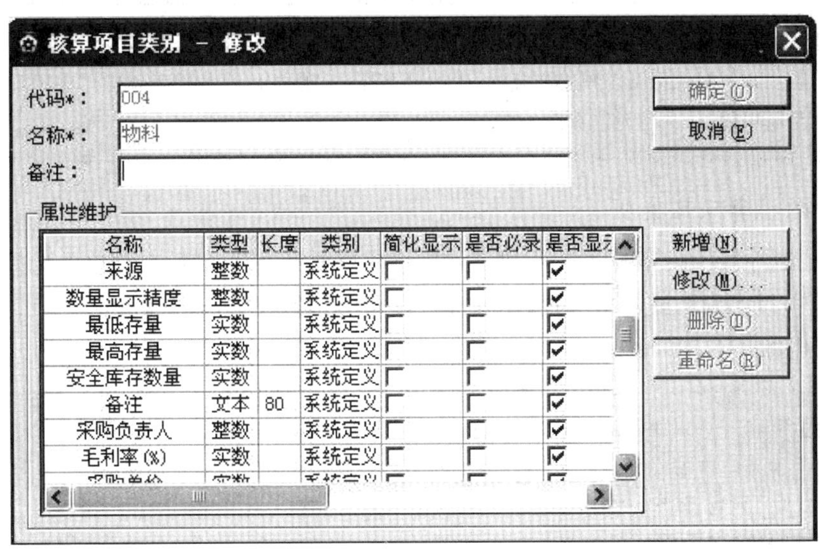

图 2-2-34

(3) 选择希望在存货新增编辑界面显示的字段属性，如图 2-2-34 的数量精度、安全库存数量等，然后在“是否显示”列选中“√”，一些不需要的字段如默认仓库、来源等不选中，然后单击【确定】，关闭当前窗口。

以后在录入存货时，除了选定的属性数量精度、最低存量等外，那些不用到的字段如缺省仓库、来源等就不会在界面上显示了。修改存货的界面也是一样的。

重点提醒

对于金蝶 KIS 专业版系统定义的必录项和用户自定义的必录项，这个“编辑显示”列是锁定为选中的，不允许用户修改，即这些必录项在新增修改界面是一定可见的。

5. 核算项目自定义必录项

目前所有核算项目的属性是否为必录都是由系统定义的，对于某些用户，需要将核算项目中的部分属性设置为必录项，这时可以使用核算项目自定义必录项功能。

还是以“存货”这个核算项目进行说明，具体的操作步骤如下：

(1) 在主界面上依次单击【基础设置】→【核算项目】→【存货】，打开“基础资料—存货”管理的主窗口。

(2) 在窗口左边的框中选择“存货”根目录，选择【操作】→【修改核算项目类别】，打开“核算项目类别——修改”窗口，如图 2-2-34 所示。

(3) 选择希望定义为必录项的字段属性，如图 2-2-34 的“最低存量”“最高存量”等，然后在“是否必录”列选中“√”，单击【确定】，关闭当前窗口。

(4) 以后在录入存货时，那些被选定为必录项的属性在界面上将以指定的必录颜色显示。在进行录入保存时，如果这些属性没有输入完整的数据，系统将会给出提示信息。

重点提醒

对于某些系统定义的必录项，如“存货”中的规格型号、基本计量单位等，这个“是否必录”选项是被锁定为选中的，用户不允许更改。

6. 删除核算项目类别

如果要删除某一核算项目类别，则先选中该核算项目类别，然后在菜单上选择【操作】→【删除核算项目类别】，或右击选择【删除核算项目类别】，在弹出的确认删除窗口单击【是】即可完成删除。

重点提醒

如果核算项目下面有明细核算项目，则必须先删除明细核算项目才能删除大类。

(一) 支出经济分类

【实训操作练习 10】

东风双成汽车零部件有限公司进行了财务标准化建设，设置了收支分类会计科目核算体系。需要在核算项目中新增支出经济分类会计科目，代码：111；名称：支出经济分类。

【实训操作流程】

(1) 在金蝶 KIS 专业版主界面，依次单击【基础设置】→【核算项目】，在打开的“核算项目类别—新增”页面，录入图 2-2-35 所示信息。

(2) 单击【确定】退出。

(3) 单击项目大类【支出经济分类】，单击左上角快捷方式图标 新增，录入“支出经济分类”下级明细资料。详细操作步骤如图 2-2-36 所示。

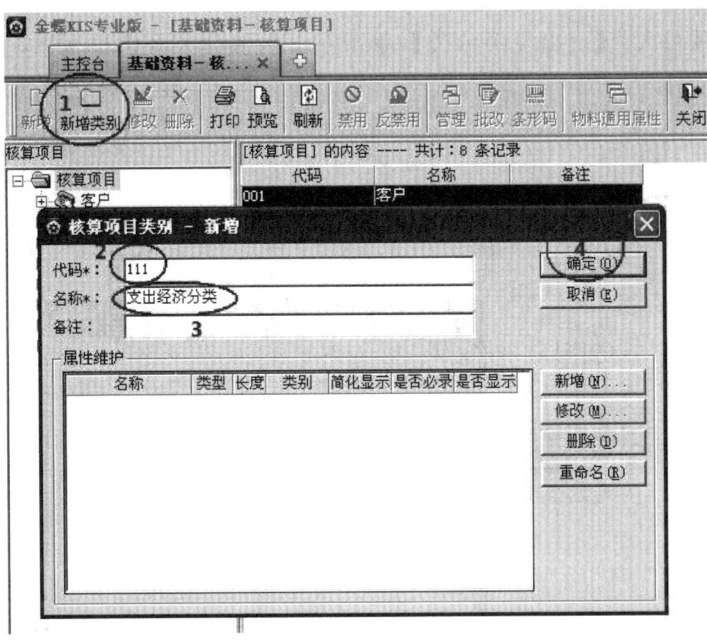

图 2-2-35

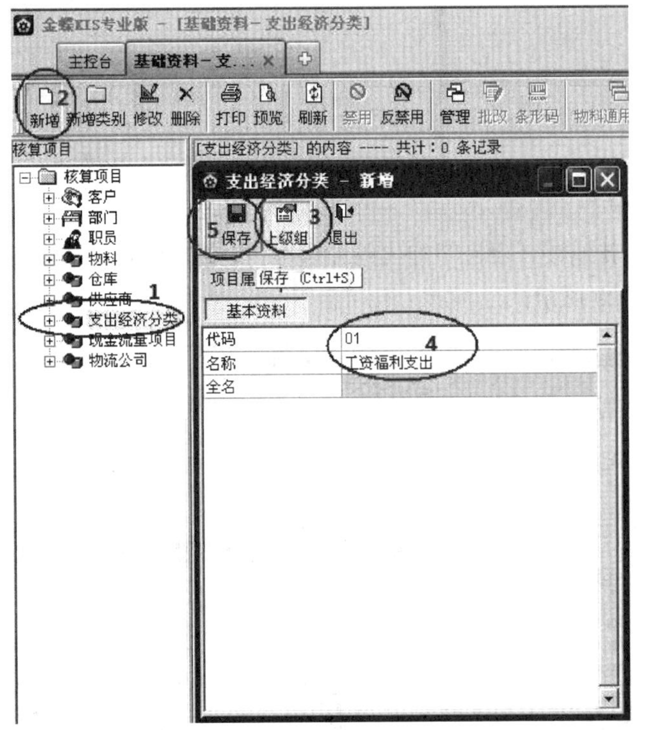

图 2-2-36

重点提醒

此处录入的核算项目名称是上级目录，所以需要单击【上级组】，但增加末级明细资料时，不要点击【上级组】，否则会出现录入凭证时系统提示不能选择上级目录的错误提示。

（4）单击项目大类【支出经济分类】，单击左上角快捷方式图标 新增，录入明细资料，详细操作步骤如图 2-2-37 所示。

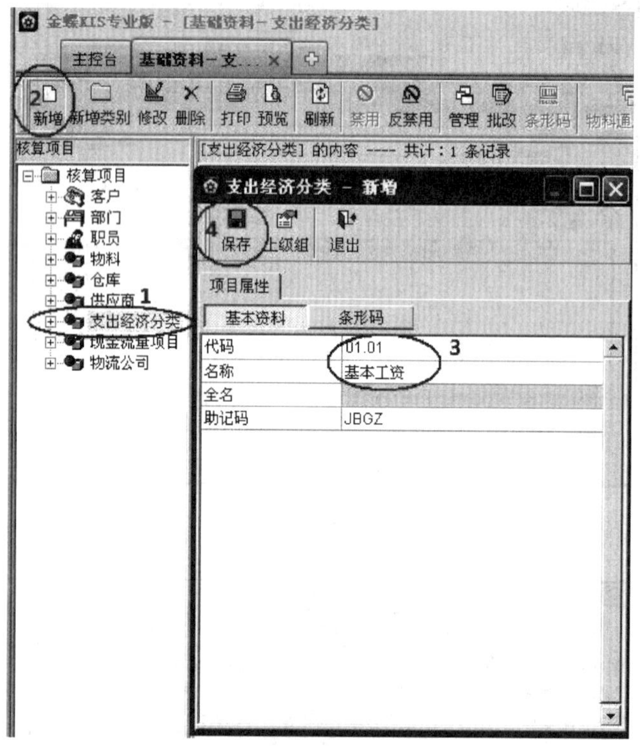

图 2-2-37

（5）继续录入其他核算项目明细代码和名称，直到全部录入完毕保存退出，显示如图 2-2-38 和图 2-2-39 所示。

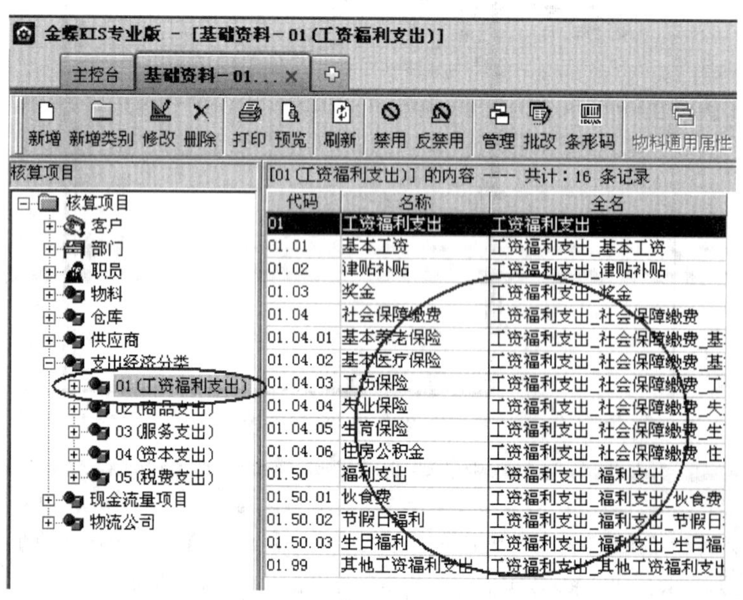

图 2-2-38

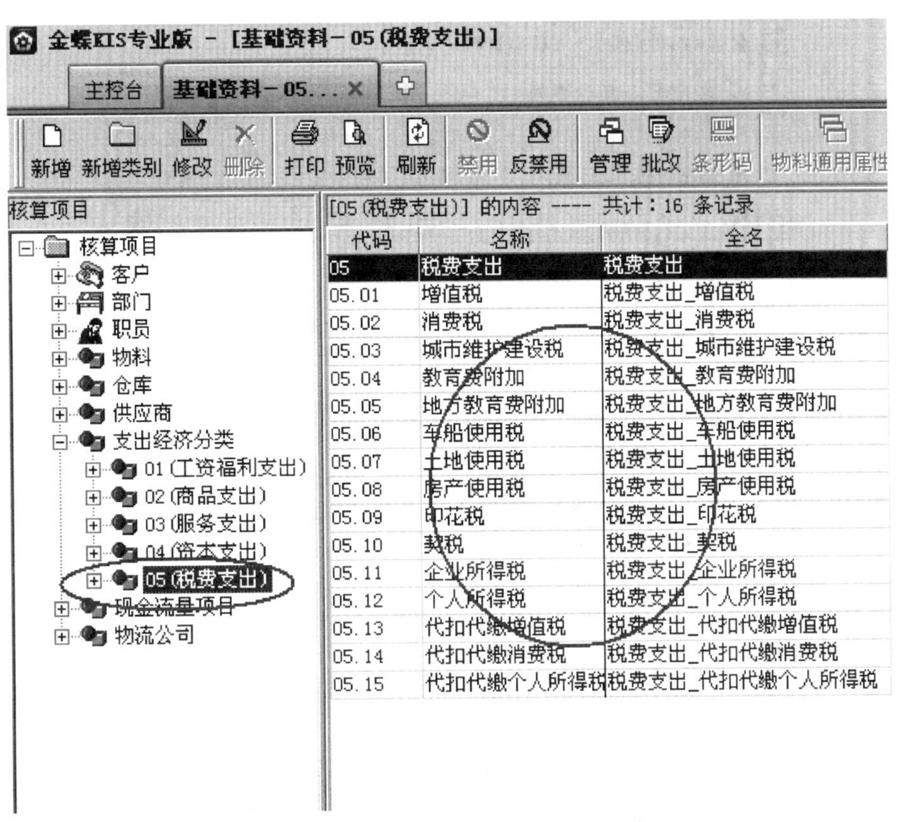

图 2-2-39

(二) 客户

【实训操作练习 11】

在核算项目中新增客户档案，信息如表 2-2-19 所示。

表 2-2-19　　新增客户档案

客户代码	客户简称	其他信息
001	东风商用车公司重型车公司	
002	东风股份专用汽车公司	

【实训操作步骤】

(1) 在金蝶 KIS 专业版主界面，依次单击【基础设置】→【核算项目】，打开“核算项目”主页面，如图 2-2-40 所示。

(2) 在“核算项目—客户”主页面，鼠标单击页面左侧【客户】，再单击上方【新增】按钮，录入客户档案明细资料后保存，详细操作步骤如图 2-2-41 所示。

(3) 继续输入后面的客户档案。

方法一：依次单击【保存】→【退出】系统返回到“核算项目—客户”主页面。重复以上操作流程，继续输入后面的客户档案。

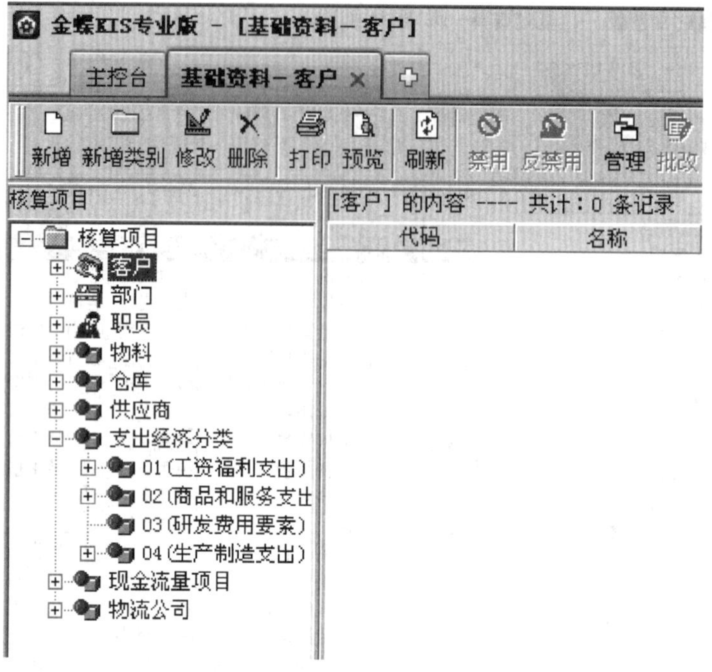
金蝶KIS专业版 - [基础资料－客户]
主控台
基础资料－客户
新增 新增类别 修改 删除 打印 预览 刷新 禁用 反禁用 管理 批改
核算项目
[客户] 的内容 ---- 共计：0 条记录
代码
名称
核算项目
客户
部门
职员
物料
仓库
供应商
支出经济分类
01 (工资福利支出)
02 (商品和服务支出
03 (研发费用要素)
04 (生产制造支出)
现金流量项目
物流公司

图 2-2-40

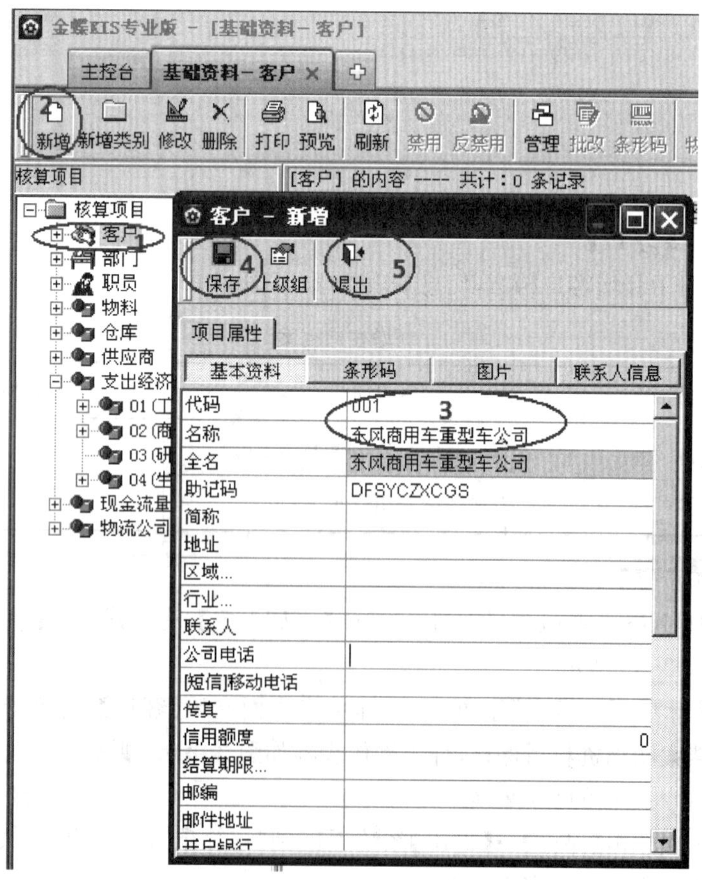
金蝶KIS专业版 - [基础资料－客户]
主控台
基础资料－客户
新增 新增类别 修改 删除 打印 预览 刷新 禁用 反禁用 管理 批改 条形码
核算项目
[客户] 的内容 ---- 共计：0 条记录
客户 － 新增
保存 上级组 退出
项目属性
基本资料 条形码 图片 联系人信息
代码 001
名称 东风商用车重型车公司
全名 东风商用车重型车公司
助记码 DFSYCZXCGS
简称
地址
区域...
行业...
联系人
公司电话
[短信]移动电话
传真
信用额度 0
结算期限...
邮编
邮件地址
1
2
3
4
5

图 2-2-41

方法二：单击【保存】不用退出，继续录入后面的客户档案。

（三）部门

【实训操作练习 12】

在核算项目中新增部门档案，信息如表 2-2-20 所示。

表 2-2-20　　新增部门档案

部门代码	部门名称	部门代码	部门名称
01	综合管理部	04	采购部
02	财务部	05	销售部
03	生产部	06	物流部

【实训操作步骤】

（1）在金蝶 KIS 专业版主界面，依次单击【基础设置】→【核算项目】，打开"核算项目"主页面。

（2）依次单击【核算项目】→【部门】→【新增】，录入部门档案明细资料后保存。详细操作步骤如图 2-2-42 所示。

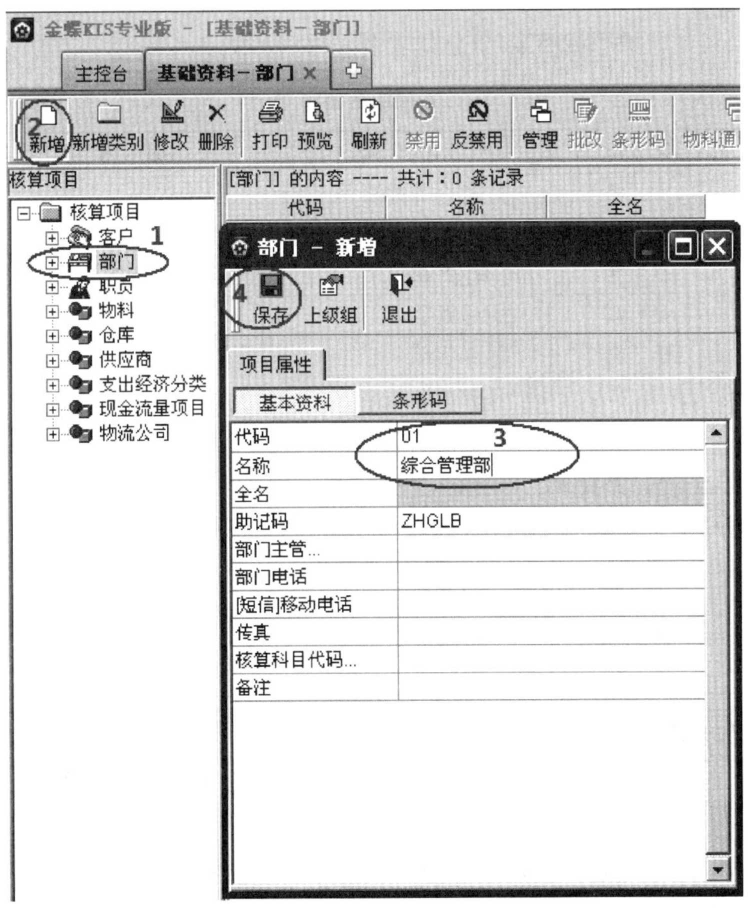

图 2-2-42

(3) 单击【保存】,继续录入后面的部门档案。录入完毕后如图 2-2-43 所示。

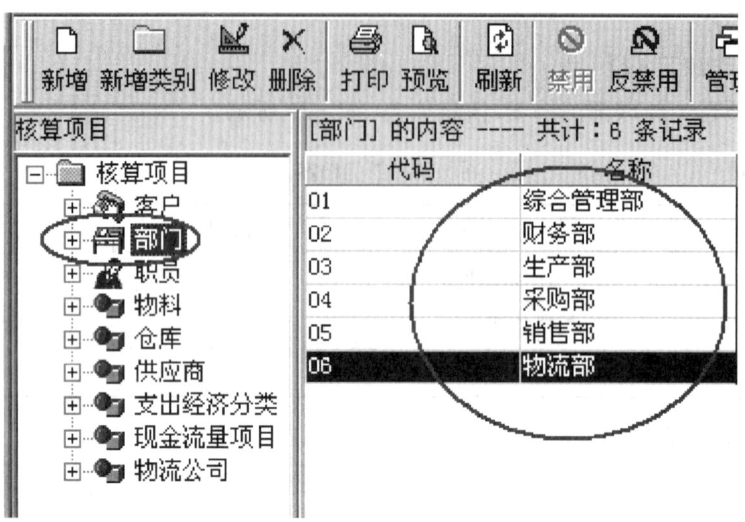

图 2-2-43

(四) 职员

【实训操作练习 13】

在核算项目中新增职员档案,信息如表 2-2-21 所示。

表 2-2-21 新增职员档案

代码	名　称	部门名称	职　务	性别
001	方　晴	综合管理部	总经理	女
002	杨　信	财务部	副总经理	男
003	王　宇	生产部	部门经理	女
004	王　雷	采购部	部门经理	男
005	李　喜	销售部	部门经理	女
006	王　俊	物流部	部门经理	男
007	刘　翔	综合管理部	部门经理	男
008	王　毅	财务部	主管会计	男
009	李　欣	财务部	主管会计	女
010	刘　琴	财务部	主管会计	女
011	张　红	财务部	部门经理	女
012	杨　君	综合管理部	部门副经理	男
013	杨　红	综合管理部	部门副经理	女

【实训操作步骤】

(1) 在金蝶 KIS 专业版主界面,依次单击【基础设置】→【核算项目】,打开"核算项目"主页面。

(2) 依次单击【核算项目—职员】→【新增】,录入职员档案明细资料后保存。详细操作步骤如图 2-2-44 所示。

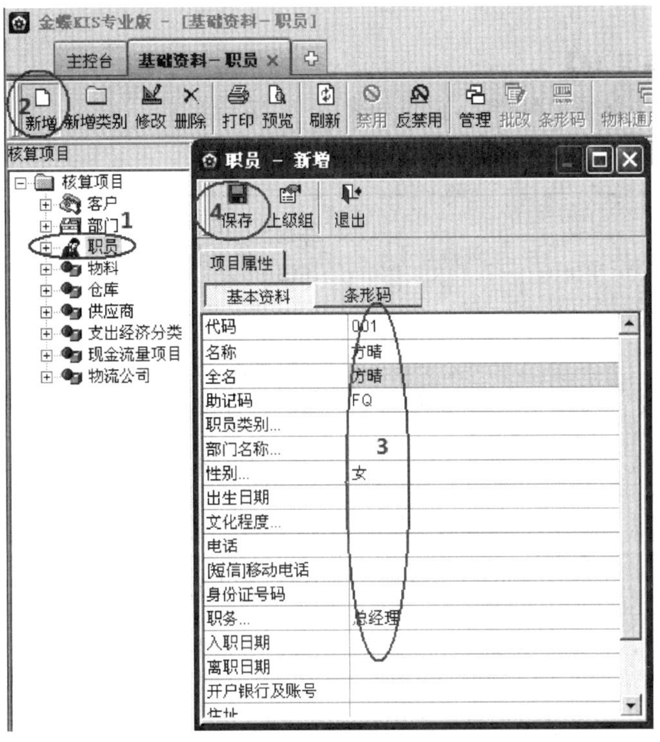

图 2-2-44

(3) 单击【保存】,继续录入后面的职员档案。录入完毕后如图 2-2-45 所示。

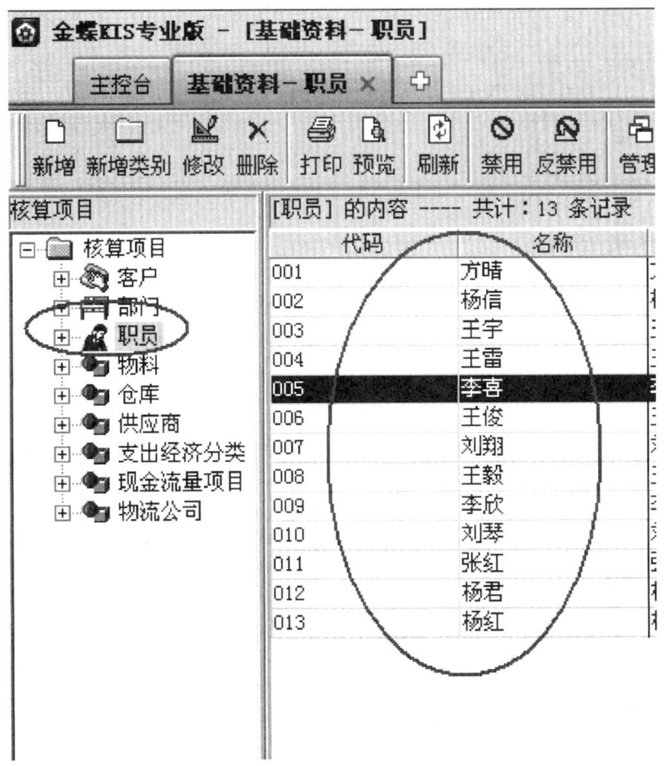

图 2-2-45

（五）物料

【实训操作练习 14】

在核算项目中新增物料档案，信息如表 2-2-22 所示。

表 2-2-22　　　　新增物料档案

物料编码	物料名称	采购单价	规格型号	物料属性	计量单位类别名称	计价方法	存货科目代码	销售收入科目代码	销售成本科目代码
01	桥总成								
01.01	153 后桥总成	6 000	2400010-B992ST	自制	常用组	加权平均法	1405	6001	6401
01.02	1094 后桥总成	6 000	2400010-N0E1ST	外购	常用组	加权平均法	1405	6001	6401
02	减总								
02.01	153 减总	2 500	2402F635-010	外购	常用组	加权平均法	1405	6001	6401
02.02	1094 减总	2 500	2402N-010	外购	常用组	加权平均法	1405	6001	6401
03	气室								
03.01	153 后气室	200	3519N-010/015	外购	常用组	加权平均法	1405	6001	6401
03.02	1094 后气室	200	3530N-010/015	外购	常用组	加权平均法	1405	6001	6401
04	桥壳								
04.01	153 桥壳	2 000	2401N-010	外购	常用组	加权平均法	1405	6001	6401
04.02	1094 桥壳	2 000	2401N12-010	外购	常用组	加权平均法	1405	6001	6401
05	轮毂总成								
05.01	153 轮毂总成	1 200	35N94-01065/066	外购	常用组	加权平均法	1405	6001	6401
05.02	1094 轮毂总成	1 200	35N-02065/066-B	外购	常用组	加权平均法	1405	6001	6401
06	小件								
06.01	153 标准件	100	标准件	外购	常用组	加权平均法	1405	6001	6401
06.02	1094 标准件	100	标准件	外购	常用组	加权平均法	1405	6001	6401

【实训操作步骤】

(1) 在金蝶 KIS 专业版主界面，依次单击【基础设置】→【核算项目】，打开“核算项目”主页面。

(2) 依次单击【核算项目—物料】→【新增】，录入物料类别信息。详细操作步骤如图 2-2-46所示。

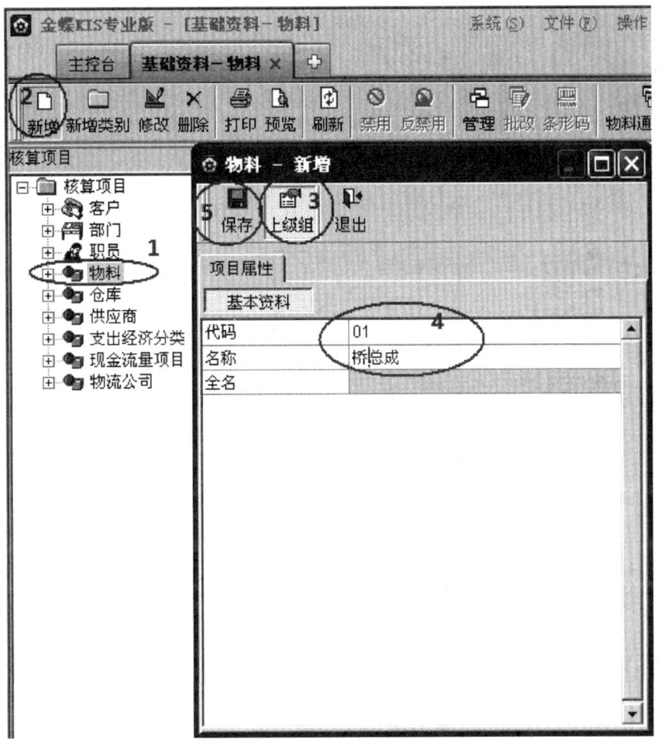

图 2-2-46

重点提醒

此处录入的是物料大类，并非物料明细档案，所以要单击上级组。

（3）保存后，金蝶 KIS 专业版系统返回到“新增”页面，继续录入其他大类。

（4）重复操作，在最后一个大类增加完成后，单击【退出】，详细操作步骤如图 2-2-47 所示。

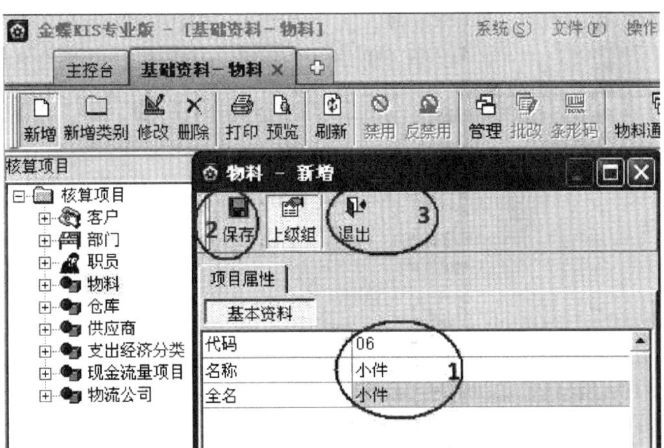

图 2-2-47

（5）在“基础资料—物料”主界面，依次单击【物料】→【新增】，在弹出的“物料—新增”窗口，录入物料基本资料，详细操作步骤如图 2-2-48 所示。

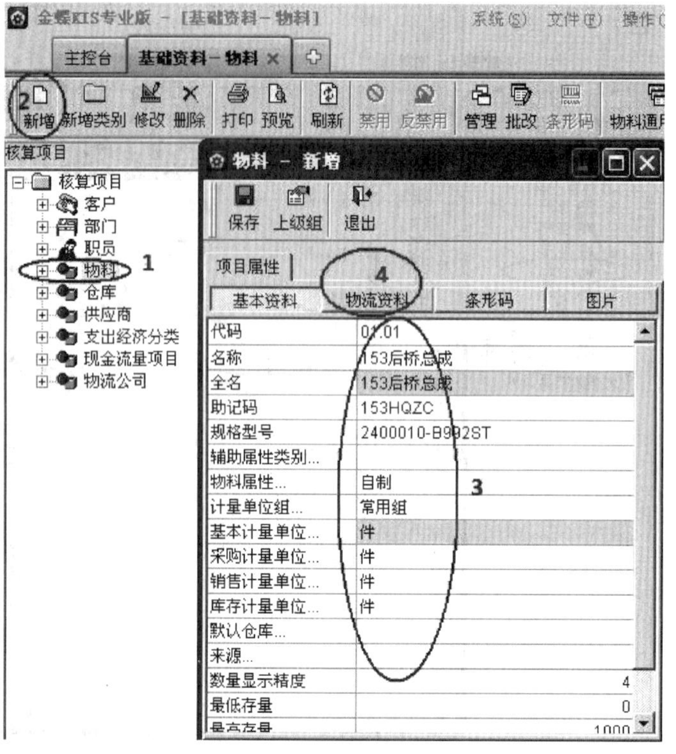

图 2-2-48

(6) 录入完毕，单击【物流信息】标签，录入物流信息，如图 2-2-49 所示。

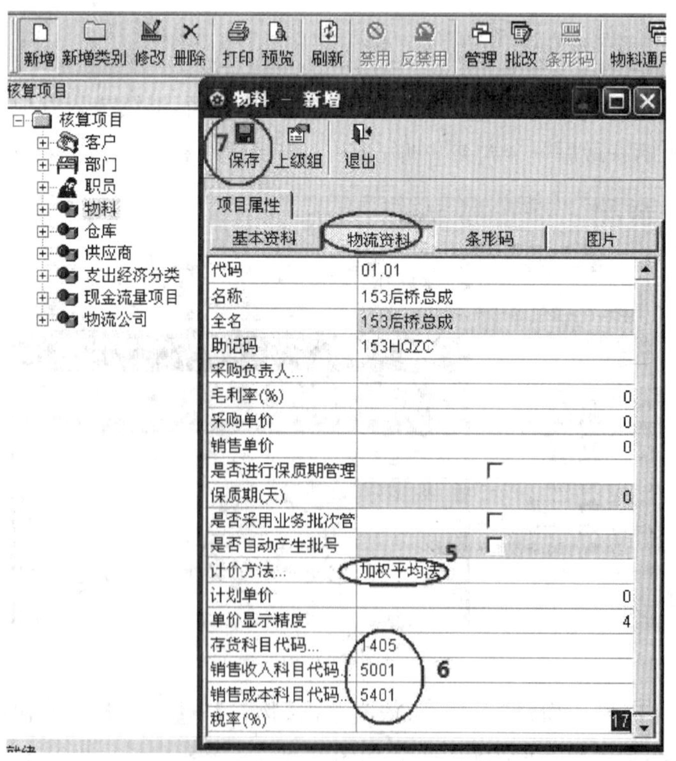

图 2-2-49

（7）物流信息录入完毕，单击【保存】，回到“物料—新增”页面。继续重复以上操作，录入其他物料明细。

（8）所有物料信息录入完毕，依次单击【保存】→【退出】。录入完毕后的物料界面显示如图 2-2-50 所示。

新增　新增类别　修改　删除　打印　预览　刷新　禁用　反禁用　管理　批改　条形码　物料通用

核算项目

核算项目
客户
部门
职员
物料
仓库
供应商
支出经济分类
现金流量项目
物流公司

[物料] 的内容 ---- 共计：18 条记录

代码	名称	全名	规格型号
01	桥总成	桥总成	
01.01	153后桥总成	桥总成_153后桥总成	2400010-B992ST
01.02	1094后桥	桥总成_1094后桥	2400010-NOE1ST
02	减总	减总	
02.01	153减总	减总_153减总	2402F635-010
02.02	1094减总	减总_1094减总	2402N-010
03	气室	气室	
03.01	153气室	气室_153气室	3519N-010/015
03.02	1094气室	气室_1094气室	3530N-010/015
04	桥壳	桥壳	
04.01	153桥壳	桥壳_153桥壳	2401N-010
04.02	1094桥壳	桥壳_1094桥壳	2401N12-010
05	轮毂总成	轮毂总成	
05.01	153轮毂总成	轮毂总成_153轮毂总	35N94-01065/066
05.02	1094轮毂总成	轮毂总成_1094轮毂	35N-02065/066
06	小件	小件	
06.01	153标准件	小件_153标准件	
06.02	1094标准件	小件_1094标准件	

图 2-2-50

（六）仓库

【实训操作练习 15】

在核算项目中新增仓库档案，信息如表 2-2-23 所示。

表 2-2-23　　新增仓库档案

仓库代码	仓库名称	仓库类型
01	公司库	普通仓
02	襄阳中转库	普通仓
99	废品库	虚仓

【实训操作步骤】

（1）在金蝶 KIS 专业版主界面，依次单击【基础设置】→【仓库】，打开【核算项目】主页面。

（2）依次单击【核算项目—仓库】→【新增】，录入仓库信息。详细操作步骤如图2-2-51所示。

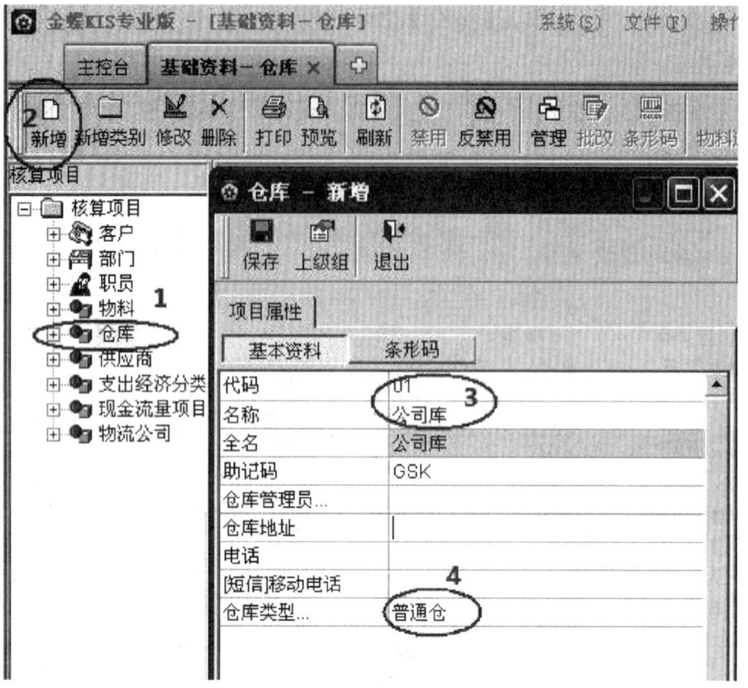

图 2-2-51

(3) 单击【保存】,继续录入下一条信息。

(4) 其他库录入操作同上,信息录入完毕后的界面如图 2-2-52 所示。

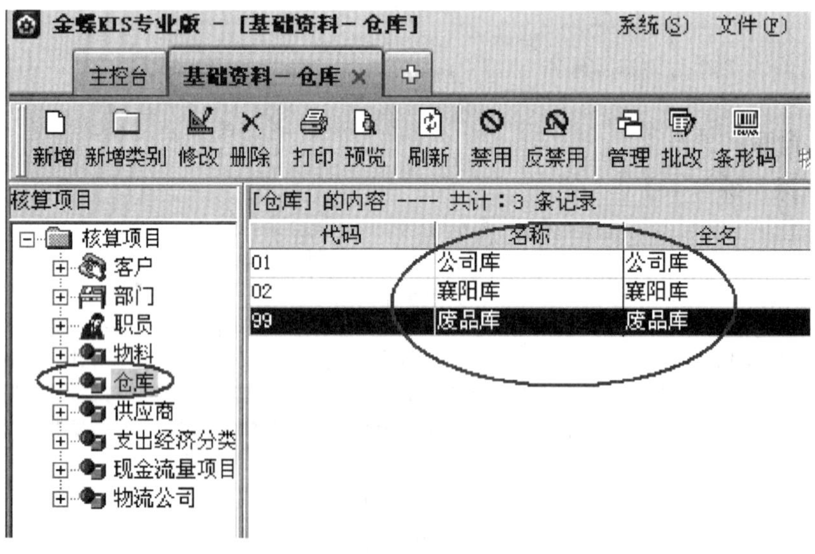

图 2-2-52

(七) 供应商

【实训操作练习 16】

在核算项目中新增如下供应商,信息如表 2-2-24 所示。

表 2-2-24　　新增供应商

代码	名　称	代码	名　称
001	湖北双成汽车零部件公司	003	十堰东顺工贸公司
002	十堰众远工贸公司	005	十堰众城汽车零部件公司

【实训操作步骤】

操作流程和前面物料、仓库、供应商等操作一致，此处不再讲述，请参考其他核算项目，信息录入完毕后的界面如图 2-2-53 所示。

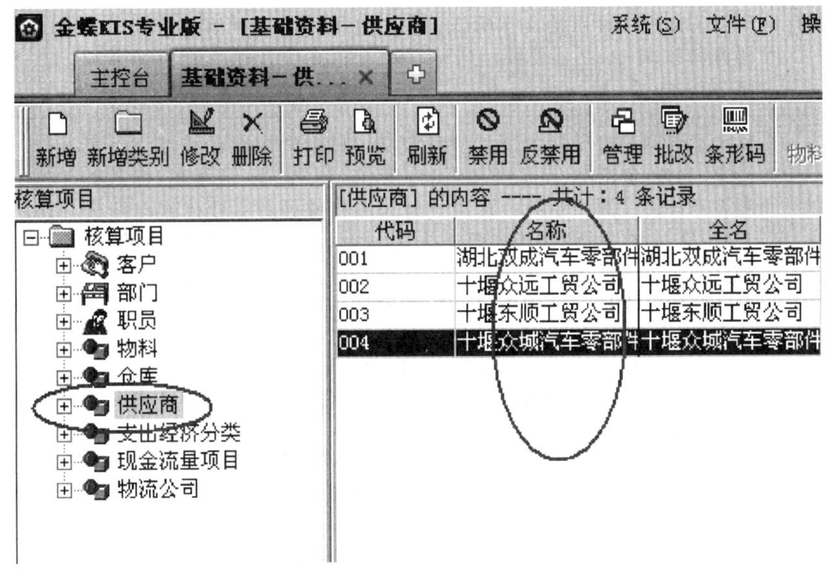

图 2-2-53

重点提醒

• 核算项目中的客户档案的新增、修改添加；供应商档案的新增、修改添加；物料的新增、修改；部门的新增、修改；职员的新增、修改；以上内容均为实际工作中软件日常维护的重要内容。

• 引出核算项目：如果需要引出核算项目“客户”的所有基础资料，可以按照以下操作进行：先选择【客户】，确保此时在右边的浏览界面中可以浏览到客户的所有资料。然后在菜单上选择【文件】→【引出数据】，打开“引出客户”界面。在引出界面上选择一个引出文件类型，输入引出文件所有保存的路径和文件名。最后单击【保存】。引出成功后，系统会给出引出成功的提示。

八、基础设置会计科目

有关会计科目的信息如表 2-2-25 所示。

表 2-2-25　　有关会计科目的信息

数据项	说　明	必填项(是/否)
科目代码	科目的代码。其在系统中必须唯一。科目代码必须由上级至下级逐级增加，即必须首先增加上级科目代码，只有上级科目代码存在后才能增加下级科目代码。科目代码由"上级科目代码＋本级科目代码"组成，中间用小数点进行分隔	是
助记码	帮助记忆科目的编码。在录入凭证时，为了提高科目录入的速度可以用助记码进行科目录入。例如：将"现金"科目的助记码输为"xj"，则在输入现金科目时输入"xj"，系统将会自动找到"现金"科目	否
科目名称	科目名称是该科目的文字标识。在命名科目名称时只需命名本级科目名称，不必带上级科目名称。输入的科目名称一般为汉字和字符	是
科目类别	科目类别用于对科目的属性进行定义。科目的属性系统都已作了设定，共分：资产类、负债类、共同类、所有者权益类、成本类、损益类和表外科目。例如系统中损益类科目的特殊处理主要体现在两个方面：第一，在执行"结转本期损益"功能时，所有定义为"损益类"的科目的本期实际发生额都将全部自动结转；第二，在自定义报表中设置取数公式时，设定为"损益类"科目便可取出其实际发生额	是
余额方向	余额方向是指该科目的余额默认的余额方向。一般资产类科目的余额方向在借方，负债类科目的余额方向在贷方。科目的这项属性对于账簿或报表输出的数据有直接影响，系统将根据科目的默认余额方向来反映输出的数值。例如：如果将"现金"科目的余额方向改为"贷方"，则其借方余额在自定义报表中就会反映为负数	是
外币核算	指定该科目外币核算的类型。具体核算方式分三种。不核算外币：不进行外币核算，只核算本位币。核算所有外币：对本账套中设定的所有货币进行核算。核算单一外币：只对本账套中某一种外币进行核算。若选择核算单一外币，要求选择一种进行核算的外币的名称。系统在处理核算外币的同时，会自动默认在"币别"功能中输入的汇率	是
期末调汇	确定是否在期末进行汇率调整。只有科目进行了外币核算，此选项才可用。如选择期末调汇则在期末执行"期末调汇"功能时对此科目进行调汇	否
往来业务核算	选择该选项，科目核算往来业务中，凭证录入时要求录入往来业务编号，适用于往来核销模块。此项选择将影响到"往来对账单"和"账龄分析表"的输出	否
数量金额核算	确定是否进行数量金额辅助核算。若进行数量金额辅助核算，要求选择核算的计量单位	否
计量单位	选择科目的计量单位组及缺省的计量单位。只有科目进行了数量金额核算，此项目才可使用	否
现金科目	选中此选项，则将科目指定为现金类科目。现金日记账和现金流量使用	否

（续表）

数据项	说　明	必填项(是/否)
银行科目	选中此选项,则将科目指定为银行科目。银行日记账和现金流量使用	否
出日记账	选中此选项,则在明细分类账中按日统计金额	否
现金等价物	该选项供现金流量表取数使用	否
核算项目	多项目核算,可全方位、多角度地反映企业的财务信息,并且科目设置多项目核算比设置明细科目更直观、更简洁、处理速度更快。例如,企业的往来客户单位有 1 000 个以上,如果将往来客户设置成明细科目,那么,应收账款的二级明细科目至少达到 1 000 多条,如果将往来客户设置成应收账款的核算项目,只要应收账款一个一级科目就可以了	否

一个会计科目可以下设最多 4 个核算项目,实现多种信息在总账中的体现。

输入各种信息后,如果还需要为科目增加需要进行核算的核算项目,则选择“核算项目”界面,单击【增加核算项目类别】,在打开“核算项目类别”界面内选择需要的核算项目,单击【确定】。

重点提醒

(1) 如果希望对科目进行多核算项目核算,则为科目增加核算项目一定要在科目被使用前进行操作。如果没有为科目新增核算项目,而该科目又已经使用,则再不能为该科目新增核算项目类别。

(2) 在已发生业务的科目下,再增加一个子科目,系统会自动地将父级科目的全部内容转移到新增的子科目上来,可以再增加一个新的科目处理相关业务,该项操作不可逆。

(一) 从“科目模板”中“引入科目”

为了提高用户录入会计科目的速度,金蝶 KIS 专业版预置了财政部规定的最新会计制度科目,涵盖行政、事业、企业单位,单位根据需要选择模板即可完成一级会计科目和部分标准通用二级明细科目的设置,以提高工作效率。

如果用户在建立账套时没有预置会计科目,可以在这里从会计科目模板中引入会计科目。

【实训操作练习 17】

东风双成汽车零部件有限公司引入小企业会计准则会计科目。

【实训操作步骤】

小贴士

如果在新建账套时已经选择了对应的会计制度和预置会计科目,则此处无需再执行“从模板中引入科目”操作,直接转向实训操作练习 18。

(1) 在金蝶 KIS 专业版主界面,依次单击【基础设置】→【会计科目】,打开“会计科目”界面,如图 2-2-54 所示。

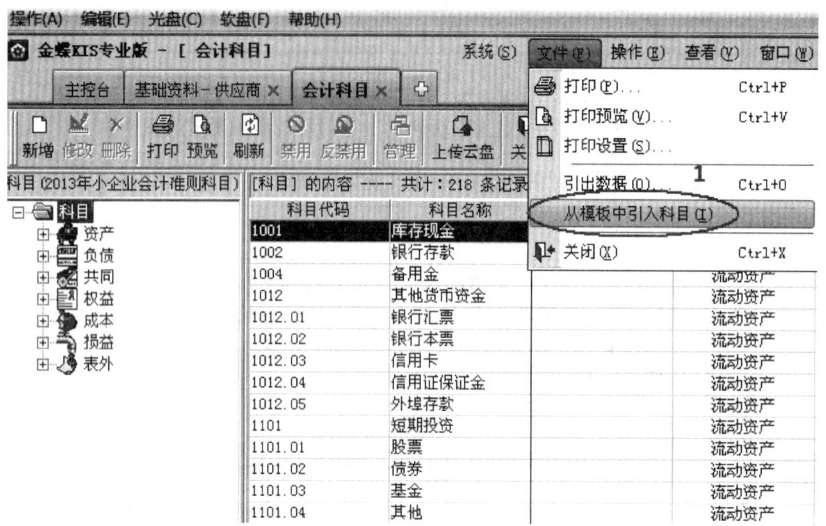

图 2-2-54

(2) 选择引入科目的所属行业类型,此处我们选择“2013 小企业会计准则科目”,然后单击【引入】,如图 2-2-55 所示。

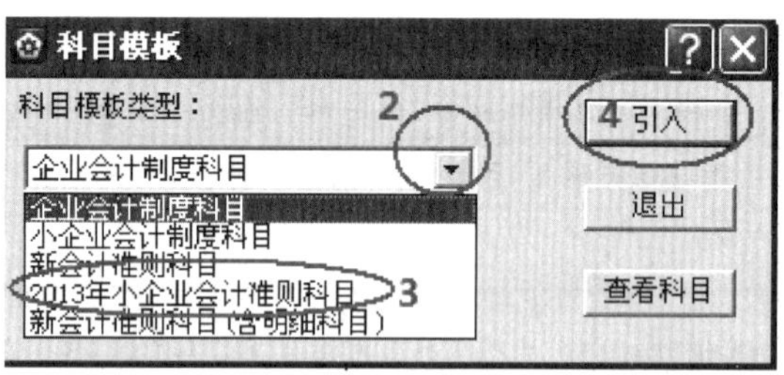

图 2-2-55

(3) 打开“引入科目”界面,选择要引入的科目。我们要引入所有科目,依次单击【全选】→【确定】,如图 2-2-56 所示。

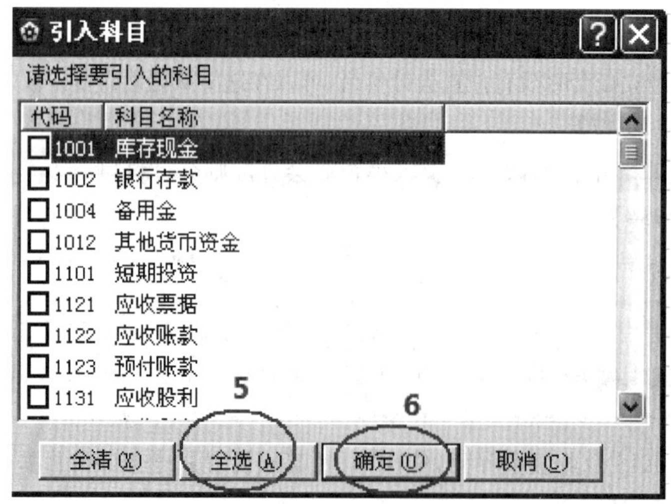

图 2-2-56

（4）系统开始自动引入会计科目，如图 2-2-57 所示。

图 2-2-57

（5）提示引入完成，如图 2-2-58 所示。

图 2-2-58

（6）单击【确定】，即可将选择的科目引入到系统中，会自动提示引入成功，如图 2-2-59 所示。

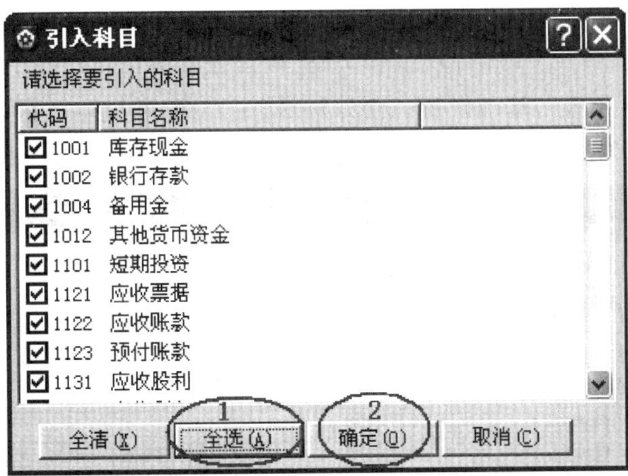

图 2-2-59

引入科目后要根据单位实际情况进行新增科目或修改科目辅助核算属性。

（二）会计科目——删除

如果需要删除某一科目，则先选中该科目，然后在菜单上选择【操作】→【删除科目】，或右击选择【删除科目】。

【实训操作练习 18】

删除东风双成汽车零部件有限公司工作中基本上不需要的会计科目："2401—递延收益"。

【实训操作步骤】

(1) 在金蝶 KIS 专业版“会计科目”操作界面,单击页面左侧“会计科目——负债”,打开负债类会计科目。

(2) 在页面右侧单击【2401 递延收益】,选中要删除的会计科目。

(3) 鼠标右键单击【删除科目】,在弹出的窗口单击【是】,删除科目操作完成。

(三) 会计科目——新增、修改

【实训操作练习 19】

新增会计科目或修改下表中会计科目属性(注:表中所有明细会计科目均为新增会计科目,一级总账科目修改核算属性),如表 2-2-26 所示。

表 2-2-26　会计科目属性

科目代码	科目名称	辅助核算
1001	库存现金	核算现金流量,出日记账
1002.01	建行人民路支行 1759	核算现金流量,出日记账
1002.02	农行人民路支行 8572	核算现金流量、外币、日记账
1122	应收账款	客户
1221.01	单位往来	客户
1221.02	个人往来	职员
2202	应付账款	供应商

【实训操作步骤】

(1) 修改会计科目 1001 库存现金和 1002 银行存款属性:核算现金流量、出日记账。

在“金蝶 KIS 专业版—基础设置—会计科目”主界面,右键单击【库存现金】→【修改科目】,在弹出的窗口,勾选【现金科目】和【出日记账】复选框,详细操作步骤如图 2-2-60 所示。

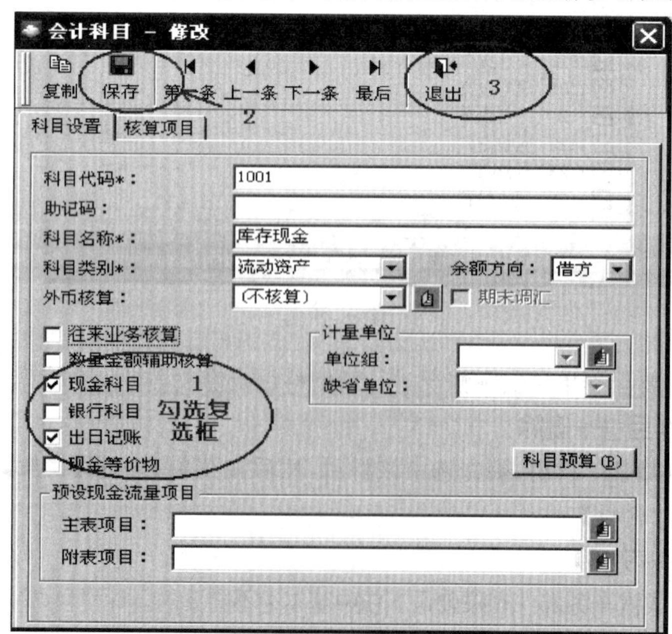

图 2-2-60

1002 银行存款操作同库存现金，不再讲述。

(2) 新增明细科目 1002.01—建行人民路支行 1759。

在"金蝶 KIS 专业版—基础设置—会计科目"主界面，单击左上角【新增】。在弹出的会计科目新增出口，录入新增加的会计科目信息，录入明细科目信息，依次单击【保存】→【退出】。如图 2-2-61 所示。

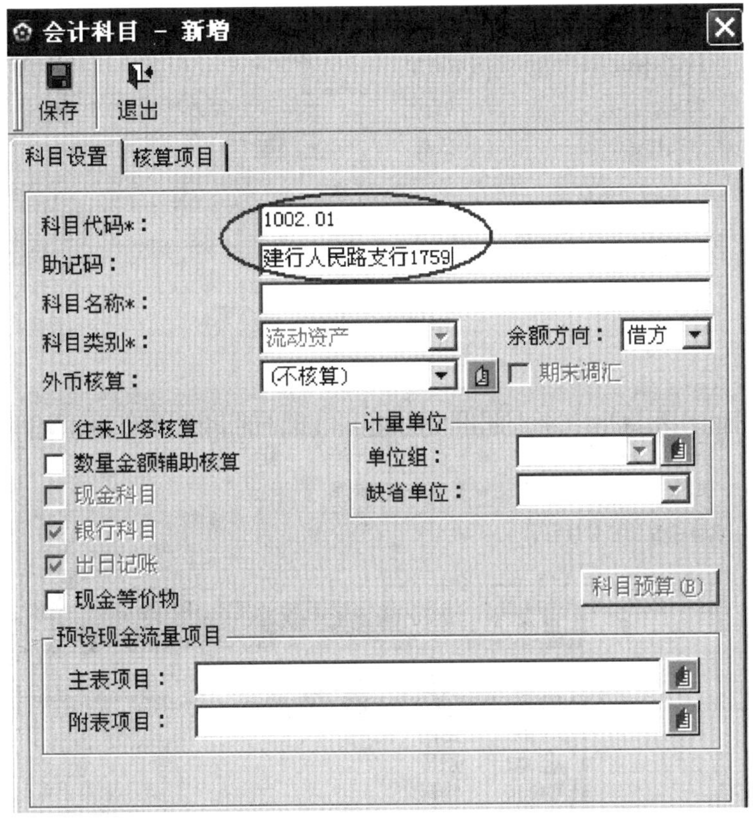

图 2-2-61

小提示

如果新增加的明细科目在当前页面没有显示，单击右上角菜单：【查看】→【选项】，在显示选项中，点击选中"显示级次"下面的"显示所有明细"。

1002.02—中行人民路支行 8572 的增加参考上述操作。

(3) 修改会计科目"应收账款"属性，核算客户。在"金蝶 KIS 专业版—基础设置—会计科目"主界面，右键单击【应收账款】会计科目选中单击【修改科目】，如图 2-2-62 所示。

(4) 单击【核算项目】，按下图数字标识操作，如图 2-2-63 所示。

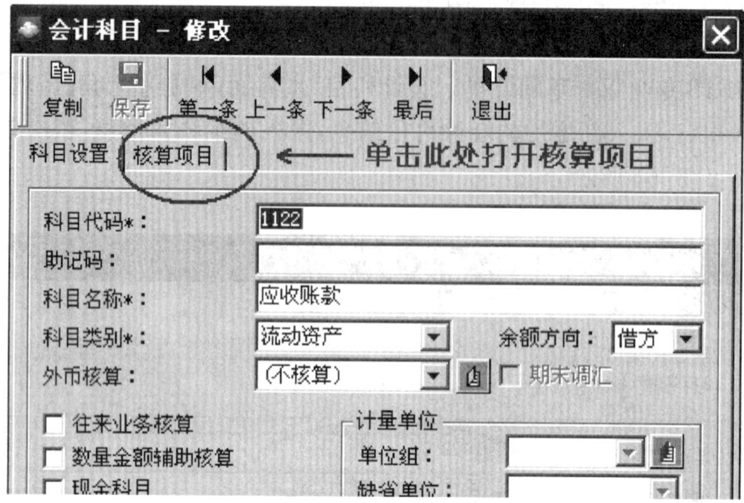

图 2-2-62

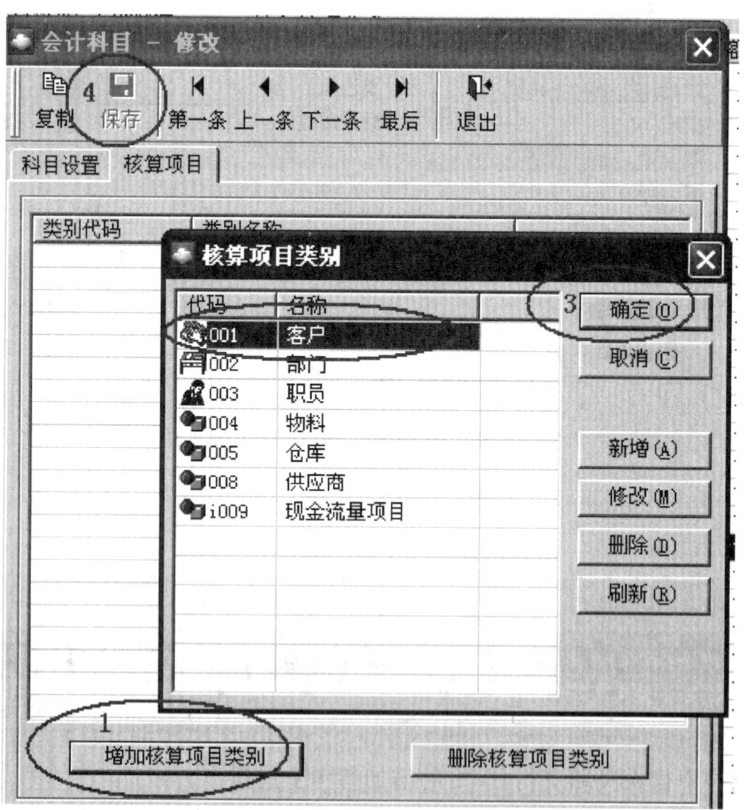

图 2-2-63

(5) 信息录入无误单击【保存】,然后单击【退出】。

(6) 修改 1123 预付账款科目属性为核算供应商往来。

操作同应收账款，请参照应收账款实训操作完成修改。

重点提醒

会计科目新增、修改为本章重点内容，这和该内容在实际工作中的重要地位是一致的，会计科目设置正确与否会影响软件系统使用和日常工作开展，会影响财务分析，一定要考虑周全认真设置，如表 2-2-17 所示。

【实训操作练习 20】

新增 153 车桥总成 BOM，物料清单如表 2-2-27 所示。

表 2-2-27　　物料清单

级　次	名　称	数　量	备　注
一级	153 车桥总成	1	
二级	153 桥壳	1	
二级	153 轮毂总成	1	
二级	153 减速器总成	1	
二级	153 标准件	1	
二级	153 气室	1	

【实训操作步骤】

(1) 在金蝶 KIS 专业版主控台，依次单击【基础设置】→【BOM】，在下图中单击【确定】，如图 2-2-64 所示。

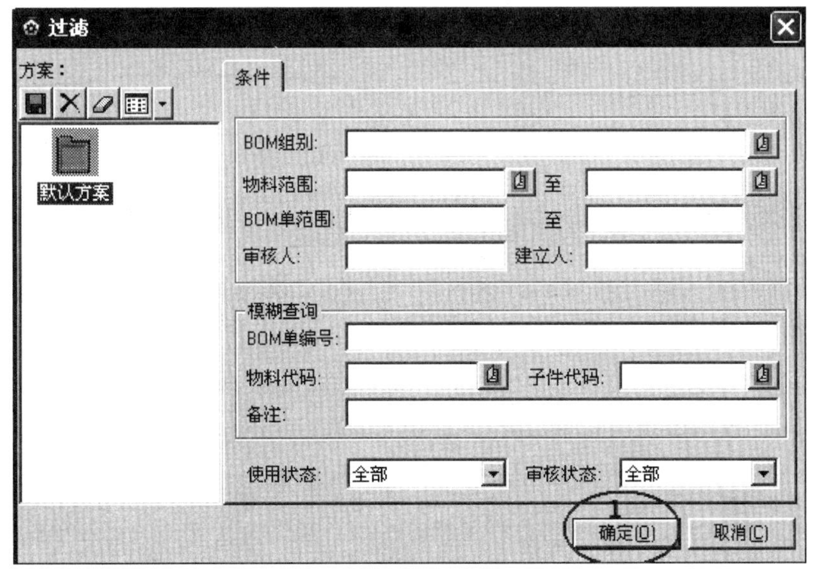

图 2-2-64

(2) 在弹出的窗口，按图中标识操作，如图 2-2-65 所示。

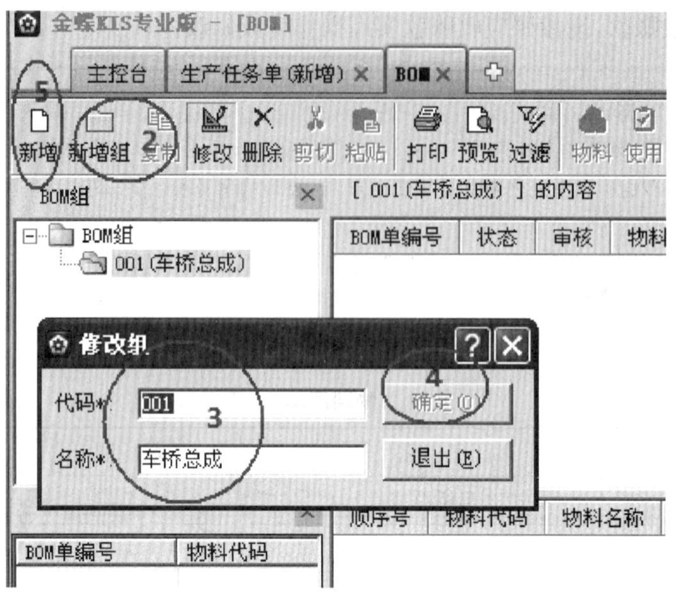

图 2-2-65

(3) 在弹出的【录入单据(新增)】窗口,按图示操作,如图 2-2-66 所示。

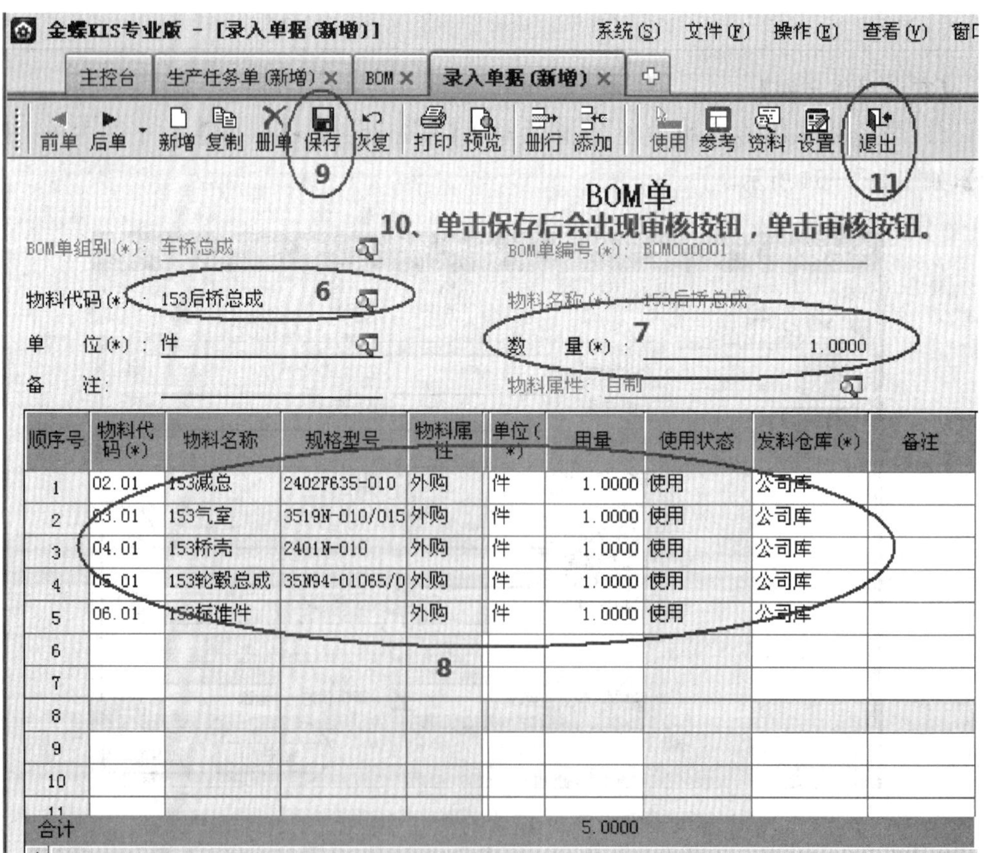

图 2-2-66

(4) 将 BOM 设置为【使用】状态，只有这样在录入生产任务通知单时物料才会被引入展开，如图 2-2-67 所示。

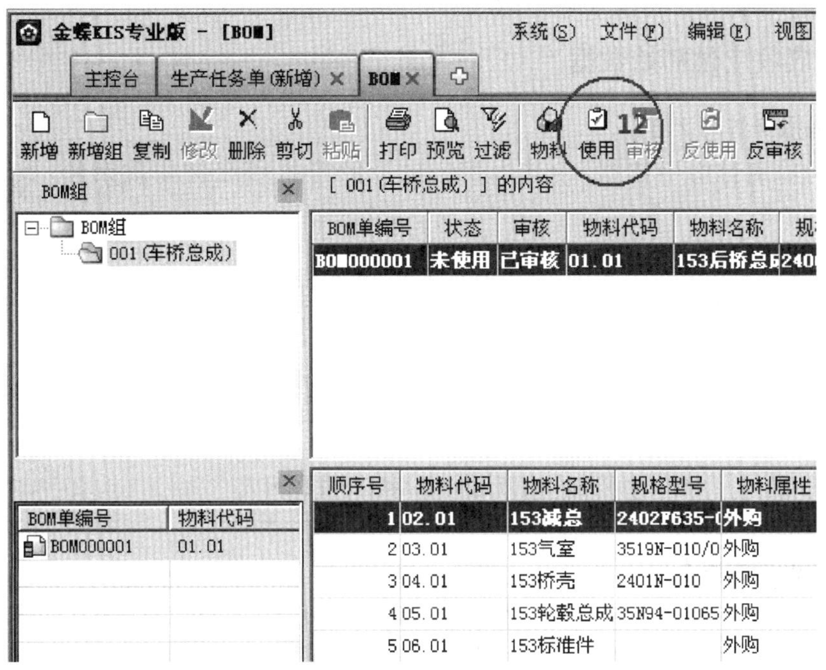

图 2-2-67

至此，BOM 新增设置完成。

小提示

管理会计强调业财融合，而会计科目核算体系的科学、规范既影响到财务会计的精细化核算，又影响到财务报告分析和预算决算、财务预测决策。所以根据单位业务财务情况设计一套科学规范的会计科目核算体系非常关键。既是会计精细化核算的基础工作，也是管理会计顺利开展的顶层设计，必须重视。

项目三　初　始　化

应会内容：科目初始数据的录入、应收应付初始数据的录入与传递、资产原始卡片数据的录入与传递、存货初始数据的录入与传递。

初始化是指企业账务和购销存业务的背景设置和启用账套会计期间的期初数据。本章主要讲述了金蝶 KIS 财务和业务系统在使用前的初始化工作。财务系统的初始化设置是所有 KIS 系统进行业务操作的第一步，所以设置尤为重要。

初始化数据包括业务初始数据的录入和财务初始数据的录入。

在业务财务一体化应用下，用户最好首先在业务初始化中录入业务初始化数据，包括应收应付初始化数据、存货初始化数据、固定资产初始化数据、购销存初始化单据等。录入完毕后，使用金蝶KIS软件系统的“传递”命令把业务初始化传递到总账模块科目初始化表中，以保证财务账和业务账账账相符。

一、应收应付初始数据

【实训操作练习21】

在“应收应付初始数据”中录入表中的应收账款和应付账款余额，如表2-3-1所示。

表2-3-1　　应收账款和应付账款余额

业务明细数据	
应收账款	东风商用车重型车公司200万；东风股份专汽公司100万
应付账款	湖北双成公司80万元，十堰众城公司10万元

【实训操作步骤】

(1) 在金蝶KIS专业版主控台界面，依次单击【初始化】→【应收应付初始数据】。

(2) 在“应收应付初始数据”页面，按图中数字标识操作，如图2-3-1所示。

提示：在“客户代码”栏，按下键盘【F7】键可快速调出客户信息。

图2-3-1

(3) 在图2-3-1单击“√”后，弹出如下窗口，按图中标识操作，如图2-3-2所示。

(4) 系统返回到“应收应付初始数据”主界面，继续录入下一个客户，如图2-3-3所示。

图 2-3-2

序号	客户代码	客户名称	应收账款	预收账款	期初余额	明细
			原币	原币	原币	
1	001	东风商用车重型车公司	2000000.00	0.00	2000000.00	√
2	002	东风股份专用汽车公司	0.00	0.00	0.00	√
3	本页小计		0.00	0.00	0.00	
4	合计		0.00	0.00	0.00	

图 2-3-3

(5) 在弹出的窗口,按图中标识操作,如图 2-3-4 所示。

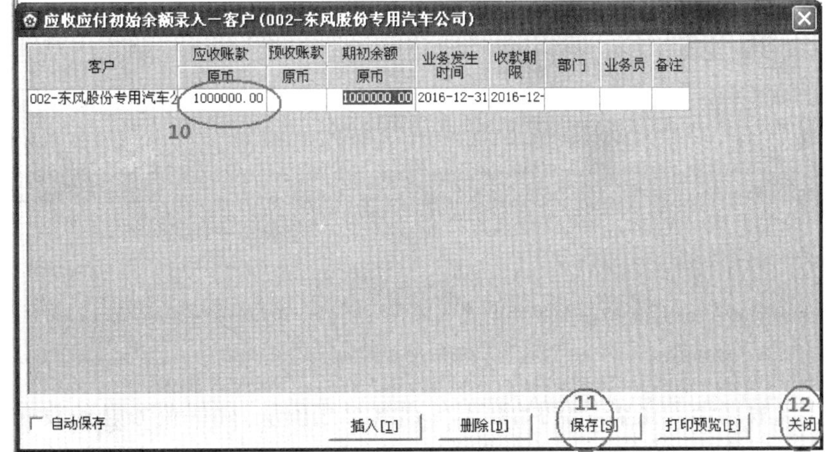

图 2-3-4

(6) 系统返回到"应收应付初始数据"主界面,结果如图 2-3-5 所示。

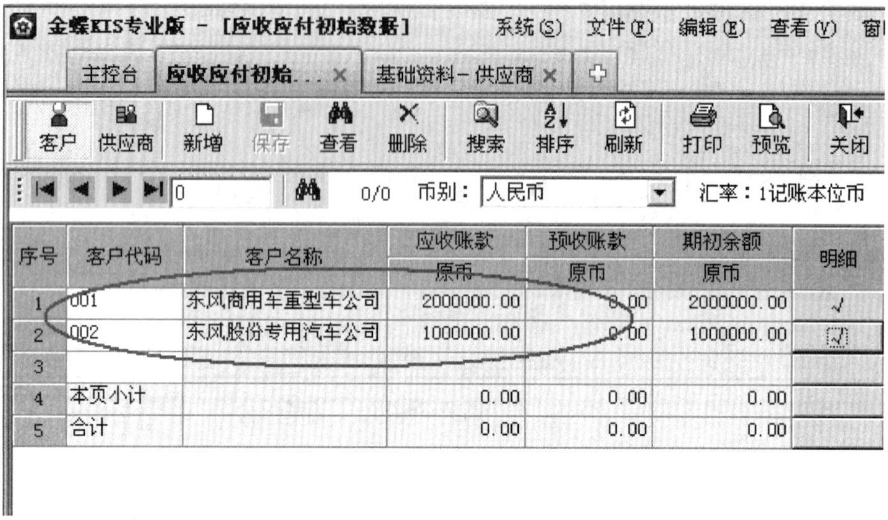

金蝶KIS专业版 - [应收应付初始数据]

序号	客户代码	客户名称	应收账款 原币	预收账款 原币	期初余额 原币	明细
1	001	东风商用车重型车公司	2000000.00	0.00	2000000.00	√
2	002	东风股份专用汽车公司	1000000.00	0.00	1000000.00	√
3						
4	本页小计		0.00	0.00	0.00	
5	合计		0.00	0.00	0.00	

图 2-3-5

(7) 单击当前页面左上角【供应商】,录入供应商往来科目初始余额,参照"客户"录入操作流程,结果如图 2-3-6 所示。

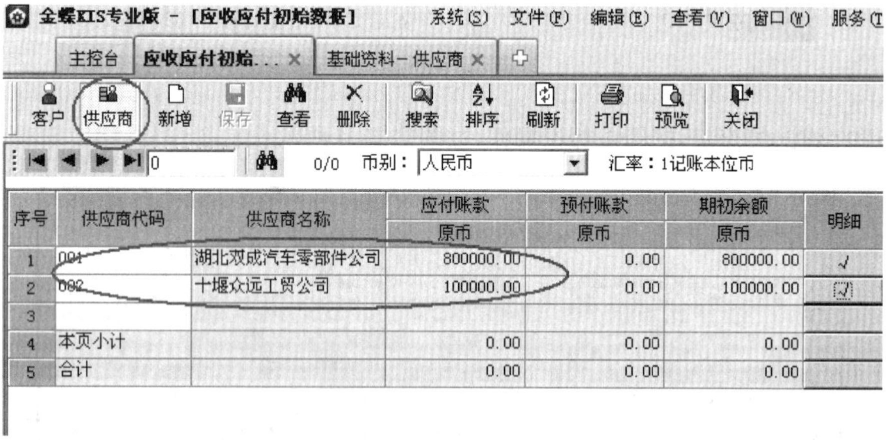

金蝶KIS专业版 - [应收应付初始数据]

序号	供应商代码	供应商名称	应付账款 原币	预付账款 原币	期初余额 原币	明细
1	001	湖北双成汽车零部件公司	800000.00	0.00	800000.00	√
2	002	十堰众远工贸公司	100000.00	0.00	100000.00	√
3						
4	本页小计		0.00	0.00	0.00	
5	合计		0.00	0.00	0.00	

图 2-3-6

(8) 往来数据录入完毕,把初始数据传递到总账模块,确保业务财务数据一致。在"应收应付初始数据"主界面,依次单击【文件】→【传递到科目初始化】,详细操作步骤如图 2-3-7 所示。

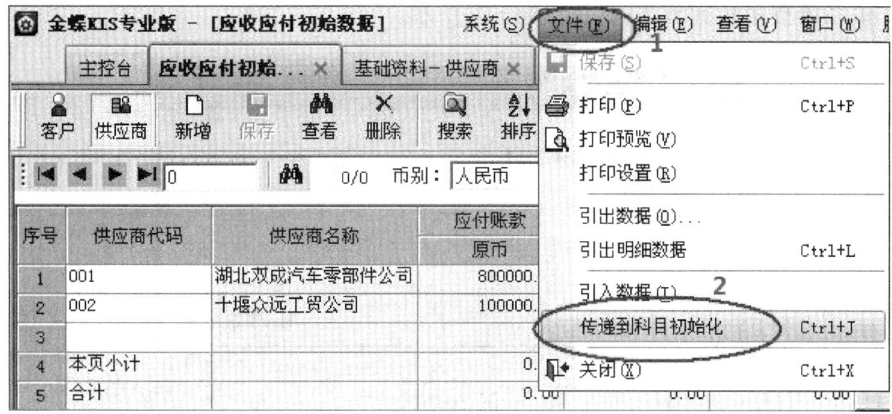

图 2-3-7

（9）在弹出的出口中设置好对应的会计科目，单击【确定】，如图 2-3-8 所示。

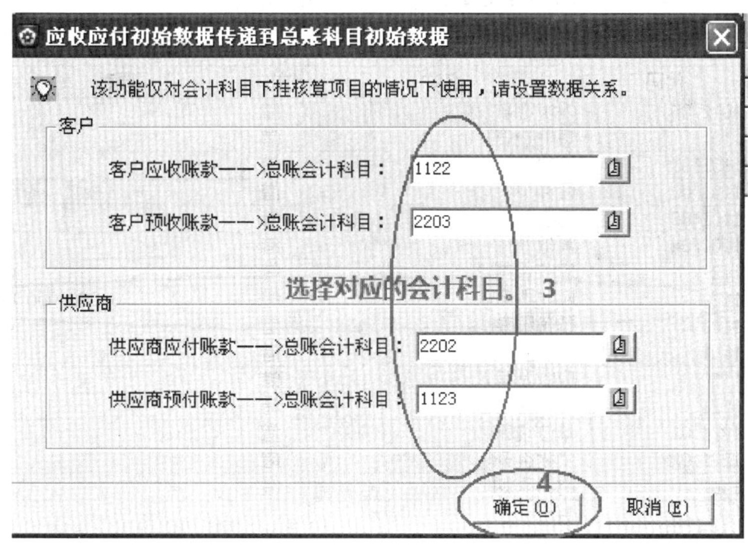

图 2-3-8

（10）单击【是】，如图 2-3-9 所示。

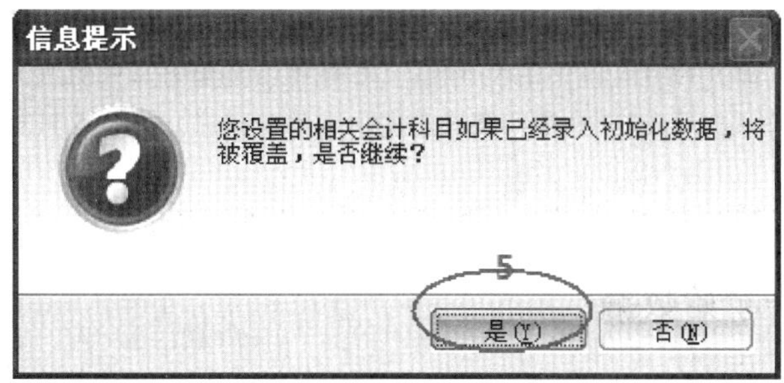

图 2-3-9

（11）系统提示传递成功，如图 2-3-10 所示。

图 2-3-10

（12）到科目初始余额中查询，可以看到数据已经传递到总账系统，如图 2-3-11 所示。

科目初始数据　币别：人民币　汇率：

科目		期初余额		核算
代码	名称	方向	原币	项目
1012.05	外埠存款	借		
1101	短期投资	借		
1101.01	股票	借		
1101.02	债券	借		
1101.03	基金	借		
1101.04	其他	借		
1121	应收票据	借		
1122	应收账款	借	3,000,000.00	√
1123	预付账款	借		√
1131	应收股利	借		
1132	应收利息	借		
1221	其他应收款	借		
1221.01	单位往来	借		√
1221.02	个人往来	借		√
1401	材料采购	借		

图 2-3-11

（13）应收应付初始数据录入完成。

重点提醒

为确保应收应付业务模块数据和总账一致，一定要通过初始数据实现期初录入。避免手工直接在科目余额表中录入出现账（应收应付模块—应收应付业务账）与账（总账模块—应收应付财务账）不符。

二、固定资产初始数据

启用金蝶 KIS 固定资产系统前，通常有很多固定资产已经使用了若干期，单位已经有了手工的固定资产台账，因此为了保证数据的完整性，在正式启用系统前，需要将这些固

定资产的历史数据在初始化时以固定资产卡片的形式录入系统中。

1. 固定资产的基本信息

"基本信息"部分的数据主要记录固定资产静态的基础属性，反映出固定资产从哪里来，何时入账，在哪里、作何用、使用情况等，其中的主要数据项说明如表 2-3-2 所示，其他信息包括规格型号、产地、制造商、经济用途等可根据固定资产的实际情况和企业的管理需要，有选择性的录入。

表 2-3-2　　主要数据项说明

数据项	说　明	是否必填(是/否)
资产类别	固定资产类别在基础数据中维护，此处可以按【F7】键选择，一旦选定类别后，该类别的相关属性将会自动带入到卡片的对应数据项中，例如使用期间等信息	是
资产编码	对固定资产的编码，编码必须唯一，如果对固定资产类别分别设置了编码规则，此处可根据选定的资产类别的编码规则，显示编码前缀，用户直接录入后续代码即可	是
名称	固定资产的名称。由于在报表查询中篇幅有限，一般只显示固定资产的编码和名称，而企业中固定资产同名的情况很多，为了在查询时便于区分，建议可在名称中增加如规格型号、产地等信息	是
计量单位	此处可以按【F7】键从公用基础资料的计量单位中选择，也可手工录入	否
数量	选择设置固定资产的数量，默认为 1，其小数位数可在系统参数中设置	是
入账日期	在初始化录入时，入账日期只能是初始化期以前的日期，系统默认为初始化期间之前一期的最后一天	是
存放地点	存放地点在基础数据中维护，此处可以按【F7】键选择	否
使用状况	使用状况在基础数据中维护，此处可以按【F7】键选择。此时选择的卡片的使用状况，将影响以后卡片的每期折旧	是
变动方式	变动方式在基础数据中维护，此处可以按【F7】键选择	是
供应商	供应商在系统公用的基础数据中维护，此处可以按【F7】键选择，也可手工录入	否
附属设备	资产如果有附属设备，录入时单击【附属设备】，进入"附属设备清单—编辑"界面，可以进行附属设备的新增、修改、删除等功能。附属设备涉及的主要属性说明如下： 设备编号：由系统按资产编码加"01、02、03……"自动生成，如资产编码为 JZW0501033，附属设备编号为 JZW050103301、JZW050103302、……等，该编号也可由用户自己确定，并直接录入即可。 登记日期：默认为当前日期，并可以由用户录入。存放地点：默认为主设备的存放地点，也可以由用户选择其他的存放地点	否

对于已录入的卡片如果需要修改，首先在“卡片管理”界面选中要修改的记录，单击【编辑】，对卡片内容修改后，单击【保存】即可。对于不需要的卡片记录，可以先选中该记录，单击【删除】即可删除。

在“新增卡片”界面中，从菜单中选择【查看】→【过滤条件】，或单击工具栏中的【过滤】按钮，就可以在弹出的条件对话框设置过滤条件，查询，在“条件”中，可以选择各种卡片项目，如：资产类别、部门、编码、使用状态作为条件进行过滤筛选；在“排序”中还可以按卡片项目对查询结果进行排序。常用的过滤条件和排序可以作为方案保存，便于日常查询。

2. *初始数据传递总账*

在固定资产系统初始化时，选择固定资产对应的“固定资产”“累计折旧”“减值准备科目”，在结束初始化之前，可以将“固定资产”“累计折旧”“减值准备”科目的数据传递到总账，可以重复传递，数据以最后一次传递为准。

【实训操作练习 22】

东风双成汽车零部件有限公司资产分类按照会计制度标准分类设置，如表 2-3-3 所示。

表 2-3-3　　　　资产分类设置

编码	名　称	年限	折旧方法
01	房屋建筑物	20	平均年限法
02	生产设备	10	平均年限法
03	运输设备	5	平均年限法
04	电子设备	3	平均年限法
05	办公设备	3	平均年限法

【实训操作步骤】

(1) 在金蝶 KIS 专业版主控台界面，单击页面左侧【固定资产】→页面右侧【基础资料—资产类别】。

(2) 在“固定资产类别”页面，单击【新增】，在弹出的“固定资产类别—新增”页面，依次录入必须设置的内容。“减值准备科目”因为系统中没有，需要在弹出的科目中新增才可以使用。

信息录入完毕单击【新增】，会自动保存当前内容，并自动转到下个类别新增界面。继续录入其他类别，直到所有类别录入完毕，单击【关闭】退出。详细操作步骤如图 2-3-12 所示。

(3) 录入完毕，单击【确定】退出，如图 2-3-13 所示。

【实训操作练习 23】

东风双成汽车零部件有限公司期初原始卡片资料如表 2-3-4 所示。

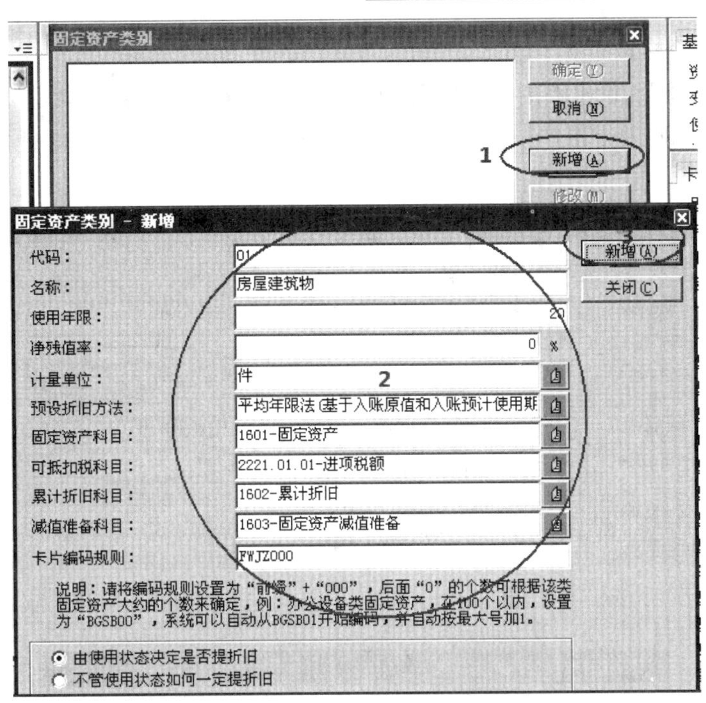

图 2-3-12

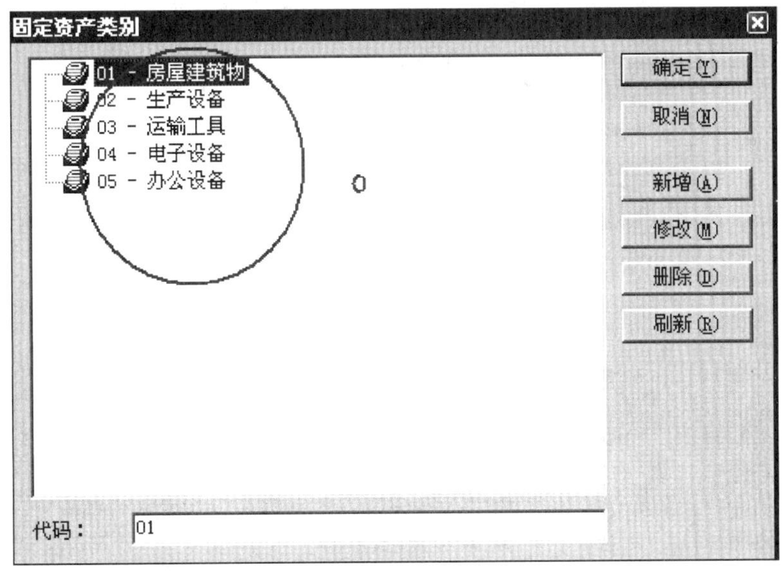

图 2-3-13

表 2-3-4　　**期初原始卡片资料**

	业务明细数据
固定资产	1. 奥迪 A6L 一辆 50 万，2016 年 12 月开始提取折旧 2. 福克斯轿车 1 辆 15 万，2016 年 12 月开始提取折旧，两辆车使用年限 10 年，无残值 3. Thinkx201，5 台，4 万元，使用年限 3 年 4. 办公桌椅一批，2016 年 12 月开始使用计提折旧，原价 50 000 元，试用期 3 年 5. 打印机 5 台，2 万元，使用 3 年 3～5 项资产均使用平均年限法计提折旧，均从 2016 年 12 月计提折旧，无残值

【实训操作流程】

（1）在金蝶 KIS 专业版主控台界面，单击页面左侧【初始化】→【固定资产初始数据】。

（2）在弹出的“固定资产—新增”窗口，按图 2-3-14、图 2-3-15 和图 2-3-16 中数字标识操作。

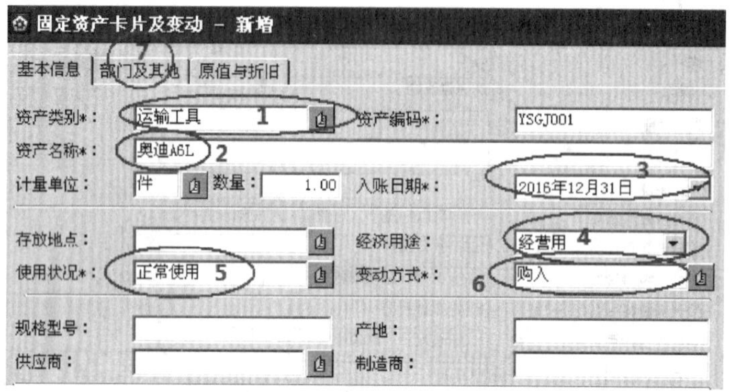

图 2-3-14

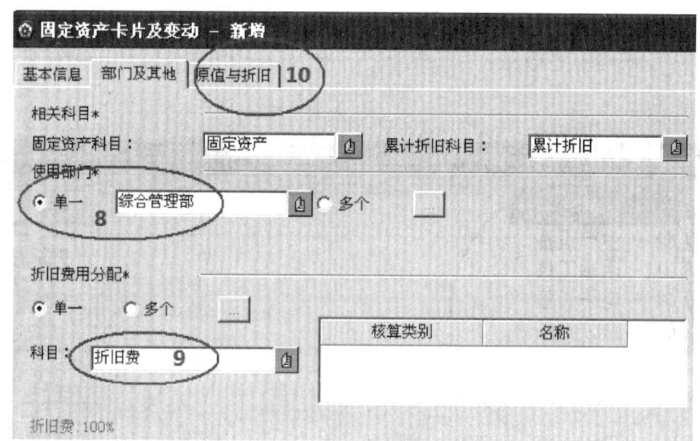

图 2-3-15

基本信息 | 部门及其他 | 原值与折旧

原值*
单币别　多币别　人民币:500000
币别：人民币　汇率：1
原币金额：11　500,000.00　本币金额：500,000.00
购进原值：500,000.00　购进累计折旧：0.00
原币调整：500,000.00
开始使用日期：2016年12月31日　预计使用期间数：240 *
已使用期间数：0　累计折旧：0.00
预计净残值：0.00　净值：500,000.00
减值准备：0.00　净额：500,000.00
可抵扣税额：0.00
折旧方法：平均年限法(基于入账原值和 *
计算折旧(Q)
标有“*”的为必录项　12　确定

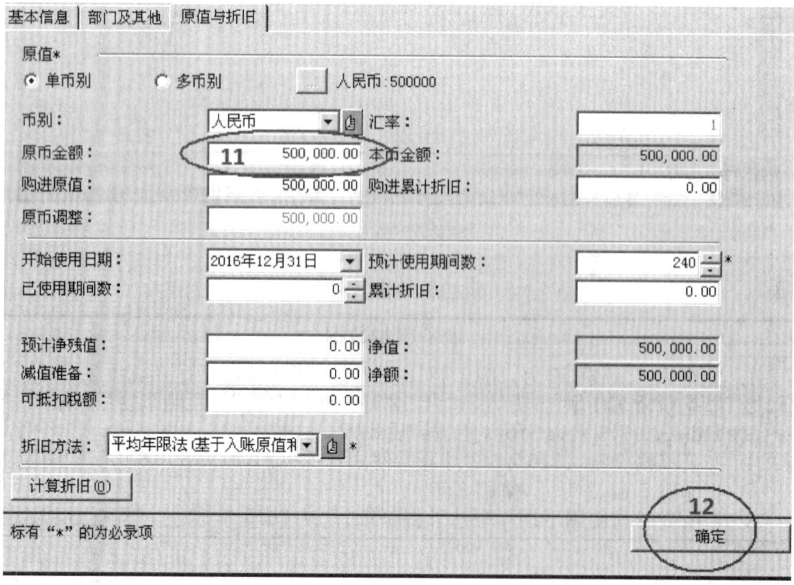

图 2-3-16

(3) 单击【确定】系统会自动显示当前新增加的固定资产信息，如图 2-3-17 所示。

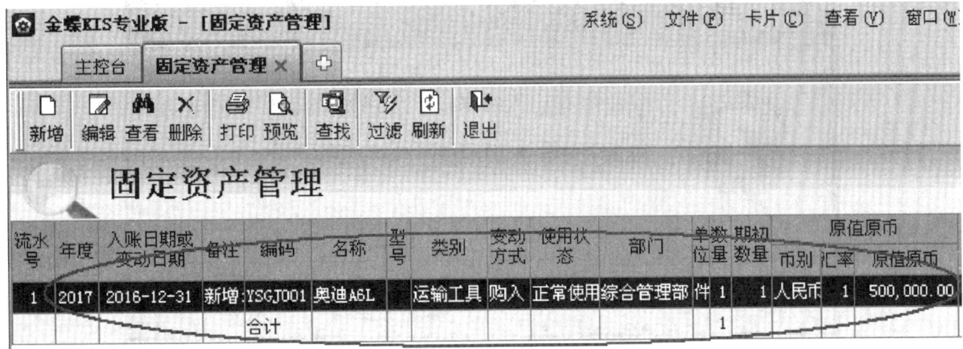

图 2-3-17

(4) 重复以上操作，增加其他的固定资产信息。新增完成后，显示如图 2-3-18 所示。

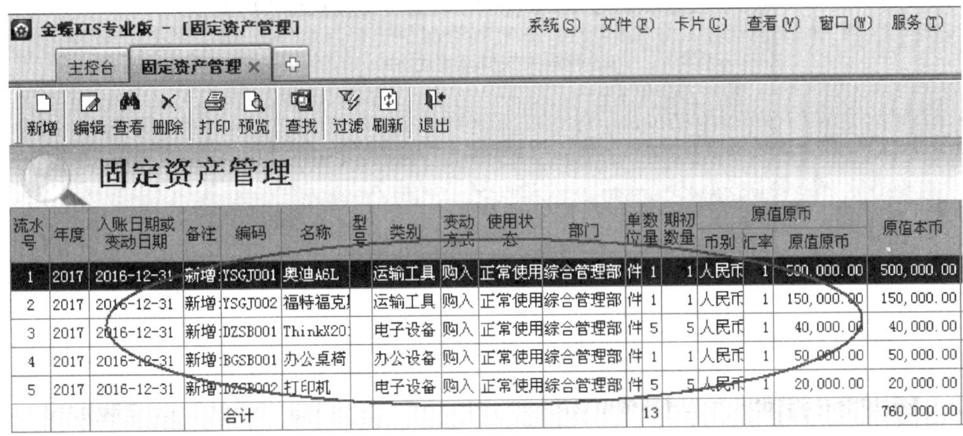

图 2-3-18

(5) 依次单击图中【文件】→【将初始数据传送总账】，如图 2-3-19 所示。

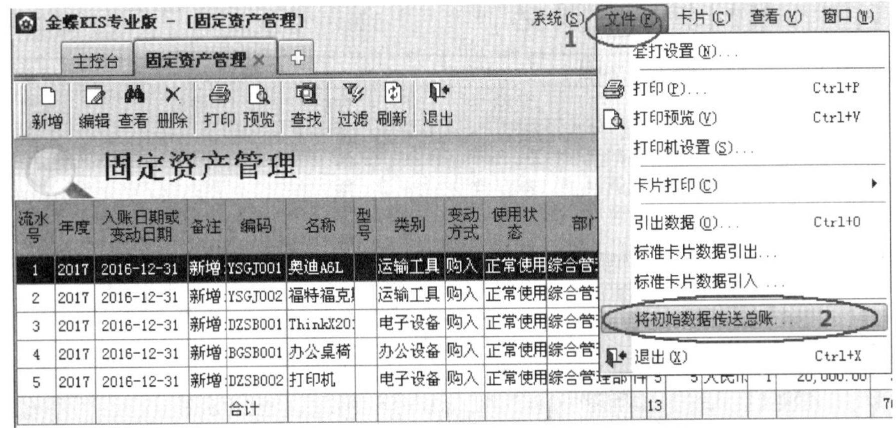

图 2-3-19

（6）单击【是】，如图 2-3-20 所示。

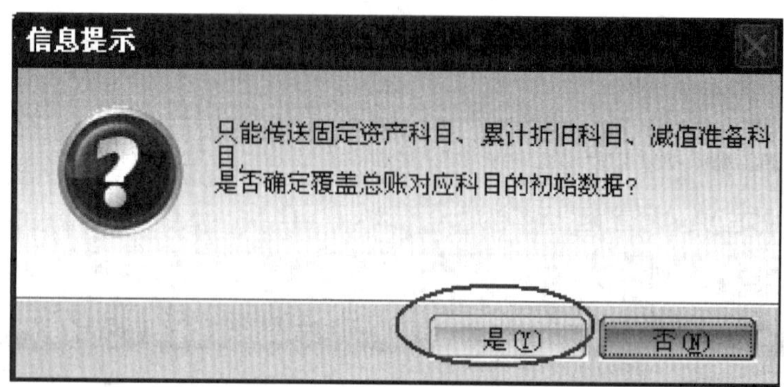

图 2-3-20

（7）系统提示传递成功，如图 2-3-21 所示。

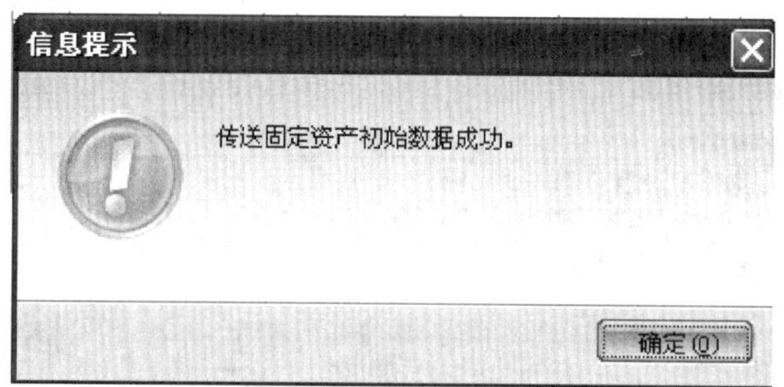

图 2-3-21

（8）在科目初始数据中可以看到数据传递成功，如图 2-3-22 所示。

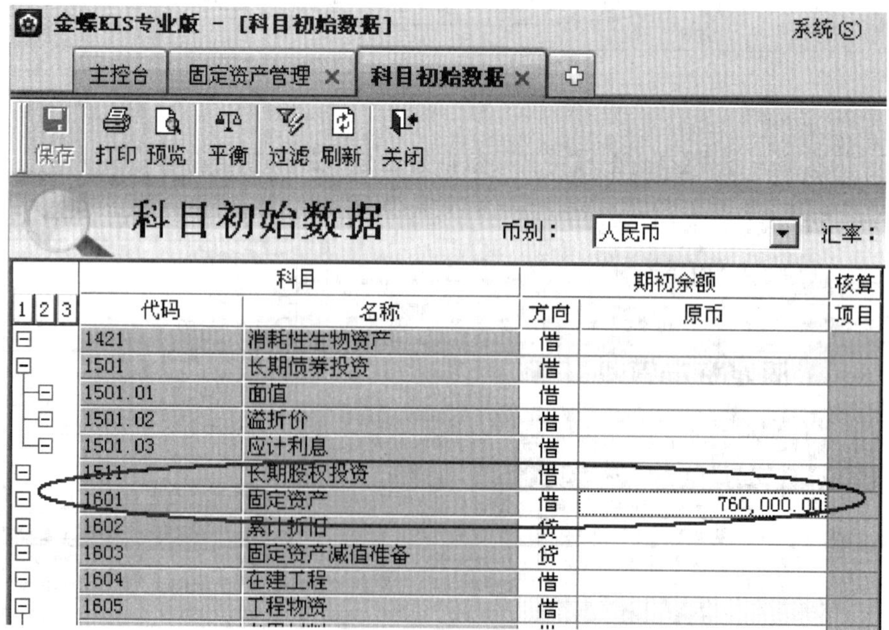

图 2-3-22

至此，固定资产初始化顺利完成。

重点提醒

为确保固定资产模块数据和总账一致，一定要从固定资产模块传递数据，避免手工录入出现账（固定资产模块—固定资产业务账）账（总账模块—固定资产财务账）不符。

三、仓存初始数据

【实训操作练习 24】

东风双成汽车零部件有限公司库存初始数据如表 2-3-5 所示。

表 2-3-5　　库存初始数据

2016 年 12 月 31 日库存商品业务明细数据	
1. 153 后桥总成 10 台，60 000 元	2. 153 桥壳 20 个，5 万元
3. 153 减总 20 个，4 万元	4. 153 气室 30 个，6 000 元
5. 153 轮毂总成 30 套，36 000 元	6. 153 标准件 100 套，10 000 元

【实训操作步骤】

（1）在金蝶 KIS 专业版主控台界面，依次单击【初始化】→【存货初始数据】。

（2）在“存货初始数据”页面左侧，单击【公司库】，详细操作步骤如图 2-3-23 所示。

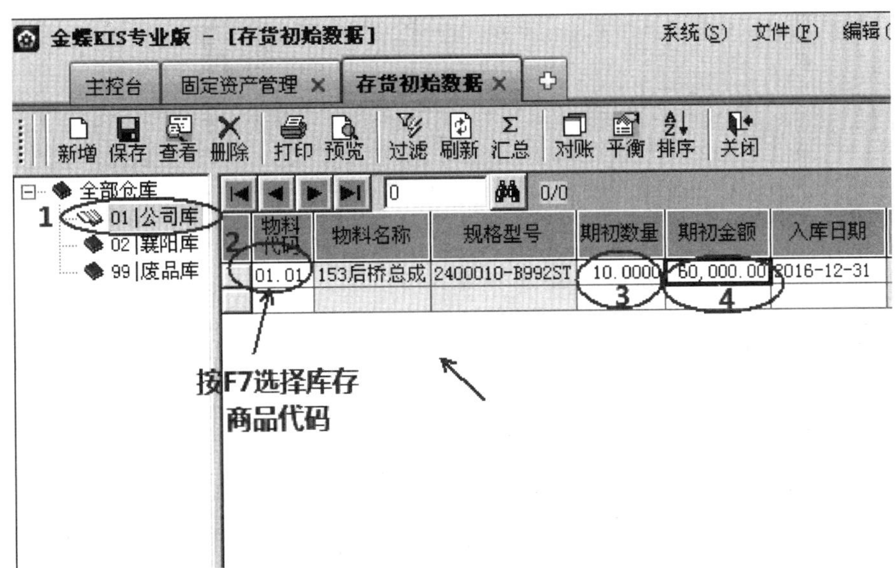

图 2-3-23

（3）继续重复（1）和（2）操作，录入其库存商品数量金额。

（4）录入完成，如图 2-3-24 所示。

图 2-3-24

(5) 把业务系统中的库存商品期初数据传递到总账系统，单击图中【对账】按钮，如图 2-3-25 所示。

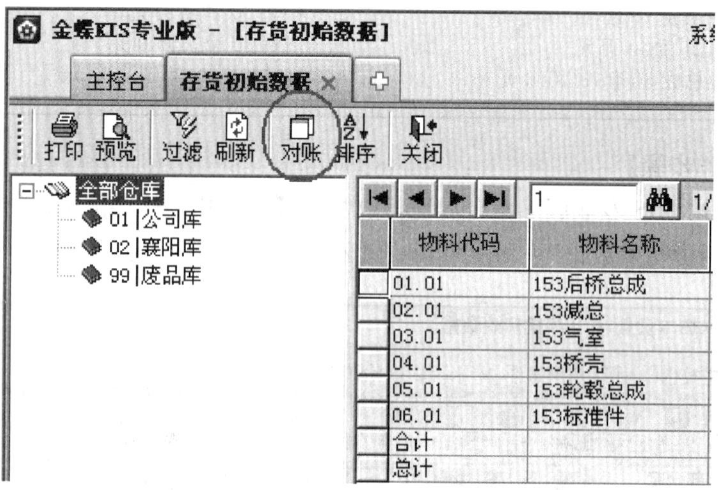

图 2-3-25

(6) 单击【传递】按钮，如图 2-3-26 所示。

金蝶KIS专业版 - [存货初始数据] 系统(S) 文件(F) 编辑(E)

主控台 存货初始数据

打印 预览 刷新 录入 传递 排序 关闭

全部科目

1405|库存商品

科目代码	科目名称	借贷方向	年初金额	本年	本年	期初金额	入库日期
1405	库存商品	借方	202,000.00			202,000.00	2016-12-31
合计			202,000.00			202,000.00	
总计			202,000.00			202,000.00	

图 2-3-26

（7）单击【是】确认，如图 2-3-27 所示。

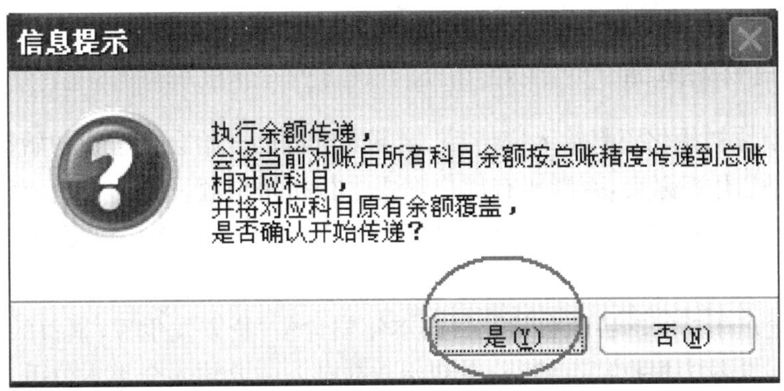

图 2-3-27

（8）库存商品初始余额传递成功，如图 2-3-28 所示。

图 2-3-28

（9）打开科目初始数据，看到数据已经传递过来，如图 2-3-29 所示。

金蝶KIS专业版 － [科目初始数据]　　系统(S)

主控台　科目初始数据

保存　打印　预览　平衡　过滤　刷新　关闭

科目初始数据　　币别：人民币　　汇率：

科目		期初余额		核算
代码	名称	方向	原币	项目
1132	应收利息	借		
1221	其他应收款	借		
1221.01	单位往来	借		√
1221.02	个人往来	借		√
1401	材料采购	借		
1402	在途物资	借		
1403	原材料	借		
1404	材料成本差异	借		
1405	库存商品	借	202,000.00	
1407	商品进销差价	贷		
1408	委托加工物资	借		

图 2-3-29

库存商品初始余额录入传递完成。

至此，业务初始化数据全部录入传递完成。

四、科目初始数据

当业务模块初始化资料输入完毕后，接下来就可以开始会计科目初始数据的录入工作了。除非是启用新账套，否则所有用户都要进行初始余额设置。初始余额的录入分两种情况进行处理：一是账套的启用时间是会计年度的第一个会计期间，只需录入各个会计科目的初始余额；另一种情况是账套的启用时间非会计年度的第一个会计期间，此时需录入截止到账套启用期间的各个会计科目的本年累计借、贷方发生额、损益的实际发生额、各科目的初始余额。根据以上情况，在初始数据录入中要输入全部本位币、外币、数量金额账及辅助账、各核算项目的本年累计发生额及期初余额，如图 2-3-30 所示。

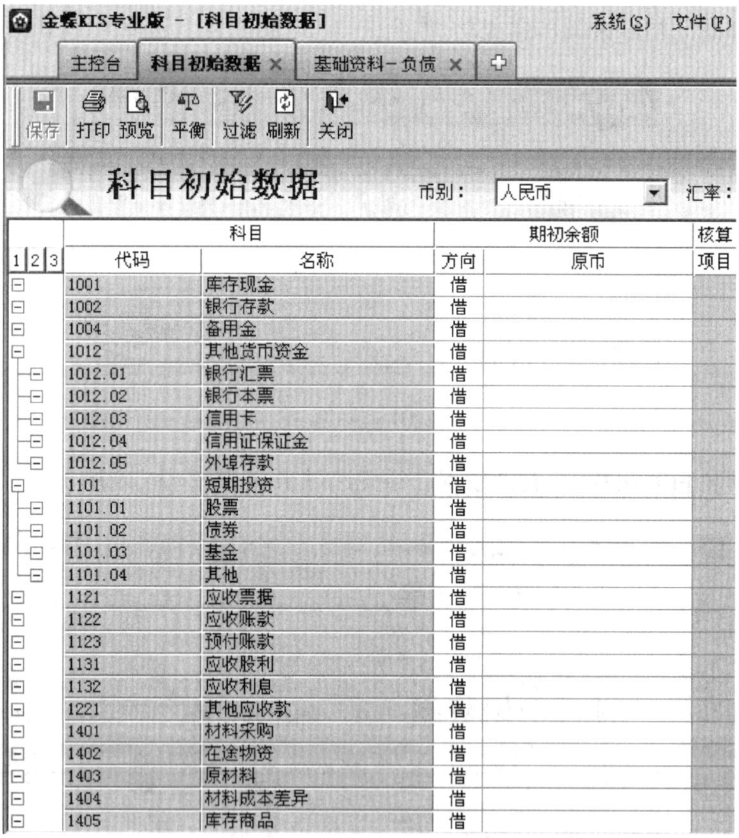

金蝶KIS专业版 - [科目初始数据]　系统(S)　文件(F)

主控台　科目初始数据 ×　基础资料-负债 ×

保存　打印　预览　平衡　过滤　刷新　关闭

科目初始数据　币别：人民币　汇率：

科目		期初余额		核算
代码	名称	方向	原币	项目
1001	库存现金	借		
1002	银行存款	借		
1004	备用金	借		
1012	其他货币资金	借		
1012.01	银行汇票	借		
1012.02	银行本票	借		
1012.03	信用卡	借		
1012.04	信用证保证金	借		
1012.05	外埠存款	借		
1101	短期投资	借		
1101.01	股票	借		
1101.02	债券	借		
1101.03	基金	借		
1101.04	其他	借		
1121	应收票据	借		
1122	应收账款	借		
1123	预付账款	借		
1131	应收股利	借		
1132	应收利息	借		
1221	其他应收款	借		
1401	材料采购	借		
1402	在途物资	借		
1403	原材料	借		
1404	材料成本差异	借		
1405	库存商品	借		

图 2-3-30

在“初始余额录入”窗口的“币别”下拉列表框中，可选择不同的货币币种进行录入。选择非本位币的其他币种时，所有的数据项目都会分为原币和折合本位币两项，在输入完原币数额后，系统会根据预设的汇率自动将原币折算为本位币，系统会将输入的各个币种的折合本位币汇总为综合本位币进行试算平衡。

在数据的录入过程中，系统提供了自动识别的功能：如果科目是数量金额核算，当光标移到该科目时，系统自动弹出“数量”栏供用户录入；如果科目是损益类科目，当光标移到该科目时，系统会自动弹出“损益类本年实际发生额”供用户录入；余额可分为借、贷方两栏显示。当然，所有这些操作，应该在“过滤”工具栏中作出相应的选择。

如果科目设置了核算项目，系统在初始数据录入的时候，会在科目的核算项目栏中做一标记“√”，单击“√”，系统自动切换到核算的初始余额录入界面，每录完一笔，系统会自动新增一行，当然，也可以单击鼠标右键增加新的一行来录入数据。

在“初始数据录入”界面中系统以不同的颜色来标识不同的数据：白色区域表示可以直接录入的账务数据资料，它们是最明细级普通科目的账务数据；黄色区域表示为非最明细科目的账务数据，这里的数据是系统根据最明细级科目的账务数据或核算项目数据自动汇总计算出来的；绿色区域系统预设或文本状态，此处的数据不能直接输入。

最左边的小的数字按钮 1、2、3 表示科目的级次，选择不同的数字。可以录入不同级次科目的初始数据，也可以在初始余额的录入界面，单击【过滤】图标，选择“科目”标签进行相关的设置。

在“初始数据输入”界面中，所能录入的内容主要包括：期初余额、累计借方、累计贷方以及本年累计损益实际发生额四项。

期初余额：是指在进行初始化当期的期初科目余额。

累计借方：是指某一科目自年初至初始设置时止借方累计发生额。

累计贷方：是指某一科目自年初至初始设置时止贷方累计发生额。

本年累计损益实际发生额：由于损益类科目处理的一些特点，对于在账套启用之前所发生的损益类科目的实际发生额，系统就无法取到。因此这里就需要用户将损益类科目的本年累计实际发生额在初始化时录入系统，这样系统才能对损益类科目的实际发生额进行处理，才能保证有关业务资料数据的准确。

损益类科目的本年累计实际发生额与损益类科目的借方累计或贷方累计数是不同的，他们之间往往会不一致。例如：某年的营业收入为 200 万，后来又发生退货 5 万，那么营业收入的实际发生额为 195 万。但在实际进行账务处理时，退货的 5 万就有可能会借记销售收入，这样销售收入的累计贷方就是 200 万，这显然与销售收入的实际发生是不一致的。因此，在输入本年累计损益实际发生额项目时一定要输入它的实际发生额数据，否则将来在输出利润表及其他有关损益类科目的报表时，所取数据可能会不正确。

系统中账套数据的年初余额将根据以下的公式自动计算得出：

借方年初余额＝期初余额＋本年累计贷方发生额－本年累计借方发生额

贷方年初余额＝期初余额＋本年累计借方发生额－本年累计贷方发生额

操作时只需输入最明细级科目的有关期初余额、累计借方、累计贷方数据。对于上级科目数据，系统会自动进行汇总计算。

上述数据输入无误后，单击【平衡】或选择菜单【查看】—【试算平衡】，系统会弹出“试算平衡表”界面对数据进行试算平衡，如图 2-3-31 所示。

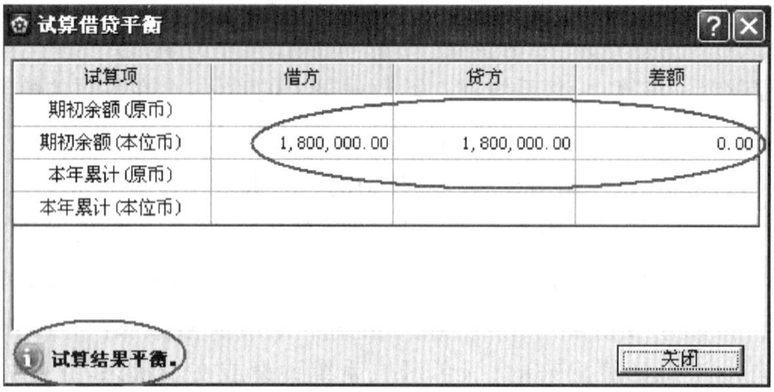

试算借贷平衡

试算项	借方	贷方	差额
期初余额(原币)			
期初余额(本位币)	1,800,000.00	1,800,000.00	0.00
本年累计(原币)			
本年累计(本位币)			

试算结果平衡。　关闭

图 2-3-31

系统进行试算平衡时是将所有的账务数据合计在一起进行的，因此只有将所有的本位币、外币、核算项目账、数量金额账等全部数据录入完毕之后才能够进行总账数据的试算平衡。试算平衡表中会显示出所有一级科目的年初借方、年初贷方、累计借方、累计贷方、期初借方、期初贷方各项数值。在币别处选择某一币别时，单击【平衡】或选择菜单【查看】→【试算平衡】，显示的试算平衡表是该币别的试算平衡，选择“币别”为“综合本位币”，显示的试算平衡表是所有币别折合为综合本位币后的试算平衡，只要在综合本位币状态下试算平衡，系统就允许您结束初始化，否则就不能结束初始化。

如果账套数据是平衡的，系统在界面的左下方在“试算结果平衡”前方显示绿色图标，借、贷方的差额为零；如果账套数据不平衡，系统会在界面的左下方在“试算结果平衡”前方显示红色图标，并显示借、贷方的差额数据，提示账务数据不正确，需要检查修改。您可以在试算平衡表中仔细核对账务数据，以确保账套初始数据准确无误。

重点提醒

(1) 初始数据录入工作可以和日常单据录入工作同时进行，只要在期末处理前关闭初始化即可。

(2) 值得注意的是，KIS 专业版在【系统工具—数据交换】中提供科目初始数据引入引出功能，如果当前账套和某一现有账套科目初始数据类似，可以通过该工具实现科目初始数据快速引入，减轻科目初始数据录入工作。

(3) 为保证各模块财务业务数据一致，业务账与财务账账账相符，总账中的固定资产、应收应付、库存商品数据应该从业务模块中传递过来，不能手工在科目初始余额中录入。

【实训操作练习 25】

东风双成汽车零部件有限公司 2016 年 12 月 31 日部分科目余额表，如表 2-3-6 所示。

表 2-3-6　　　　　　　　　　　**部分科目余额表**

科目代码	科目名称	方向	期初余额
1001	库存现金	借	80 000.00
1002.01	建设银行(人民币户)	借	200 000.00
1121	应收票据	借	100 000.00
1221	杨信 20 000,刘翔 2 000	借	7 000.00
4001	实收资本(杨信 150 万元,方晴 200 万元)	贷	3 500 000.00
4101	利润分配	贷	－36 000

录入库存现金初始化余额 80 000 元,应收票据 100 000 元。

【实训操作步骤】

(1) 在金蝶 KIS 专业版主控台界面,依次单击【初始化】→【科目初始数据】。

(2) 在"科目初始数据"页面,单击【币别】选择"人民币",分别录入"库存现金"余额和"应收票据"余额,如图 2-3-32 所示。

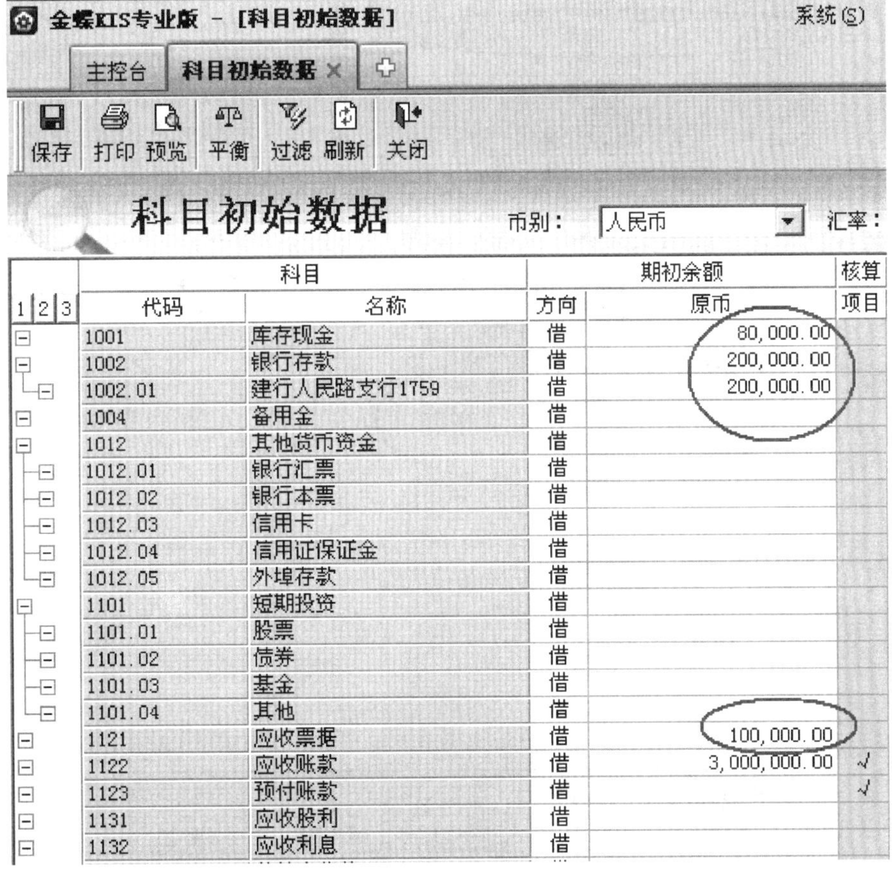

图 2-3-32

（3）以“其他应收款”为例讲述带有辅助核算项的会计科目余额的录入。

重点提醒

设置了辅助核算项目的科目，期初余额栏底色显示为黄色的科目，是不能直接录入数据的，需要单击右边的“√”，要打开明细项目录入窗口，才能操作，如图 2-3-33 和图 2-3-34 所示。

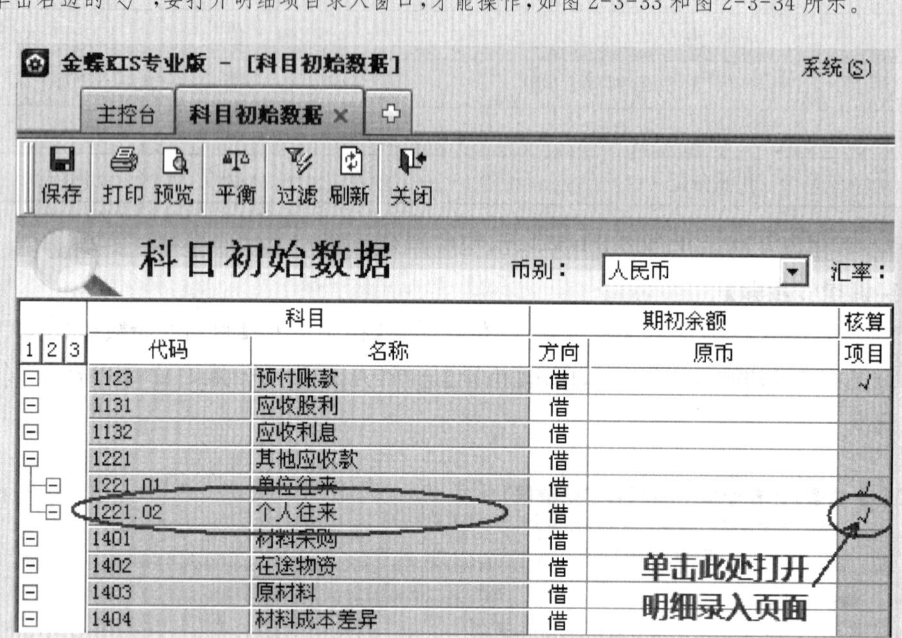

图 2-3-33

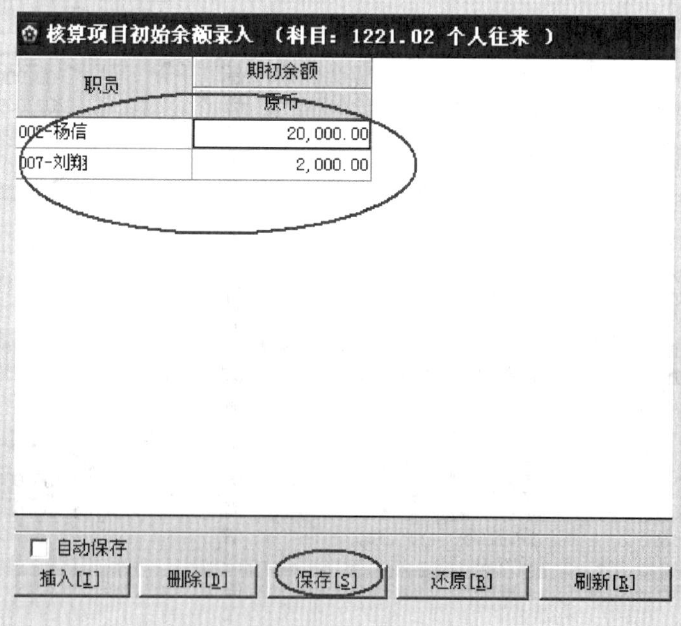

图 2-3-34

(4) 参照上述操作流程录入表 2-3-6 中其他会计科目余额。

五、试算平衡

固定资产、库存管理系统、应收应付系统的初始数据已经传递到总账科目初始余额表，可以进行试算平衡。

依次单击【初始化】→【科目初始数据】，按图 2-3-35 操作。

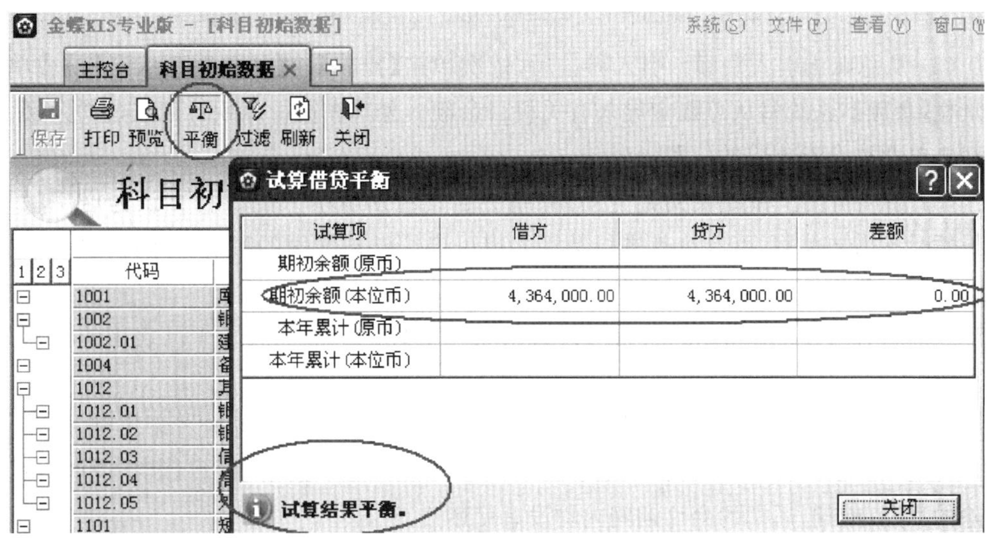

图 2-3-35

可以看到总账模块会计科目期初余额已经试算平衡。

六、出纳初始数据

在金蝶 KIS 专业版主控台界面中，依次单击【初始化】→【出纳初始数据】。

重点提醒

在进行出纳初始化前首先需要到系统参数中设置出纳的启用年度和启用期间。

在"初始数据录入"界面中，包括单位的现金科目、银行存款科目的期初余额、累计发生额的引入和录入，银行未达账、企业未达账初始数据的录入，余额调节表的平衡检查、综合币的定义等内容。

1. 科目维护

由于出纳管理系统没有独立的科目，所以必须从账务处理系统中引入现金、银行科目。

(1) 从总账中引入科目。依次单击【编辑】→【从总账引入科目】或单击工具栏的【引入】，系统将从总账系统中导入设置好的现金、银行科目。"银行名称"可以自动取银行存款科目的名称，也可以由用户自定义。另外，在结束初始化前，还需要给引入的银行科目添上相应的银行账号;如果没有添加,系统将给予相应的提示。

重点提醒

设置所有币别的科目自动分币别引入多个账户;出纳管理系统中不能将总账系统中银行存款科目下挂的核算项目作为明细科目引入,只能将核算项目设为银行科目的下级明细科目,然后再引入;从总账引入的科目属性必须是"科目设置"中的现金科目或银行科目,否则科目将不被引入,并且,只引入总账中的明细科目。

(2) 从总账中引入余额。引入科目后,依次单击【操作】→【从总账引入余额】或单击工具栏【余额】,系统将从总账中导入有关科目余额。分别在银行存款日记账期初余额、银行对账单期初余额相应的位置中显示。

(3) 启用科目。在结束初始化后,系统会自动将所有引入的科目默认为启用状态。如果暂时不需要使用,可以对其进行禁用。也可启用已被禁用的科目。即将光标放置于已被禁用的科目上,单击【启用】即可。

(4) 禁用科目。对启用的科目可以进行禁用处理。将光标放置于已启用的科目上,单击【禁用】即可。

(5) 删除科目。对不需要且没使用过的科目可以删除。将光标放置于想删除的科目上,单击【删除】即可。删除科目仅限于出纳管理系统中没有使用的科目,就是说此科目在删除的本期、前期、后期的会计期间内均没有使用过。

启用科目和禁用科目均要该科目结束初始化之后才可进行操作,删除科目则不受此限制。删除科目仅限于出纳管理系统中没有业务发生的科目,已有业务发生的科目不允许删除,只能禁用。

2. 未达账项

所谓未达账项,就是结算凭证在企业与银行之间(包括收付双方的企业及双方的开户银行)流转时,一方已经收到结算凭证作了银行存款的收入或支出账务处理,而另一方尚未收到结算凭证尚未入账的账项。

归纳起来,未达账项有四种类型:

第一种是银行已收,企业未收;第二种是银行已付,企业未付;第三种是企业已收,银行未收;第四种是企业已付,银行未付。

存在未达账的情况下,企业单位银行存款日记账的余额和银行对账单的余额往往是不相等的。这时需要分别站在企业和银行的立场,将未达账项分别对银行存款日记账的余额和银行对账单的余额进行调整。具体调整方法如下:银行存款日记账的余额+银行已收,企业未收的金额-银行已付,企业未付的金额=调整后(企业账面)余额;银行对账单的余额+企业已收,企业未收的金额-企业已付,银行未付的金额=调整后(银行对账单)余额。调整后两者的余额相等,表明企业银行存款账实相符。

在工具栏上单击【企业未达】,点击【新增】后就即可录入企业未达账。

在工具栏上单击【银行未达】,点击【新增】后就即可录入企业未达账。

在工具栏上单击【余额表】，就可以查看银行存款余额调节表。

【平衡检查】是检查所有的银行存款科目的余额调节表是否都平衡，如果银行存款科目的余额已经平衡，系统会给予提示，否则就也会给予另外的相应提示。

新增未达账时，单击【F7】键，系统自动调用总账的摘要库；结算号可以单独录入，但如果录入结算方式时，必录结算号；借、贷方金额只允许录入一方。

【实训操作练习 26】

录入出纳初始数据，启用出纳模块。

【实训操作步骤】

(1) 在金蝶 KIS 专业版主控台界面，依次单击【出纳管理】→【出纳初始数据】。

(2) 在"出纳初始数据"页面，按图 2-3-36 和图 2-3-37 中标识操作。

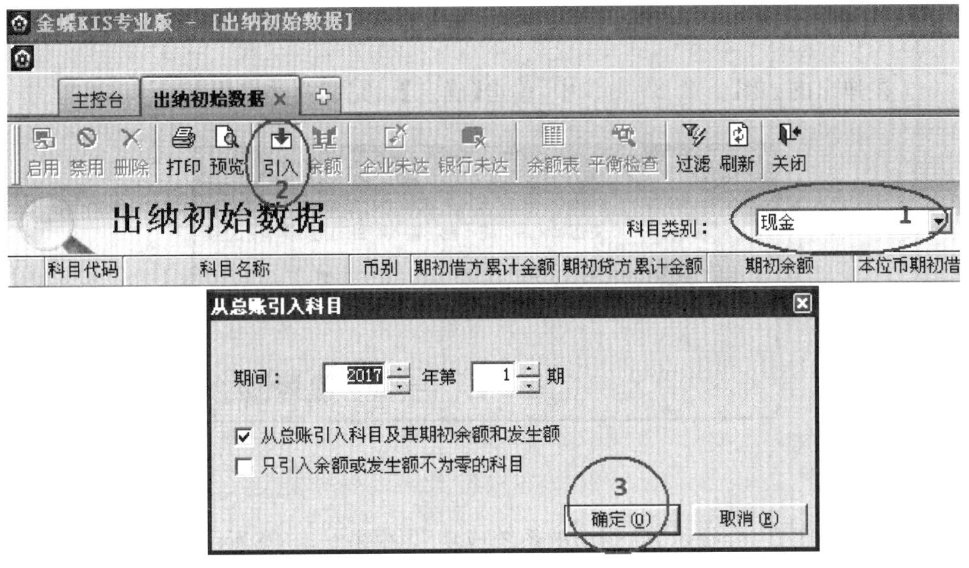

图 2-3-36

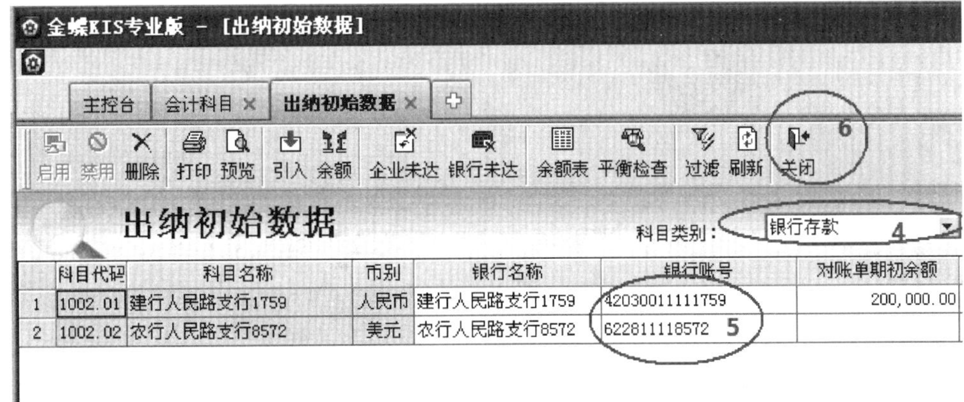

图 2-3-37

注意：银行账号必填，否则不能结束初始化。

(3) 在金蝶 KIS 专业版主控台界面,依次单击【初始化】→【启用出纳系统】。在弹出的如图 2-3-38 窗口,单击【开始】。

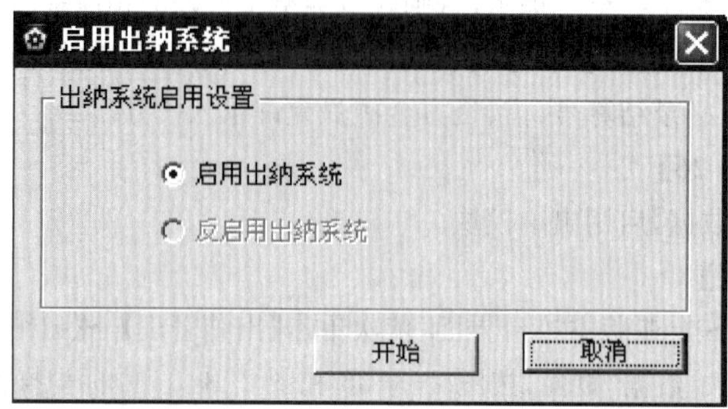

图 2-3-38

(4) 在弹出的如图 2-3-39 窗口中,单击【确定】。完成模块启用。

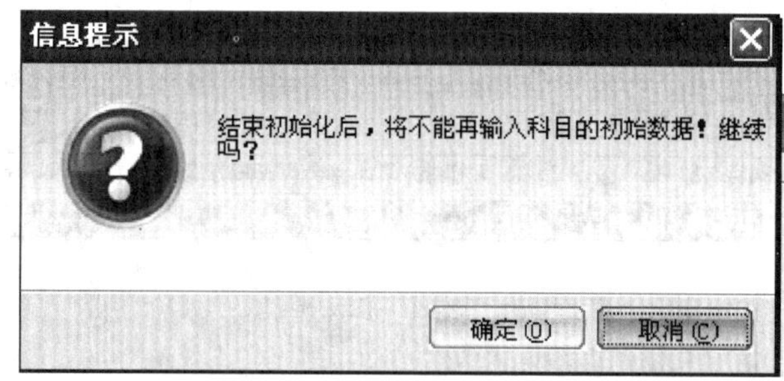

图 2-3-39

(5) 若操作正常,会提示"启用出纳系统成功",如图 2-3-40 所示。

图 2-3-40

七、启用业务系统

系统初始化完成后,需要执行启用初始化,将初始化设置状态转为日常操作状态。

到目前为止,一个新账套的初始化设置工作已基本完成,经过了设置准备、系统设置、

资料维护、启用期前业务处理、日常业务并行操作等设置过程，用户可以开始进行日常工作处理了。

初始化的最后一项工作就是启用业务系统，启用业务系统就是将初始化工作中所输入的业务和管理信息进行处理和转化，将其转变为业务日常处理所需的格式，为日常处理提供基础信息、初始数据及管理信息来源。这里必须注意的是，一旦启用账套，就意味着关闭初始化界面。启用业务系统后初始化设置的数据很多都不能再修改，因此在完成初始化工作之后，应该再仔细检查一下初始化数据，确保无误后再执行启用。

在启用业务系统之前，最好在"账套管理"中将该账套进行备份，以防由于种种原因造成贸然启用，从而给业务处理带来不便。

【实训操作练习 27】

启用业务系统。

【实训操作步骤】

(1) 在金蝶 KIS 专业版主控台界面，依次单击【初始化】→【启用业务系统】。

(2) 在弹出的"启用业务系统"界面，单击【开始】，如图 2-3-41 所示。

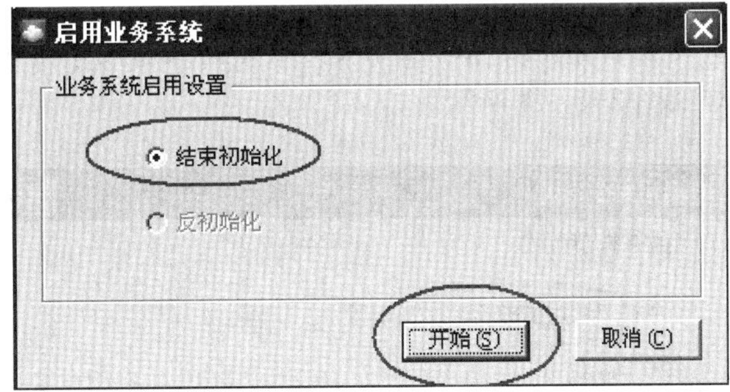

图 2-3-41

(3) 确认启用系统，单击【是】，如图 2-3-42 所示。

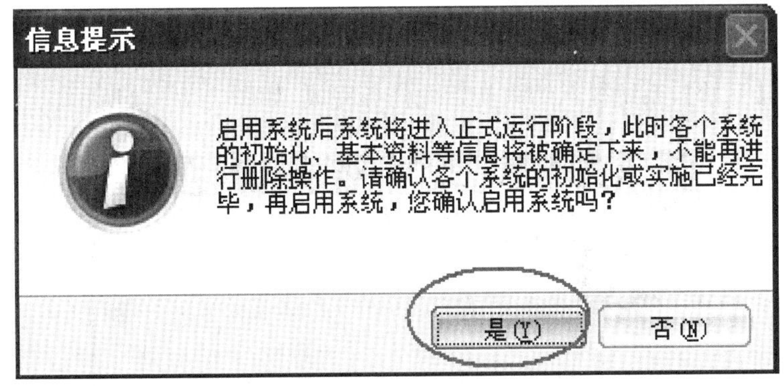

图 2-3-42

(4) 若操作无误，会提示启用成功，如图 2-3-43 所示。

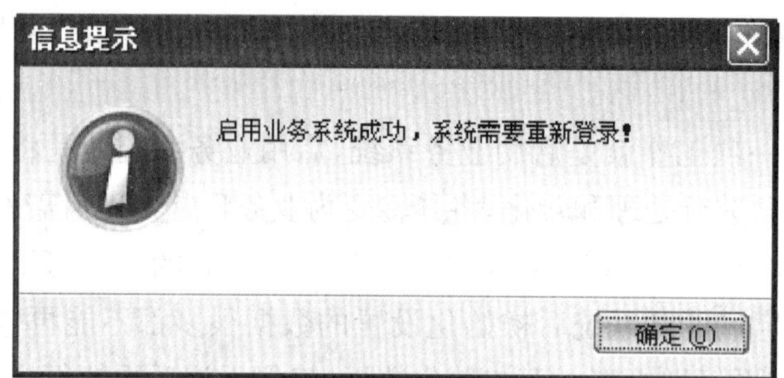

图 2-3-43

八、启用财务系统

初始数据试算平衡和现金流量数据符合勾稽关系之后，在“启用财务系统”界面就可以结束初始化工作，也可以将全部数据打印出来保存。

【实训操作练习 28】

启用财务系统。

【实训操作步骤】

(1) 在金蝶 KIS 专业版主界面，依次单击【初始化】→【启用财务系统】，进入“结束初始化”界面进行操作，如图 2-3-44 所示。

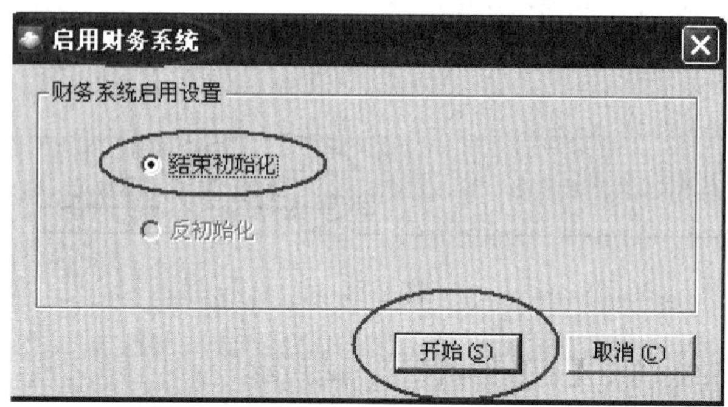

图 2-3-44

(2) 单击【开始】，系统提示结束初始化任务完成，如图 2-3-45 所示。

图 2-3-45

第三部分　业务财务一体化应用之购销存模块

项目一　采 购 管 理

应会内容：采购单据录入、审核、采购发票生成凭证、业务凭证序时簿查询操作、采购业务凭证模板的设置修改使用。

一、关于采购系统

采购管理系统，是通过采购订货、仓库收料、采购退货、购货发票处理、供应商管理、价格及供货信息资料等功能综合运用的管理系统，对采购物流和资金流的全过程进行有效的双向控制和跟踪，实现完善的企业物资供应信息管理。

采购管理系统的主要特点包括：

(1) 灵活的业务流程处理。

(2) 严密的业务控制。

(3) 丰富的采购管理信息。

(4) 良好的扩展性。

1. 灵活的业务流程处理

采购管理系统采用灵活的设计理念，以满足用户丰富繁杂的业务需要。主要体现在：

(1) 系统预置现购、赊购两种采购处理流程，可以满足企业中大多数采购业务的处理。

(2) 提供灵活的业务流程管理，使业务处理流程灵活方便。用户可根据自己的实际需要，选用不同的单据流程。

(3) 采购流程清晰，单据可拆分，单据的业务处理、批处理、管理功能分别实现而又协调统一，可以方便灵活地处理业务。

(4) 单据之间联系紧密，设置了关联、勾稽等多种联系，以满足用户不同的业务需要。

2. 严密的业务控制

(1) 采购管理系统提供采购价格资料、供应商供货信息等多方面的内部控制手段，从而保证小企业进行规范化的运作以及相关业务政策得到强而有力的执行。

（2）对于采购价格，系统在物料属性中提供物料基本采购价格，还通过采购价格资料提供复杂采购价格管理，可以满足企业对采购价格灵活管理的需求，另外系统还提供最高限价控制等多种控制手段。

（3）系统通过采购价格资料提供物料与供应商对应代码和名称的设置，实现基本供货信息管理，从而使得供应商的管理更加科学合理。

3. 丰富的采购管理信息

一方面，采购系统在各个业务环节提供了相应的辅助信息供具体的业务人员进行查询，如在采购订单上可以查询即时库存、可用库存、采购价格、历史采购价格等多种业务信息。这些业务信息既可以辅助操作人员进行快速的录入，也可以辅助业务人员准确掌握的业务信息。另一方面，系统提供了丰富的管理报表。系统为各个业务环节的业务管理人员提供了相应的明细报表、汇总报表以及业务跟踪报表，业务管理人员可以通过报表查询相应的业务进展情况。另外，系统还提供多种分析报表，如采购价格分析等，主要辅助决策人员进行决策。

4. 良好的扩展性

小企业在长期的发展中，都会形成自己特定的管理模式，而且不同行业的企业在管理上都会具有不同的行业特色。这些个性化管理部分有一部分可以规范化从而使之符合标准业务流程和业务模板。还有一部分个性化管理往往是小企业竞争力形成的一个重要的方面，对于标准商业化软件来说也需要作出考虑。

采购管理系统考虑到小企业中个性化管理，提供了采购主数据(供应商、物料等)的自定义、单据自定义、流程灵活应用、套打自定义、灵活的系统参数配置等多种定制功能，从而可以让企业在标准的流程基础之上进行定制，以满足企业的个性化需求。

5. 采购与其他系统的接口

与仓存系统的接口：采购系统的采购入库单是仓存系统中的一种重要库存交易单据，它会更新相应仓库的即时库存。

与存货核算系统的接口：采购系统中的已勾稽的采购发票是进行入库核算的原始依据之一，入库核算之后的入库成本将反填到采购入库单的单价中，核算完成后再根据凭证模板生成相应的凭证；采购系统的采购发票也将作为确认采购结算的原始依据之一，可以按照凭证模板生成相应的应付或现购支付凭证。

二、采购业务模式及应用

系统将采购管理分为现购、赊购业务类型。不同业务类型其业务的处理过程以及财务收支核算的过程有差异，所以对应在系统中也会有不同的业务处理流程。

1. 现购业务流程说明

现购是指在采购时一手交钱、一手交货的采购业务，这种业务适用于面向企业的现金交易采购业务，下面的内容是介绍现购的业务操作步骤，如表 3-1-1 所示。

表 3-1-1

序号	处理说明	责任部门	责任人
1	业务人员依据采购价格，向供应商下达采购订单，并跟踪订单执行情况。业务员可以根据实际情况进行订单变更或手工关闭订单	采购部	采购业务人员
2	仓管人员收货并直接填写采购入库单，仓管人员也可以依据采购订单、采购发票生成采购入库单	仓库	仓管人员
3	会计收到已经审核的采购入库单，按照采购入库单开票和付款，现购的采购发票同采购入库单确认之后就表示付款完成	财务部	会计
4	采购过程中发生的费用，在制作采购发票时，可以选择计入成本费用或不计入成本费用，计入成本费用的最终入库核算时作为入库成本的一部分来算单位成本，运费中的税金可以通过运费税金列进行单独处理，入库核算时作为税金专项处理；不计入成本则不影响入库单位成本，直接计入期间费用	财务部	会计
5	现购中的采购入库单和采购发票必须进行勾稽。勾稽一方面用于核对入库和开票一致性，即保证开了票的已经入库；另一方面能将入库和对应的发票(采购发票)进行匹配，通过匹配从而在入库单和发票之间建立一种关联，然后依据这种关联进行费用分配和入库核算	财务部	会计

2. 赊购业务流程说明

赊购是一种最常见的采购业务，是购销双方利用商业信用进行购销交易的一种业务。在工商业企业中最常用的一种采购业务，下面介绍赊购的业务步骤，如表 3-1-2 所示。

表 3-1-2　　赊购业务流程说明

序号	处理说明	责任部门	责任人
1	业务人员依据采购价格，向供应商下达采购订单，并跟踪订单执行情况；业务人员也可以根据实际情况进行订单变更或手工关闭订单	采购部	采购业务人员
2	仓管人员收货完毕之后，仓管人员直接填写采购入库单；仓管人员还可以依据采购订单、采购发票直接下推制作采购入库单	仓库	仓管人员
3	会计收到已经确认的采购入库单，按照采购入库单进行开票确认应付款，之后再根据应付情况进行具体付款业务	财务部	会计
4	采购过程中发生的费用，在制作采购发票时，可以选择计入成本费用或不计入成本费用，计入成本费用的最终入库核算时作为入库成本的一部分来算单位成本，运费中的税金可以通过运费税金列进行单独处理，入库核算时作为税金专项处理；不计入成本则不影响入库单位成本，直接计入期间费用	财务部	会计

（续表）

序号	处理说明	责任部门	责任人
5	赊购中的采购入库单和采购发票必须进行勾稽。勾稽一方面用于核对入库和开票一致，即保证开了票的已经入库；另一方面能将入库和对应的发票（采购发票）进行匹配，通过匹配从而在入库单和发票之间建立一种关联，然后依据这种关联进行费用分配和入库核算	财务部	会计

3. 退购业务流程说明

企业会因为物料的质量问题、交期、运输损坏、发运错误等原因，需要将物料直接退还给供应商，退货一般包括退料申请、退料出库和退票几个业务环节，下面说明退货的流程，如表 3-1-3 所示。

表 3-1-3　　退货业务流程说明

序号	处理说明	责任部门	责任人
1	仓管人员可以依据采购订单、原蓝字采购入库单、红字采购发票关联生成红字采购入库单，也可以直接编制红字采购入库单	仓库	仓管人员
2	如果原来采购过程中货物已经入库并且开具了采购发票，则会计需要根据红字采购入库单开具红字采购发票。红字采购发票还可以依据采购订单和原蓝字采购发票生成	财务部	会计
3	如果采购过程中货物已经入库并且开具了采购发票，则可以红字采购入库单、红字采购发票进行勾稽核对，也可以蓝字采购入库单、蓝字采购发票一起勾稽； 如果采购过程中货物已经入库，并且根据蓝字采购发票开具了红字采购发票，则蓝字采购入库单、蓝字采购发票、红字采购发票进行勾稽核对	财务部	会计
4	如果原来的采购过程中货物已经入库但没有开具采购发票，则会计需要将红字采购入库单和原来蓝字采购入库单进行对等核销。如果是部分退料，则需要先将蓝字采购入库单拆单，然后再进行对等核销	财务部	会计
5	如果原来的采购过程中只开具了采购发票，但是货物没有入库，则会计需要将红字采购发票和原来的蓝字采购发票进行对等核销。如果只是部分退料则需要将原来的蓝字采购发票进行拆单，然后再将红字采购发票和拆单后的蓝字采购发票进行对等核销	财务部	会计

4. 简化业务流程说明

结合【基础设置】→【系统参数】→【业务参数】中，销售参数对应的“销售出库单审核时自动生成发票（专用发票/普通发票）”和“关联销售出库单生成的发票审核时自动勾稽”两个参数，可以实现企业销售业务的简化处理。

勾选“销售出库单审核时自动生成发票（专用发票/普通发票）”，则不需要再销售出库

单逐一手动下推生成发票，可以实现在销售出库单审核时（包括在序时簿中批量审核），由系统自动生成发票，实现发票的快速录入，发票中的取数，与下推生成和关联生成的取数规则完全一致。

如果同时勾选了【基础设置】→【单据设置】中"销售出库单据"选项设置中的"单据保存时自动审核"参数，则还可以实现，在销售出库单保存时，同时实现审核和生成销售发票。

勾选"关联销售出库单生成的发票审核时自动勾稽"参数，只要销售发票是销售出库单关联生成的（包括手工下推关联生成的），系统会在审核时，自动对发票进行勾稽。

三、采购订单

采购订单是物料在采购业务中流动的起点，是详细记录企业物资的循环流动轨迹、累积企业管理决策所需要的经营运作信息的关键。通过它可以直接向供应商订货并可查询采购订单的收料情况和订单执行状况，通过采购订单，采购业务的处理过程可以一目了然。

1. 采购订单制单指南

通过金蝶 KIS 专业版主界面依次单击【采购管理】→【采购订单】，打开"采购订单"编辑界面，在这里主要用于制作新的采购订单，如果要对单据进行修改、审核、关闭或下查等操作，可通过采购订单序时簿进行操作，下一节会做具体讲解，采购订单上包含的业务和管理信息非常多，单据头部分用来描述针对该业务处理过程共性的业务信息，如单据编码、单据日期等；单据体部分用来描述不同物料的基本信息和单据信息，如每条物料数量、每条物料价格等等，如图 3-1-1 的所示。

金蝶KIS专业版 - [采购订单(新增)]　系统(S)　文件(F)　操作(E)　关联(R)　查看(V)　选项(O)　窗口(W)　服务(T)　帮助(H)

主控台　采购订单(新增)

前单　后单　新增　复制　删单　引入　保存　恢复　打印　预览　删行　添加　BOM　参考　资料　设置　退出

采购订单

供应商(*)：　　日期(*)：2017-03-26　　编号(*)：POORD000001

采购方式(*)：赊购　　摘要：　　币别(*)：人民币

结算方式：　　结算日期：2017-03-26　　汇率(*)：1.0000000000

行号	物料代码(*)	物料名称	辅助属性	单位(*)	数量(*)	单价	含税单价	金额	折扣率(%)	实际含税单价	折扣额	税率(%)	税额	价税合计	交货日期(*)	备注	入库数量	开票数量	销售订单单号	采购建议号
1																				
2																				
3																				
4																				
5																				
6																				
7																				
8																				
9																				
合计																				

主管：　　部门：　　业务员：

制单：Manager　　审核：　　审核日期：

变更：　　变更日期：

图 3-1-1

有关单据的基本操作方法请查看金蝶 KIS 专业版中“编制单据的通用说明”(文件名:KISV12.chm),此处不再赘述。需要特别说明的内容如下:

(1) 单价代表不含税单价。

(2) 订单关联到发票(即包括直接关联和三方关联),取订单上的税率,如果取不到订单税率,则根据系统选项“采购系统税率取数来源”取相应的税率。

(3) 如果先录入金额,系统会根据选项(依次单击【查看】→【选项】→【调整金额后倒算单价】打开选项)决定是否倒算,如果倒算则按照实际含税单价=金额/(1－折扣率)/数量进行倒算。

(4) 实际含税单价=含税单价×(1－折扣率),用户不能修改。

(5) 税额=单价×折扣率×税率。

税额根据前面几项内容自动计算,同时允许用户修改,系统不会据此重新计算改变其他项的数据。

(6) 金额=单价×数量×(1－折扣率%)。

(7) 金额指当前物料的不含税实际金额,系统根据以下公式计算得出,用户可以修改:金额=数量×含税单价×(1－折扣率)÷(1+税率)。

(8) 价税合计=金额+销项税额。也可手工录入,并且可以通过税率来计算出税额和金额,同时计算出单价和含税单价。

(9) 如果用户在单据上选择了“调整金额不倒算单价”,单价和税额字段不会进行重新计算。

(10) 交货日期。在订单的每条物料记录中,都有一个交货日期,这个日期系统默认为空,且为必录项。这个日期的作用是可以作为预计入库日期的依据,通过序时簿中按此字段查找,可以过滤出当前某期间内待入库的订单列表。同时这个字段也是关系到采购订单到期交货预警的重要字段。这个字段需用户手工输入且必须要大于制单日期,否则系统会提示。用户也可双击进入日历界面选择日期。

(11) 交货日期注意点:用户保存订单时此栏位为空则提示用户必须输入。订单在输入第一行记录的交货日期后,再输入第二行的交货日期栏位时,光标跳到此栏位自动带出第一行的记录。用户可进行修改,第三行的交货日期栏位自动带出第二行的记录以此类推。按【F6】可以支持批量填充。

交货日期可以设置:依次单击【选项】→【交货日期设置】中可以进行设置。提供两个选项:手工录入,系统默认;单据日期+××天,可由用户根据自己的业务进行设置。如设置好后,系统将按设置的时间,自动携带出交货日期时间。

(12) 入库数量。在订单的单据体中,这个数量是系统自动生成的,不可修改,数量取自引用此订单的入库单物料数量,也就是说,这个数量只跟引用此订单生成的采购入库单的物料数量有关。

(13) 开票数量。在订单的单据体中,这个数量是系统自动生成的,不可修改,数量取自引用此订单的采购发票物料数量,也就是说,这个数量只跟引用此订单生成的采购发票的物料数量有关。

(14) 采购建议号。在订单的单据体中，这个字段是系统自动生成的，不可修改。是通过采购计划表下推生成采购订单时，将采购计划表中的采购建议号自动携带到这个字段中。

(15) 订单的单价权限。系统提供单价修改权限来满足企业对单价的管理要求，如果用户没有单价的修改权限，系统会参照采购价格资料中的“单据关联时采购价格的获取”部分将价格携带到订单中的单价、金额等字段，这两个字段用户不能够修改和录入。

(16) 采购价格携带：在录入采购订单时可以自动跳出对应物料的对应供应商对应的单位的最近一次采购单价，并可以修改。在“采购订单”界面依次单击【查看】→【选项】→勾选【采购订单审核时更新基础资料采购单价】，则以后每次最新一张采购订单被审核后其物料单价自动反写到基础资料的采购价格中，不勾选则不做任何操作。

(17) BOM，即 BOM 单关联，通过 BOM 清单选择一个或多个组装件物料，系统能自动根据成品的数量计算出每种明细子件的所需数量，并自动将子件清单和各子件数量自动带入表体，提高录单效率。此外，这些数量和物料明细也可以手工干预。

四、采购入库

采购入库单，是确认货物入库的书面证明。采购入库单是体现库存业务的重要单据，它不仅表现了货物转移、同时也是所有权实际转移的重要标志。财务人员根据采购入库单进行记账、核算成本。在金蝶 KIS 专业版业务系统中，采购入库单确认后，需要继续处理采购发票与采购入库单的勾稽，或采购入库单的暂估、自动生成记账凭证、原材料成本的核算，从而为正确进行成本核算和结账打下基础。

采购入库单是库存类单据，在专业版中将采购入库单归入采购模块中，是考虑到采购系统的独立性，订单、采购、收货等阶段是一个紧密联系不可分割的整体。一般来说，采购入库单可以通过手工录入、订单关联和采购发票关联等多途径生成。

采购入库单可以引用采购订单和采购发票生成采购入库单；采购入库单可以下推生成采购发票、红字采购入库单，采购入库单可以被出库单、领料单引用，采购入库单可以生成记账凭证。

采购入库单如果引用订单生成，那入库单的物料数量会回填采购订单的入库数量；采购入库单可以实现自单的拆分、合并；采购入库单可以同发票进行勾稽；采购入库单可以实现同红字采购入库单的对等核销。

1. 采购入库制单指南

依次单击【主界面】→【采购管理】→【采购入库单】，打开采购入库单编辑界面，在这里主要用于制作新的采购入库单，如果要对单据进行修改、审核、关闭或下查等操作，可通过采购入库单序时簿进行操作，采购入库单上包含的业务和管理信息非常多，单据头部分用来描述针对该业务处理过程共性的业务信息，如单据编码、单据日期等；单据体部分用来描述不同物料的基本信息和单据信息，如每条物料数量、每条物料价格等，如图 3-1-2 所示。

采购入库

供应商(*)：湖北双成汽车零部件公　日期(*)：2017-01-05　编号(*)：WIN000001

源单类型：采购订单　选单号：POORD000001　采购方式(*)：赊购

摘要：

行号	物料代码(*)	物料名称	规格型号	收料仓库(*)	单位(*)	应收数量	实收数量(*)	单价	金额	备注	生产/采购日期	保质
1	02.01	153减总	2402F635-01	公司库	件	100.0000	00.0000	2,500.00	250,000.00			
2												
3												
4												
5												
6												
7												
8												
9												
10												
11												
12												
合计						100.0000	00.0000		250,000.00			

保管：　主管：　部门：采购部　验收：　业务员：

制单：王鑫　审核：　审核日期：　记账：

图 3-1-2

有关单据的基本操作方法参照金蝶 KIS 专业版(任意界面)联机“帮助”菜单中“编制单据”的操作说明,此处不再赘述。需要特别说明的内容如下:

(1) 收料仓库。金蝶 KIS 专业版单据均实现了表体仓库,收料仓库能显示和录入所有仓库(被禁用仓除外),但不能全部录入虚仓,表体必须有一个仓库为实仓。且收料仓库为必录项。录入物料代码后系统会根据规则取一个默认仓库,用户也可以手工修改。

(2) 应收数量。即当前所关联单据传递过来的、按所选单位计量的数量,用户不能设置。取得方法是:如果该张单据是通过关联采购订单生成的,则数量是自动关联订单上相关物料数量扣除了其他的收料通知单、采购入库单等单据的关联数量之后的数量,用户不能修改。如果红字采购入库单通过关联蓝字采购入库单生成的,则数量是自动关联源单据上相关物料数量扣除之前红字入库单关联数量之后的剩余数量,用户不能修改。如果该张单据是手工或关联发票生成的,则该字段为空白。

(3) 实收数量。即指实际收到的数量,如果该张单据是手工生成的,则该字段为空白,由用户根据实际入库数量录入。如果该张单据是通过关联采购订单或蓝字采购入库单生成的,则数量与“应收数量”一致,用户根据实际入库数量调整。如果该张单据是通过关联发票生成的,则数量是自动关联源单据相关物料数量,用户根据实际入库数量调整。

(4) 开票数量。即为出库单关联生成发票的数量,采用常用计量单位和基本计量单位表示。

(5) 批号。对于批次管理的物料而言,出入库单是批号管理的主要单据,在物料选用批次管理的核算方法后,在采购入库单中可以输入批号也可自动生成批号,如果物料不是采用批次管理的核算方法,这个项目不能录入。如果红字采购入库单是通过关联蓝字采

购入库单生成的，则批号取自所选的源单据的批号信息，用户可以修改。注：金蝶 KIS 专业版对物料采用批号管理，也就是说允许同一物料两次入库采用同一批号，因此在采购入库时，可以通过调用【F7】查看已有批号并选择。

（6）保质期。即具体确定的保质期限，系统将物料属性中的保质期自动带入，用户也可以修改。不进行保质期管理的物料该字段不能录入。

（7）有效期至。系统默认按照“有效期至＝生产/采购日期＋保质期”公式进行计算；可以手工录入，手工录入时更改有效期至需要重算“生产/采购日期”，更改“保质期”和“生产/采购日期”重算有效期至。

2. 关联操作介绍

单据的关联生成：新增采购入库单时，可以直接通过导航中点击【采购入库单】，选择工具栏的【新增】打开空白的采购入库单编辑界面。系统还可以通过引用源单制作采购入库单，有两种引用形式：①通过引用采购发票制作采购入库单。②通过引用采购订单制作采购入库单，在流程导航中所有单据新增，只能实现单据的上拉式关联，即在目标单据上，显示选中选择源单类型和选单号，供用户选择相关的源单据来生成该目标单据。通过引用生成的单据，都可以通过采购入库单序时簿对单据的引用关系进行查询，具体可打开采购入库单序时簿通过工具栏上的上查下查实现。

采购入库单关联采购订单生成，采购入库单更新库存后，会将入库数量反写回采购订单的入库数量。

3. 红蓝单介绍

如果要编制红字采购入库单，通过单击工具栏上的【红字】或选择【编辑】→【红字单据】，此时单据体中所有信息均以红色显示。

蓝字采购入库单可以通过关联采购订单和采购发票生成，红字采购入库单可以通过关联蓝字采购入库单、红字采购发票生成，将相关单据作为源单据，根据用户选择的源单据自动生成红字采购入库单，其中能够被引用的采购订单、蓝字采购入库单、采购发票等必须是已审核、尚未关联完毕的单据。其他操作与手工新增一致。

红字采购入库单关联原蓝字入库单生成：如果原采购入库单上查存在关联订单，则在保存时反写采购入库单的选单数量，更新库存时反写订单的入库数量；如果原采购入库单不关联订单，则在保存时反写原采购入库单的关联数量。

4. 采购入库单序时簿

采购入库单序时簿是以列表的形式显示所有采购入库单的账簿，单击【采购入库单序时簿】，即进入“过滤”界面，用户可以按照单据信息、单据期间、单据审核与否、单据是否关闭等过滤选项搭配定义，快速找到需要的入库单类型，形成自己的查找习惯，并可勾选界面左下角的【下次直接以该方案进入序时簿】，保存作为自己的过滤方案。则下次再次进入该序时簿时，直接按照设定的过滤方案输出结果，不再弹出过滤界面。关于过滤条件的介绍和过滤方案的使用技巧，可参照金蝶 KIS 专业版（任意界面）联机“帮助”菜单中“序时簿”的操作说明。

采购入库单序时簿的作用，不仅仅在于把入库单以列表形式显示并过滤查找，还在于实现在入库单编辑界面中不能完成的批量处理功能和管理功能，比如批量复制、核销等。批量复制请参照单据操作的通用说明。

5. 查询勾稽单据

在采购入库单和采购发票的单据序时簿界面提供了发票与采购入库单之间的勾稽关系查询功能，使采购发票能关联查询相勾稽的采购入库单；同时采购入库单也能显示相勾稽的采购发票。

采购发票与采购入库单、销售发票与销售出库单之间的关系非常紧密，它们之间的勾稽不仅是确定收入与成本的关系，更是业务流动和资金流动的连结纽带。此外，还有发票与发票、出入库单与出入库单之间的对等核销，也是勾稽的一种。所以详细查询勾稽关系的功能是非常必要和及时的。

该功能的实现很简单，即在当前单据序时簿界面，选中一张已勾稽单据，使用【勾稽】或选择【查看】→【查看勾稽单据】，即可调出“单据连查”界面，上面包括与当前单据相互勾稽的所有单据。如果由于该单据没有相关勾稽单据，系统会给予提示。

6. 查询记账凭证

金蝶 KIS 专业版业务系统既能够针对核算单据查询其关联生成的记账凭证，同样也能够从记账凭证查询其原始凭证。

在当前采购入库单序时簿界面中，选中一张采购入库单，单击工具条上【凭证】或选择【查看】→【查看凭证】，如果该采购入库单已生成记账凭证，系统就会调出该凭证，供用户查询；如果该采购入库单不存在凭证，系统就会给出不存在的提示。

7. 采购入库单拆分与合并

采购业务中常常会有这种情况存在：采购入库单同采购发票未能在同一个期间完全勾稽，造成部分成本需要暂估处理。因此，系统提供采购入库单的拆分和合并处理，通过对采购入库单的拆分，可以将已开发票和未开票的部分形成两张单据，或者说将需要在本期勾稽的部分拆分出来，从而解决了一张前期暂估入库单部分到货后不能及时勾稽、或者一张当期单据需要部分记入成本等问题。同样，拆分可以实现采购入库单部分勾稽、部分核销这种特殊业务的处理。

先了解下拆单、合并操作的采购入库单必须满足的条件：

(1) 进行拆分的采购入库单必须是已审核单据。

(2) 进行拆分的采购入库单必须是尚未核销单据，包括与发票核销、与另一张业务信息相同、数据相反的采购入库单对等核销。

(3) 进行合并的采购入库单必须是以前被拆分的子单。

(4) 进行合并的采购入库单必须是尚未核销单据，包括与发票核销、与另一张业务信息相同、数据相反的采购入库单对等核销。

(5) 进行合并的采购入库单必须是未记账单据。

对采购入库单进行拆分后，对今后的操作会有部分影响，具体内容如下：

（1）已拆分的采购入库单不能反审核。

（2）已拆分出子单的母单还可以再执行拆分操作。

（3）已拆分出的子单不能执行拆分操作。

系统可以将一张采购入库单拆分为两张采购入库单，在采购入库单序时簿中，使用鼠标选中一张符合条件的采购入库单，选择【操作】→【拆分单据】，系统将调出该张入库单的界面。单据的“物料代码”“日期”等大部分字段均处于不可编辑状态，只增加了一列“拆分数量”为可编辑状态，用户在该字段上直接录入按当前计量单位计算的拆分数量，操作完毕使用【保存】保存拆单结果，然后退出。

一张采购入库单分拆成的两张单据的单据头除单据号码外完全相同，拆分后，被拆分的单据减去拆分部分称为母单，单据号码不变，可继续拆分，拆分出的数量形成的单据称为子单，不能再拆分，在原单据号后加 A 标记，母单继续拆分后，子单编号加 B、C，如此类推。单据体中除数量、金额可能变动外，其他如计量单位、单价等均不变。

系统提供将一张采购入库单拆分，也提供将已拆分的采购入库单（子单）合并到母单的功能。分拆后的入库单可合并还原，但需要一张子单与一张母单逐张合并。在“采购入库单序时簿”界面中，使用鼠标选中一张以前从母单拆分出的采购入库单，选择【编辑】→【合并单据】，该张单据即合并到母单中，系统提示操作成功。

五、采购发票勾稽

对于采购发票，勾稽是发票与入库单确认的标志，是核算入库成本的依据。已勾稽的发票才可以执行入库核算、根据凭证模板生成记账凭证等操作，无论是本期或以前期间的发票，勾稽后都作为当期发票来核算成本。在采购管理中，一张采购发票可以与多张采购入库单勾稽，多张发票也可以与一张采购入库单勾稽，同样，多张采购发票可以与多张采购入库单勾稽。

下面详细介绍勾稽及反勾稽的具体操作方法：

可以通过两个界面进行发票和入库单的勾稽，

第一是在采购发票编辑界面，通过单击工具条上的【勾稽】→【查看】→【勾稽】，系统会自动勾稽该张单据，并给予相应提示信息。另外，对已勾稽的发票选择【查看】→【反勾稽】，系统会自动反勾稽该发票，并给予相应提示。

第二是在发票序时簿上，也可以进行发票的勾稽、反勾稽操作。方法是：单击工具条上的【勾稽】；选择【编辑】→【勾稽】；在右键菜单中选择【勾稽】来进行勾稽。

小提示

在第一次进入“勾稽”界面时，系统会要求用户先进行业务单据显示隐藏列的设置，主要是建议用户屏蔽掉在勾稽界面中不需用的字段，只显示必须显示的列，一方面提高勾稽效率，另一方面提高系统响应的速度。这个操作只在第一次使用勾稽功能时会自动提醒，以后使用勾稽会直接进入勾稽界面。如果需要继续修改，可以通过“勾稽”界面，选择【文件】→【显示隐藏列】→【采购发票/采购入库】，调整显示的列，每次调整，系统都会在退出时保存。

1. 采购发票可以进行勾稽的先决条件

(1) 当期或以前期间的采购发票。

(2) 发票必须为已审核的发票。

(3) 勾稽人必须具有采购发票的勾稽权限。

2. 采购发票与入库单勾稽的条件

满足上述先决条件的采购发票后,如果想同入库单进行勾稽,还需要满足以下条件:

(1) 发票和入库单供应商相同。

(2) 发票和入库单单据状态必须是已审核、尚未勾稽。

(3) 发票和入库单都必须是以前期间或当期的单据。

(4) 发票和入库单的物料、辅助属性、本次勾稽数量一般必须一致。

重点提醒

如果关联单据生成的发票勾稽时,系统一般会直接勾稽,但若数量不一致,当系统参数设置为"发票和出入库单数量不等允许勾稽",系统会出现如图 3-1-3 提示:

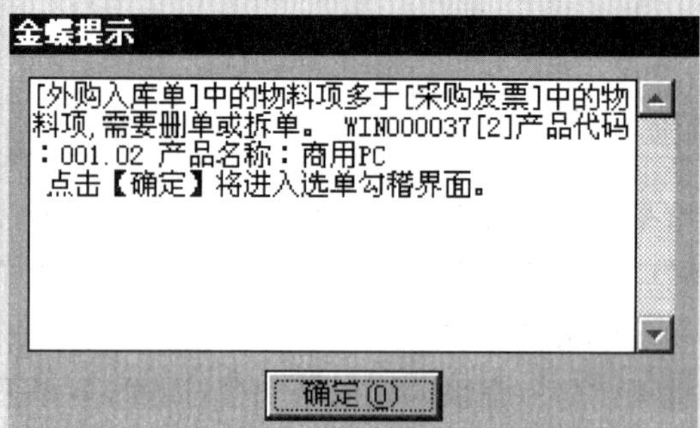

图 3-1-3

直接勾稽:即发票和关联的单据直接勾稽掉;

选单勾稽:即选择其他条件匹配的单据参与勾稽。

当系统参数设置为"发票和出入库单数量不等不允许勾稽"则直接进入选单勾稽界面。

3. 勾稽界面功能介绍

该界面上左方显示当前所选采购发票,下方显示采购入库单。在该界面,系统提供自动和手工选择采购入库单的功能,并有相应的选单工具,如图 3-1-4 所示。

(1) 重选与【F7】。"勾稽"界面上的【重选】与【文件】菜单下的【重新选择】及快捷键【F7】执行都是同一操作,重新选择一张发票来勾稽,即过滤出所有符合条件的采购发票,在该发票过滤界面不能选择多张单据返回。

(2) 发票与【F8】。"勾稽"界面上的【发票】与【查看】菜单下的【选择发票】及快捷键【F8】执行都是同一操作,选择其他发票来和当前的发票一起作为一组来进行勾稽,即按照勾稽界面上的供应商将符合勾稽条件的相同供应商的采购发票过滤出来,在该发票过滤

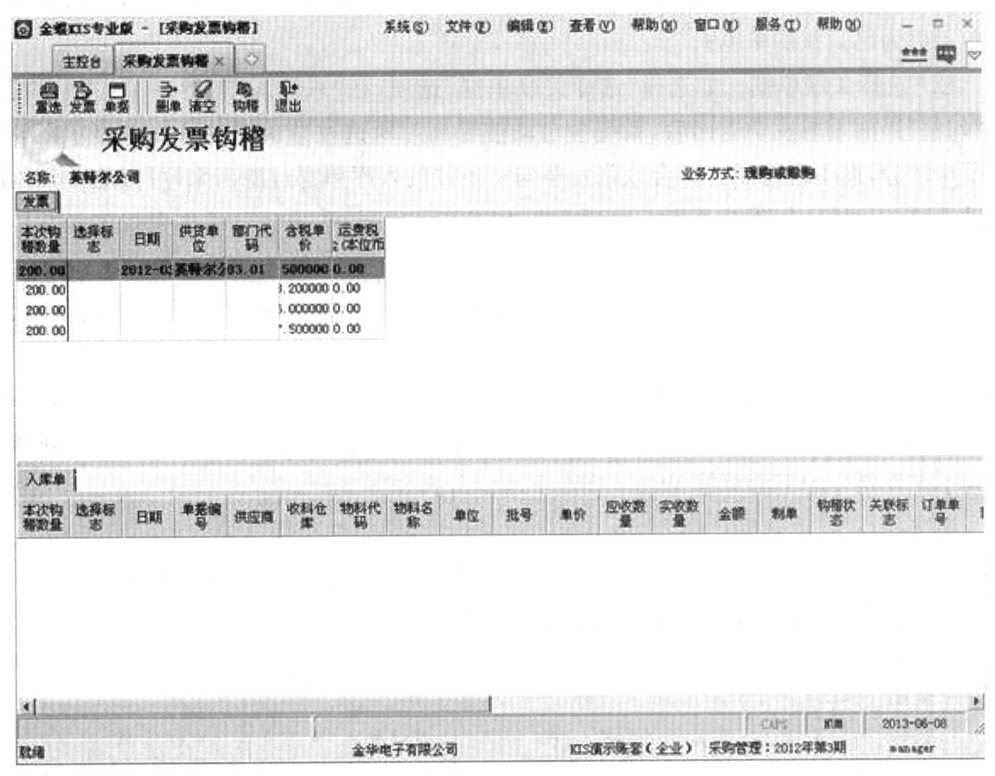

图 3-1-4

界面可以选择多张单据返回。

(3) 单据与【F9】。"勾稽"界面上的【单据】与【查看】菜单下的【选择单据】及快捷键【F9】执行都是同一操作，重新选择与当前发票供应商相匹配的入库单，即过滤出所有符合条件的采购入库单，在该入库单过滤界面可选择多张单据返回。

系统允许和发票勾稽的入库单包括：与所选采购发票供应商相同，物料匹配的已勾稽、尚未勾稽、且日期不为以后期间的外购入库。

(4) 删除。在发票勾稽界面，单击【删除】时，可以将当前光标所在行的单据从勾稽界面上清除掉。如果再需要所删除的单，只能通过重选。

(5) 清空。在"发票勾稽"界面，单击【清空】时，可以将"勾稽"界面所有的采购发票、采购入库单及费用发票全部从当前界面删除。

(6) 勾稽。在"勾稽"界面，选单完毕后，并将需要参与勾稽的单据和发票上的选择标志列分别打上勾，单击工具栏上【勾稽】、选择【编辑】→【勾稽】，系统会勾稽发票并将发票与对应入库单勾稽，并提示成功。勾稽后可以退出勾稽界面、也可以继续勾稽。

4. 勾稽界面的选项

(1) 自动选择单据。如果选中"自动选择单据"选项，在"采购发票"单击【勾稽】或在"勾稽"界面重取发票返回后，系统会自动搜寻出与所选发票供应商相同，物料匹配的已审核、尚未勾稽，且日期不为以后期间的采购入库单显示在勾稽的下半部分。注意，采购入库单可以为已记账的单据。

（2）选择关联单据。如选择“选择关联单据”选项，在“采购发票”界面单击【勾稽】或在“勾稽”界面重取发票返回后，系统会自动搜寻出与所选发票关联的入库单显示在勾稽的下半部分，而不再将所有符合该张发票勾稽条件的入库单都过滤出来，可以缩小勾稽时自动选单的范围。如果找不到发票对应的上游关联单据，系统会自动再去找该张发票所下拉生成的入库单，并显示在下半部分。

举例：如果发票 A 是选择 WIN1，WIN2，WIN3 三张入库单同时关联生成的，那么在勾稽时，如果选中这个选项，再选择发票 A，系统会将 WIN1、WIN2、WIN3 三张入库单列在下半部分，而不再去找其他匹配发票 A 的入库单；如果发票 A 没有通过上拉入库单生成，而是直接下推生成了入库单 WIN4，系统在找不到其上游入库单的情况下，则会将记录了该发票号的下游单据 WIN4 列在下半部分。

该选项与“自动选择单据”选项不能同时被选中，即如果选择其中一个，另外一个应不再可选，但可以同时不选。如果该选项与“自动选择单据”选项都未选中，则采购发票点勾稽后，系统则不会再去搜索与发票匹配的入库单，勾稽界面的下半部分显示为空。

重点提醒

用户已进入了“勾稽”界面，在“选择关联单据”“自动选择单据”两个选项之间切换时，系统不会自动按相应规则再去更新下半部分的入库单数据，只有通过【F7】再重新选择一次发票或下次再进入勾稽界面，系统才会按相应的规则取相关的入库单。

（3）选项“默认列宽”。【查看】菜单下的【默认列宽】可以将“勾稽”界面各列的长度调整为系统预设的列宽，即 0.5 英寸。

5. 部分勾稽

（1）在选项“勾稽”界面，允许实现单据与发票的部分勾稽。自动选择单据状态下，对发票勾稽时，系统自动带出与发票相同供应商或客户的出入库单据，以供选择。如图 3-1-5 所示，采购发票本次数量是 20 000，入库单一共有 5 笔记录，本次勾稽数量各 5 000，因此只能够将其中 4 笔记录勾选，然后实现部分勾稽。

（2）发票勾稽的最小单位是分录行，需要实现对应物料的本次勾稽合计数量一一对应，如数量不等只能够通过拆单实现。

（3）部分勾稽功能还体现在发票或单据的部分分录分批实现勾稽，如图 3-1-5 所示，发票本次可以实现只勾稽“晶振”，下次当“热敏电阻”入库后还能够进行第二次勾稽。

6. 自动勾稽

当采购发票是关联采购入库单据关联时，只要符合勾稽条件，系统在发票勾稽时直接在内部完成自动勾稽。

自动勾稽时勾稽的判断条件与非自动勾稽时一致，如果不符合发票的勾稽条件，系统会给出相应不成功的理由，然后再调出“勾稽”界面，供用户进行手工勾稽。

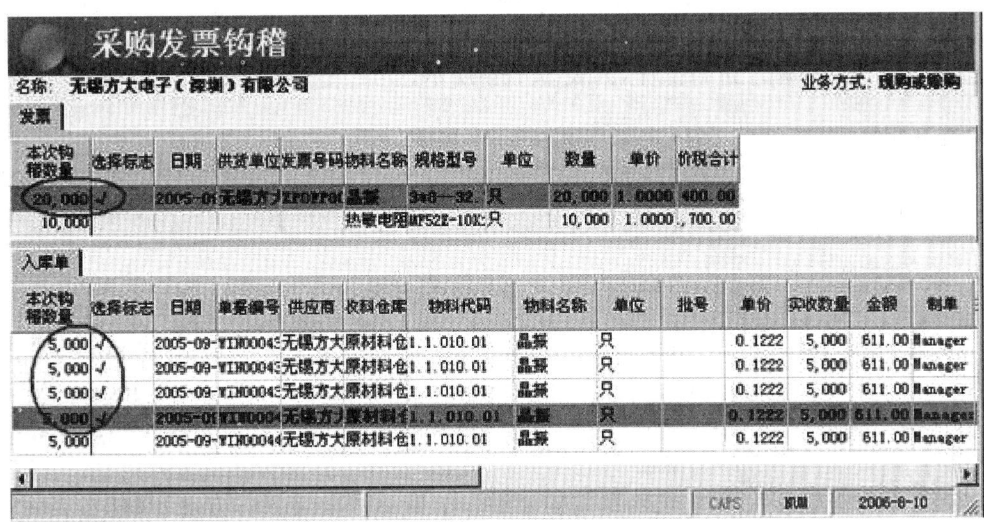

图 3-1-5

六、外购入库核算

1. 业务流程说明，如表 3-1-4 所示

表 3-1-4　　**业务流程说明**

目标	完成入库核算到凭证生成的全过程		
业务背景	企业存在采购入库业务时，需要根据订单或发票核算入库成本，并确认应付账款；本流程对采购入库核算和账务处理提供了操作工具		
适用范围	适用企业采购入库的核算业务		
序号	处理说明	责任部门	责任人
1	在"外购入库核算"中，选择本期审核、勾稽的发票，并对其进行外购入库核算	财务部	成本会计
2	通过核算处理进行费用分配	财务部	成本会计
3	根据发票与入库单信息的不同，确认暂估性质，对于系统参数设置使用差额调整暂估方式时，根据发票与入库单的差异形成暂估补差单，使用单到冲回时，系统自动生成红、蓝字的冲回单据	财务部	成本会计
4	如果勾稽单据在同一个期间，则根据采购发票反填采购入库单成本，确认入库成本	财务部	成本会计
6	在"生成凭证"中生成外购入库的凭证，同时根据需要进行冲回凭证的生成	财务部	成本会计
7	暂估业务可以在本期进行，即外购入库单和采购发票都是本期的时候，依然可以进行暂估业务的处理	财务部	成本会计

本模块主要由采购费用录入、采购发票审核、采购费用分配、入库实际成本核算几部分组成。可按以下顺序进行操作，如表 3-1-5 所示。

表 3-1-5　本模块操作顺序

描　述	说　　明
采购费用录入	可以在采购发票中直接进行费用的录入
采购发票的勾稽	包括采购发票与外购入库单勾稽关系确认
外购入库核算	核算外购入库单的单价和金额

（1）采购费用录入：有关采购费用的详细介绍请参照金蝶 KIS 专业版（任意界面）联机“帮助”菜单中“采购管理”操作说明。

（2）采购发票勾稽：采购发票只能有两种状态，即勾稽状态和未勾稽状态，单据之间的部分勾稽通过单据的拆分实现。

在采购发票中完成费用录入后，在采购发票勾稽界面单击【核算】，系统开始核算外购入库实际成本。采购发票勾稽可建立采购发票、外购入库单的勾稽关系。

有关其他关于采购发票的勾稽管理的详细介绍请参照金蝶 KIS 专业版（任意界面）联机“帮助”菜单中“采购管理”操作说明。

（3）外购入库核算：进入外购入库核算模块后，录入采购发票过滤条件（本期勾稽且对该勾稽关系未生成凭证为固定条件），单击【确定】，显示采购发票序时簿。

（4）费用分配：目前系统是在采购发票上直接录入应计成本费用，不计成本费用和运费税金。

（5）入库成本核算：核算时严格依据勾稽关系，先将勾稽发票上相同物料的全部金额和分配的采购费用合计，除以入库单上该物料的数量，计算出单位成本，进而计算出记录总成本。由于发票和入库单可有多条相同物料记录，但核算出的单位实际成本相同，为了避免异常余额的出现，最后一笔入库成本采用倒扣的方式计算，所以有可能某一笔的入库成本与其他有少量的差异存在。

（6）暂估业务：对应的入库单可能分为两种可能：本期单据，没有进行暂估处理，系统根据采购发票的金额反填外购入库单成本；入库单已经暂估，上期的单据或虽为本期的单据，但已生成凭证，单据上的金额不允许刷新。在使用差额调整模式的时候，系统会自动生成外购入库暂估补差单（只有金额而无数量的外购入库单），可以通过核算单据直接查询出来。

（7）冲回单据：使用单到冲回的方式，系统会自动生成冲回红字单据，并生成新的蓝字单据，该红、蓝字外购入库单自动置为已经审核和已经勾稽标志。

冲回单据内容如下。

2. 红字入库单生成单据的字段处理如表 3-1-6 所示

表 3-1-6

数据项	选 单 说 明
日期	自动生成红字入库单时，如果暂估入库单为以前期间，红字入库单的日期为当期期间的第一天，如果暂估入库单为当期，则红字入库单的日期取原暂估单据的日期
部门	自动生成时，部门为外购入库单上物料的部门，不能修改
业务员	自动生成时，业务员为外购入库单上物料的业务员，不能修改
验收	自动生成时，验收为外购入库单上物料的验收，不能修改
保管	自动生成时，保管为外购入库单上物料的保管，不能修改
物料代码	自动生成时，物料代码为外购入库单上的物料代码，不能修改
物料名称、规格型号	是物料的名称、规格型号信息，是从物料基础资料中自动取得，用户不能修改
计量单位	自动生成时，计量单位为外购入库单上物料的计量单位，不能修改
数量	自动生成时，数量为外购入库单的数量
单价	单价为外购入库单的单价
金额	金额为外购入库单的金额
批号	自动生成时，批号为外购入库单上物料的批号，不能修改
生产/采购日期	自动生成时，生产/采购日期为外购入库单上物料的生产/采购日期，不能修改
保质期	自动生成时，保质期为外购入库单上物料的保质期，不能修改
有效期至	自动生成时，有效期至为外购入库单上物料的到期日，不能修改
仓库	自动生成时，仓库为外购入库单上物料的仓库，不能修改
备注	自动生成时，备注为外购入库核算生成(红冲单)

3. 蓝字外购入库单生成单据的字段处理如表 3-1-7 所示

表 3-1-7　　蓝字外购入库单生成单据的字段处理

数据项	选 单 说 明
日期	自动生成蓝字入库单时，如果暂估入库单为以前期间，蓝字单据日期为当期期间的第一天，如果暂估入库单为当期，则蓝字入库单日期取原暂估单据的日期
部门	自动生成时，部门为外购入库单上物料的部门，不能修改
业务员	自动生成时，业务员为外购入库单上物料的业务员，不能修改

（续表）

数据项	选 单 说 明
验收	自动生成时，验收为外购入库单上物料的验收，不能修改
保管	自动生成时，保管为外购入库单上物料的保管，不能修改
物料代码	自动生成时，物料代码为外购入库单上的物料代码，不能修改
物料名称、规格型号	是物料的名称、规格型号信息，是从物料基础资料中自动取得，用户不能修改
计量单位	自动生成时，计量单位为外购入库单上物料的计量单位，不能修改
数量	自动生成时，数量为外购入库单的数量
单价	单价为根据勾稽的发票的金额计算的入库单的单价
金额	金额为根据勾稽的发票的金额计算的入库单的金额
批号	自动生成时，批号为外购入库单上物料的批号，不能修改
生产/采购日期	自动生成时，生产/采购日期为外购入库单上物料的生产/采购日期，不能修改
保质期	自动生成时，保质期为外购入库单上物料的保质期，不能修改
有效期至	自动生成时，有效期至为外购入库单上物料的到期日，不能修改
仓库	自动生成时，仓库为外购入库单上物料的仓库，不能修改
备注	自动生成时，备注为外购入库核算生成（蓝冲单）

重点提醒

当红字入库单核算时，生成的红冲单是蓝字单据，而蓝冲单则是红字单据，与蓝字入库单核算正好相反，可以通过备注中的“蓝冲单”“红冲单”标识加以区别。

核算成功是正确生成外购入库凭证的前提，因为只有经过核算才能保证采购发票与外购入库单金额平衡。

【实训操作练习 29】

东风双成汽车零部件有限公司 2017 年 1 月 1 日下订单从湖北双成汽车零部件公司购进 153 桥壳 100 个，不含税单价 2 000 元，153 减速器总成 50 个，不含税单价 2 500 元。1 月 5 日，货到验收入库，发票收到款未付。

要求：以操作员王鑫身份登录系统，录入采购订单并审核；根据采购订单自动生成采购发票并勾稽；成本会计生成凭证。

【实训操作步骤】

（1）在金蝶 KIS 专业版主控台页面，依次单击【采购管理】→【采购订单】。

（2）在弹出的“采购订单—新增”页面依次录入详细操作步骤如图 3-1-6 所示。

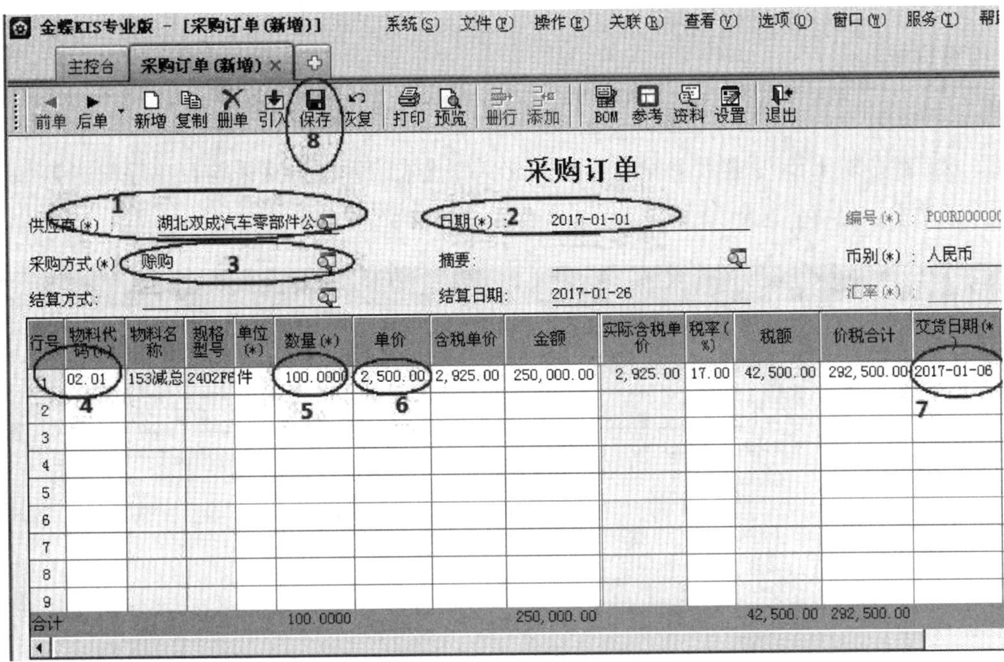

图 3-1-6

(3) 单击【保存】后页面会出现【审核】按钮，单击【审核】完成订单审核，如图 3-1-7 所示。

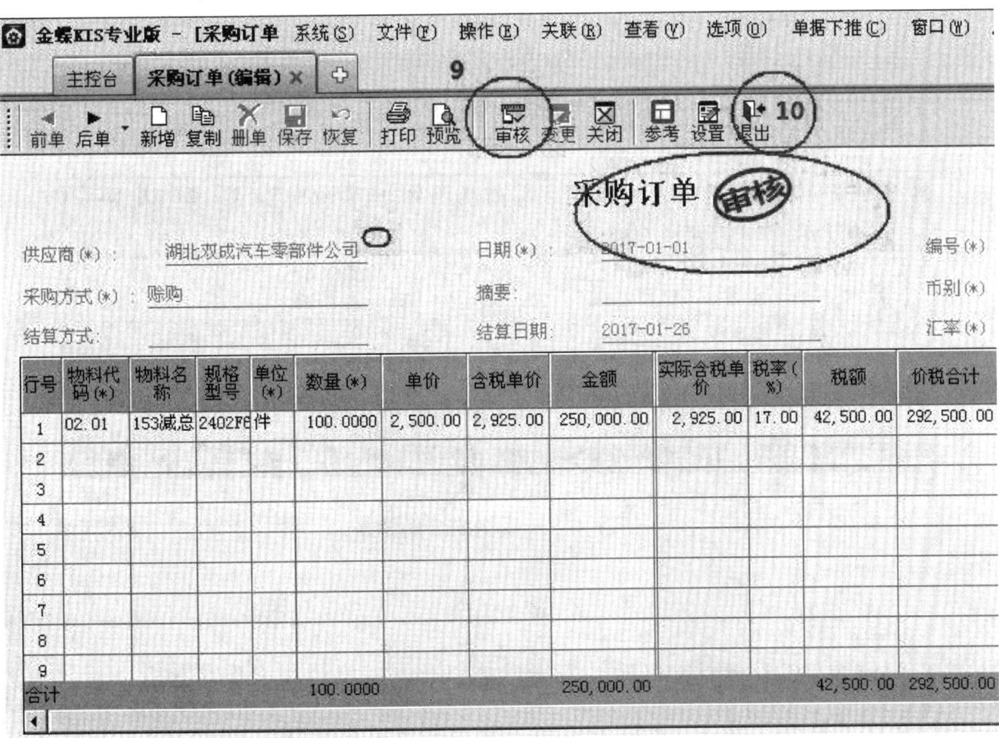

图 3-1-7

重点提醒

实际工作中根据权限分工授权完成订单编制和审核功能。

(4) 在金蝶 KIS 专业版主控台页面，依次单击【采购管理】→【采购订单序时簿】，如图 3-1-8 所示。

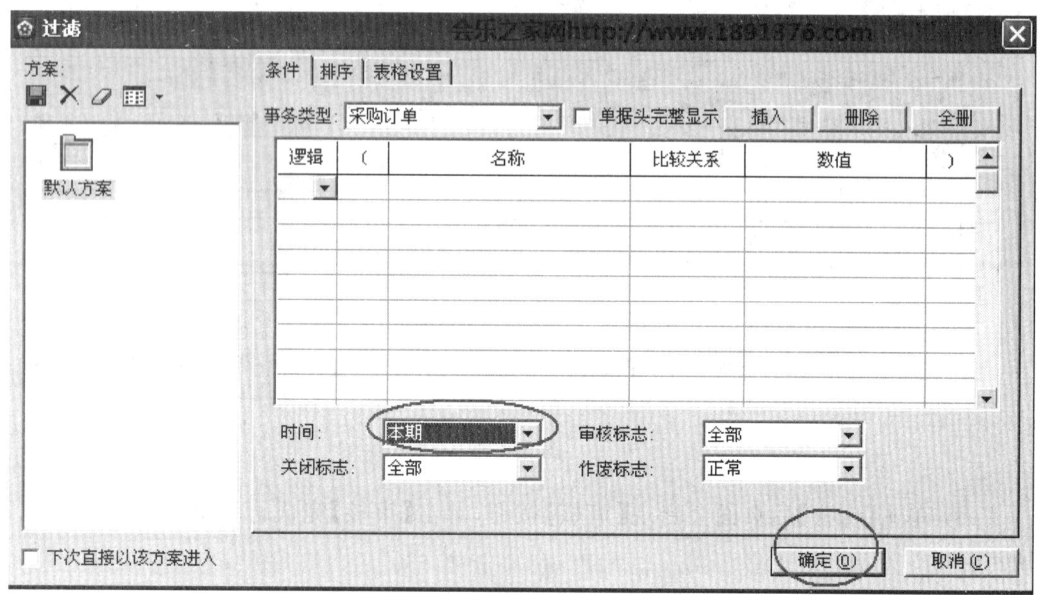

图 3-1-8

(5) 选中要操作的采购订单并打开，如图 3-1-9 所示。

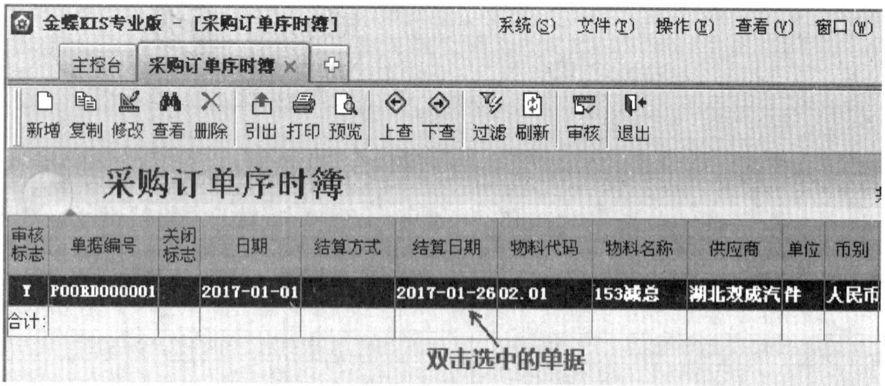

金蝶KIS专业版 - [采购订单序时簿]　系统(S)　文件(F)　操作(E)　查看(V)　窗口(W)

主控台　采购订单序时簿

新增　复制　修改　查看　删除　引出　打印　预览　上查　下查　过滤　刷新　审核　退出

采购订单序时簿

审核标志	单据编号	关闭标志	日期	结算方式	结算日期	物料代码	物料名称	供应商	单位	币别
Y	POORD000001		2017-01-01		2017-01-26	02.01	153减总	湖北双成汽	件	人民币
合计:										

双击选中的单据

图 3-1-9

以上内容为采购订单查询操作。

(6) 按图 3-1-10、图 3-1-11 和图 3-1-12 中数字标识操作。

金蝶KIS专业版 - [采 系统(S) 文件(F) 操作(E) 关联(R) 查看(V) 选项(O) 单据下推(C) 窗口(W) 服务(T) 帮助

1

生成采购入库单（蓝单）

2

主控台 | 采购订单序时簿 × | 采购订单（查看）×

删单 恢复 打印 预览 变更 参考 设置 退出

采购订单　审核

供应商(*)：北双成汽车零部件公司　日期(*)：2017-01-01　编号(*)：POORD0000

采购方式(*)：赊购　摘要：　币别(*)：人民币

结算方式：　结算日期：2017-01-26　汇率(*)：

行号	物料代码(*)	物料名称	规格型号	单位(*)	数量(*)	单价	含税单价	金额	实际含税单价	税率(%)	税额	价税合计	交货日
1	02.01	153减总	2402F6	件	100.0000	2,500.00	2,925.00	250,000.00	2,925.00	17.00	42,500.00	292,500.00	2017-0
2													
3													

图 3-1-10

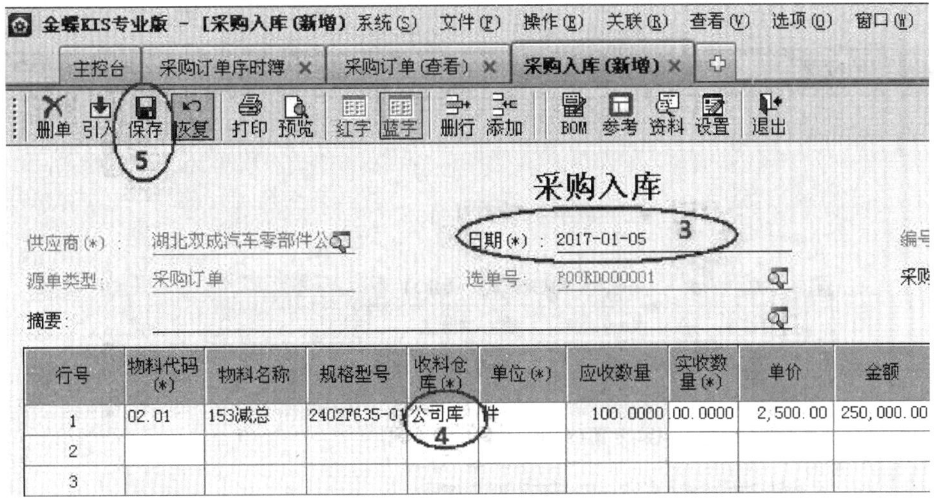

图 3-1-11

图 3-1-12

重点提醒

也可以用另外一种办法关联自动生成采购入库单。先打开【采购入库单】,再引入源单。详细操作见本章“采购入库”中的“关联介绍”。

(7) 在金蝶 KIS 专业版【采购订单序时簿】页面,按图 3-1-13、图 3-1-14、图 3-1-15 和图 3-1-16 操作。

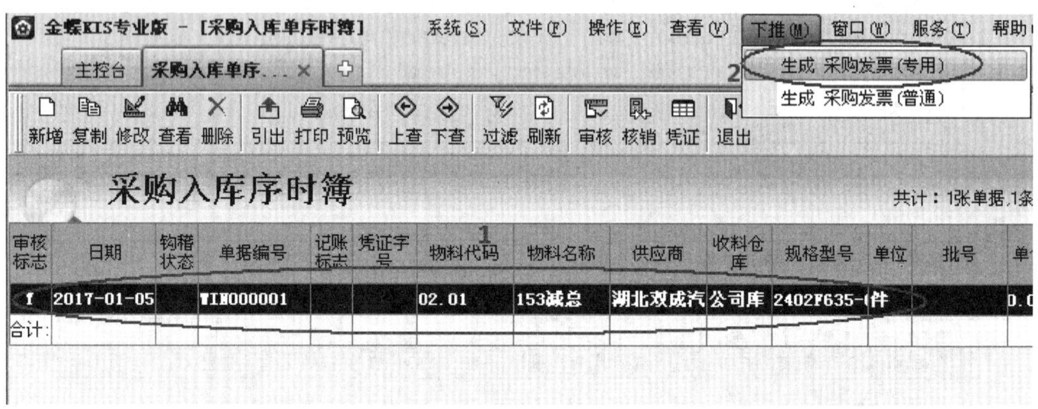

图 3-1-13

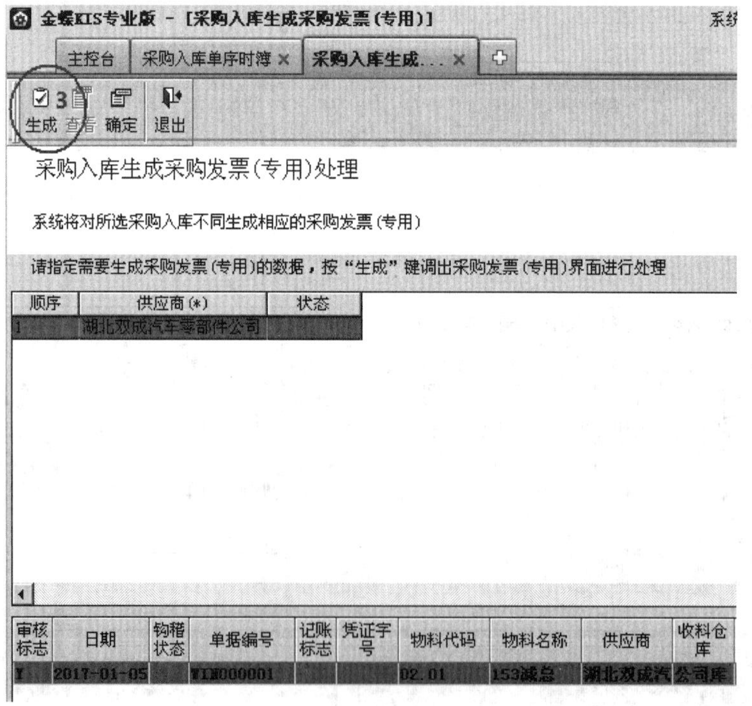

图 3-1-14

以上内容为关联生成发票操作。

系统自动生成发票,弹出发票窗口。

金蝶KIS专业版 - [采购发票(专用)] 系统(S) 文件(F) 操作(E) 关联(R) 查看(V) 选项(O) 窗口(W) 服务(T) 帮助(H)

主控台 | 采购入库单序时簿 | 采购入库生成采... | 采购发票(专...

前单 后单 删单 引入 保存 恢复 打印 预览 红字 蓝字 删行 添加 BOM 参考 资料 设置 退出

4

采购发票(专用)

供应商(*): 湖北双成汽车零部件公　日期(*): 2017-01-05　发票号码(*): ZPOFP000002

源单类型: 采购入库　选单号: WIN000001　币别(*): 人民币

采购方式(*): 赊购　付款期限: 2017-01-26　汇率(*): 1.0000

地址:　纳税登记号:　开户银行:

结算方式:　摘要:

行号	物料代码(*)	物料名称	规格型号	辅助属性	单位(*)	数量(*)	单价	含税单价	折扣率(%)	实际含税单价
1	02.01	153减总	2402F635-01		01	100.0000	500.000000	925.000000		2,925.000000
2										
3										
4										

图 3-1-15

金蝶KIS专业版 - [采购发票(专用)] 系统(S) 文件(F) 操作(E) 关联(R) 查看(V) 选项(O) 窗口(W) 服务

主控台 | 采购入库单序时簿 | 采购入库生成采... | 采购发票(专...

前单 后单 删单 保存 恢复 打印 预览 红字 蓝字 删行 添加 审核 作废 BOM 参考 资料 设置 退出

5　6

采购发票(专用)

供应商(*): 湖北双成汽车零部件公　日期(*): 2017-01-05　发票号码

源单类型: 采购入库　选单号: WIN000001　币别(*)

采购方式(*): 赊购　付款期限: 2017-01-26　汇率(*)

地址:　纳税登记号:　开户银行

结算方式:　摘要:

行号	物料代码(*)	物料名称	规格型号	辅助属性	单位(*)	数量(*)	单价	含税单价	折
1	02.01	153减总	2402F635-01		01	100.0000	500.000000	925.000000	
2									
3									
4									

图 3-1-16

(8) 依次单击【退出】→【退出】。

重点提醒

也可以用另外一种办法关联自动生成采购发票。单击【采购发票】,新增的时候选择引入源单。详细操作见本章内容“关联介绍”。

（9）在金蝶 KIS 专业版主控台页面，依次单击【采购管理】→【采购发票序时簿】。按图 3-1-17、图 3-1-18 和图 3-1-19 中数字标识操作。

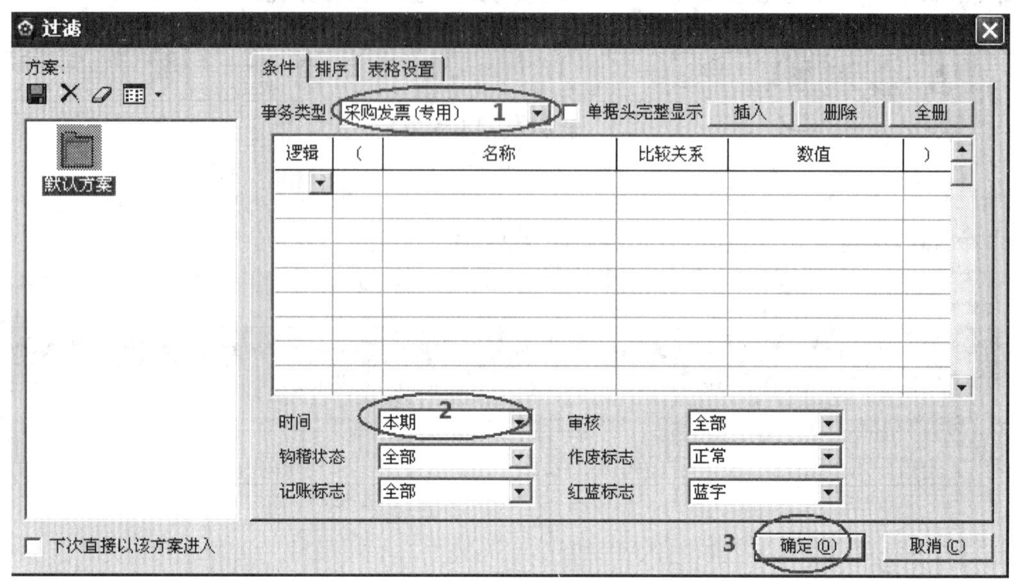

图 3-1-17

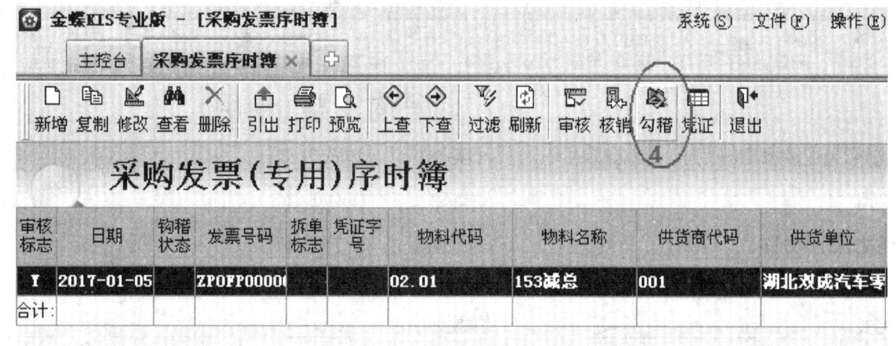

图 3-1-18

图 3-1-19

以上内容为发票入库单勾稽流程。

（10）以操作员成本会计——王毅身份登录东风双成汽车零部件有限公司账套。

（11）在金蝶 KIS 专业版主控台页面，依次单击【存货核算】→【外购入库核算】。按图 3-1-20和图 3-1-21 中提示操作。

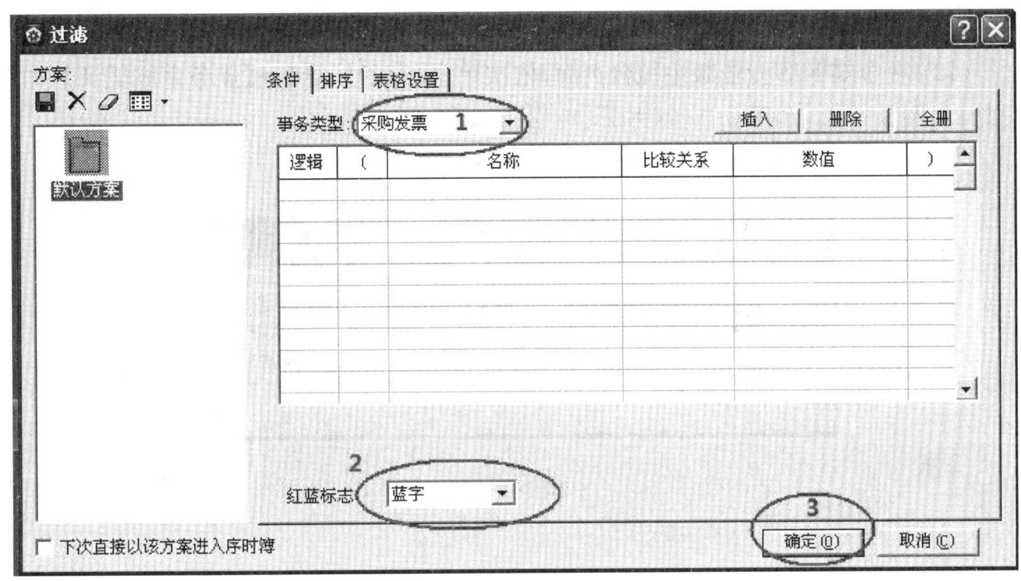

图 3-1-20

图 3-1-21

以上内容为采购入库成本核算流程。

重点提醒

需要提前设置好凭证模板中的会计科目。在【业务生成凭证】页面，依次单击【选项】→【凭证模板】进行会计科目设置。

(12) 在金蝶 KIS 专业版主控台页面，依次单击【存货核算】→【业务生成凭证】，如图 3-1-22、图 3-1-23 和图 3-1-24 所示。

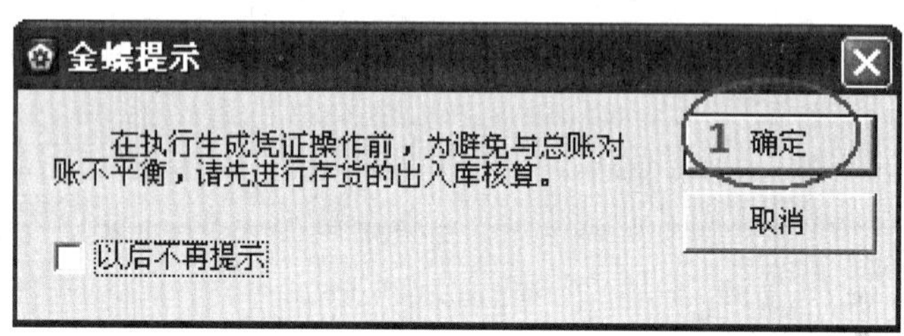

图 3-1-22

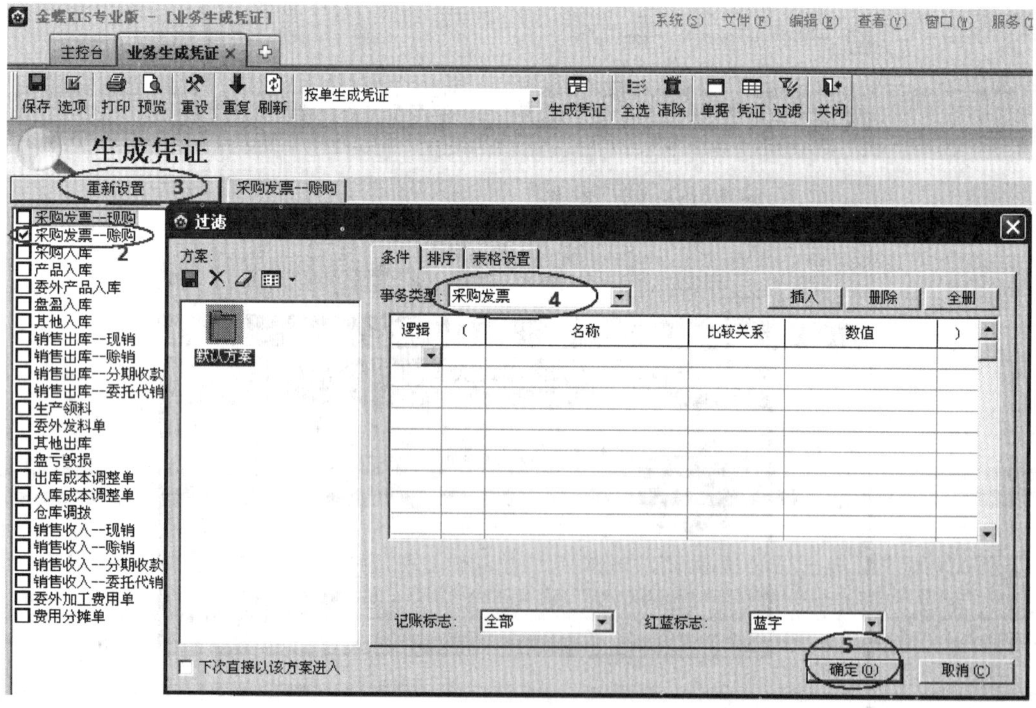

图 3-1-23

以上内容为生成记账凭证流程。

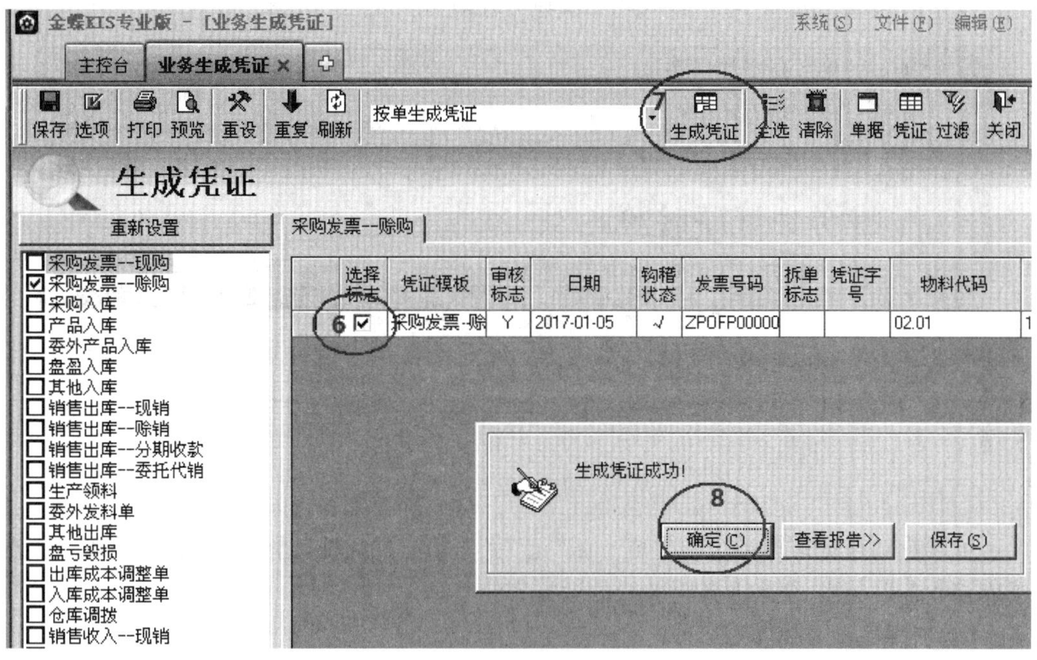

图 3-1-24

(13) 在金蝶 KIS 专业版主控台页面，依次单击【存货核算】→【业务凭证序时簿】，如图3-1-25所示。

图 3-1-25

以上内容为存货核算模块凭证查询流程。

根据需要过滤选择，此处默认，单击【确定】，如图 3-1-26 所示。

图 3-1-26

可以看到存货核算系统中生成一张“记”字 1 号记账凭证，已传递到总账系统。实现了库存业务财务账、往来业务财务账的数据实时共享。

【实训操作练习 30】

东风双成汽车零部件有限公司 2017 年 1 月 3 日下订单从十堰众远双成汽车零部件公司购进 153 轮毂总成 100 套，不含税单价 1 200 元；153 标准件 300 套，不含税单价 100 元；153 气室 100 个，不含税单价 200 元。1 月 10 日，货到验收入库，发票收到，款已支付。

要求：采购部门录入采购订单并审核，根据采购订单自动生成采购发票并勾稽；财务部门成本会计生成凭证。

【实训操作步骤】

同实训操作练习 29，此处不再图解讲述。

实务中技巧提示

虽然此笔业务款项已经结算支付，实际工作中仍建议做赊销业务处理，生成凭证后再到“应收应付”模块中做一笔付款业务。这样做的好处就是保证了往来账款业务记录的完整性，便于以后查询对账。

项目二　生 产 管 理

应会内容：领料单据录入、审核、生成凭证、业务凭证序时簿查询操作、生产业务凭证模板的设置修改使用。

一、生产系统业务模式及应用

根据小型生产企业产品生产周期的不同，系统分为两种业务模式，即当期投入当期全部入库，和当期投入当期部分入库(即存在在产品的情况)。

下面分别对以上两种业务模式，来讲解具体应用方式：

1. 无在产品的业务模式，如表 3-2-1 所示

表 3-2-1

目标	完成从生产任务下达→领料→入库→费用分摊→生产成本自动核算的全过程		
适用范围	适用于接单生产，生产周期不超过一个会计期间的生产型企业		
序号	处理说明	责任部门	责任人
1	销售人员谈定一笔销售订单，录入销售订单后审核，并通知生产部安排生产	业务部	销售人员
2	生产主管根据销售订单的产成品、数量和交货日期，下达生产任务单	生产部	生产主管
3	根据生产任务单，生成采购建议，并下达采购订单，保证原料充足，正常进行生产	采购部	采购人员
4	根据生产任务单进行领料，准备生产。关联生产任务单制作生产领料单	生产部、仓库	生产人员、仓库人员
5	产品生产完工，验收入库。关联生产任务单制作产品入库单	生产部、仓库	生产人员、仓库人员
6	对于生产过程中产生的其他费用，如人工、水电等费用进行记录和分摊。根据产品入库单制作费用分摊单	财务部	财务人员
7	月底进行生产成本核算，计算领料出库成本和产成品入库成本	财务部	财务人员

2. 有在产品的业务模式，如表 3-2-2 所示

表 3-2-2 有在产品的业务模式

目标	完成从生产任务下达→领料→入库→费用分摊→在产品产量录入→生产成本自动核算的全过程		
适用范围	适用于接单生产，生产周期超过一个会计期间的生产型企业		
序号	处理说明	责任部门	责任人
1	销售人员谈定一笔销售订单，录入销售订单后审核，并通知生产部安排生产	业务部	销售人员
2	生产主管根据销售订单的产成品、数量和交货日期，下达生产任务单	生产部	生产主管
3	根据生产任务单，生成采购建议，并下达采购订单，保证原料充足，正常进行生产	采购部	采购人员
4	根据生产任务单进行领料，准备生产。关联生产任务单制作生产领料单	生产部、仓库	生产人员、仓库人员

（续表）

序号	处理说明	责任部门	责任人
5	产品生产完工，验收入库。关联生产任务单制作产品入库单	生产部、仓库	生产人员、仓库人员
6	对于生产过程中产生的其他费用，如人工、水电等费用进行记录和分摊。根据产品入库单制作费用分摊单	财务部	财务人员
7	月底对本期在产品数量和约当系数进行确认，为成本核算做准备	生产部、财务部	生产主管、财务人员
8	月底进行生产成本核算，计算领料出库成本和产成品入库成本	财务部	财务人员

生产任务单是生产管理模块的核心单据，是生产管理模块应用的起点单据。

二、生产任务单制单指南

通过金蝶 KIS 专业版主控界面依次单击【生产管理】→【生产任务单】，打开生产任务单编辑界面，在这里主要用于制作新的生产任务单，如果要对单据进行修改、审核等操作，可通过生产任务单序时簿进行操作，生产任务单上包含的业务和管理信息非常多，单据头部分用来描述针对该业务处理过程共性的业务信息，以及生产成品和生产进度的相关信息，如单据编码、单据日期、生产的产成品数量、开工日期、完工日期、生产进度等；单据体部分用来描述生产需要原料的基本信息，如物料名称、标准用量、计划用量、实际领料数量等。

1. 表头包括以下内容：

（1）销售订单号：该生产任务单关联的销售订单号。可以选择已审核、未关闭且未完全关联生产任务单的销售订单。一次可以批量选择多行销售订单的记录，但必须是同一个物料，会将数量进行汇总生成生产任务单。如要修改，点击字段后的【清除】按钮，即可清除当前数据。

（2）产品代码：指生产的产品代码。如果是关联销售订单生成生产任务单，则产品代码自动带出。如果手工录入生产任务单，则只能选择自制和组装的物料。

（3）辅助属性：如果产品进行辅助属性核算，该字段才可录入。

（4）生产批号：如果所选择的产品进行“业务批次管理”，则该字段亮显可以录入，但非必录。一旦录入生产批号，则自动带入关联生成的产品入库单的表体“批号”中，且不可修改，进行生产成本计算时，系统将根据“产品＋生产批号”进行成本归集。

（5）单位：是指生产的产品单位。如果关联销售订单生成，默认带出销售订单上的单位；如果手工录入生产任务单，默认带出产品的库存计量单位。用户还可以修改。

（6）数量：下达生产的数量。如果关联销售订单生成，取销售订单上的数量。如果选择系统【参数】→【业务参数】→【生产参数】中的“生产任务单关联销售订单生成时，需要扣减销售订单已经关联销售出库的数量”，则这里的数量等于销售订单未出库数量。

（7）开工日期：是指开始生产的日期，默认取当前系统日期。控制开工日期＜＝计划

完工日期。用户可以修改。

(8) 计划完工日期:是指下达生产时计划完成生产的日期。如果根据销售订单生成生产任务单,则默认取销售订单上的“交货日期”;如果手工录入生产任务单,则默认取当前系统日期。用户可以修改。

(9) 实际完工日期:是指实际完成生产的日期,只有关闭的生产任务单此字段才有值。该字段不可录入,系统默认取最后一笔产品入库单的单据日期。

(10) 完工数量:已经完工入库的数量,系统自动取值,不可手工修改。

(11) 生产进度:自动根据“完工数量/数量×100”自动计算,不可手工修改。

(12) 摘要:可以选择“业务摘要库”进行录入,也可以手工录入。

(13) 已下达采购建议数量:自动根据采购建议关联此单生成采购订单的需求数量反写,这里的数量=需求数量/表头单位换算率。不可手工修改。

2. 表体包括以下内容:

(1) 物料代码:如果表头产品设置了 BOM,则自动根据 BOM 默认带出;如果表头产品没有设置 BOM,则需要用户手工输入,至少需要一行记录。

(2) 单位:默认取 BOM 上对应的单位,允许手工修改。

(3) 标准用量:根据表头数量和 BOM 的比例关系,自动计算标准用量,用户可以修改。

(4) 损耗率:根据 BOM 自动带出,用户可以修改。

(5) 计划用量:根据标准用量和损耗率自动计算,计划用量=标准用量/(1-损耗率),自动计算,不允许手工修改。

(6) 仓库:根据 BOM 自动带出,用户可以修改,该字段为非必填字段。

(7) 实际领料数量:自动根据关联的领料单中的“实发数量”反写,用户不可手工修改。

三、生产任务单操作说明

1. 关闭与反关闭

当生产任务单表头“生产进度”>=100%后,生产任务单自动进行关闭,自动关闭的生产任务单不能进行反关闭操作。

如果“生产进度”<100%,而生产终止需要关闭生产任务单,可以通过手工关闭来实现,手工关闭的生产任务单可以进行反关闭操作。

生产任务单关闭后,不能再下推生成生产领料单和产品入库单,因此一定要在完全入库前,保证已经全部领料,否则可能造成生产入库成本计算不正确。

2. 复制

复制的生产任务单,原生产任务的关联信息将不会被复制,包括表头的销售订单号、实际完工日期、完工数量、生产进度字段,表体的“实际领料数量”字段。

3. 变更

使用变更的条件:以前期间已审核未关闭的生产任务单,当前期间已审核未关闭,且已关联了其他单据的生产任务单。

可以变更的内容：表头“数量”、表头“开工日期”、表头“计划完工日期”、表体已经存在物料的“标准用量”“损耗率”、增加表体物料、删除表体物料。

进行变更时，审核图标自动消失，变更完成后，单据自动保存并审核。

变更完成后，单据尾部分记录变更人和变更记录。

4. 子件需要展开到最明细级物料

由于BOM支持嵌套BOM，即BOM的子件也可以设置BOM，这种情况下，用户可以通过此选项，将所有子件都按照BOM展开到最明细级物料。

5. 下推生产领料单

已审核未关闭的生产任务单，可以下推生成生产领料单。下推时系统自动根据生产任务单表体的“计划用量”与“实际领料数量”之差自动计算本次最大领料数量，如果超额领料，系统默认会给予提示，但允许保存。如果不允许超额领料或允许且不提示，可以到系统参数中进行设置。

6. 下推产品入库单

已审核未关闭的生产任务单，可以下推生成产品入库单。下推时系统自动根据生产任务单表头的“数量”与“完工数量”之差自动计算本次最大入库数量，系统也允许超额入库，不做限制，但是生产任务单一旦关闭，就不能再下推产品入库单。

重点提醒

使用生产管理模块，如果要实现产品入库成本自动核算，蓝字的生产领料单和产品入库单一定要关联生产任务单生成，红字的生产领料单和产品入库单一定要关联（关联生产任务单的）蓝字生产领料单和产品入库单生成，否则不能参与成本计算，需要通过“自制入库核算”进行成本核算。

四、生产领料

参照金蝶KIS专业版（任意界面）联机“帮助”菜单中“仓存管理模块—1.8生产领料单”的相关介绍。

在这里再特别说明一下几个与生产管理模块相关的表头字段：产品是指生产任务单表头的产成品，说明这张领料单是为生产什么产品而领料。单位默认取生产任务单表头产成品对应的单位，可以修改；投入产量指这张生产领料单所领的原料是为了生产多少产成品；生产批号是指生产任务单表头的生产批号，进一步说明这张领料单是为生产哪个批次的产品而领料。

如果保存生产领料单时，对应生产任务单表体实际领料数量>计划用量，或者用户手工增加了新的物料行，则系统会根据限额领料的参数给予提示，用于控制超额领料的情况。

另外在生产领料单“选项”中有选项：根据投入产量计算实发数量。

该选项勾选后，用户修改表头“投入产量”，系统自动根据关联的生产任务单表头与表

体的配比关系，自动计算生产领料单的“实发数量”，从而实现配套领料功能。

五、费用分摊单制单指南

通过金蝶 KIS 专业版主界面依次单击【生产管理】→【费用分摊单】，打开费用分摊单编辑界面，在这里主要用于制作新的费用分摊单，如果要对单据进行修改、审核或下查等操作，可通过费用分摊单序时簿进行操作，费用分摊单上包含的业务和管理信息非常多，单据头部分用来描述针对该业务处理过程共性的业务信息，如单据编码、单据日期等；单据体部分用来描述不同产品的基本信息和单据信息，如每个产品数量、每个产品价格等等。

(1) 表头内容：①分摊方式，系统提供 4 种分摊方式，按产品数量、按产品材料成本、按工时和手工分摊，用户可以下拉选择。选择好方式后，使用“分摊”功能，系统即可按照所选择的分摊方式进行自动分摊。②费用合计字段，可以分类录入这张费用分摊单的各项费用合计数。

(2) 表体内容：①产品入库单，可以使用【F7】选择需要分配费用的产品入库单。这里可以选择的产品入库单必须是关联生产任务单生成的，且已审核。每张产品入库单只能被费用分摊单选择一次。②产品代码/产品名称/规格型号，自动携带产品入库单上的产品代码、名称和规格型号，不可修改。③生产批号，自动携带产品入库单对应的生产任务单表头的“生产批号”，不可修改。④单位，自动携带产品入库单上的单位，不可修改。⑤数量，自动携带产品入库单上的数量，不可修改。⑥材料成本，自动携带产品入库单上的材料成本，不可修改。只有核算过的产品入库单，才能在费用分摊单中显示材料成本的金额。⑦工时(小时)，只有选择按工时分摊时，才可录入。⑧费用字段，每个产品分摊的费用金额，可以通过“分摊”功能自动计算填入，也可以手工录入。⑨合计，统计各个费用每行的合计数。

六、生产成本核算

系统采取向导引导用户进行成本计算，生产成本核算有 2 个过程，首先进行存货出库核算，将生产领料的出库成本计算出来，然后进行产品入库成本核算。

入库核算时，如果产品入库单有关联的费用分摊单，费用也会纳入成本核算中，系统会将费用分摊到产品入库成本中。

重点提醒

(1) 参与生产成本核算和核算后单价反写单据范围：关联了生产任务单的生产领料单和产品入库单。

(2) 生产领料单中的材料成本会在本期在产品和产成品中进行分配，而费用分摊单中的费用全部计入本期产成品成本中。

七、生产管理模块业务报表

1. 生产任务执行情况明细表

企业在下达了生产任务单后，每一张生产任务单所需要生产的产品有没有按时生产完工，已完工的产品是分多少批完工入库的，以及何时生产完工的，是按计划生产完工的还是延期完工的，都需要适时掌握相关情况，以免造成出货延期，本表就专为解决此问题而设计。

本表提供的是生产任务单被产品入库单关联情况的明细列表。

2. 生产任务执行情况汇总表

企业在下达了生产任务单后，除了需要了解每一张生产任务的明细入库情况外，还需要了解总体的入库情况以及分部门或分产品类别的入库情况，本表就专为解决此问题而设计。

本表提供的是生产任务单被产品入库单关联情况的汇总列表。

本表提供了按产品类别和部门分级汇总的功能。

3. 生产任务领料差异分析表

企业在下达了生产任务单后，需要领料进行生产。在生产过程中，是否有超额领料情况或者因为技术改进等原因节约了用料，这些都直接影响企业的生产成本，企业都需要适时掌握产品的材料耗费情况，本表就专为解决此问题而设计。

本表提供的是生产任务单被关联的实际领料与计划领料的差异情况表，可以按生产任务单查询正常领料、超额领料和节约领料的情况。

4. 产品成本综合表

产品成本综合表用来反映各个物料的期初在产品、本期投入、本期产出、期末在产品的数量金额数据，是能最全面的反映企业成本的报表。

本表支持查询本期和前期产品成本数据，但跨期查询只是将每期的成本明细表按期间显示出来。

本表提供按“物料类别”汇总显示。

5. 产品成本明细表

产品成本明细表用来反映产成品的总成本，及其明细组成部分。用户可以根据此表直观的看出产成品的材料成本、人工、制造费用、水电费明细成本和总成本。实质是产成品的成本明细表。

本表支持查询本期和前期产品成本数据，但跨期查询只是将每期的成本明细表按期间显示出来。

6. 生产任务超期预警表

根据生产任务单上的完工日期及数量，和与该生产任务单有关联关系的入库单上的入库日期和数量。将已过完工日期但还未入库的数据显示出来。做到随时监控生产任务的执行情况。

小提示

因为是超期预警表，所以只需显示未完工的生产任务单。已完工的生产任务单即使超期了也不显示。

八、自制入库核算

1. 业务流程说明，如表 3-2-3 所示

表 3-2-3　　业务流程说明

目标	完成自制入库核算到生成凭证的全过程		
业务背景	企业存在生产自制入库业务时，需要根据计算出的材料、人工、制造费用归集产品成本或手工维护产品成本，并生成会计凭证； 本流程对生产自制入库的产品的成本的录入、维护和凭证处理提供了操作工具		
适用范围	适用企业生产自制入库业务		
序号	处理说明	责任部门	责任人
1	在“存货核算”的“自制入库核算”中，根据计算出的产品成本，录入或维护自制入库的产品的成本	财务部	成本会计
2	在“存货核算”的“凭证处理”中生成产成品入库的凭证	财务部	成本会计
3	生成凭证后的产品入库单，本期不能再进行入库核算，系统控制单据不被过滤出来	财务部	成本会计

2. 自制入库核算

(1) 进入核算系统后，单击【自制入库核算】进入该处理过程。该模块主要用来录入产品入库成本。自制入库核算包括：产品入库核算，自制入库核算的准备工作，审核当期的产品入库单，产品入库核算。

(2) 进入自制入账核算模块后，通过【过滤】功能，选择要核算的自制入库单，按产品或按部门、产品汇总显示数量，若产品采用分批认定法，批次也是汇总依据。过滤出的记录均只有常用计量单位和实际成本中的单价、金额列可编辑。

如果用户选择按部门汇总，则界面中的最左边将会多显示明细部门信息。

如果表体中没有显示部分常用字段相关信息，可以在菜单栏查看按钮下的“显示隐藏列”中重置字段为显示。

(3) 可以通过物料代码、物料名称、规格型号等基础资料过滤，来缩小核算范围；同时也可以通过物料代码、物料名称、规格型号、批次进行排序。

(4) 单击【核算】，系统会将汇总计算出的单价、金额回填到单据，同一部门、同一种产品的单位成本相同。

【实训操作练习 31】

生产部王俊 1 月 5 日下达生产计划通知单到车间，生产 20 台 153 车桥总成，制作领料单保存，1 月 18 日产品入库，制作入库单保存。

仓管王磊 1 月 5 日根据车间领料单发料并审核领料单，1 月 18 日验收产品入库并审核产品入库单。

【实训操作步骤】

（1）在金蝶 KIS 专业版主控台界面，依次单击【生产管理】→【任务通知单】，在弹出的窗口按图 3-2-1 提示操作。

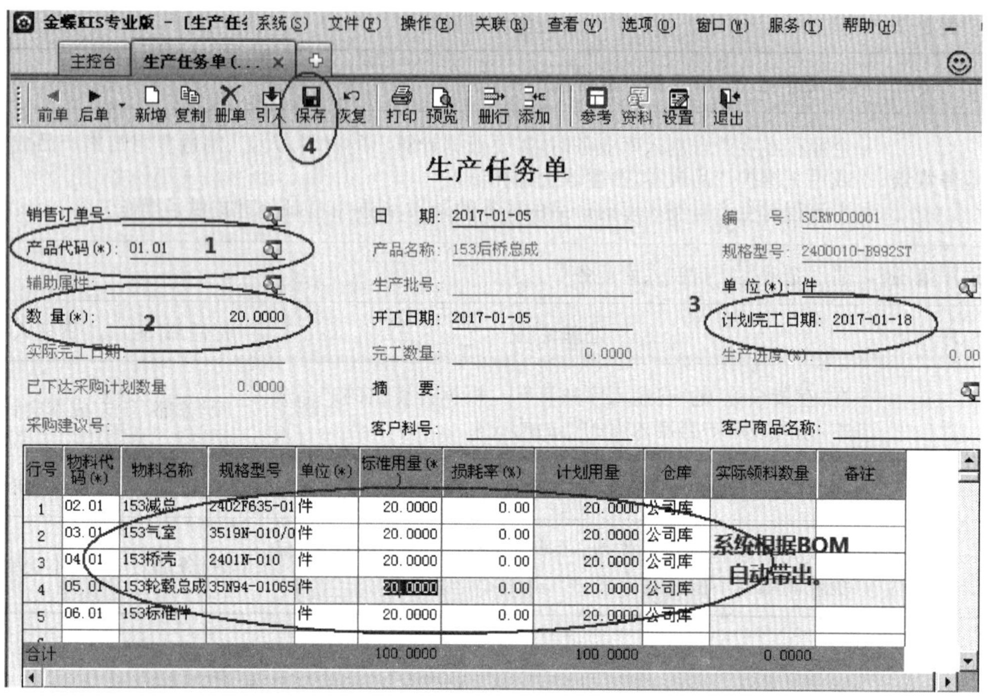

行号	物料代码(*)	物料名称	规格型号	单位(*)	标准用量(*)	损耗率(%)	计划用量	仓库	实际领料数量	备注
1	02.01	153减总	2402F635-01	件	20.0000	0.00	20.0000	公司库		
2	03.01	153气室	3519N-010/0	件	20.0000	0.00	20.0000	公司库		
3	04.01	153桥壳	2401N-010	件	20.0000	0.00	20.0000	公司库		
4	05.01	153轮毂总成	35N94-01065	件	20.0000	0.00	20.0000	公司库		
5	06.01	153标准件		件	20.0000	0.00	20.0000	公司库		
合计					100.0000		100.0000		0.0000	

图 3-2-1

（2）审核单据，直接下推生成领料单，如图 3-2-2 所示。

金蝶KIS专业 系统(S) 文件(F) 操作(E) 关联(R) 查看(V) 选项(O) 单据下推(C) 窗口(W) 服务(T)
主控台 生产任务单(编辑) 生产任务单(...
生成产品入库单(T)
生成领料单(I)
前单 后单 新增 复制 删单 保存 恢复 打印 预览 审核 变更 关闭 参考 设置 退出
5 6 7
生产任务单 审核
销售订单号: 日 期: 2017-01-05 编 号: SC
产品代码(*): 01.01 产品名称: 153后桥总成 规格型号: 24
辅助属性: 生产批号: 单 位(*): 件
数 量(*): 20.0000 开工日期: 2017-01-05 计划完工日期:
实际完工日期: 完工数量: 0.0000 生产进度(%):
已下达采购计划数量 0.0000 摘 要:
采购建议号: 客户料号: 客户商品名称:

图 3-2-2

（3）领料单生成后保存审核，如图 3-2-3 所示。

实务中操作流程提示

（1）生产部人员根据生产任务通知单下推生成领料单，保存单据。

（2）仓管人员发货审核。

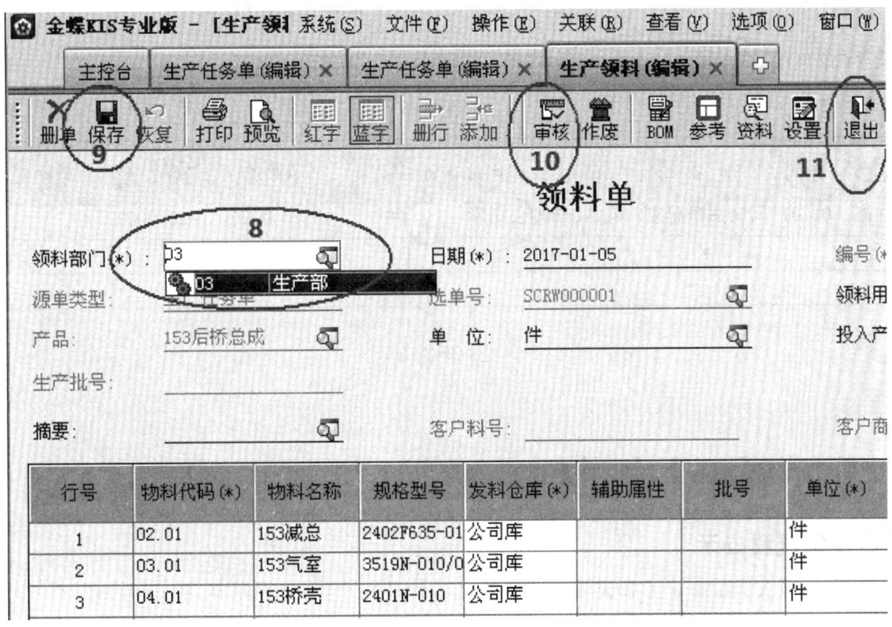

图 3-2-3

（4）返回到"生产任务单编辑"页面，下推生成"产品入库单"，如图 3-2-4 和图 3-2-5 所示。

金蝶KIS专业 系统(S) 文件(F) 操作(E) 关联(R) 查看(V) 选项(O) 单据下推(C) 窗口(W) 服务(T)

12

主控台　生产任务单(编辑)　生产任务单(...

生成产品入库单(T)

生成领料单(I)　13

前单 后单 新增 复制 删单 保存 恢复 打印 预览 审核 变更 关闭 参考 设置 退出

生产任务单　审核

销售订单号：　日　期：2017-01-05　编　号：SCI

产品代码(*)：01.01　产品名称：153后桥总成　规格型号：24

辅助属性：　生产批号：　单 位(*)：件

数　量(*)：20.0000　开工日期：2017-01-05　计划完工日期：

实际完工日期：　完工数量：0.0000　生产进度(%)：

已下达采购计划数量　0.0000　摘　要：

图 3-2-4

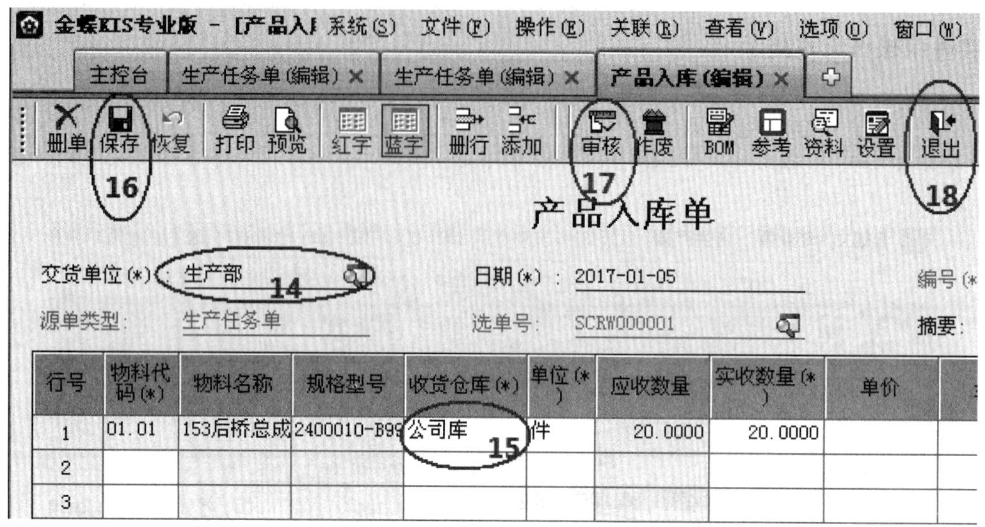

图 3-2-5

（5）录入完毕【保存】→【审核】“产品入库单”。生产管理模块处理完毕。

实务中操作流程提示

（1）生产部人员根据生产任务通知单下推生成产品入库单，保存单据。

（2）仓管人员收货审核。

【实训操作练习 32】

采购部王鑫 1 月 25 日紧急采购回 20 个 153 桥壳，仓管人员王磊验收入库，发票未到款未付，暂估单价 2 000 元入库。

生产部王俊 1 月 25 日下达生产计划通知单到车间，生产 5 台 153 车桥总成，制作领料单保存，2 月 5 日完工。

仓管王磊 1 月 25 日根据生产部发料单发出零部件并审核领料单。

【实训操作步骤】

（1）采购人员王鑫在“采购管理”模块完成采购入库业务处理，填制“采购订单”，生成“采购入库单”，仓管人员王磊审核“采购入库单”，流程参考“采购管理”模块业务流程处理，不再讲述。单据结果如图 3-2-6 和图 3-2-7 所示。

（2）生产部王俊 1 月 25 日下达的生产计划通知单和生产领料单（经仓管王磊审核后）如图 3-2-8 和图 3-2-9 所示。

金蝶KIS专业 系统(S) 文件(F) 操作(E) 关联(R) 查看(V) 选项(O) 单据下推(C) 窗口(W)

主控台 | 即时库存查询 | 用户管理 | 采购订单(编辑)

前单 后单 新增 复制 删单 保存 恢复 打印 预览 审核 变更 关闭 参考 设置 退出

采购订单 审核

供应商(*)：湖北双成汽车零部件　日期(*)：2017-01-25　编号(*

采购方式(*)：赊购　摘要：　币别(*

结算方式：　结算日期：2017-01-05　汇率(*

行号	物料代码(*)	物料名称	单位(*)	数量(*)	单价	含税单价	金额	实际含税单价	税率(%)	税额
1	04.01	153桥壳	件	20.0000	2,000.00	2,340.00	40,000.00	2,340.00	17.00	6,800.00
2										
3										
4										

图 3-2-6

金蝶KIS专业版 - [采购入 系统(S) 文件(F) 操作(E) 关联(R) 查看(V) 选项(O) 窗

主控台 | 即时库存查询 | 用户管理 | 采购订单(编辑) | 采购入库(编辑)

删单 保存 恢复 打印 预览 红字 蓝字 审核 参考 设置 退出

采购入库 审核

供应商(*)：湖北双成汽车零部件　日期(*)：2017-01-25

源单类型：采购订单　选单号：POORD000003

摘要：

行号	物料代码(*)	物料名称	规格型号	收料仓库(*)	单位(*)	应收数量	实收数量(*)
1	04.01	153桥壳	2401N-010	公司库	件	20.0000	20.0000
2							
3							

图 3-2-7

生产任务单

销售订单号：　日　期：2017-01-25　编　号：SCRW000

产品代码(*)：01.01　产品名称：153后桥总成　规格型号：2400010

辅助属性：　生产批号：　单 位(*)：件

数 量(*)：5.0000　开工日期：2017-01-25　计划完工日期：201

实际完工日期：　完工数量：0.0000　生产进度(%)：

已下达采购计划数量 0.0000　摘　要：

采购建议号：　客户料号：　客户商品名称：

行号	物料代码(*)	物料名称	规格型号	单位(*)	标准用量(*)	损耗率(%)	计划用量	仓库	实际领料数量
1	02.01	153减总	2402F635-01	件	5.0000	0.00	5.0000	公司库	
2	03.01	153气室	3519N-010/0	件	5.0000	0.00	5.0000	公司库	
3	04.01	153桥壳	2401N-010	件	5.0000	0.00	5.0000	公司库	
4	05.01	153轮毂总成	35N94-01065	件	5.0000	0.00	5.0000	公司库	
5	06.01	153标准件		件	5.0000	0.00	5.0000	公司库	
合计					25.0000		25.0000		0.0000

图 3-2-8

领料单　审核

领料部门(*)：生产部　日期(*)：2017-01-05　编号(*)：

源单类型：生产任务单　选单号：SCRW000002　领料用途：

产品：153后桥总成　单　位：件　投入产量：

生产批号：

摘要：　客户料号：　客户商品名

行号	物料代码(*)	物料名称	规格型号	发料仓库(*)	单位(*)	申请数量	实发数量(*)
1	02.01	153减总	2402F635-01	公司库	件	5.0000	5.0000
2	03.01	153气室	3519N-010/0	公司库	件	5.0000	5.0000
3	04.01	153桥壳	2401N-010	公司库	件	5.0000	5.0000
4	05.01	153轮毂总成	35N94-01065	公司库	件	5.0000	5.0000
5	06.01	153标准件		公司库	件	5.0000	5.0000

图 3-2-9

项目三　销售管理

应会内容：销售单据录入、审核、销售发票生成凭证、业务凭证序时簿查询操作、销售业务凭证模板的设置修改使用。

一、销售业务概述

1. 关于销售系统

销售管理系统，是通过销售报价、销售订货、仓库发货、销售退货、销售发票处理、客户管理、销售价格资料、订单管理等功能综合运用的管理系统，对销售全过程进行有效控制和跟踪，实现完善的企业销售信息管理。该系统与采购管理系统、仓存管理系统、存货核算管理系统、财务系统等其他系统结合运用，将能提供更完整、全面的小企业业务系统业务流程管理和财务管理信息。

2. 销售管理系统的主要特点

(1) 灵活的业务流程处理。销售管理系统采用灵活的设计理念，以满足用户丰富繁杂的业务需要。主要体现在：①系统预置现销、赊销、委托代销、分期收款四种销售处理流程，可以满足企业中大多数销售业务的处理。②销售的流程清晰，单据拆分，单据的业务处理、批处理、管理功能分别实现而又协调统一，可以方便灵活地处理业务。③单据之间的联系紧密定义灵活，设置了关联、勾稽等多种联系，以满足用户不同的业务需要。

(2) 严密的业务控制。销售管理系统提供销售价格资料等多方面的内部控制手段，从而保证企业进行规范化的运作以及相关业务政策强有力的执行。

对于销售价格，系统提供物料销售价格以及灵活的价格方案；系统还提供最低限价控制等多种控制手段，并且针对最低价控制提供预警。

(3) 丰富的销售管理信息。一方面，销售系统在各个业务环节提供了相应的辅助信息供具体的业务人员进行查询，如在销售订单上可以查询即时库存、销售价格等多种业务信息。这些业务信息既可以辅助操作人员进行快速的录入，也可以辅助业务人员完成相应的业务。

另一方面，系统提供了丰富的管理报表。系统为各个业务环节的业务管理人员提供了相应的明细报表、汇总报表以及业务跟踪报表，业务管理人员可以通过报表查询相应的业务进展情况；另外，系统还提供多种分析报表，如销售增长分析、销售流向分析、销售结构分析等，主要辅助中层管理人员进行决策。

(4) 良好的扩展性。企业在长期的发展中，都会形成自己特定的管理模式，而且不同行业的企业在管理上都会具有不同的行业特色。这些个性化管理部分在实施 ERP 时一部分需要规范化从而使之符合标准业务流程和业务模板。但是，个性化管理的特色部分往往是企业竞争力形成的一个重要的方面，企业希望作为重要管理工具的 ERP 能够反映企业的特色。

销售管理系统考虑到企业中个性化管理，提供了销售主数据（客户、物料等）的自定义、单据自定义、套打自定义等多种定制功能，从而可以让企业在标准的流程基础之上进行定制，以满足企业的个性化需求。

3. 销售与其他系统的接口

与仓存系统的接口：销售系统的销售出库单也是仓存系统中的一种重要库存交易单据，它会更新相应仓库的即时库存。

与存货核算系统的接口：销售系统中的销售出库单是进行产成品出库核算的原始依据之一，出库核算之后的出库成本将反填到销售出库单的成本单据中，核算完成的销售出库单将根据凭证模板生成相应的凭证；销售系统的销售发票也将作为确认收入的原始依据之一，可以按照凭证模板生成相应的销售收入凭证。

二、销售业务模式及应用

系统将销售管理分为现销、赊销、委托代销、分期收款销售。不同业务类型其业务的处理过程以及财务收支核算的过程有差异，所以对应在系统中也会有不同的业务处理流程。

1. 现销业务流程说明，如表 3-3-1 所示

表 3-3-1　　现销业务流程说明

目标	完成现销销售的全部业务过程		
业务背景	现销是指客户一手交钱、一手交货的销售业务		
适用范围	适用于面向企业的现金交易业务，而对于面向个人消费者的现金交易业务则宜通过零售前台系统来处理		
序号	处理说明	责任部门	责任人
1	由销售部业务员根据市场、客户和成本信息进行销售报价，向系统录入销售报价单。录入方式包括手工录入和根据价格资料自动生成。录入的的销售报价单可以由销售主管审批	销售部	销售业务人员
2	业务人员将客户提出的产品需求整理后在销售订单输入屏幕中录入 KIS 系统，以形成销售订单。销售订单还可依据报价单生成	销售部	销售业务人员
3	仓管人员备货完毕之后，填写销售出库单。销售出库单还可以依据销售订单、销售发票、外购入库和产品入库单生成	仓库	仓管人员
4	会计收到已经确认的销售出库单，按照销售出库单进行开票和收款	财务部	会计
5	现销中的销售出库单和销售发票的勾稽主要是可以核对销售出库单和销售发票，保证出库和开票信息的一致，另外在会计核算上来讲可以保证成本和收入的匹配	财务部	会计

2. 赊销业务流程说明，如表 3-3-2 所示

表 3-3-2　　赊销业务流程说明

目标	完成赊销销售的全部业务过程		
业务背景	赊销是一种最常见的销售业务，它是购销双方利用商业信用进行购销交易的一种业务。赊销的销售发票需要传递到应收系统中作为确认应收和收款的依据		
适用范围	工商业企业都最常用的一种销售业务		
序号	处理说明	责任部门	责任人
1	由销售部业务员根据市场、客户和成本信息进行销售报价，向系统录入销售报价单。录入方式包括手工录入和根据价格资料自动生成。录入的销售报价单可以由销售主管审批	销售部	销售业务人员
2	业务人员将客户提出的产品需求整理后在销售订单输入屏幕中录入 KIS 系统，以形成销售订单。销售订单还可依据报价单生成	销售部	销售业务人员
3	仓管人员备货完毕，填写销售出库单。销售出库单还可以依据销售订单、销售发票、外购入库和产品入库单生成	仓库	仓管人员
4	会计收到已经确认的销售出库单，按照企业的财务制度和同客户的约定依据销售出库单进行开票	财务部	会计
5	赊销中的销售出库单和销售发票的勾稽主要是可以核对销售出库单和销售发票，保证出库和开票信息的一致，另外在会计核算的角度上来讲可以保证成本和收入的匹配	财务部	会计

3. 退货业务流程说明，如表 3-3-3 所示

表 3-3-3　　退货业务流程说明

目标	完成销售退回的全部业务过程		
业务背景	由于质量问题、交期、运输损坏、发运错误等原因从而导致客户将货物退回		
适用范围	适用于各种退货业务		
序号	处理说明	责任部门	责任人
1	仓管人员录入红字销售出库单进行收货。红字销售出库单还可以依据销售订单、原蓝字销售出库单、红字销售发票关联生成	仓库	仓管人员
2	如果原来的销售过程中货物已经发出并且开具了销售发票，则会计需要根据红字销售出库单开具红字销售发票。红字销售发票还可以依据销售订单和原蓝字销售发票生成	财务部	会计

（续表）

序号	处理说明	责任部门	责任人
3	如果销售过程中货物已经发出并且开具销售发票，则可以红字销售出库单、红字销售发票进行勾稽核对，也可以蓝字销售出库单、蓝字销售发票、红字销售出库单、红字销售发票一起勾稽 如果销售过程中货物已经发出，并且根据蓝字发票开具了红字发票，则蓝字销售出库单、蓝字销售发票、红字销售发票进行勾稽核对	财务部	会计
4	如果原来的销售过程中货物已经发出但没有开具销售发票，则会计需要将红字销售出库单和原来蓝字销售出库单进行对等核销。如果是部分退货，则需要先将蓝字销售出库单拆单，然后再进行对等核销	财务部	会计
5	如果原来的销售过程中只开具了销售发票，但是货物没有发出，则会计需要将红字销售发票和原来的蓝字销售发票进行对等核销	财务部	会计

三、编制销售单据的通用说明

1. 单据日期的输入

新增单据时系统的默认日期取当前系统日期，当账套期间与系统日期不一致时，会出现以下三种情况：

（1）在新增单据时选择此项，单据日期取系统日期，如：当系统日期为 2017-03-06，而账套业务期间是第二期，则新增单据的单据日期显示为 2017-03-06。

（2）没有选择此选项时，当系统日期大于账套期间最后一天，则系统取账套期间的最后一天，如：当前系统日期为 2017-03-06，而账套业务期间是第二期，则新增单据的单据日期显示为 2017-02-28 即账套期间的最后一天。

（3）没有选择此选项时，当系统日期小于账套期间第一天，则不管选不选择该选项，默认日期为账套期间的第一天，如：当前系统日期为 2017-03-06，而账套期间为第四期，则新增单据的单据日期显示为 2017-04-01 即账套期间的第一天。

重点提醒

当系统日期与账套的期间一致，如系统日期为 2017-03-06，账套期间也为 2017 年第三期，则无论选不选择该选项，新增单据时都取系统日期为单据日期。

此外用户也可对日期进行修改。但不可以输入已结账期间的日期。

2. 单据编号的输入

每张单据都有独立的编号，系统根据在【基础设置】→【单据设置】中的编码规则自动生成每张单据的编号，如果用户选中“允许手工录入”，那可以在制作单据时手工修改系统提供的单据编号，反之用户不能修改单据编号。

3. 选择供应商或客户

在采购和销售系统的各个业务单据中，均需要选择供应商或客户单位名称，可以通过点击栏目右侧的图标打开往来单位列表，通过列表分类查找；也可以输入供应商或客户的部分代码，系统会自动弹出浮动窗口，窗口中显示与代码相近的所有供应商或客户名称，即可进行模糊查询，更方便用户使用。如果查找后确认往来单位资料尚未定义，可以直接在列表窗口中新增往来单位。

4. 销售方式——现销、赊销、分期收款销售、委托代销

销售订单、销售出库单、销售发票均有此选项，选择不同的销售方式，对后续业务处理的影响不同，首先根据实际业务类型直接判断如何填写，现款销售选择现销，销售后再结算选择赊销，如果是属于分期收款的销售模式，选择第三种，如果是属于委托代销业务，选择第四种。下面介绍一下各种选择后的业务差异，主要是针对发票而言。

(1) 如果发票选择现销，就不会影响后续应收应付业务。

(2) 如果发票选择赊销，应收系统会据此进行收款业务管理，收款单可以引用此赊销发票。

(3) 如果发票选择分期收款销售，同赊销的主要区别在于，财务处理时会根据出库单直接计入“分期收款发出商品”科目，在发票勾稽出库单时，确认收入和收款管理。

(4) 如果发票选择委托代销，同赊销的主要区别在于，财务处理时会根据出库单直接计入“委托代销商品”科目，在开具发票时，确认委托代销结算及收款管理。

5. 选择源单类型和选单号

在采购系统中，采购入库单和采购发票这两张单据均有这两项内容。销售系统中，销售订单、销售出库单和销售发票这三张单据也有这两项内容。换句话说，只要是可以同其他单据建立关联的单据，均有这两项内容。下面就这两项内容作详细介绍。

选择“源单类型”同可关联单据相关，比如采购发票可以同订单或入库单关联，入库单可以同订单和采购发票关联，销售订单可以同销售报价单关联，销售出库单可以同销售订单、销售发票、产品入库、外购入库关联，销售发票可以同销售订单、销售出库关联，也因此可关联的单据都可以在源单类型中看到。在制作单据时，如果此单需要同其他单据建立关联，那就选择“源单类型”，然后选择“选单号”，系统会将所有符合源单类型的单据以列表窗口形式显示，用户可以快速查找相关联的源单，建立两单据之间的关联，在选定一个单号后双击，系统会将选定的源单回填到单据制作窗口中，方便快速录单，当然，如果用户想快速查找关联源单，可以先选择好供应商，然后系统会过滤此供应商的所有源单，进一步缩小查找范围，进一步加快录单速度。

6. 选择物料

在所有业务单据中，均需要输入物料，可以选择输入“物料代码”或“物料名称”，系统会根据已输入的部分物料代码或者物料名称进行过滤筛选，并以浮动窗口形式显示，同时显示该物料的不同规格型号，方便用户随时查找和选择，这种形式也叫作模糊查找。当然

也可以通过【F7】打开物料窗口按列表显示，方便查找。

7. 选择仓库

在所有业务单据中，都必须输入“仓库”，为了更好的区分仓库代表的业务类型，单据录入界面中仓库可能会冠以业务说明，比如发货仓库、收料仓库、调出仓库、调入仓库、组装件仓库、子件仓库等等。也可通过【F7】打开仓库窗口，按列表显示。列表中会依据单据支持的仓库类型来显示。

8. 输入物料单位和输入物料数量

输入“物料单位”和“物料数量”时要一起说明是因为，在输入物料后，系统会自动填入基本物料单位和物料单位。输入物料数量时，系统会根据物料单位直接换算填写基本单位数量，如果物料数量不是按照当前显示的物料单位作为单位统计的数量，那可以在录单界面修改物料单位，系统也会根据物料单位和数量自动换算基本物料单位和数量的。

9. 基本单位名称、基本单位数量、单位和数量之间的关系

关于这四项内容的关系要从物料的基本资料介绍开始，选择物料所属的计量单位组，同时确定此物料的基本计量单位以及采购、销售、仓库的计量单位，在所有涉及物料的单据体中，根据所属系统确定以哪种计量单位作为数量输入单位。举例说明，假如采购系统的计量单位不是基本计量单位，那么在采购系统中的单据里输入数量时，系统根据输入的数量换算成基本单位数量，并反映在基本单位数量列中。

回到这四列的关系上进行说明，所有单据的单据体中，都包含这四项内容，其中，单位和数量是可以编辑和输入的，单位默认状态下显示的是物料的所属系统单位，但可以在录单界面随时修改此单位。数量在输入后，会自动根据单位和基本单位换算出基本单位数量，也就是说，基本单位名称和基本单位数量这两项内容不能够编辑和修改，内容是根据单位和数量，以及计量单位组的换算关系而计算得出的。

一旦发生业务，物料的基本计量单位不能修改，但物料的采购、销售、仓库的计量单位可随时修改。

10. 币别

币别是指订单结算使用哪种货币。系统默认为本位币，用户可以修改。财务处理汇兑损益，业务系统中主要处理外币核算和结算，不提供通财务系统汇兑损益的结算；采购系统中订单和发票可以处理外币核算。销售系统中，订单、发票和报价单均可以处理外币核算业务。

11. 汇率

汇率是指当前币别的汇率，取自币别基础资料信息，用户可以根据实际情况改为业务发生日汇率。

12. 结算方式

结算方式指订单结算采用何种处理方式，订单的结算方式可以在被发票引用后直接

填入，保持信息的连续跟进。用户可以①直接手工录入结算方式代码；②使用快捷键【F7】；③选择【查看】→【查看】→【查看编码】，系统将弹出“项目”查询窗口，提供所有基础资料中结算方式列示，用户查询后选择所需要的结算方式信息。

13. 结算日期

结算日期是指该笔业务结算时的日期，用户手工录入。

14. 摘要、备注、地址、开户行等

它们是该笔业务的辅助性说明，用户通过业务摘要库维护摘要，备注、地址、开户行等信息都是作为单据的辅助性说明，并可以直接在打印单据时选择这些信息。

15. 主管、部门、保管、验收、业务员

它们是提出该笔单据业务涉及的部门、主管、职员，用户可以由三种方式选择①直接手工输入代码；②使用快捷键【F7】；③选择【查看】→【查看编码】，系统将弹出“核算项目—相关信息”查询窗口，用户查询后选择所需要的信息，其中部门和业务员在基础资料中可以关联，在选择部门后，系统自动代入业务员。

16. 制单、审核、记账、审核日期

这四项内容是由系统根据当前单据的编制人、审核人、记账人和日期自动填入的，主要作用是记录单据的操作人和操作日期。

17. 单据保存的最低限价预警说明

销售系统中的销售订单、销售发票在保存时会检查一些内容，比如所有必录项是否都已经填入内容、销售最低限价预警等，在【基础设置】→【销售价格资料】→【操作】→【价格管理选项】→【限价控制】，有两项“最低限价控制强度”和“最低限价控制时点”。“最低限价控制强度”如果选择不予控制，单据保存时就不控制价格；如果选择密码控制，则可以通过此窗口设定密码；如果单据的价格低于最低价格，则通过是否知道密码来判断是否允许保存，输入密码正确就可以保存，无法输入密码就不可以保存；当然，如果在“最低限价控制时点”选择保存时判断，那上述内容就会在保存时判断；如果选择审核时判断，那就在审核时判断最低限价。想了解关于价格管理的详细内容，可参考销售价格管理章节。

18. 单据必录项提示

销售订单中的信息很多，但在录单时可以选择性的输入部分内容，先说明哪些项目是必须填入的，简称必录项；销售订单的必录项包括客户、日期、编号、销售方式、币别、汇率、物料代码、单位、数量、交货日期；订单编辑界面中，上面所提的这些信息后面均有一项内容(＊)，这个标志就代表此项信息是必录项，你可以不必记住订单必录项，通过这个标示在保存前检查是否有遗漏的未填写信息即可。

19. 单据保存后新增

单据保存还有个选项需要说明，依次单击【查看】→【选项】→【保存后立即新增】，选择这项，那在订单制作保存后，系统立刻进入下一张订单的编制界面，用户可以直接录单，这

适用于连续录单；如果不选择此项信息，那么用户录单保存后，系统停留在编制的订单界面，用户可在此基础上进一步修改刚录制的订单；当然，在点击工具栏上的新增后，同样可以编制一张新订单。这个功能在每个单据编辑界面都可以随时改变，以适应不同用户的操作习惯和要求。

小提示

部分用户在第一次录单时不清楚上面选项的作用，在保存单据后不知到哪里可以查看到刚编制的单据，这种情况下可以通过打开单据序时簿查看；如果希望单据保存后依然可以方便的检查和浏览，那可以不使用保存后新增这个选项。

单据删除

点击单据上工具栏的【删除】，即可直接删除未审核的单据。

20. 单据可查看的信息数据

销售系统的单据录入过程中，可能需要参考很多库存信息和价格信息，因此在单据编制界面的菜单中提供相关信息的查找，用户可以随时查看客户或物料的基础资料、物料的价格管理信息、当前物料的库存信息及历史价格信息等，通过点击菜单查看即可调出这些信息。需要详细说明的是价格，单据可以查看销售价格资料中的物料价格，还可以查看物料的销售历史价格，通过获取销售价格这个功能，可以直接将销售价格资料中的物料价格直接填入单据明细项中。

21. 复制单据及批量复制

用户日常工作中，录入单据的工作量很大，系统提供复制单据和批量复制单据的功能，可以最大程度地减少录入单据的工作量，这是为用户贴心考虑的一个实用功能。

(1) 复制的具体实现方式：

单据编辑界面和“单据序时簿查询”界面有两个复制单据的功能，在编辑界面的复制是一对一的复制，且复制后还要录入和确认其他无法复制的信息；在序时簿查询界面是多对多的复制，复制后的单据即是一张已完整保存的单据，这就是在编制订单时复制和序时簿里的批量复制的区别。

(2) 复制的具体规则：①在单据序时簿上只提供整单复制的功能。②单据复制时单据号自动顺序递增，即不能复制原单的单据号。③复制单据日期自动默认为当前系统日期；交货日期默认为当前系统日期。④复制时默认为被复制的单据的必录项是齐全的，不进行必录项的检查。⑤所有的单据，无论被复制单据的状态如何，都可以进行单据复制，且复制后的单据都处于可编辑的状态，且“审核人”“记账人”等字段应置为空值，源单据为作废状态的复制后的单据为正常单据。⑥复制相当于手工新增，如果被复制单据是关联生成的，则不复制该单据的源单据号码。⑦在初始化设置中，不提供复制功能。⑧一旦出现保存时条件不能满足，不能保存时（例如不允许负库存，却出现了负库存），系统中断目前单据的处理，并由用户选择是否继续进行其他单据的复制处理。

批量复制的操作说明：在序时簿界面中，用鼠标选中一张任何状态的单据或其某个条目，或者使用快捷键【Shift】选中多张单据，使用复制选择【操作】→【复制所选单据】。在当前采购订单界面上，单击【复制】或选择【操作】→【复制所选单据】，系统会自动按所选单据生成同样数目的新单据，并给予复制提示信息表。

小提示

复制单据，如果是源单的关联信息，比如采购收货单中的应收数量，就不被复制到新的单据中，换句话说，复制后的采购收货单中的应收数量为0，不记录原单据同其他单据的关联数据和信息。

22. 复制当前分录

用户日常工作中，同一张单据中，往往有很多行与行之间差别不大的数据，使用该功能可以最大程度地减少录入单据的工作量，这是为用户贴心考虑的一个实用功能。

（1）复制当前分录的具体实现方式。

只有在单据编辑界面才能使用此功能，使用该功能可以将选中行的数据复制到单据末行。

（2）复制当前分录的具体规则：①该功能使用的前提条件是单据表体中光标所在的行必须有数据。这里的数据是指该行至少已录入“物料代码”。②当单据表体某一行有数据，光标落在该行任意一个可编辑的列中，在操作选项中点击“复制当前行”功能，系统将自动将光标所在行的内容，复制到当前单据最后一行。③各行的关联数据列不在复制的范围内。④复制行的各列可以依据现有的各单据表体的设计规则，对于可编辑的列，可以手工修改。⑤单据在新增、保存时，该功能亮显，可以使用。审核后，该功能灰选，不能使用。

23. 批量填充

用户日常工作中，同一张单据，往往有很多列的数据是相同的，例如仓库、备注列。使用该功能可以最大程度地减少录入单据的工作量，这也是为用户贴心考虑的一个实用功能。

（1）批量填充的具体实现方式：

只有在单据编辑界面才能使用此功能，使用该功能可以将选中行的数据复制到单据末行。

（2）复制当前分录的具体规则：①当单据表体某一行有数据，光标落在该行任意一个可编辑的列中，点击【批量填充】功能，系统会自动将光标所在列的内容，填充到当前单据该行下面所有有数据的行的相同列中。批量填充功能只能填充光标所在行的下面行的相同列，对于其上面行相同列不起作用。②单据表体中就会出现同一列中有些行能编辑，有些行不能编辑，对于不能编辑的行，该功能不起作用。③复无论单据处于何种状态，当光标落在“辅助属性”列时，该功能灰选，不能使用。④单据在新增、保存时，该功能亮显，可以使用。审核后，该功能灰选，不能使用。

重点提醒

如果单据中的物料代码列使用“批量填充”功能，系统会自动将光标所在列的物料代码，填充到当前单据该行下面所有有数据的行的相同列中，相当于手工录入该物料。

24. 审核与反审核

在金蝶 KIS 专业版中，提供了单据审核和反审核功能。审核就是在当前发票界面，新增并保存了一张单据，方法是：①单击工具条上的【审核】；②选择【查看】→【审核】；③直接使用快捷键【F4】，系统会自动审核该张单据，并给予相应提示信息；另外，对已审核的发票选择【查看】→【反审核】或者直接使用快捷键【Shift＋F4】，系统会自动反审核该发票，并给予相应提示。

另外在发票序时簿上，也可以进行发票的审核、反审核操作。方法是：①单击工具条上的【审核】；②选择【查看】→【审核】；③直接使用快捷键【F4】；④在右键菜单中选择【审核】来进行审核。

25. 作废和反作废

在金蝶 KIS 专业版中，提供了单据的作废和反作废功能。单据在编制完成后，未审核的状态下，单据可以执行作废操作，单据作废后不参与报表的统计汇总。方法是：新增并保存了一张单据后，打开单据序时簿，单击工具条上的【查看】→【作废】，系统会作废该张单据，并给予相应提示信息；对已作废的单据选择【查看】→【反审核】，系统会自动反作废该单据，并给予相应提示。需要说明的是，作废单据可以让此单据在当月期间报表汇总时不包括作废单据，同时结账时不检查作废单据是否审核。如果对已结账期间的作废单据进行反作废操作，需要首先更改单据日期，然后才可以审核和加以使用。

四、销售序时簿查询操作说明

在进入单据序时簿之前，首要要做的是进行所有已存在单据的筛选查询工作。这项工作非常重要，是进行单据批量处理和管理控制的前提条件。只有查询确定了的单据，下面的处理工作才会相对通畅和严谨。

单击【销售报价单序时簿】，即进入“过滤”界面，在这个界面中用户可以设置单据的查询条件、排序关键字、保存查询方案、对已筛选的单据进行数据的重新提取，此外针对查询结果，系统还可以实现对显示表格的设置功能。对于一般查询，系统提供比较简单的查询方式，即按单据的期间、审核与否等等单据状态特征进行单据的查询。

在“条件查询”界面的右下方，可以设置单据状态，系统预先对每种状态设置了默认选择，用户也是通过选择下拉列表框中的选项方式来设置。采购入库单序时簿的状态设置包括时间、审核标志、作废标志、记账标志、红蓝字六种过滤条件。

以上各种单据状态查询可以任意组合查询，如可查询当日未审核单据，或本期已关闭单据等等。当设置完单据状态查询条件后，用户可勾选界面左下角的【下次直接以该方案

进入序时簿】，保存作为自己的过滤方案。则下次再次进入该序时簿时，直接按照设定的过滤方案输出结果，不再弹出过滤界面。单击【确定】，便进入了序时簿的主界面，系统把符合查询条件的所有单据，显示在当前界面。如果用户需要设置其他的过滤条件，可以执行【查看】→【过滤数据】功能调出“条件过滤”界面来重新定义过滤条件。

五、销售报价单

1. 销售报价单制单指南

在金蝶 KIS 专业版主界面依次单击【销售管理】→【销售报价单】，打开销售报价单编辑界面，在这里主要用于制作新的销售报价单，如果要对单据进行修改、审核、关闭或下查等操作，可通过报价单序时簿进行操作，下一节会做具体讲解。销售报价单上包含的业务和管理信息非常多，单据头部分用来描述针对该业务处理过程共性的业务信息，如单据编码、单据日期等；单据体部分用来描述不同物料的基本信息和单据信息，如每条物料数量、每条物料价格等等。

有关单据的基本操作方法需要特别说明的内容如下：

(1) 数量段(从)—数量段(到)：报价单的单价通常是会根据订货数量有不同折扣或优惠，因此软件提供同一物料在不同数量段下输入不同单价的业务。

(2) 销售报价单提供单价、税率、含税单价、折扣率、实际含税单价字段，可以分别按含税和不含税报价。

(3) 选择【价格信息查询录入】或按快捷键【CTRL＋A】，系统会在得到确认后，将客户所有有效的价格信息携带到单据中来，可快速录单。

(4) 销售报价单审核后，销售订单可以引用报价单，系统会将报价单中的物料代码、单价、折扣率等信息带入销售订单中，方便编制销售订单。

2. 销售报价单序时簿

销售报价单序时簿是以列表形式显示所有销售报价单信息。

单击【销售报价单序时簿】即进入“过滤”界面，用户可以按照单据信息、单据期间、单据审核与否等过滤选项搭配定义，快速找到需要的报价单类型，形成自己的查找习惯，并可勾选界面左下角的【下次直接以该方案进入序时簿】保存作为自己的过滤方案。则下次再次进入该序时簿时，直接按照设定的过滤方案输出结果，不再弹出过滤界面。通过过滤条件，可以了解报价单的不同统计信息。比如，通过对客户进行综合统计，可以查询企业一段时期内对此客户的所有物料报价情况，这里的报价情况包括价格和折扣信息，这对企业而言，也是今后对客户报价的重要参考依据；通过对物料进行综合统计，查看企业对某一物料的报价管理情况等等。

六、销售订单

销售订单是购销双方共同签署的、确认购销活动的标志，也是核心销售业务中三方关联的一方。销售订单是物资在销售业务中流动的起点，是详细记录企业物资的循环流动

轨迹、累积企业管理决策所需要的经营运作信息的关键。无论是销售订单自身的确认，还是其业务顺序流动、被下游单据精确执行，都能反映在销售订单上，通过销售订单，销售业务的处理过程可以一目了然。如果想了解三方关联的详细信息，可参照"单据操作"的通用说明章节。

1. 销售订单制单指南

在金蝶 KIS 专业版主界面，依次单击【销售管理】→【销售订单】，打开"销售订单"编辑界面，在这里主要用于制作新的销售订单，如果要对单据进行修改、审核、关闭或下查等操作，可通过订单序时簿进行操作，下一节会做具体讲解。销售订单上包含的业务和管理信息非常多，单据头部分用来描述针对该业务处理过程共性的业务信息，如单据编码、单据日期等；单据体部分用来描述不同物料的基本信息和单据信息，如每条物料数量、每条物料价格等等。

有关单据的基本操作方法请查看金蝶 KIS 专业版(任意界面)联机"帮助"菜单中"编制单据的通用说明"一节，此处不再赘述(下同)。销售订单制单中需要特别说明的内容如下：

(1) 客户料号：用来记录销售的商品在客户处的商品料号，便于后续跟踪管理。

(2) 客户商品名称：用来记录销售的商品在客户处的商品名称，便于后续跟踪管理。

(3) 销售方式：即采用哪种销售业务的处理方式，系统目前提供现销、赊销、分期收款销售、委托代销方式，用户根据需要选择，或者使用【选项】→【销售方式默认值】，选择一个常用销售方式默认显示。

(4) 单价代表不含税单价。

(5) 订单关联到发票(即包括直接关联和三方关联)，取订单上的税率，如果取不到订单税率，则根据系统选项"销售系统税率取数来源"取相应的税率

(6) 如果先录入金额，系统会根据选项(依次单击【查看】→【选项】→【调整金额后倒算单价】)决定是否倒算，如果倒算则按照实际含税单价＝金额/(1－折扣率)/数量进行倒算。

(7) 实际含税单价＝含税单价×(1－折扣率)，用户不能修改。

(8) 销项税额＝数量×含税单价×(1－折扣率)/(1＋税率)×税率。税额根据前面几项内容自动计算，同时允许用户修改，系统不会据此重新计算改变其他项的数据。

(9) 金额＝单价×数量×(1－折扣率%)。金额指当前物料的不含税实际金额，系统根据以下公式计算得出，用户可以修改，金额＝数量×含税单价×(1－折扣率)/(1＋税率)。

(10) 如果用户在单据上选择了"调整金额不倒算单价"，单价和税额字段不会进行重新计算。

(11) 价税合计＝金额＋销项税额。也可手工录入，并且可以通过税率来计算出税额

和金额，同时计算出单价和含税单价。

（12）出库数量：是指订单被发货通知单、销售出库单两个单据关联、而最终传递到出库单的数量。基本单位出库数量、出库数量由系统自动记录，用户不能手工维护。

（13）开票数量：是指订单被销售发票关联的数量，基本单位开票数量、开票数量两个字段是系统根据订单执行情况自动记录的，用户不能手工维护。

（14）最近销售价格携带：在录入销售订单时可以自动跳出对应物料的对应客户对应单位的最近一次销售单价，并可以修改。在“销售订单”界面选择【查看】→【选项】→勾选【销售订单审核时更新基础资料销售单价】，则以后每次最新一张销售订单被审核后其物料单价自动反写到基础资料的销售价格中，不勾选则不做任何操作。

（15）下推：经过审核的销售订单可以直接下推生成采购订单。

（16）BOM，即 BOM 关联，通过 BOM 清单选择一个或多个组装件物料，系统能自动根据成品的数量计算出每种明细子件的所需数量，并自动将子件清单和各子件数量自动带入表体，提高录单效率。此外，这些数量和物料明细也可以手工干预。

（17）交货日期，在订单的每条物料记录中，都有一个交货日期，这个日期系统默认为空，为必录项。这个日期的作用是可以作为预计出库日期的依据，通过序时簿中按此字段查找，可以过滤出当前某期间内待出库的订单列表。同时这个字段也是关系到销售订单到期交货预警的重要字段。这个字段需用户手工输入且必须要大于制单日期，否则系统会提示。用户也可双击进入日历界面选择日期。

交货日期注意点：用户保存订单时此栏位为空则提示用户必须输入；订单在输入第一行记录的交货日期后，再输入第二行的交货日期栏位时，光标跳到此栏位自动带出第一行的记录。用户可进行修改，第三行的交货日期栏位自动带出第二行的记录以此类推；按【F6】支持批量填充。

交货日期可以设置：在【选项】→【交货日期设置】中可以进行设置。提供两个选项：①手工录入，系统默认；②单据日期＋××天，可由用户根据自己的业务进行设置。如设置好后，系统将按设置的时间，自动携带出交货日期时间。

2. 销售订单与 BOM 单

通过 BOM 清单选择一个或多个组装件物料，系统能自动根据成品的数量计算出每种明细子件的所需数量，并自动将子件清单和各子件数量自动带入表体，提高录单效率。此外，这些数量和物料明细也可以手工干预。

（1）单击工具栏【BOM】，进入“BOM 关联生成”界面，点击左下角【添加 BOM】。

（2）进入【核算项目—物料】界面，选择组装件并双击。

（3）返回【BOM 关联生成】界面，此时组装件物料已经被选中。在数量栏中输入需要销售的数量。点击【生成】。

（4）返回销售订单界面，组装件的明细物料、单位及数量均已显示在订单中。

【实训操作练习 33】

东风双成汽车零部件有限公司 2017 年 1 月 5 日收到东风商用车订单采购车桥 20

个，不含税单价 8 000 元，交货日期 1 月 18 日。

1 月 18 日，销售部发出车桥，财务开出专用发票，款未收到。

【实训操作步骤】

(1) 在金蝶 KIS 专业版主控台页面，依次单击【销售管理】→【销售订单】，按图 3-3-1 操作。

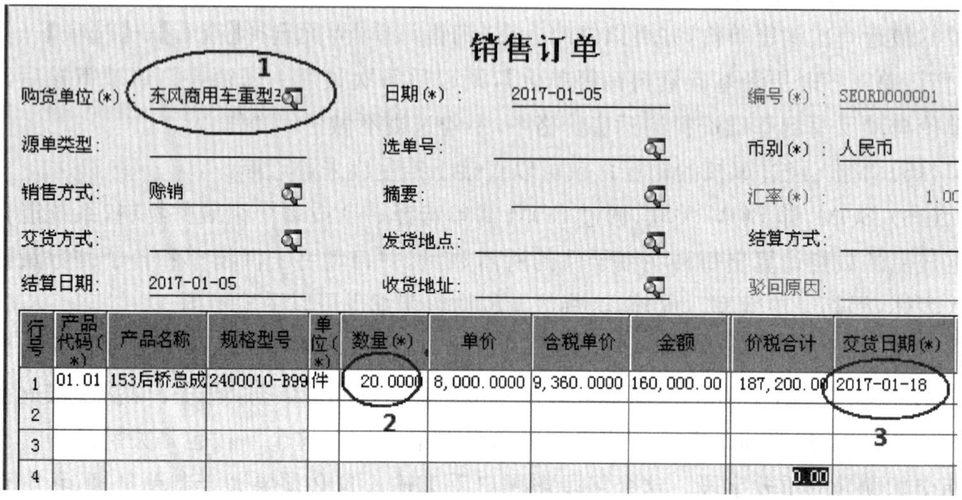

图 3-3-1

(2) 继续按照图 3-3-2 提示操作。

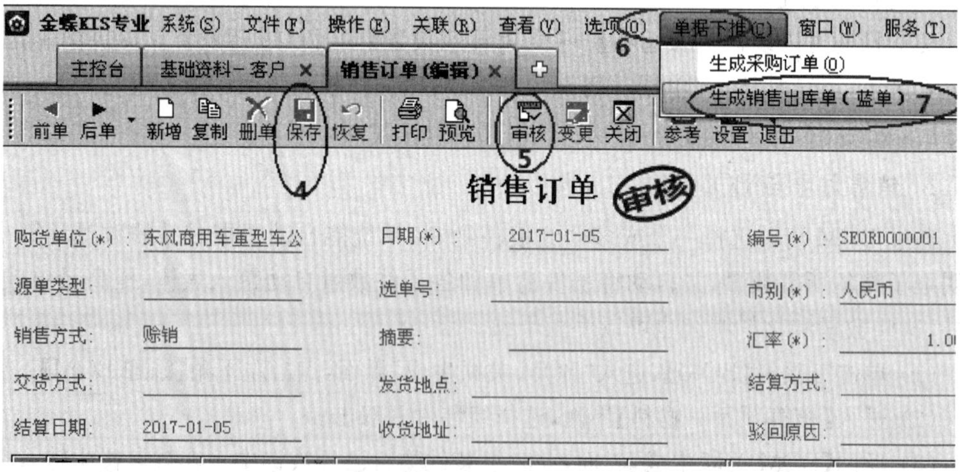

图 3-3-2

(3) 选择【发货仓库】，保存单据，如图 3-3-3 所示。

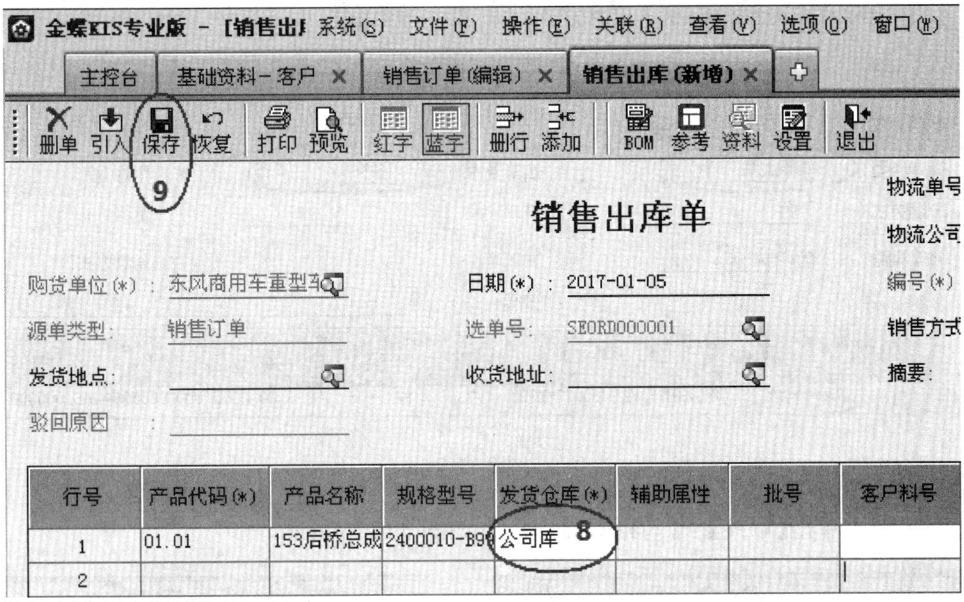

图 3-3-3

（4）仓管人员对“销售出库单”【审核】→【退出】，如图 3-3-4 所示。

图 3-3-4

（5）财务人员开具销售发票。打开“销售发票”，选择源单类型【销售出库】，选择正确的销售出库单据号，系统自动带出发票信息，如图 3-3-5 所示。

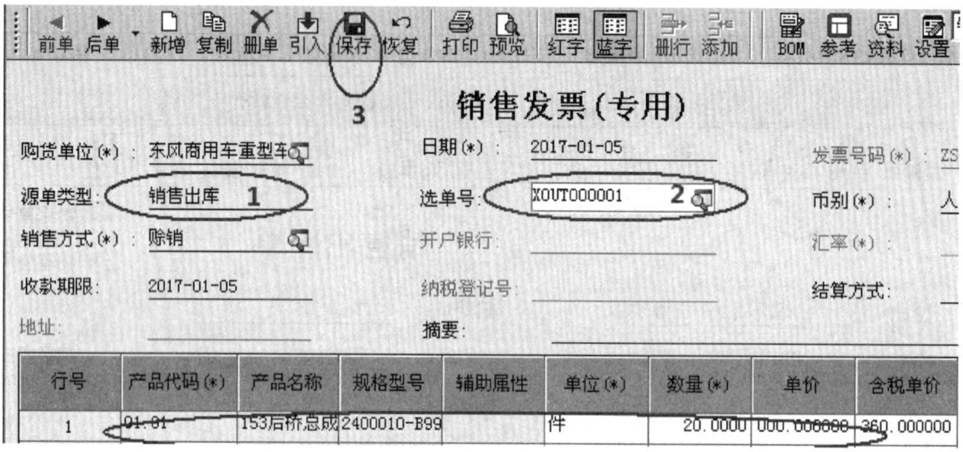

图 3-3-5

（6）依次单击【审核】→【勾稽】→【退出】，如图 3-3-6 所示。

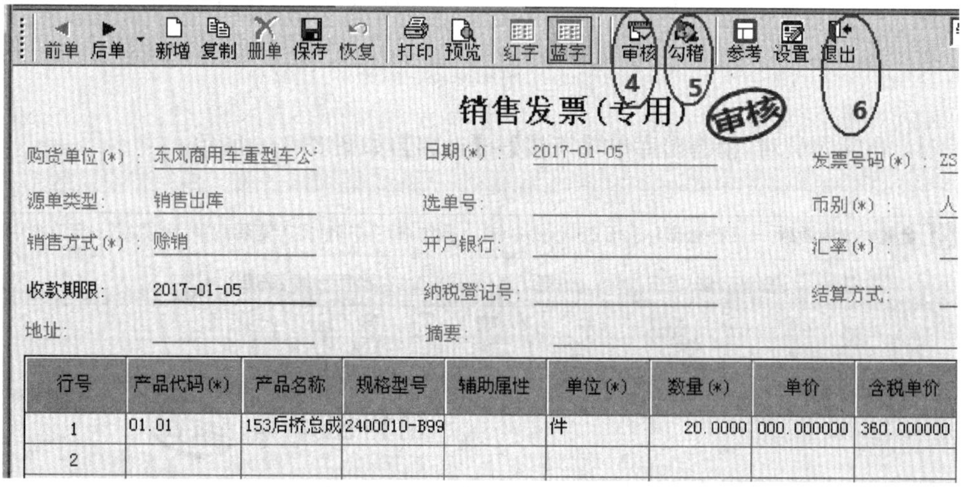

图 3-3-6

（7）销售业务处理完毕。

【实训操作练习 34】

东风双成汽车零部件有限公司 2017 年 1 月 20 日收到东风股份订单采购车桥 5 个，不含税单价 8 000 元，交货日期 1 月 30 日。1 月 25 日，从十堰仓库调拨 5 个车桥到襄阳中转库，1 月 30 日收到东风股份收货通知，销售人员在电脑上做销售发货并审核，2 月开发票结算。

【实训操作步骤】

分析：从十堰库调拨到襄阳仓库，要做调拨出库单。2 月份才结算，本月不需要开出发票。

[实训操作练习 34]步骤与[实训操作练习 33]步骤相同，不在逐一讲述，操作结果图示如图 3-3-7、图 3-3-8 和图 3-3-9 所示：

前单 后单 新增 复制 删单 保存 恢复 打印 预览 审核 变更 关闭 参考 设置 退出

销售订单 审核

购货单位(*)：东风股份专用汽车公司　　日期(*)：2017-01-20　　编号

源单类型：　　选单号：　　币别

销售方式：赊销　　摘要：　　汇率

交货方式：　　发货地点：　　结算

结算日期：2017-01-06　　收货地址：　　驳回

行号	产品代码(*)	产品名称	规格型号	单位(*)	数量(*)	单价	含税单价	金额	实际含税单价	销项税额	价税合计	交货日期(*)
1	01.01	153后桥总成	2400010-B99	件	5.0000	8,000.0000	9,360.0000	40,000.00	9,360.0000	6,800.00	46,800.00	2017-01-30
2												
3												
4												
5												
6												
7												
合计					5.0000			40,000.00		6,800.00	46,800.00	

图 3-3-7

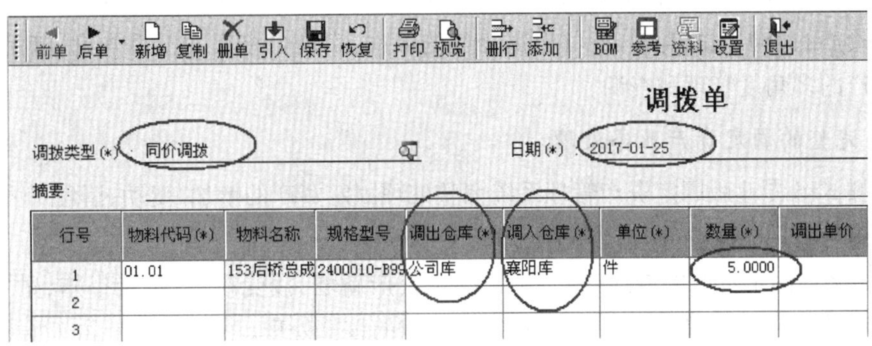

前单 后单 新增 复制 删单 引入 保存 恢复 打印 预览 删行 添加 BOM 参考 资料 设置 退出

调拨单

调拨类型(*)：同价调拨　　日期(*)：2017-01-25

摘要：

行号	物料代码(*)	物料名称	规格型号	调出仓库(*)	调入仓库(*)	单位(*)	数量(*)	调出单价
1	01.01	153后桥总成	2400010-B99	公司库	襄阳库	件	5.0000	
2								
3								

图 3-3-8

销售出库单 审核

购货单位(*)：东风股份专用汽车公司　　日期(*)：2017-01-30

源单类型：销售订单　　选单号：

发货地点：　　收货地址：

驳回原因

行号	产品代码(*)	产品名称	规格型号	发货仓库(*)	单位(*)	应发数量	实发数量(*)	单位成本价	成本	备注
1	01.01	153后桥总成	2400010-B99	襄阳库	件	5.0000	5.0000		0.00	
2										
3										
4										
5										
6										
7										
8										
9										
合计						5.0000	5.0000		0.00	

图 3-3-9

项目四　固定资产管理

应会内容：新增固定资产、业务序时簿查询操作、折旧计提、业务凭证生成。

一、固定资产概述

金蝶 KIS 专业版固定资产管理系统以固定资产卡片管理为基础，帮助企业实现对固定资产的全面管理，包括固定资产的新增、清理、变动，按国家会计准则的要求进行计提折旧工作。它能够帮助管理者全面掌握企业当前固定资产的数量与价值，追踪固定资产的使用状况，加强企业资产管理，提高资产利用率。

金蝶 KIS 专业版固定资产管理系统的具体功能包括：先进的多类别、多层级管理、完整的固定资产业务处理、多角度的报表查询与分析功能、提供卡片的引入引出功能。

金蝶 KIS 专业版固定资产管理系统对于固定资产的变动方式类别、使用状态类别、卡片类别、存放地点基础资料均采用树型结构，进行多级管理，用户可从不同类别角度，实现对固定资产的分类汇总查询，还可根据分类的级次，实现分级次的汇总查询，满足企业对固定资产的多角度管理和查询。

1. 完整的固定资产业务处理

金蝶 KIS 专业版固定资产管理系统完整处理固定资产的增加、变动、清理和固定资产折旧计提与费用分摊业务，具体包括：

(1) 处理固定资产的增加业务，包括固定资产新增、接受投资、接受捐赠、融资租入、在建工程转入及其他增加方式，并自动完成相应的核算处理。

(2) 处理各种固定资产变动业务，包括固定资产清理、资产评估、重要资产重估价、固定资产更新改造、固定资产其他变动，并自动完成相应的核算处理。

(3) 固定资产折旧计提与费用分摊，可按用户在固定资产卡片中设置的折旧方法和输入的折旧基础数据自动完成折旧费用的计提过程，自动生成折旧计提与费用分摊的记账凭证。

2. 多角度的报表查询与分析功能

金蝶 KIS 专业版固定资产管理系统能够按照多种条件（部门、类别、存放地点、经济用途、变动方式、使用状态）随意组合查询固定资产信息，帮助企业进行资产统计分析及各种资产折旧费用和成本分析，并为企业进行固定资产投资、保养、修理等提供决策依据。

3. 卡片引入引出

金蝶 KIS 专业版固定资产管理系统提供的引入引出功能，使得用户可以在系统外进行固定资产数据准备，再将这部分数据引入到系统中，从而实现系统的平滑切换或数据库账套的结转，帮助客户快速实施，最小化客户的系统应用风险！

4. 与其他系统的接口

固定资产管理系统既可独立使用，也可与其他系统配合使用，形成完整的固定资产管理和核算体系。

(1) 与总账系统的接口。固定资产管理系统中，固定资产初始化产生的初始余额可以传递到总账系统，作为固定资产相关科目的初始余额；固定资产新增、变动、清理，折旧计提与费用分摊均可自动生成凭证，并传递到总账系统。

(2) 与报表系统的接口。在报表系统可以利用取数公式 FOG_PA()，从固定资产系统中取数，编制用户需要的固定资产管理报表。

二、固定资产管理

1. 固定资产新增业务流程说明，如表 3-4-1 所示。

表 3-4-1　　固定资产新增业务流程说明

目标	完成对新增固定资产的信息录入与核算处理		
业务背景	企业通过投资购买、自行建造、接受投资或捐赠、融资租赁等方式，取得固定资产的所有权，且固定资产各项资料信息已准备充分		
适用范围	适用于企业各种固定资产的新增，包括：购置、自行建造、投资转入、接受捐赠、改建扩建、租入和盘盈等		
序号	处理说明	责任部门	责任人
1	卡片新增/引入：固定资产到达既定地点或完成建造或安装，各项资料准备充分后，即可在系统中录入固定资产卡片，如果有固定资产的 Excel 电子表格资料，也可利用系统提供的引入功能，引入卡片资料	资产管理部	资产管理员
2	卡片审核：如果企业要求必须对固定资产卡片进行审核后才能入账，则由资产管理的主管人员对卡片进行审核	资产管理部	资产管理主管
3	核算处理：固定资产卡片新增并确认后，就可以对固定资产的取得进行核算处理，核算处理可以在系统的“凭证管理”中处理，由系统依据固定资产卡片上的信息自动生成凭证并传递到总账系统中	资产管理部/财务部	资产管理员/会计

2. 固定资产变动

(1) 固定资产变动业务可包括两个方面。

一是对价值信息的变更，包括对固定资产的后续支出，如果使可能流入企业的经济利益超过原先的估计，例如延长固定资产的使用寿命，或使产品的质量实质性提高，或是产品成本实质性降低，则可予以资本化，计入固定资产的账面价值，这时可利用系统的固定资产变动功能，调整固定资产原值；根据企业的实际情况，对固定资产折旧方法、预计使用寿命、预计净残值等折旧要素进行变更，并经有关各方批准备案后，也可利用系统的固定资产变动功能进行调整，系统从下期开始将按变动后的折旧要素计提折旧。

二是非价值信息的变更，如固定资产的使用情况、使用部门、存放地点等发生变动，这时也需要在固定资产系统中，通过系统提供的变动功能，将变更的信息录入到系统中，以确保固定资产数据的正确性，便于以后的跟踪管理。

操作前提

变动处理是针对以前会计期间入账的固定资产卡片资料的变动(不包括固定资产的清理、报废、盘亏、投资转出等减少业务)，对当期录入的固定资产卡片，不能在当期变动，可直接通过【编辑】功能修改卡片数据。

(2) 固定资产卡片变动，操作方法说明如下：

登录金蝶 KIS 专业版主界面后，进入固定资产管理系统，单击【固定资产变动】，在弹出的过滤条件设置界面中，设置好过滤条件后单击【确定】(如果记得住固定资产编码或名称，则按固定资产编码或名称过滤是最快最直接的，如果记不住，则建议可按固定资产类别、使用部门等进行过滤)。

进入“卡片管理”界面后，选中要变动的卡片，单击【变动】，系统将打开该卡片供用户修改，在界面上选择要变动的项目进行修改。注意固定资产资产编码是不允许变动的；另外，涉及原值、累计折旧、减值准备、预计净残值、使用寿命等折旧要素变动时，可能还需要考虑是否有必要对折旧公式进行相应的变动。

数据修改完成并检查无误后，单击【确定】，即可完成对卡片资料的变动。注意，如果当期该卡片已经计提过折旧，这需要重新计提折旧。

退出卡片变动界面后，在“卡片管理”列表中，将增加刚才的变动记录(卡片记录的备注字段将显示为“变动”)。

3. 固定资产清理

一般在下列情况下，企业会对固定资产进行清理处理：将不适用或不需用的固定资产出售或转让；固定资产由于使用而不断磨损直至报废；由于新技术的发展，原有固定资产遭到淘汰而提前报废；由于非常事故或自然灾害，固定资产发生损毁；对外投资转出固定资产；对外捐赠转出固定资产；以非现金资产抵偿债务方式转出固定资产；以非货币性交易换出的固定资产；按照有关规定并经有关部门批准无偿调出的固定资产。

固定资产系统提供“固定资产清理”功能来完成对上述业务的处理。

操作前提

当期已进行变动的资产不能清理，需将变动记录删除后才可进行清理。

当期新增的固定资产需要在当期清理的，只能用固定资产“清理”功能一个一个清理，不能使用“批量清理”功能，在固定资产报表中可以反映固定资产一进一出的过程。

4. 固定资产清理的操作说明

要在系统中进行固定资产卡片的变动，操作方法说明如下：

登录金蝶 KIS 专业版主界面后，进入固定资产管理系统，单击【固定资产变动】，在弹出的过滤条件设置界面中，设置好过滤条件后单击【确定】（如果记得住固定资产编码或名称，则按固定资产编码或名称过滤是最快最直接的，如果记不住，则建议可按固定资产类别、使用部门等进行过滤）。

进入“卡片管理”界面后，选中要清理的固定资产卡片，单击工具栏中的【清理】，或选择菜单条中【操作】→【清理】。

在弹出“固定资产清理—新增”界面，录入清理数量、残值收入、清理费用，从变动方式中选择固定资产减少的方式，如出售、盈亏等。如果只是部分清理资产，则在“清理数量”中录入实际清理数量即可，系统将自动从原数量中扣减掉实际清理数量。单击【保存】，此时系统会提示“保存清理数据前必须生成一条变动记录，确认要生成吗?”，如果确认要清理，则单击【确定】，系统将生成一条固定资产的清理记录（与固定资产变动类似），这样就已经完成了固定资产的清理。

系统保存记录成功后，“固定资产清理—新增”界面中的【删除】【变动记录】按钮就可以用了，这时可以单击【变动记录】查看刚才生成的清理记录的详细内容。单击【删除】，则可以删除刚才生成的清理记录。

单击【关闭】，退出“固定资产清理—新增”界面，结束固定资产清理操作。

三、账务处理

1. 账务处理业务流程说明，如表 3-4-2 所示

表 3-4-2　　财务处理业务流程说明

目标	管理固定资产的每期折旧处理和折旧费用的分摊，并结账至下一个会计期间		
业务背景	当前会计期间即将结束，本期固定资产新增、变动、清理等业务已在系统中处理完毕		
适用范围	企业内的固定资产管理均需要每期进行一次期末处理		
序号	处理说明	责任部门	责任人
1	录入工作量数据：如有固定资产采用的是工作量法，则在计提折旧前，资产管理员需从各使用部门收集此类固定资产的当期工作量数据，并输入系统中	资产管理部	资产管理员
2	计提折旧：确认本期固定资产新增、变动、清理等业务已处理完成后，可以利用系统提供的“计提折旧”功能，在系统引导下快速完成各项固定资产的折旧计提和折旧费用的分摊，并生成相应的核算凭证	资产管理部/财务部	资产管理员/会计
3	折旧管理：计提折旧后，可以利用系统提供的“折旧管理”功能，对已提折旧进行查看和修正	资产管理部/财务部	资产管理员/会计

（续表）

序号	处理说明	责任部门	责任人
4	自动对账：为了保证固定资产管理系统与总账系统数据的一致性，可以利用系统提供的“自动对账”功能，来检查系统数据是否一致，避免将业务操作的错误带到以后期间。如发现错误，可以回到第3步，对折旧数据进行修正，甚至要检查当期的新增、变动等业务处理是否正确	资产管理部/财务部	资产管理员/会计
5	结账：完成折旧计提和费用分摊后，确保数据正确后，就可以进行结账处理，进入下一会计期间了	资产管理部/财务部	资产管理员/会计

【实训操作练习 35】

1月18日从十堰东顺工贸公司新购进一台专用数控机床，专用发票不含税价20万元，进项税额34 000元，款项未付。

【实训操作步骤】

(1) 在金蝶KIS专业版主控台页面，依次单击【固定资产】→【固定资产增加】，在弹出的窗口按图3-4-1中指示操作。

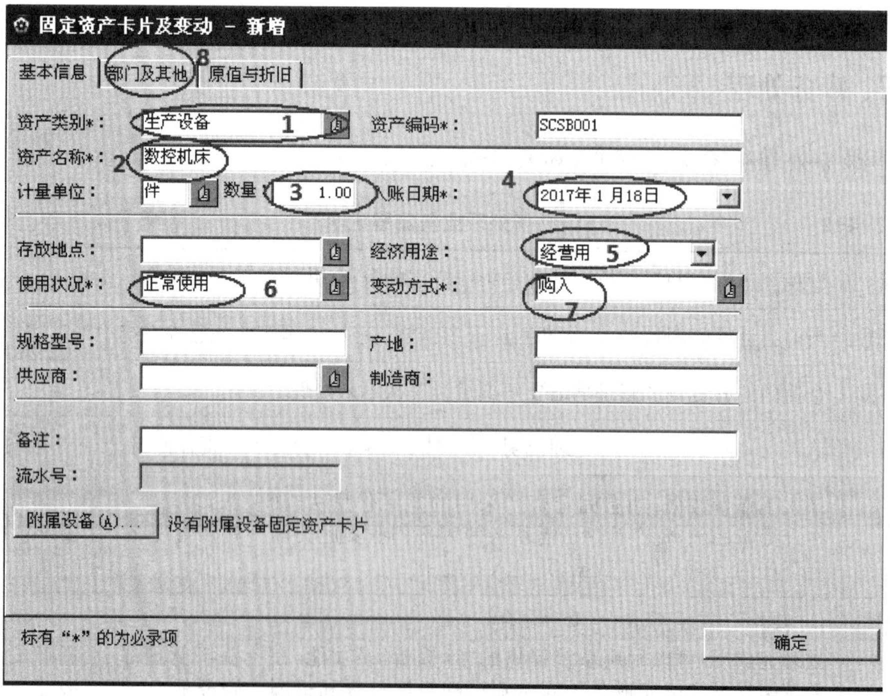

固定资产卡片及变动 － 新增
基本信息 | 部门及其他 8 | 原值与折旧
资产类别*：生产设备 1　资产编码*：SCSB001
资产名称*：2 数控机床
计量单位：件　数量 3 1.00　4 入账日期*：2017年1月18日
存放地点：　经济用途：经营用 5
使用状况*：正常使用 6　变动方式*：购入 7
规格型号：　产地：
供应商：　制造商：
备注：
流水号：
附属设备(A)...　没有附属设备固定资产卡片
标有“*”的为必录项　确定

图3-4-1

(2)【基本信息】填写完毕，单击【部门及其他】转到下一个页面，如图3-4-2所示。

图 3-4-2

(3)“部门及其他”录入完毕，转到“原值与折旧”页面，如图 3-4-3 所示。

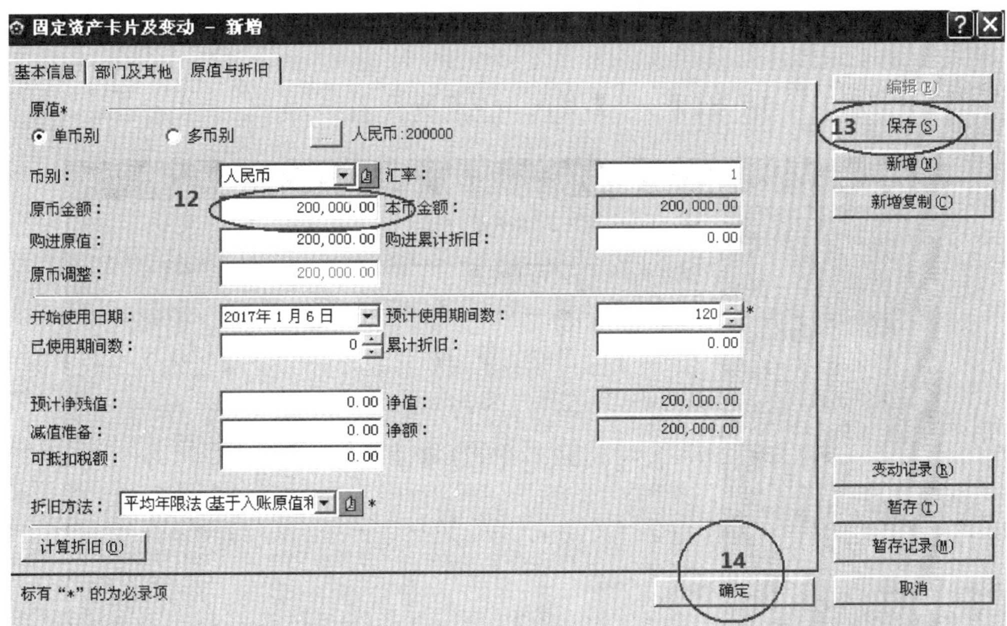

图 3-4-3

(4) 新增固定资产完毕。

【实训操作练习 36】

计提本月固定资产折旧，生成凭证后传递到总账。

【实训操作步骤】

(1) 在金蝶 KIS 专业版主控台页面,依次单击【固定资产】→【计提折旧】,在弹出的窗口单击【下一步】,如图 3-4-4 所示。

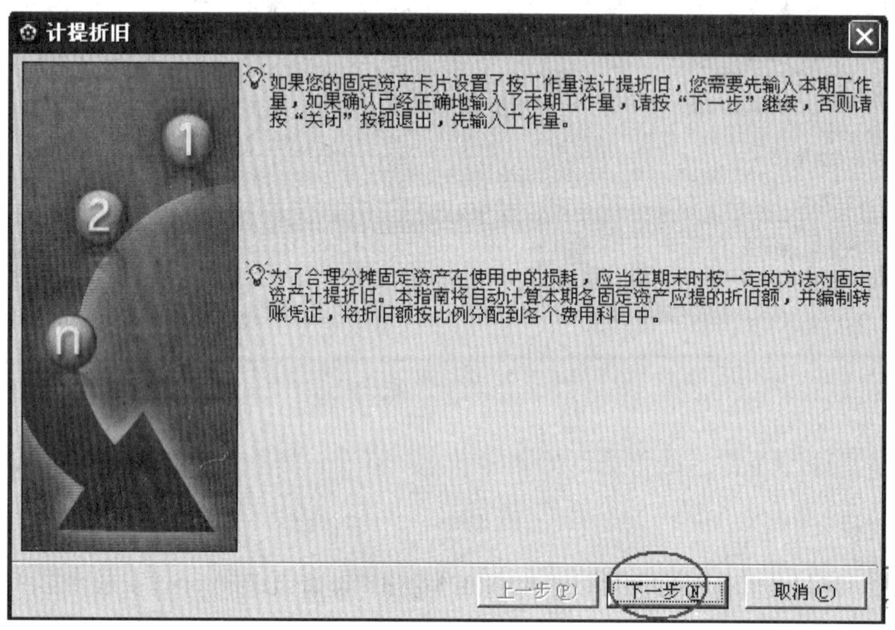

图 3-4-4

(2) 在弹出的窗口单击【下一步】,如图 3-4-5 所示。

图 3-4-5

(3) 在弹出的窗口单击【计提折旧】,如图 3-4-6 所示。

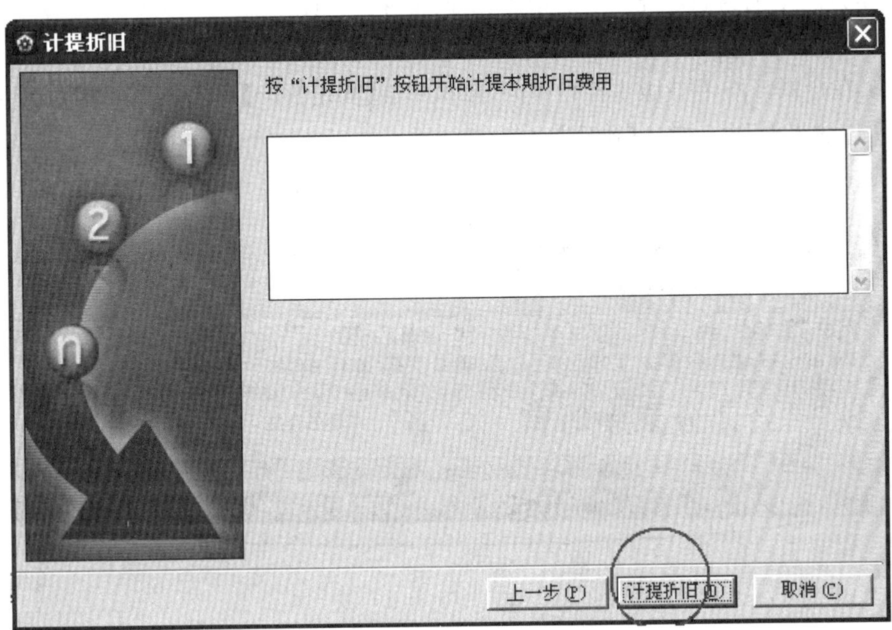

图 3-4-6

(4) 在弹出的窗口单击【完成】,如图 3-4-7 所示。

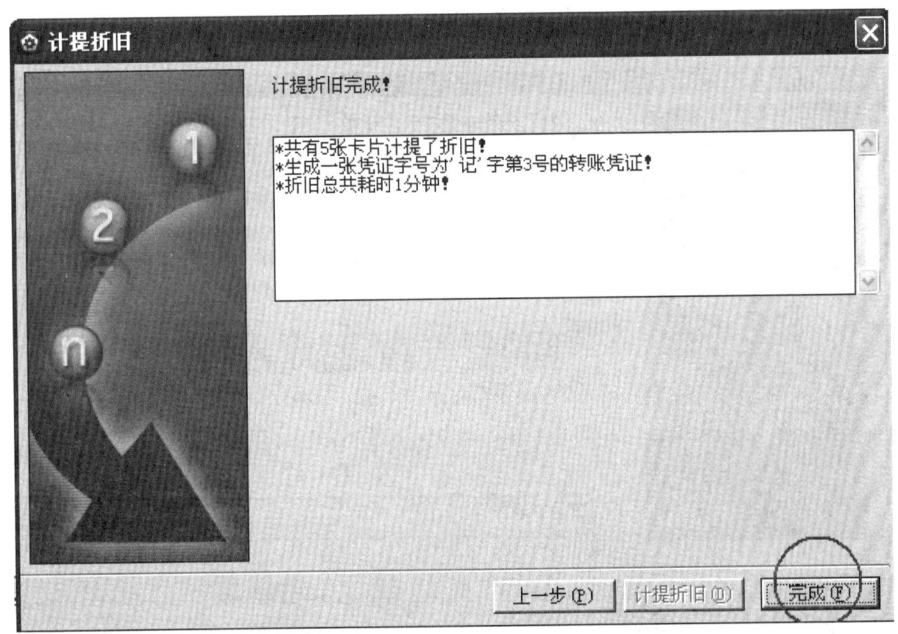

图 3-4-7

计提折旧的会计凭证系统已经生成,并自动传递到了总账模块。在“固定资产凭证序时簿”中可以看到新增加的记账凭证。

【实训操作练习 37】

对本月新增加的固定资产生成记账凭证，传递到总账。

【实训操作步骤】

（1）在金蝶 KIS 专业版主控台页面，依次单击【固定资产】→【固定资产生成凭证】，在弹出的“过滤界面”窗口单击【确定】。

（2）在“固定资产生成凭证”窗口，单击【按单】按钮，如图 3-4-8 所示。

图 3-4-8

（3）在系统弹出的窗口，单击【开始】，如图 3-4-9 所示。

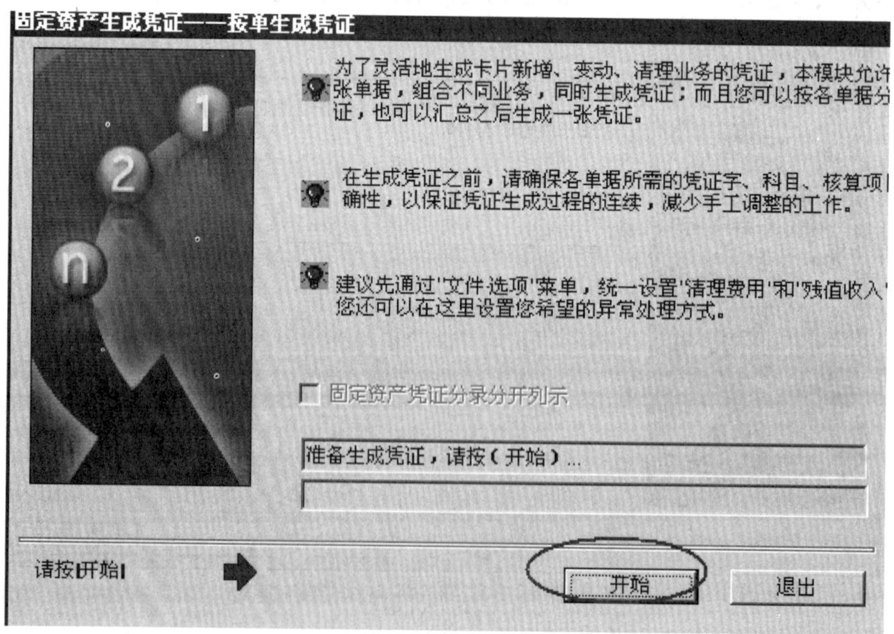

图 3-4-9

（4）单击【是】，如图 3-4-10 所示。

图 3-4-10

（5）录入完整的会计分录，依次单击【保存】→【退出】。在“固定资产凭证序时簿”中可以看到新增加的记账凭证，如图 3-4-11 所示。

记账凭证

凭证字：记
凭证号：4
附件数：0
序号：0
参考信息：
业务日期：2017年1月6日
日期：2017年1月6日 2017 年 第 1 期

	科目	借方	贷方
1	1601 - 固定资产	20000000	
2	2221.01.01 - 应交税费 - 应交增值税 - 进项税额	3400000	
3	2202 - 应付账款/003 - 十堰东顺工贸公司		23400000
4			
	调整	23400000	23400000

图 3-4-11

项目五　出 纳 管 理

应会内容：现金和银行日记账录入、审核、生成凭证、期末对账、期末结账。

一、出纳管理概述

1. 系统概述

出纳管理系统是金蝶 KIS 专业版的组成部分之一。它既可同账务处理系统联合起来使用，也可单独提供给出纳人员使用。

出纳管理系统能处理企业中的日常出纳业务，包括现金业务、银行业务及其相关报表、系统维护等内容。

2. 系统结构

出纳管理系统既可独立使用，也可与其他系统配合使用，形成完整的出纳和整体的 KIS 管理体系。

出纳管理系统的现金日记账和银行存款日记账除了进行手工录入外，我们还提供了从总账中引入的功能。

3. 系统特点

(1) 清晰明了的出纳管理结构。出纳管理系统可以处理现金、银行存款所有的内容，并提供各种报表的查询和打印、银行存款日记账与总账对账、银行日记账和银行对账单对账的强大功能。

(2) 强大的对账功能。提供银行存款日记账与总账对账、银行日记账与银行对账单对账、现金日记账与库存现金对账的功能。

银行存款日记账与总账按科目小计或币别合计选项进行自动对账，操作起来非常方便。

银行存款对账提供自动对账和手工对账两种方式。两种方式可单独使用，也可结合起来使用，为出纳人员提供了极大的自动化和可操作化功能。

每日可与库存现金对账，实现现金的日清月结。

(3) 强大的查询功能。能按用户输入的单一或多种并存的条件输出满足条件的各种资金报表。

(4) 自动化程度高。能自动生成有关现金、银行存款的日报表，自动生成银行存款余额调节表、长期未达账。

(5) 应用灵活。它既能与账务处理系统配合使用，又能与其他系统分离而独立运行，帮助完成出纳的管理工作。

二、现金日记账

在金蝶 KIS 专业版主界面中，选择【出纳管理】→【现金日记账】，进入该处理过程。现金日记账，是用来逐日逐笔反映库存现金的收入、支出和结存情况，以便于对现金的保管、使用及现金管理制度的执行情况进行严格的日常监督及核算的账簿。现金日记账的登记依据是经过复核无误的收款记账凭证和付款记账凭证。

1. 现金日记账的新增

直接从总账引入现金类凭证记录：可按日或期间引入日记账；能选择按对方科目或现金类科目进行引入；直接逐笔新增日记账：可根据需要单行录入和多行录入；从外部账套引入日记账：系统工具—数据交换工具—数据交换平台—现金/银行存款日记账引入引出。

通常情况下不进行混合使用，因为这样会增加对账难度。对有些长期不用的账户，可以通过“禁用”使该账户不显示。

(1) 直接从总账引入现金日记账。如果您的业务量很大，可以选择【文件】→【从总账引入现金日记账】或在工具栏上单击【引入】，系统会自动引入现金类所有凭证，界面与“总账数据”里引入现金日记账相同。引入现金日记账的条件设置：

会计期间：引入现金日记账的会计期间在通常情况下默认为账套当前期间，如果用户采用预录入方式，也可以引入下一期的现金日记账。

引入下一期的现金日记账不参与期末结账，这样既达到了严格控制，又达到了灵活处理的原则。

引入方式：如果选择“按现金科目”，系统会根据凭证中的现金科目的第一个对应科目引入现金日记账；如果选择“按对方科目”，系统会根据凭证中的现金科目的所有的对应科目引入现金日记账，即将该笔凭证拆分成多笔登记日记账(凭证号相同)，这在一对多的情况尤为明显。

期间模式：分为两种，一种只引入本日凭证，另一种引入本期所有凭证。

日期：也分为两种：使用凭证日期和使用系统日期。使用凭证日期引入日记账时，若总账系统中的凭证有业务日期，且业务日期属于本期，则引入日记账时业务日期优先于凭证记账日期，引入的是总账的业务日期；否则引入的日记账是总账凭证的记账日期。

凭证范围包括：凭证字、凭证号、制单人及凭证状态(是否审核、过账)。

凭证号为空时系统默认为全部，输凭证号时不能输 0。

当用户设置完成这些引入条件后，就可以引入现金日记账了。引入的结果分别可以在各个现金科目中可以看到。

(2) 手工录入现金日记账。在现金日记账主界面选择【新增】，进入手工录入界面。手工录入现金日记账又可分为单笔输入和多行输入。录入时还可以定义系统是否采用【固定汇率】。

手工增加现金日记账时，如果输入的“对方科目”是银行科目，则保存时应该同时将该笔日记账保存到“对方科目”所指定对应的银行科目中去，在查看该银行科目的银行日记账时，双击调出的该笔日记账中，“对方科目”中显示的是该现金科目。

在“现金日记账”主界面，单击鼠标右键选择【多行输入】或在【操作】下的单击【多行输入】，多行输入可以进行插入行、删除行、复制行和粘贴行等操作，可以选择不同的科目、期间，如表 3-5-1 所示。

表 3-5-1　　手工录入现金日记账

数据项	说　明	必填(是/否)
日期	输入现金日记账的日期	是
当日序号	当日序号为数值型的整数,最大为 9 位数。必须大于或等于 1。系统按“日期”生成序号,每次录入时,系统自动显示新增日记账条目“日期”当日最大号+1,不填补断号。用户可修改当日序号	是
凭证字的输入	输入凭证字时,您可以单击一下要输入的凭证字所在的栏,在弹出的下拉框中便会显示出有关凭证字的选项,您可在其中选择需要的选项,选中后,有关选项会自动填入该行	否
凭证号的输入	直接在该栏输入凭证对应的凭证号即可	否
摘要的输入	输入摘要时,可以单击要输入的摘要所在的栏,自定义录入摘要。如果有摘要库,单击【F7】键,系统自动调用摘要库;也可以直接输入摘要库中所设置的摘要代码,点击【回车】,系统可以自动带入对应的摘要内容	是
对方科目的输入	输入对方科目时,单击要输入的对方科目所在的栏,选定要填入的有关位置后,单击【F7】键进行选择,选中后,有关选项会自动填入该行。如果“对方科目”选取的科目是下挂核算项目的,必须录入核算项目	否
借贷方金额	输入凭证对应的借贷方金额即可	是

账套的下一期间是给用户预录入用的。“摘要”和“对方科目”均可以通过按【F7】键或【代码】键调用。

在现金日记账主界面,在【操作】下或单击鼠标右键把“多行录入”的勾去掉,再单击【新增】就是单行输入。

与多行录入的区别在于单行输入只能一笔一笔的进行手工输入。并且在录入日记账时默认为上一张凭证的凭证字。其数据项录入与多行录入相同,请参照。

在进行现金日记账录入的时候,因设置的科目比较多,如果不留意把一个科目误录入到另一个科目中,则不需要删除,重新到另一个科目中增加。只需要修改该条现金日记账记录,重新选择正确的科目和币别,单击【保存】,即可将该条记录从原来的现金日记账科目下消除,保存到新的现金日记账科目下。

(3) 从外部账套引入现金日记账。系统工具—数据交换工具—数据交换平台—现金/银行存款日记账引入引出新建任务,根据向导至数据选项界面,如表 3-5-2 所示。

表 3-5-2　从外部账套引入现金日记账

数据项	说　明
会计期间	会计期间必须≥目标账套当前出纳期间，默认为目标账套当前出纳期间
源科目和源币别	两者为一一对应关系，且都为不可编辑项目。内容来自源账套出纳系统中科目和其对应的币别，每个科目＋币别为一条记录
目标科目	可选，下拉列表中出现的为目标账套中对应的出纳系统中科目属性为现金科目\银行科目的相关会计科目。默认取对应源科目代码相同的科目
目标币别	不可编辑，检查目标科目是否拥有与源科目一致的币别(按币别代码判断)，如有则取该币别，如没有则为空

勾选则表示做对应科目的数据引入引出，不勾选则相反。当目标科目和目标币别至少有一个为空时，该记录前的为灰不可勾选，表示该记录不参与数据引入引出。

以下类型记录引入失败(失败提示信息取数都为源账套数据)：在源账套中存在与目标账套“日期”＋“当日序号”相同的记录不引入；当源账套中“凭证字号＋凭证期间”在目标账套中不存在的记录不引入；当源账套中“对方科目(含核算项目)”在目标账套中不存在的记录不引入；经手人/制单人在目标账套中不存在的记录不引入；自动生成对方科目日记账参数对引入引出功能不生效。

2. 修改现金日记账

如果需要修改现金日记账，在现金日记账界面选择需要修改的内容，单击【修改】，修改相关信息后，单击【保存】即可。

修改现金日记账的操作与新增现金日记账的操作相似。

3. 删除现金日记账

如果需要删除现金日记账，在现金日记账界面选择需要删除的内容，单击【删除】即可。

4. 查询现金日记账，如表 3-5-3 所示

表 3-5-3　查询现金日记账

方案	方式	描　述	必填(是/否)
一	打开	单击现金日记账主界面的【打开】，可以设定打开科目、币别、期间及一些选项。 科目及币别：科目是指从总账中引入的明细科目，币别是指该明细科目所对应的币别。“显示禁用科目”是指显示已被禁用科目的现金日记账。 期间显示有按期间和日期两种方式，本日、本期、本年和所有期间都是这两种方式的快捷方式，其中所有期间是指出纳管理系统启用期间至出纳管理系统当前期间(如果有预录入数据，结束期间为预录入期间)。 币别选项有三种方式：原币、本位币、原币和本位币。其中本位币是指原币中的金额折算为本位币，币别仍为原币；原币和本位币相当于币别多栏式的显示。 显示栏数是由六种选择组合而成，包括：显示年初余额、显示明细记录、显示本日合计、显示本期合计、显示本年累计和显示总计。其中显示总计是指显示所有期间的合计数	是

（续表）

方案		描　述	必填（是/否）
二	过滤	过滤是一个重要的辅助功能，是对已有内容的过滤，还可以过滤一些特殊条件，（如大于 10 000 元、不等于 10 000 元等）。在现金日记账的工具栏上单击【过滤】，将要过滤的条件输入该界面上的过滤条件对话框，然后单击【确定】，有关的过滤结果将会显示出。单击【取消】退出过滤	否

“打开”和“过滤”的区别：“打开”是一个主要功能，可以打开科目、币别、期间及一些选项。“过滤”是一个重要的辅助功能，是对已有内容的过滤，还可以过滤一些特殊条件（如：大于 10 000 元、不等于 10 000 元等）。

对于在结束初始化后引入的新科目，只能查询引入期间、以后期间的报表数据。如账套启用在 2004 年 10 期，在 11 期新增了一现金科目，从总账引入科目，引期间为 2004 年 11 期，则在查询相关的现金报表时，只能查询 2004 年 11 期以后的报表数据，不能查询 2004 年 10 期的报表数据。查询其他的现金的相关报表也是同样处理。

5. 现金日记账套打

在工具菜单中，点击【文件】菜单下的【套打设置】，进入套打设置的界面，可以进行套打模板的设置。选择具体的套打模块后，在【文件】菜单下选择了【使用套打】，则在打印预览和打印时，会按照所设置的套打模板进行日记账的打印。

6. 现金日记账预览、打印

在现金日记账界面选择【预览】→【打印】即可。

7. 引出

单击【文件】选择【引出】，您就可以把现金日记账引出为各种格式的文件。

8. 现金日记账生成凭证

（1）生成凭证的选项设置。

按单异常处理：控制按单情况下出现异常的处理方式（汇总生成凭证则无论是否异常都调出编辑界面都是编辑该凭证）。

异常处理说明：凭证保存时必要信息包括业务日期、日期、凭证字、凭证号、科目、借方金额和贷方金额，其中任何一项都不能缺少，如表 3-5-4 所示。

表 3-5-4　　生成凭证的选项设置

选项	说　明
凭证字	决定生成的凭证上的凭证字
编辑该凭证	如果勾选则在生成凭证失败时，弹出凭证录入界面，用户可以对凭证进行修改
跳过该凭证	如果勾选则生成凭证失败时，系统不做任何提示，继续往下生成，直到所有日记账记录完成生成凭证过程再由生成凭证报告提示
停止生成凭证	如果勾选则生成凭证失败时，系统停止继续生成凭证

（续表）

选项	说　　明
日记账中“科目”相同合并	勾选时合并日记账记录中“科目”内容，如果选中的日记账记录中“科目”既有借方也有贷方，则汇总生成凭证支持按借方和贷方合并（两者金额不相抵）。日记账记录“对方科目”即使相同也不合并
日记账中“对方科目”相同合并	勾选时日记账记录“对方科目”相同合并

（2）凭证生成的方法。可以同时选择一条或多条日记账记录，选择生成凭证的方式，按单生成或汇总生成凭证。

如果选择按单生成凭证，则对于选择的日记账记录以一对一方式生成凭证，即一条日记账记录就生成一张凭证。

如果选择汇总生成凭证，则所有选择的符合条件的日记账记录生成一张凭证。选择的日记账记录如果存在跨期，则生成凭证时分别按出纳系统期间汇总生成多张凭证（一个期间一张）。

（3）删除凭证。日记账生成凭证后，点击工具栏中的【删凭证】按钮，可以将已生成的凭证删除，删除凭证后，在日记账中凭证字号的信息将显示为空。用户可以修改日记账记录，再次生成凭证。

（4）结账相关。出纳系统已经结账期间的日记账不能生成凭证。日记账生成的凭证日期不能是总账已结账的期间，必须是未结账的期间，如表 3-5-5 所示。

表 3-5-5　　日记账生成的凭证日期

出纳期间	财务期间	是否可以生成凭证
2017 年 2 期	2017 年 3 期	不可以，“总账当前期间为：2017 年 3 期不能生成凭证！”
2017 年 2 期	2017 年 2 期	可以。但不可以生成 1 期的凭证
2017 年 2 期	2017 年 1 期	可以

三、银行存款日记账

在金蝶 KIS 专业版主界面中，选择【出纳管理】→【银行存款日记账】进入该处理过程。它主要处理有关银行存款日记账的各种日常操作。

银行存款日记账，是用来逐日逐笔反映银行存款增减变化和结余情况的账簿。通常，银行存款日记账由出纳人员进行登记。通过银行存款日记账，可以序时详尽提供每一笔银行存款收付的具体信息，全面反映银行存款的增减变化与结存情况。

重点提醒

银行存款日记账的登记依据是收款凭证和付款凭证。具体地讲，就是银行存款收款凭证、银行存款付款凭证和部分现金付款凭证。这里所说的部分现金付款凭证，是指将现金存入银行的业务，只填现金付款凭证，不填银行存款收款凭证。在这种情况下的银行存款增加只能依据其相关的现金付款凭证进行登记。

1. 银行存款日记账的增加

直接从总账引入银行存款类凭证记录:可按日或期间引入日记账;能选择按对方科目或银行存款类科目进行引入。

直接逐笔新增日记账:可根据需要单行录入和多行录入。

从外部账套引入日记账:系统工具——数据交换工具——数据交换平台——现金/银行存款日记账引入引出。

通常情况下不进行混合使用,因为这样会增加对账难度。对有些长期不用的账户,可以通过“禁用”使该账户不显示。

(1) 直接从总账引入银行存款日记账。适用于较大业务量,可以选择【文件】→【从总账引入银行存款日记账】或在工具栏上单击【引入】,系统会自动引入银行存款类所有凭证,界面同【总账数据】里的引入银行存款日记账。

引入银行存款日记账的条件设置主要有以下几类:会计期间、会计科目、引入方式、期间模式、日期和凭证范围等。

会计期间:引入银行存款日记账的会计期间在通常情况下默认为账套当前期间,如果用户采用预录入方式,也可以引入下一期的银行存款日记账。

引入下一期的银行存款日记账不参与期末结账,这样即达到了严格控制,又达到了灵活处理的原则。

已被禁用的科目不显示,用户可自定义选择所引入的科目。

引入方式:如果选择【按银行存款科目】,系统会根据凭证中的银行存款科目的第一个对应科目引入银行存款日记账;如果选择【按对方科目】,系统会根据凭证中的银行存款科目的所有的对应科目引入银行存款日记账,即将该笔凭证拆分成多笔登记日记账(凭证号相同),这在一对多的情况下尤为明显。

期间模式分为两种:只引入本日凭证和引入本期所有凭证。

日期也分为两种:使用凭证日期和使用系统日期。使用凭证日期引入日记账时,可将凭证中的记账日期和业务日期一起引入银行存款日记账中。

凭证范围包括:凭证字、凭证号、制单人及凭证状态(是否审核、过账)。

凭证号为空时系统默认为全部,输凭证号时不能输 0。

当用户设置完成这些引入条件后,就可以引入银行存款日记账了。引入的结果分别可以在各个银行存款科目中可以看到。

(2) 手工录入银行存款日记账。在银行存款日记账主界面选择【新增】,进入手工录入界面。手工录入银行存款日记账又可分为单笔输入和多行输入。录入时还可以定义系统是否采用【固定汇率】。

在“银行存款日记账”主界面单击鼠标右键选择【多行输入】或选择【操作】→【多行输入】,多行输入可以进行插入行、删除行、复制行和粘贴行等操作,可以选择不同的科目、期间,如表 3-5-6 所示。

表 3-5-6　　手工录入银行存款日记账

数据项	说　明	必填(是/否)
业务日期	输入业务的实际发生日期	是
日期	输入银行存款日记账的记账日期	是
当日序号	当日序号为数值型的整数,最大为9位数。必须≥1。系统按"日期"生成序号,每次录入时,系统自动显示新增日记账条目"日期"当日最大号+1,不填补断号。用户可修改当日序号	是
凭证字的输入	输入凭证字时,单击要输入的凭证字所在的栏,在弹出的下拉框中便会显示出有关凭证字的选项,在其中选择需要的选项,选中后,有关选项会自动填入该行	否
凭证号的输入	直接在该栏输入凭证对应的凭证号即可	否
摘要的输入	输入摘要时,您可以单击要输入的摘要所在的栏,自定义录入摘要。如果有摘要库,单击【F7】键,系统自动调用摘要库。也可以直接输入摘要库中所设置的摘要代码,点击【回车】,系统可以自动带入对应的摘要内容	是
结算方式和结算号	输入该笔银行存款的结算方式和结算号。对于结算方式,在弹出的下拉框中可显示有关的结算方式选项,在其中选择需要的选项,选中后,有关选项会自动填入该行;结算号用户可自定义输入。需注意的是如果录了结算方式,则必须录入结算号,但如果录了结算号,则不一定要录入结算方式	否
对方科目的输入	输入对方科目时,单击要输入的对方科目所在的栏,选定要填入的有关位置后,单击【F7】键进行选择,选中后,有关选项会自动填入该行	否
借贷方金额	输入凭证对应的借贷方金额即可	是
对应外币	选择输入人民币账户对应的外币信息	否
金额	输入人民币账户对应的外币金额	否

账套的下一期间是给用户预录入用的。"摘要"和"对方科目"均可以通过按【F7】键或【代码】键调用。

"对应外币"与"金额"两字段只有新增本位币与人民币的日记账时才可使用。

在银行存款日记账主界面,在【操作】下或单击鼠标右键把【多行录入】的勾去掉,再单击【新增】就是单行输入。

与多行录入的区别在于单行输入只能一笔一笔的进行手工输入。并且在录入日记账时默认为上一张凭证的凭证字。其数据项录入与多行录入一样,请参照。

在进行银行日记账录入的时候,因设置的科目比较多,如果不留意把一个科目的误录入到另一个科目中,则不需要删除,重新到另一个科目中增加。只需要修改该条银行日记账记录,重新选择正确的科目和币别,单击【保存】按钮,即可将该条记录从原来的银行日

记账科目下消除，保存到新的银行日记账科目下。

（3）从外部账套引入银行存款日记账。系统工具—数据交换工具—数据交换平台—现金/银行存款日记账引入引出新建任务，根据向导至数据选项界面，如表 3-5-7 所示。

表 3-5-7　　从外部账套引入银行存款日记账

数据项	说　明
会计期间	会计期间必须≥目标账套当前出纳期间，默认为目标账套当前出纳期间
源科目和源币别	两者为一一对应关系，且都为不可编辑项目。内容来自源账套出纳系统中科目和其对应的币别，每个科目＋币别为一条记录
目标科目	可选，下拉列表中出现的为目标账套中对应的出纳系统中科目属性为现金科目\银行科目的相关会计科目。默认取对应源科目代码相同的科目
目标币别	不可编辑，检查目标科目是否拥有与源科目一致的币别(按币别代码判断)，如有则取该币别，如没有则为空

勾选则表示做对应科目的数据引入引出，不勾选则相反。当目标科目和目标币别至少有一个为空时，该记录前的为灰不可勾选，表示该记录不参与数据引入引出。

以下类型记录引入失败(失败提示信息取数都为源账套数据)：在源账套中存在与目标账套“日期”＋“当日序号”相同的记录不引入；当源账套中“凭证字号＋凭证期间”在目标账套中不存在的记录不引入；当源账套中“对方科目(含核算项目)”在目标账套中不存在的记录不引入；经手人/制单人在目标账套中不存在的记录不引入；结算方式/对应币别在目标账套中不存在的记录不引入；自动生成对方科目日记账参数对引入引出功能不生效。银行存款日记账不引入勾对信息。

2. 修改银行存款日记账

如果需要修改银行存款日记账，在“银行存款日记账”界面选择需要修改的内容，单击【修改】，修改相关信息后，单击【保存】即可。

修改银行存款日记账的操作与新增银行存款日记账的操作相似，请参照。

3. 删除银行存款日记账

如果需要删除银行存款日记账，在“银行存款日记账”界面选择需要删除的内容，单击【删除】即可。

系统除了提供单条日记账记录的删除外，还提供了成批删除的功能，通过【SHIFT】或者【CTRL】键可以选择多条记录，点击【删除】，即将所选中的记录批量删除。

已勾对的银行存款日记账不允许修改或删除。必须取消勾对后才允许修改和删除。以前期间的记录也是不允许删除的。

4. 查询银行存款日记账

查询银行存款日记账具体可分为两类：“打开”和“过滤”，如表 3-5-8 所示。

表 3-5-8　查询银行存款日记账

方案		描　述	必填(是/否)
一	打开	单击银行存款日记账主界面的【打开】,可以设定打开科目、币别、期间及一些选项。 科目及币别:科目是指从总账中引入的明细科目,币别是指该明细科目所对应的币别。"显示禁用科目"是指显示已被禁用科目的银行存款日记账。 期间显示有按期间和日期两种方式,本日、本期、本年和所有期间都是这两种方式的快捷方式,其中所有期间是指出纳管理系统启用期间至出纳管理系统当前期间(如果有预录入数据,结束期间为预录入期间)。 币别选项有三种方式:原币、本位币、原币和本位币。其中本位币是指原币中的金额折算为本位币,币别仍为原币;原币和本位币相当于币别多栏式的显示。 显示栏数是由六种选择组合而成,包括:显示年初余额、显示明细记录、显示本日合计、显示本期合计、显示本年累计和显示总计。其中"显示总计"是指显示所有期间的合计数	是
二	过滤	过滤是一个重要的辅助功能,是对已有内容的过滤,还可以过滤一些特殊条件,(如>10 000 元、≠10 000 元等)。在银行存款日记账的工具栏上单击【过滤】,您将要过滤的条件输入该界面上的过滤条件对话框,然后单击【确定】,有关的过滤结果将会显示出。单击【取消】退出过滤	否

对于在结束初始化后引入的新科目,只能查询引入期间以后期间的报表数据。如账套启用在 2004 年 10 期,在 11 期新增了一银行科目,从总账引入科目,引期间为 2004 年 11 期,则在查询相关的现金报表时,只能查询 2004 年 11 期以后的报表数据,不能查询 2004 年 10 期的报表数据。查询其他的银行的相关报表也是同样处理。

5. 银行存款日记账套打

在工具菜单中,点击【文件】菜单下的【套打设置】,进入套打设置的界面,可以进行套打模板的设置。选择具体的套打模块后,在【文件】菜单下选择了【使用套打】,则在打印预览和打印时,会按照所设置的套打模板进行日记账的打印。

6. 银行存款日记账预览、打印

在银行存款日记账界面选择【预览】→【打印】即可。

7. 引出

单击【文件】选择【引出】,可以把银行存款日记账引出为各种格式的文件。

8. 银行存款日记账生成凭证

(1) 生成凭证的"选项"设置。

按单异常处理:控制按单情况下出现异常的处理方式(汇总生成凭证则无论是否异常都调出编辑界面都是编辑该凭证)。

异常处理说明：凭证保存时必要信息包括业务日期、日期、凭证字、凭证号、科目、借方金额和贷方金额，其中任何一项都不能缺少，如表 3-5-9 所示。

表 3-5-9　　凭证保存时必要信息

选　项	说　明
凭证字	决定生成的凭证上的凭证字
编辑该凭证	如果勾选则在生成凭证失败时，弹出凭证录入界面，用户可以对凭证进行修改
跳过该凭证	如果勾选且生成凭证失败时，系统不做任何提示，继续往下生成，直到所有日记账记录完成生成凭证过程再由生成凭证报告提示
停止生成凭证	如果勾选且生成凭证失败时，系统停止继续生成凭证
日记账中“科目”相同合并	勾选时合并日记账记录中“科目”内容，如果选中的日记账记录中“科目”既有借方也有贷方，则汇总生成凭证支持按借方和贷方合并（两者金额不相抵）。日记账记录“对方科目”即使相同也不合并
日记账中“对方科目”相同合并	勾选时日记账记录“对方科目”相同合并

（2）凭证生成的方法。可以同时选择一条或多条日记账记录，选择生成凭证的方式，按单生成或汇总生成凭证。

如果选择【按单生成凭证】，则对于选择的日记账记录以一对一方式生成凭证，即一条日记账记录就生成一张凭证。

如果选择汇总生成凭证，则所有选择的符合条件的日记账记录生成一张凭证。选择的日记账记录如果存在跨期，则生成凭证时分别按出纳系统期间汇总生成多张凭证（一个期间一张）。

（3）删除凭证。日记账生成凭证后，点击工具栏中的【删凭证】按钮，可以将已生成的凭证删除，删除凭证后，在日记账中凭证字号的信息将显示为空。用户可以修改日记账记录，再次生成凭证。

（4）结账相关。出纳系统已经结账期间的日记账不能生成凭证。日记账生成的凭证日期不能是总账已结账的期间，必须是未结账的期间，如表 3-5-10 所示。

表 3-5-10　　日记账生成的凭证日期

出纳期间	财务期间	是否可以生成凭证
2017 年 2 期	2017 年 3 期	不可以，提示：“总账当前期间为：2017 年 3 期不能生成凭证！”
2017 年 2 期	2017 年 2 期	可以。但不可以生成 1 期的凭证
2017 年 2 期	2017 年 1 期	可以

(5) 权限。生成凭证受凭证新增权限控制；删除凭证受删除、删除其他用户凭证控制

四、出纳结账

为了总结会计期间(如月度和年度)资金的经营活动情况，必须定期进行结账。

进入出纳管理系统后，单击【出纳结账】进入该处理过程。

会计期末结账，结出本会计期间借、贷发生额、期末余额，并将其结转到下期会计期间。单击【开始】，将自动结账。本系统同时提供反结账功能，但只有系统管理员组的成员才有权力进行此操作。

【结转未达账】在此是指把本期(包括以前期间转为本期)未勾对的银行存款日记账和未勾对的银行对账单结转到下一期。

重点提醒

结转未达账的选项必须打上标志，否则将造成下期余额调节表不能平衡。

执行期末结账后，当前会计期间的现金日记账、现金盘点单、银行存款日记账、银行对账单的数据将不能再进行修改。因此在结账之前应确保当前会计期间的所有业务已正确处理完毕。

重点提醒

进行反结账时，提供了“是否取消本期对以前期记录的勾对”的选择项，如果选择了该功能，则在反结账时，本期所做的对以前期记录所作的勾对全部取消。若不选，上期结转的银行存款日记账、银行对账单以及与这些记录进行勾对的银行存款日记账、银行对账单的勾对标志将被取消。结账回本期后需要重新进行勾对。

【实训操作练习 38】

1 月东风双成汽车零部件有限公司出纳现金业务发生如下，如表 3-5-11 所示要求逐日逐笔录入出纳管理系统。录入完毕自动生成记账凭证。

表 3-5-11　　出纳现金业务

日　期	业　　务	经手人	借贷	金额
1 月 3 日	报销业务招待费	王　宇	贷	1 000.00
1 月 6 日	报销办公用品	王　雷	贷	800.00
1 月 13 日	购买烟酒	李　喜	贷	3 000.00
1 月 18 日	财务出差借支	王　俊	贷	2 000.00
1 月 25 日	发放本月加班补贴	刘　翔	贷	5 000.00
1 月 26 日	购买节假日福利	李　欣	贷	5 000.00

（续表）

日　期	业　　务	经手人	借贷	金额
1月27日	报销维修维护费	刘　琴	贷	800.00
1月27日	报销零星支出	张　红	贷	600.00
1月31日	调账	张　红	借	600.00

【实训操作步骤】

（1）在金蝶KIS专业版主控台界面，依次单击【出纳管理】→【现金日记账】。录入业务时，一并设置好对方会计科目，方便生成记账凭证，如图3-5-1和图3-5-2所示。

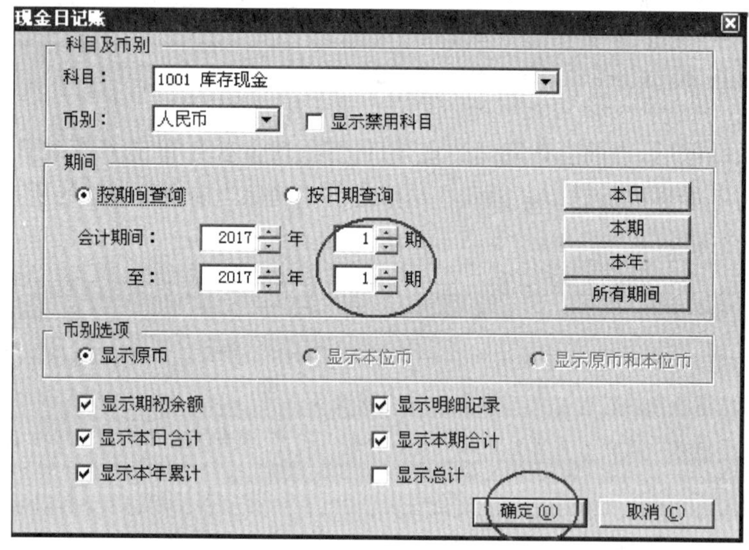

图3-5-1

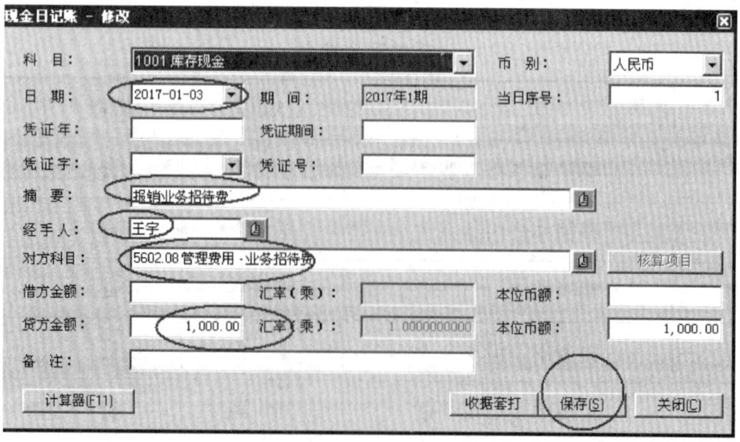

图3-5-2

（2）单击【保存】后系统返回录入界面，继续录入其他业务。

（3）录入完毕单击【关闭】退出。系统显示现金日记账如图 3-5-3 所示。

打开 新增 修改 删除 引入 打印 收据套打 预览 最前 向前 向后 最后 过滤 刷新 选项 按单 汇总 凭证 删凭证

现金日记账

日期	当日序号	摘要	对方科目	借方金额	贷方金额	余额
2017-01-01		上年结转				80,000.00
2017-01-03	1	报销业务招待费	5602.08 管理费用 - 业务招待费		1,000.00	79,000.00
2017-01-03		本日合计			1,000.00	79,000.00
2017-01-06	1	购买办公用品	5602.04 管理费用 - 办公费		800.00	78,200.00
2017-01-06		本日合计			800.00	78,200.00
2017-01-13	1	购买烟酒	5602.08 管理费用 - 业务招待费		3,000.00	75,200.00
2017-01-13		本日合计			3,000.00	75,200.00
2017-01-18	1	财务出差借支	1221.02 其他应收款 - 个人往来/		2,000.00	73,200.00
2017-01-18		本日合计			2,000.00	73,200.00
2017-01-25	1	发放本月加班补贴	5602.07 管理费用 - 职工薪酬		5,000.00	68,200.00
2017-01-25		本日合计			5,000.00	68,200.00
2017-01-26	1	购买节假日福利	5602.07 管理费用 - 职工薪酬		5,000.00	63,200.00
2017-01-26		本日合计			5,000.00	63,200.00
2017-01-27	1	报销维修维护费	5602.03 管理费用 - 修理费		800.00	62,400.00
2017-01-27	2	零星支出			600.00	61,800.00
2017-01-27		本日合计			1,400.00	61,800.00
2017-01-31		本期合计			18,200.00	61,800.00
2017-01-31		本年累计			18,200.00	61,800.00

图 3-5-3

【实训操作练习 39】

1 月东风双成汽车零部件有限公司银行业务如下，如表 3-5-12 所示录入出纳管理系统并生成记账凭证。

表 3-5-12　　银 行 业 务

日　期	业　　务	经手人	借贷	金额
1 月 5 日	支付供应商货款	王　宇	贷	200 000.00
1 月 6 日	收到客户货款	王　雷	借	300 000.00
1 月 12 日	支付设备款	李　喜	贷	80 000.00
1 月 25 日	发放本月工资	刘　翔	贷	150 000.00
1 月 26 日	支付审计费用	李　欣	贷	8 000.00
1 月 27 日	支付财务咨询费	刘　琴	贷	8 800.00
1 月 31 日	调账	刘　琴	借	59 600.00

【实训操作步骤】

（1）在金蝶 KIS 专业版主控台界面，依次单击【出纳管理】→【银行存款日记账】，如图 3-5-4和图 3-5-5 所示。

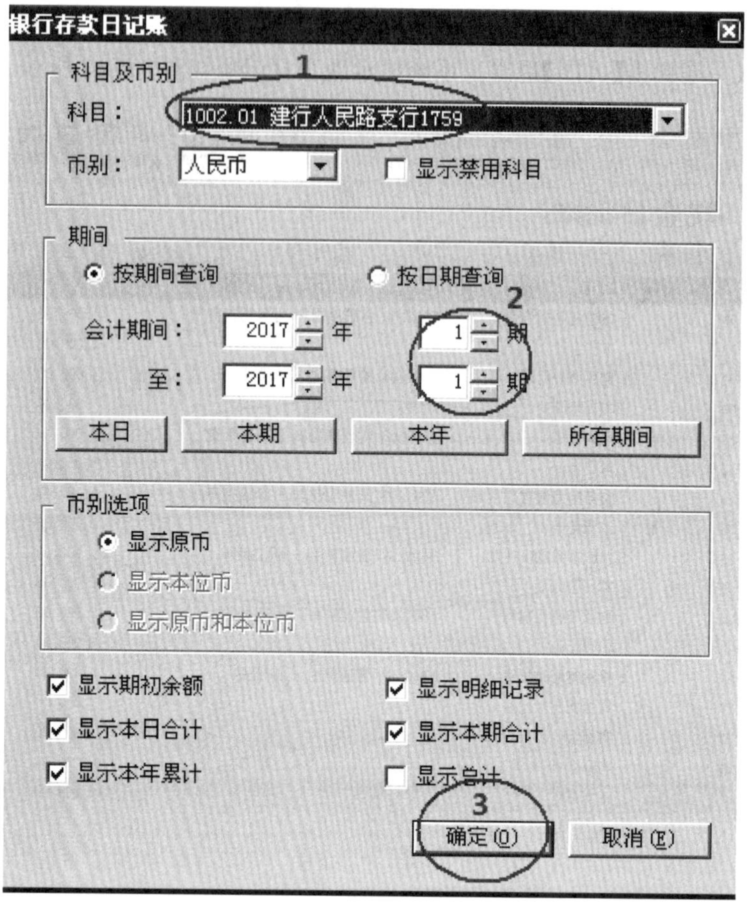

银行存款日记账
科目及币别
科目： 1002.01 建行人民路支行1759
币别： 人民币
显示禁用科目
期间
按期间查询
按日期查询
会计期间： 2017 年 1 期
至： 2017 年 1 期
本日
本期
本年
所有期间
币别选项
显示原币
显示本位币
显示原币和本位币
显示期初余额
显示明细记录
显示本日合计
显示本期合计
显示本年累计
显示总计
确定(O)
取消(E)
1
2
3

图 3-5-4

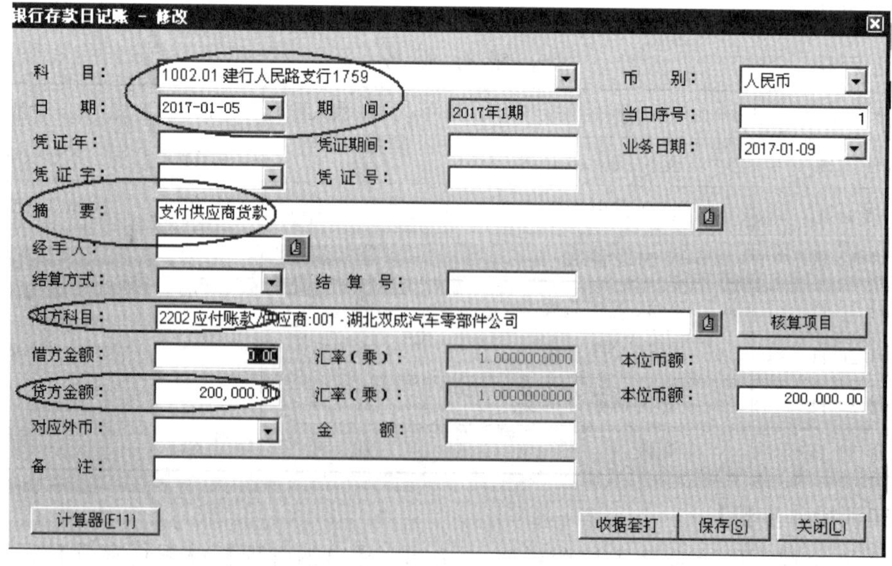
银行存款日记账 - 修改
科 目： 1002.01 建行人民路支行1759
币 别： 人民币
日 期： 2017-01-05
期 间： 2017年1期
当日序号： 1
凭证年：
凭证期间：
业务日期： 2017-01-09
凭 证 字：
凭 证 号：
摘 要： 支付供应商货款
经手人：
结算方式：
结 算 号：
对方科目： 2202 应付账款/供应商:001 - 湖北双成汽车零部件公司
核算项目
借方金额： 0.00
汇率(乘)： 1.0000000000
本位币额：
贷方金额： 200,000.00
汇率(乘)： 1.0000000000
本位币额： 200,000.00
对应外币：
金 额：
备 注：
计算器(F11)
收据套打
保存(S)
关闭(C)

图 3-5-5

(2) 单击【保存】后系统返回录入界面，继续录入其他业务，录入完毕单击【关闭】退出。系统显示银行存款日记账如图 3-5-6 所示。

打开 新增 修改 删除 引入 打印 收据套打 预览 最前 向前 向后 最后 过滤 刷新 选项 按单 汇总 凭证 删凭证 关闭

银行存款日记账

银行：建行人民路支行1759
科目：1002.01 建行人民路支行1759

业务日期	日期	当日序号	摘要	对方科目	借方金额	贷方金额	余额
	2017-01-01		上年结转				200,000.00
2017-01-09	2017-01-05	1	支付供应商货款	2202 应付账款/001 - 湖北双成汽		200,000.00	
	2017-01-05		本日合计			200,000.00	
2017-01-09	2017-01-06	1	收客户货款	1122 应收账款/001 - 东风商用车	300,000.00		300,000.00
	2017-01-06		本日合计		300,000.00		300,000.00
2017-01-09	2017-01-12	1	购买数控车床	2202 应付账款/003 - 十堰东顺工		80,000.00	220,000.00
	2017-01-12		本日合计			80,000.00	220,000.00
2017-01-09	2017-01-25	1	发放工资	2211.01 应付职工薪酬 - 职工工		150,000.00	70,000.00
	2017-01-25		本日合计			150,000.00	70,000.00
2017-01-09	2017-01-26	1	购买笔记本电脑	2202 应付账款/004 - 十堰众城汽		8,000.00	62,000.00
	2017-01-26		本日合计			8,000.00	62,000.00
2017-01-09	2017-01-27	1	付维修维护费	5602.03 管理费用 - 修理费		8,800.00	53,200.00
	2017-01-27		本日合计			8,800.00	53,200.00
	2017-01-31		本期合计		300,000.00	446,800.00	53,200.00
	2017-01-31		本年累计		300,000.00	446,800.00	53,200.00

图 3-5-6

项目六　工 资 管 理

应会内容： 项目设置、公式设置、工资录入、所得税计算、费用分配生成凭证、查询分析各类工资管理报表。

一、工资管理概述

金蝶 KIS 专业版工资管理系统由于采用了多类别管理，可进行多工资库的处理，可适应各类企业、科研单位与集团公司进行工资核算、工资发放、工资费用分配、银行代发等。工资管理系统能及时反映工资动态变化，实现完备而灵活的个人所得税计算与申报功能，并提供丰富实用的各类管理报表。

1. 工资管理系统主要功能

本系统主要功能有：工资分类别管理、银行代发、计件工资、计时工资、个人所得税申报、工资费用自动分配、工资管理报表、工资公式、过滤方案的共享、工资基础数据引入引出和删除。

(1) 工资分类别管理。金蝶 KIS 专业版工资管理系统是按工资类别进行工资的核算及发放的管理，这样处理的作用如下：

按类别进行处理，满足企业按不同标准分工处理和集权管理，资料相对独立于其他系

统,依据不同权限进行不同类别操作,保证财务信息的安全性。

企业可分类分不同时期对工资进行处理(如正式职工、合同工,退休职工分不同类别处理,计算标准可不同)。

可对临时立项的工资项目进行计算。

满足企业分工的需要,可分类别进行工资数据的录入、计算、发放。

可将一个职工归入多类处理,满足企业多种工资核算(如某职工属于基本工资类,又属于销售提成类)。

支持明细部门与非明细部门人员的工资计算。

(2) 银行代发。现在大部分的公司一般都不再发放工资现金,而是通过银行进行工资的发放,利用此功能,只需按银行的要求输出指定格式的文件,送交银行,即可完成工资的及时发放。

(3) 计件工资:通过设置产品、产品工序,录入计件工资单,将计件工资数据自动传递到工资录入数据中,实现对计件工资的管理。支持计件工资单序时簿、计件工资汇总表、计件工资明细表的查询。

(4) 计时工资:通过设置工种,录入计时工资单,将计时工资数据自动传递到工资录入数据中,实现对计时工资的管理。支持计时工资单序时簿、计时工资汇总表、计时工资明细表的查询。

(5) 个人所得税申报。按照税法规定,员工的所得税均由实行公司代扣代缴,通过所得税的设置,可以轻松的完成员工个人所得税的申报、代扣代徼及汇算清缴义务。

(6) 工资费用自动分配。通过与总账的联用,可以方便地进行工资费用的分配,从而及时掌握企业的各项人工费用。

(7) 工资管理报表。工资管理系统可以提供多种报表,以满足企业管理的需要,为企业决策提供丰富的依据。

(8) 工资公式、过滤方案的共享。如果某企业的工资类别非常庞大,某个工资系统管理员需要管理多个类别,并且定义多个工资公式、工资过滤方案,系统实现了工资公式、过滤方案的共享功能。可以在工资系统管理的权限范围内,将公式、过滤方案通过导入的方式在多个类别中共享使用。它提高了工资系统的易用性。

(9) 工资基础数据引入引出和删除。在工资系统中支持工资基础数据的引入和引出,可以从一个账套中引出基础数据,另一个账套中再进行引入,减少重复录入数据;除可进行工资业务数据、基础数据、工资类别的删除,可以清空相应的临时数据或测试数据。

2. 工资管理与其他系统的接口

工资系统还可与总账系统配合使用,生成工资的费用分配凭证,方便企业的会计核算。

工资管理系统中的部门、职员与币别信息既可独立建立、也可由总账基础资料中导入,减少相应的工作量,月末工资数据可以根据费用分配的设定,直接产生费用分配凭证传到总账系统。

二、工资管理主要业务流程及规范

1. 工资系统初始设置业务流程说明，如表 3-6-1 所示。

表 3-6-1　　工资系统初始设置业务流程说明

目标	新建账套并进行工资系统的基础设置，为工资的日常业务处理做好准备		
业务背景	初次使用本系统，在进行工资的日常业务处理前，需要进行初始设置；在工资的核算方法、方式及与之相关的部门、职员、工资项目等内容发生变化时，需要改变相关的基础设置		
适用范围	在进行正式的工资日常业务处理前，进行相关的初始设置；在工资核算方法及与之相关的内容发生变化时进行基础设置的调整		
序号	处理说明	责任部门	责任人
1	新建账套：系统安装完成后，在“账套管理”中新建账套，并对系统参数进行设置，以确定账套的使用单位名称、本位币、会计期间等信息	信息部	系统管理员
2	系统参数设置：结合企业工资核算及发放的业务需求，在“基础设置”—“系统参数”中进行账套所属公司名称、地址、电话的内容设置，并对工资系统的控制参数进行设定	信息部/HR部门/财务部	系统管理员/HR人员/财务人员
3	工资类别设置：在【工资管理】—【类别管理】中设置工资核算的分类处理类别。对于不同工资发放日期、不同工资核算方法、不同类别人员或不同机构、不同部门的人员可分工资类别进行工资核算及发放的管理，以灵活适应企业工资核算及发放业务	HR部门/财务部	HR人员/财务人员
4	设置工资类别核算的基础信息：在“工资管理”中进行部门、职员、工资项目、币别、银行等信息的管理	HR部门/财务部	HR人员/财务人员
5	设置核算公式：“工资管理”中定义工资计算公式、扣零项目、所得税核算方法等内容	HR部门/财务部	HR人员/财务人员

2. 工资日常业务处理流程说明，如表 3-6-2 所示。

表 3-6-2　　工资日常业务处理流程说明

目标	进行日常工资核算及发放以及所得税的代扣代缴工作，进行工资费用分配并生成相应凭证		
业务背景	计件工资、计时工资、工资录入，工资计算及审核，工资发放，工资费用分配及相应的凭证管理工作，员工的个人所得税计算以及工资业务的期末结账与反结账		
适用范围	进行工资日常业务的处理		
序号	处理说明	责任部门	责任人
1	部门/人员变动信息处理：在“工资管理—部门”中进行部门变动信息的调整；在“工资管理—职员变动”中进行职员变动信息的处理，并设定是否当期启用职员的变动信息进行工资计算，否则，变动信息将在下期工资计算时生效	HR部门/财务部	HR人员/财务人员

（续表）

序号	处理说明	责任部门	责任人
2	工资类别选择：在“工资管理—类别管理”中选择本次工资业务处理的类别	HR部门/财务部	HR人员/财务人员
3	计件工资：在“工资管理—计件工资单”中录入计件工资的相关数据	HR部门/财务部	HR人员/财务人员
4	计时工资：在“工资管理—计时工资单”中录入计时工资的相关数据	HR部门/财务部	HR人员/财务人员
5	工资录入：在“工资管理—工资录入”中录入工资项目的相关数据	HR部门/财务部	HR人员/财务人员
6	工资计算：在“工资管理—工资计算”中选择工资计算方案进行工资计算。工资计算的结果可作为所得税计算的数据源	HR部门/财务部	HR人员/财务人员
7	所得税计算：计算了工资数据后，可在“工资管理—所得税计算”中选择所得税方案并根据工资计算结果进行所得税计算。 温馨提醒：所得税计算完毕，需要到工资录入中将所得税计算结果引入，再次进行代扣的计算。如是直接在工资计算公式中设置所得税计算公式，则此步可略	HR部门/财务部	HR人员/财务人员
8	工资数据审核：在“工资管理—工资录入”中进行工资数据的审核。已审核的工资数据不能再修改	HR部门/财务部	HR人员/财务人员
9	工资发放：在“工资管理”中输出工资发放表、工资配款表或银行代发工资表，进行工资的放发	HR部门/财务部	HR人员/财务人员
10	费用分配：在“工资管理—费用分配”中定义工资费用分配方案并进行费用分配，生成相应的凭证	HR部门/财务部	HR人员/财务人员
11	期末结账：在“账务处理—期末结账”中进行结账或反结账的处理	HR部门/财务部	HR人员/财务人员

重点提醒

（1）您可利用系统提供的所得税设置功能进行所得税计算的设置，也可直接在工资公式设置中设置所得税计算公式。

（2）工资结账与总账一起进行。

三、工资录入

在工资录入界面可以实现用户手工录入或引入一些工资项目，并对此进行计算及审核等，以及工资数据的引入引出。在工资录入中可实现的功能有：①编辑过滤器；②工资数据录入；③职员定位；④批量替换与变动；⑤引入所得；⑥扣零处理及扣零发放；⑦数据复制；⑧计算；⑨工资审核及反审核；⑩工资数据引入、引出。

1. 编辑过滤器，详细操作步骤如表3-6-3所示。

表3-6-3　　编辑过滤器

步骤	描　述	必填(是/否)
第一步	选择【工资管理】	是
第二步	选择【工资录入】，系统弹出“输入过滤器”界面	是
第三步	单击界面下方按钮，设置所需的职员范围	否
第四步	单击【增加】，系统弹出“定义过滤条件界面”	是
第五步	输入过滤名称	是
第六步	选择计算公式	是
第七步	确定工资发放表中需用的工资项目，可单击【上移】和【下移】功能键调整工资项目在表中的前后排列顺序	是
第八步	单击【公式检查】，在当前所选择的工资项目下检查公式是否正确有效	否
第九步	若公式检查有误，单击【公式编辑】，可以直接进入“公式编辑”界面	否
第十步	单击标签页【条件】，进入“条件编辑”界面	否
第十一步	设置过滤条件	否
第十二步	单击标签页【排序】，进入“排序”界面	否
第十三步	设置排序方式	否
第十四步	单击【确定】，保存过滤条件，并退回“输入过滤器”界面(若之前未进行公式检查，系统在这时会自动进行检查)	是
第十五步	单击【确定】，进入工资录入界面	是

2. 工资数据录入，详细操作步骤如表3-6-4所示。

表3-6-4　　工资数据录入

步骤	描　述	必填(是/否)
第一步	选择【工资管理】	是
第二步	选择【工资录入】，系统弹出“输入过滤器”界面	是
第三步	选择过滤方案名称，单击【确定】进入“工资数据录入”界面	是
第四步	双击需要录入数据的工资项目的空格，即可录入数据	是
第五步	输入完毕，单击【保存】即可	
第五步	若是大批量录入数据，可以单击工具条上的【计算器】按钮，系统弹出“工资项目辅助计算器”界面	是
第六步	设置需填入的数据计算公式(系统提供简单的四则运算)	是
第七步	选择所填入的数据计算公式的适用范围	是
第九步	单击【确定】，系统自动回填计算出的数据	是

重点提醒

(1) 界面中的黄色部分是表示该工资项目数据是由计算公式计算得来的，数据内容不允许修改，白色部分可以进行数据的录入。

(2) 在录入过程中，可以利用“计算器”功能，进行批量快速录入：可录入一个固定数值，也可定义计算公式进行简单计算并将结果回填。

(3) 界面中的黄色部分是表示该工资项目数据是由计算公式计算得来的，数据内容不允许修改，白色部分可以进行数据的变动。

3. 引入所得税

引入所得税，详细操作步骤如表 3-6-5 所示。

表 3-6-5 引入所得税

步骤	描　　述	必填(是/否)
第一步	选择【工资管理】	是
第二步	选择【工资录入】，系统弹出“输入过滤器”界面	是
第三步	选择过滤器名称，单击【确定】进入“工资数据录入”界面	是
第四步	单击引入所得税的非固定工资项目列或者该列工资项目的某一单元格	是
第五步	单击工具条上【所得税】，系统给出提示“确定要在当前项目[××]导入扣缴个人所得税数据吗?”	是
第六步	单击【确定】，引入所得税，单击【取消】，取消引入所得税	是

4. 扣零处理及扣零发放

扣零发放是指按扣零累积结余进行再扣零处理后，可以取整发放的数据计算，详细操作步骤如表 3-6-6 所示。

表 3-6-6 扣零处理及扣零发放

步骤	描　　述	必填(是/否)
第一步	选择【工资管理】	是
第二步	选择【工资录入】，系统弹出“输入过滤器”界面	是
第三步	选择过滤器名称，单击【确定】进入“工资数据录入”界面	是
第四步	单击工具条上【扣零】，系统自动根据扣零的设置进行扣零处理	是
第五步	单击工具条上【发放】，系统自动进行扣零发放	是

5. 数据复制

数据复制可以将工资计算中某个工资项目的历史记录中的计算结果复制到当前选中的工资项目中来，该操作可用于在各个期间内相对比较固定的工资项目数据的复制。

数据复制的数据项说明如表3-6-7所示。

表3-6-7　数据复制的数据项说明

数据项	说　　明	必填(是/否)
来源工资项目	通过下拉框可以选取工资项目设置模块中增加的所有数据类型为货币、整数、实数，并且项目属性为非固定项目的不同的工资项目，如应发合计，基本工资作为复制的数据来源	是
会计年度	即是选取哪一个会计年度的数据进行复制，然后粘贴到本期	是
会计期间	选取具体的会计期间	是

数据复制功能的详细操作步骤如表3-6-8所示。

表3-6-8　数据复制功能

步骤	描　　述	必填(是/否)
第一步	选择【工资管理】	是
第二步	选择【工资录入】，系统弹出"输入过滤器"界面	是
第三步	选择过滤器名称，单击【确定】进入"工资数据录入"界面	是
第四步	将光标位于需要复制的目标变动项目列内位置	是
第五步	单击工具栏上的【复制】功能，系统弹出数复制参数选项	是
第六步	选择欲复制的工资项目及其所属期间，单击【确定】，系统就可以把选定的某一会计年度、会计期间，某一项目的数据进行复制，同时粘贴到所定位的工资项目栏内	是

重点提醒

(1) 不能复制当前期的工资项目数据，以及工资固定项目如职员代码、职员姓名等项目的内容。

(2) 如需选择一批连续的单元格进行复制，可点击【区选】，然后选择欲处理的连续的单元格进行复制操作。

6. 工资审核及反审核

工资录入进行审核时，与被审核职员相关的当期计件工资单、计时工资单需是审核状态，否则系统会进行提示。

工资录入中某职员被审核后，系统不允许审核该职员的当期计件工资单、计时工资单。如要审核有关该职员的计件计时工资单，需在工资录入中对该职员进行反审核，方可操作。

如果在系统参数中设置了"结账前必须审核"，则需要在工资计算完成之后进行工资数据的审核。详细操作步骤如表3-6-9所示。

表 3-6-9　　工资数据审核及反审核

步骤	描　述	必填(是/否)
第一步	选择【工资管理】	是
第二步	选择【工资录入】,系统弹出“输入过滤器”界面	是
第三步	选择过滤器名称,单击【确定】进入“工资数据录入”界面	是
第四步	将光标位于任一职员的工资数据或单击并拖动鼠标选择部分职员	是
第五步	单击工具栏上的【审核】功能,系统自动审核选择的职员,被审核的职员的工资数据变为淡绿色	是
第六步	单击【反审核】,系统自动反审核已审核的职员,被反审核的职员的数据从绿色变为白色	是

7. 工资数据引入引出

工资系统提供了友好的数据接口,可根据需要,灵活地将工资数据进行引出或者将外部的一些与工资核算相关的数据引入到工资系统进行工资核算。

在工资数据引入引出时,会涉及源文件及目标文件两个概念,说明如下:

(1) 源文件字段:是指引入的 DBF 或是 ACCESS、EXCEL 文件中所有的字段名,如需要将人事部报的人员事假天事、病假天数的数据引入,字段有病假天数据、事假天数据、职员代码、职员姓名。

(2) 目标文件字段:是指工资管理系统中的工资项目字段,如基本工资、奖金等。

将工资数据引入引出时,需要将源文件字段同目标文件字段一一指定其对应关系,如源文件字段为病假天数,转换为工资管理系统中的病假天数据(工资管理系统中已设置一个工资项目,名称为病假天数,也可以是别的工资项目,相同名称的项目是为了方便操作),此时源文件字段中通过下拉选取“病假天数”这个字段,在目标文件中同样通过下拉,指定“病假天数”这个字段,这样就指定一个项目的对应关系,其他项目以此类推,不再一一说明。

工资数据的引入引出详细操作步骤如表 3-6-10 所示。

表 3-6-10　　工资数据的引入引出

步骤	描　述	必填(是/否)
第一步	选择【工资管理】	是
第二步	选择【工资录入】,系统弹出“输入过滤器”界面	是
第三步	选择过滤器名称,单击【确定】进入“工资数据录入”界面	是
第四步	单击工具条中【引入】按钮,系统弹出“引入数据”界面	是
第五步	在“源文件”标签页选择引入文件的文件类型以及存储路径	是
第六步	在“数据关系表”标签页通过下拉框选择源文件字段和目标文件字段,将源文件字段下的值转换到目标文件字段中	是
第七步	在“数据过滤”标签页,选择需要引入的数据	是

（续表）

步骤	描　　述	必填(是/否)
第八步	指定引入数据时需要参照的数据项目，保证引入数据时按指定字段一一对应引入，将引入数据的设置保存成引用方案，供多次使用	是
第九步	单击【执行引入】，引入完毕，系统给出提示	是
第十步	确定后，单击【关闭】，结束引入，回到“工资数据录入”界面	是

重点提醒

（1）引入界面边有一选项“是否在以前数据的基础上进行累计”，若选上此选项，则在第二次引入数据时，系统会将两次引入的数据进行汇总；如果不选，则系统以最后一次引入的数据为准。此选项的作用是可以对数据进行多次引入，如第一次引入的数据不全可以进行第二次引入，引入时可以对第一次引入的数据进行累加。

（2）目前在工资录入中引入数据时，只支持按职员代码进行匹配，引入时指定文件中哪一数据项目为职员代码。至于指定哪一数据项目为职员姓名的操作，是为方便在导入结果提示时按职员姓名进行提示（因为按姓名比按代码提示更直观）。

四、工资计算

工资计算即根据建立的不同计算方案，利用计算机进行高速运算，提高工作核算的工作效率。在工资计算中可实现的功能有以下 4 个方面。

1. 增加工资计算方案，详细操作步骤如表 3-6-11 所示。

表 3-6-11　　增加工资计算方案

步骤	描　　述	必填(是/否)
第一步	选择【工资管理】	是
第二步	选择【工资计算】，系统弹出“工资计算向导”	是
第三步	单击【增加】，出现“定义过滤条件”界面	是
第四步	填写过滤名称	是
第五步	选取标签页“基本信息”中的计算公式	是
第六步	确定工资发放表中需用的工资项目	是
第七步	单击【上移】和【下移】功能键调整工资项目在表中的前后排列顺序	是
第八步	单击标签页【条件】，进入条件编辑界面，选取不同条件，根据不同字段定义不同的限制条件	否
第九步	单击标签页【排序】，进入“排序”界面，选取排序方式，升序或降序	否
第十步	单击【确定】，新增一工资计算方案	是

重点提醒

进行条件增减或改变排序方式时，系统提供右键功能。单击右键，可以弹出【当前新增一行】【删除当前行】功能，从而进行多栏条件操作。

2. 编辑工资计算方案，详细操作步骤如表 3-6-12 所示。

表 3-6-12　　编辑工资计算方案

步骤	描　　述	必填(是/否)
第一步	选择【工资管理】	是
第二步	选择【工资计算】，系统弹出“工资计算向导”	是
第三步	选择需进行修改的方案，单击【编辑】，出现“定义过滤条件”界面	是
第四步	修改相关选项	是
第五步	单击【确定】，完成方案编辑	是

3. 删除工资计算方案

选取一方案，单击【删除】即可。

4. 方案计算，详细操作步骤如表 3-6-13 所示。

表 3-6-13　　方 案 计 算

步骤	描　　述	必填(是/否)
第一步	选择【工资管理】	是
第二步	选择【工资计算】，系统弹出工资计算向导	是
第三步	选择需进行修改的方案，单击【下一步】	是
第四步	单击【计算】	是
第五步	单击【打印报告】，可打印及打印预览工资计算报告	是
第六步	单击【完成】，完成工资计算	是

五、所得税计算

所得税计算即按照税法规定，对公司员工的个人所得收入进行所得税的计算，可根据需要设置多种计税方案，以满足核算的需要。在所得税计算中提供的功能有：编辑过滤条件、所得税设置、税率设置、所得额确定、所得税计算方法、职员定位、批量替换与变动、刷新、数据引出。

1. 编辑过滤条件，详细操作步骤如表 3-6-14 所示。

表 3-6-14　　编辑过滤条件

步骤	描　　述	必填(是/否)
第一步	选择【工资管理】	是
第二步	选择【所得税计算】，系统弹出“过滤器”界面	是
第三步	单击【增加】，出现“定义过滤条件”界面	是

（续表）

步骤	描　　述	必填(是/否)
第四步	输入过滤名称，选取不同字段作为条件及排序方式输入过滤名称，选取不同字段作为条件及排序方式，如要增加和删除一行，单击鼠标的右键，选取【当前新增一行】或【删除当前行】	是
第五步	设置完毕，单击【确定】，保存过滤条件	是

重点提醒

若想对已设置好的过滤条件进行修改，将光标定位在要修改的过滤器上，然后单击【编辑】钮。系统即弹出“定义过滤条件”界面，即可对过滤条件进行修改，修改完毕后，单击【确定】，系统保存修改结果，退出修改界面。

2. 删除过滤条件

若想删除过滤条件，光标定位在要删除的过滤器上然后单击【删除】钮，进行确定即可。

3. 所得税设置，详细操作步骤如表 3-6-15 所示。

表 3-6-15　　所得税设置

步骤	描　　述	必填(是/否)
第一步	选择【工资管理】	是
第二步	选择【所得税计算】，系统弹出“过滤器”界面	是
第三步	选择过滤条件，单击【确定】，进入“个人所得税数据录入”界面	是
第四步	单击工具栏上的【设置】，系统弹出“个人所得税初始设置”界面	是
第五步	进行所得税设置	是

4. 税率设置，详细操作步骤如表 3-6-16 所示。

表 3-6-16　　税 率 设 置

步骤	描　　述	必填(是/否)
第一步	选择【工资管理】	是
第二步	选择【所得税计算】，系统弹出“过滤器”界面	是
第三步	选择过滤条件，单击【确定】，进入“个人所得税数据录入”界面	是
第四步	单击工具栏上的【税率】，系统弹出“个人所得税税率设置”界面	是
第五步	切换到“编辑”标签页，单击【新增】，系统给出提示是否使用“含税级距”？若选择“否”则使用“不含税级距”	是
第六步	确定税率级次后填写名称	是
第七步	单击【保存】与【确定】	是

5. 所得额设置，详细操作步骤如表 3-6-17 所示。

表 3-6-17　所得额设置

步骤	描　述	必填(是/否)
第一步	选择【工资管理】	是
第二步	选择【所得税计算】，系统弹出"过滤器"界面	是
第三步	选择过滤条件，单击【确定】，进入"个人所得税数据录入"界面	是
第四步	单击工具栏上的【所得项】，系统弹出"所得项目计算"界面	是
第五步	切换到"编辑"标签页，单击【新增】，填写名称	是
第六步	选取所得项目如应发合计，选取属性：增项或减项	是
第七步	单击【保存】与【确定】	是

重点提醒

修改所得税设置相关选项后，系统均会提示是否按新设置的条件重新进行所得税计算并保存。

6. 刷新

相关数据或公式变动之后，单击【刷新】可以进行数据的更新。

7. 数据引出

在所得税计算中有数据引出功能，可进行电子报税接口的定义，并输出相关的文件以供使用，详细操作步骤如表 3-6-18 所示。

表 3-6-18　数据引出

步骤	描　述	必填(是/否)
第一步	选择【工资管理】	是
第二步	选择【所得税计算】，系统弹出"过滤器"界面	是
第三步	选择过滤条件，单击【确定】，进入"个人所得税数据录入"界面	是
第四步	单击工具栏上的【引出】，系统弹出"引出个人所得税"界面	是
第五步	选择引出文件类型，单击【确定】	是
第六步	设置文件存储路径以及文件名	是
第七步	单击【保存】，系统提示引出成功	是

六、费用分配

工资系统提供了与总账系统的接口，即工资费用分配并生成凭证传到总账系统。

系统提供了强大、灵活的工资费用分配功能，可计提各种费用，如计提福利费、计提工会经费、自定义计提等业务。在费用分配处可实现的功能有：

1. 新增费用分配方案，详细操作步骤如表3-6-19所示

表3-6-19　　新增费用分配方案

步骤	描　　述	必填(是/否)
第一步	选择【工资管理】	是
第二步	选择【费用分配】，系统弹出“费用分配”界面	是
第三步	切换到“编辑”标签页，输入分配方案名称，选取生成的凭证字号，凭证摘要显示内容及定义分配比例	是
第四步	填写“部门”“职员类别”“工资项目”“工资费用”科目代码及其核算项目代码、“工资科目”及其核算项目代码，设定对应关系	是
第五步	设置完毕，单击【确定】，保存分配方案	是

对于费用分配方案的建立，举例说明如下：建立“工资分配方案”，名称为“工资费用分配”，在此分配方案中，需要将公司管理人员类别的“应付工资”数据，分配到总账的“管理费用——工资”科目中去。

针对上述例子，在费用分配的编辑界面中新增一方案，并在“分配名称”中录入“工资费用分配”；在“凭证字”中输入总账中对应的凭证字；在“摘要内容”中输入凭证的摘要；在“分配比例”中输入本费用分配的工资项目数额的百分比，系统将据此计算应该分配的工资费用比例；在“部门”栏目中选择对应的部门；在“职员类别”选项中选择“管理人员”项目；在“工资项目”选项框中选择“应发合计”项；在“费用科目”中选择会计科目“管理费用——工资”的科目代码；在“工资科目”选项中选择会计科目“应付工资”的科目代码。如果会计科目带有核算项目，则在核算项目处需要录入对应的核算项目代码。这些项目输入完成后即可保存方案了。

重点提醒

(1) 在费用分配参数设置界面中，需要注意的是只要选项中存在内容就形成一组对应关系。有对应关系在进行工资分配时就会按该项目对应关系进行分配。因此，在设置完参数对应关系之后，应作一下检查，以防误输入对应关系。要取消对应关系只要将对应的科目代码框清空即可。

(2) 在进行费用分配方案定义，设置费用科目和工资科目时，所选取的科目和核算项目均是从总账中取出。如果是工资管理系统中已增加的部门而总账中没有，将无法将费用分配到总账的科目中去。所以，如果工资管理系统是和总账联用的，则部门信息最好直接从总账引入，这样可以保持两个系统的一致，分配时不会出错。

2. 修改费用分配方案

选择需要修改的分配方案，切换到“编辑”标签页，单击【编辑】即可对方案进行修改。修改完相关项目之后，单击【保存】即可。如需要对多个方案进行修改，可在“编辑”页面选【第一条】【上一条】【下一条】或【最后】进行选择操作。

3. 删除费用分配方案

选择需要修改的分配方案，切换到“编辑”标签页选中方案，单击【删除】即可。

4. 生成凭证

生成凭证，详细操作步骤如表 3-6-20 所示。

表 3-6-20　　生成凭证

步骤	描　　述	必填(是/否)
第一步	选择【工资管理】	是
第二步	选择【费用分配】，系统弹出“费用分配”界面	是
第三步	在“浏览”标签页，选取分配方案，并进行凭证生成的相关选项设置	是
第四步	根据需要选择设置凭证生成选项：“红字冲减凭证”(表示生成凭证的金额与工资费用分配的金额相反，取负数)、“相同费用科目汇总”(表示相同的费用科目时只生成一条汇总会计分录)、“相同工资科目汇总”(表示相同的工资科目时只生成一条汇总会计分录)	否
第五步	单击【生成凭证】，系统提示“立即建立凭证吗?”	是
第六步	单击【确定】，生成凭证，单击【取消】，取消生成凭证	是
第七步	若方案无误，系统提示已经在总账系统中成功的生成一张凭证	是

5. 查询凭证

费用分配中查询凭证，详细操作步骤如表 3-6-21 所示。

表 3-6-21　　费用分配中查询凭证

步骤	描　　述	必填(是/否)
第一步	选择【工资管理】→选择类别	是
第二步	选择【费用分配】，系统弹出“费用分配”界面	是
第三步	切换到“浏览”标签页，单击【查询凭证】，弹出“凭证查询”界面	是
第四步	选中某一条凭证双击，弹出凭证明细页面，可以查看凭证详细内容，并且可对凭证进行打印、删除操作	否

七、工资管理查询与报表

为方便用户在日常工作中或在工资系统的使用过程中对与工资相关的各种数据进行查找，系统针对各种信息提供了灵活的查询功能，有部门信息、职员信息、银行信息的查询。同时，为满足企业管理需要，工资系统针对各种数据及业务提供了丰富的统计分析功能，您可通过系统中提供的报表及时获取各种统计分析数据，以辅助企业决策。

系统中提供的报表可分为两类：工资报表和基金报表。

工资管理报表的详细统计、查询使用方法见金蝶 KIS 专业版(任意界面)联机中“帮助”功能。

【实训操作练习 40】

新建工资类别“在职人员”。

【实训操作步骤】

(1) 在金蝶 KIS 专业版主控台界面，依次单击【工资管理】→【类别管理】→【新建】，在弹出的窗口录入工资类别“在职人员”，单击【确定】，详细操作步骤如图 3-6-1 所示。

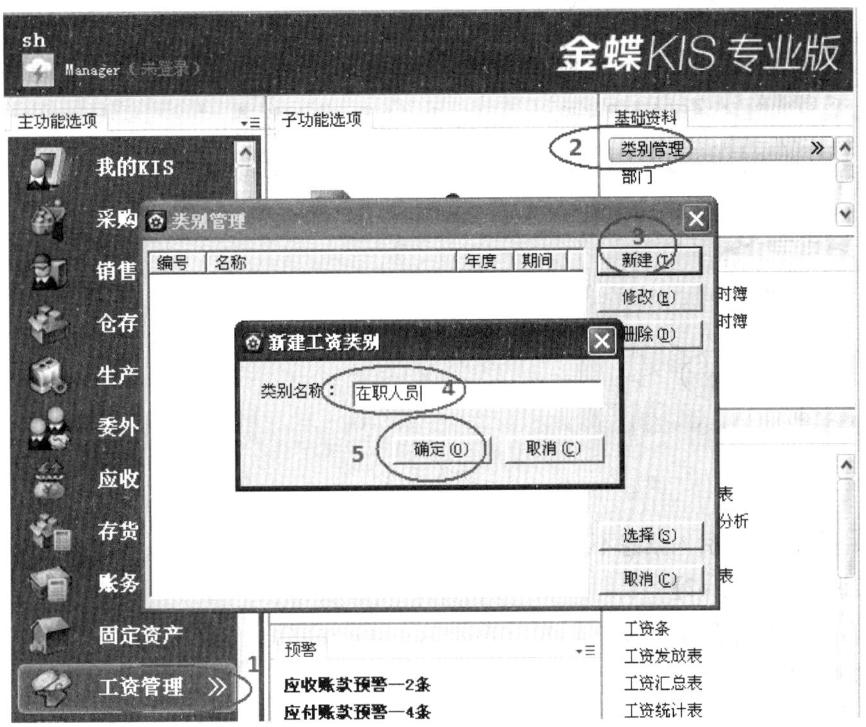

图 3-6-1

(2) 在提示窗口单击【确定】，如图 3-6-2 所示。

图 3-6-2

【实训操作练习 41】

引入总账中的部门信息。

【实训操作步骤】

(1) 在金蝶 KIS 专业版主控台界面，依次单击【工资管理】→【部门】。在弹出的窗口详细操作步骤如图 3-6-3 所示。

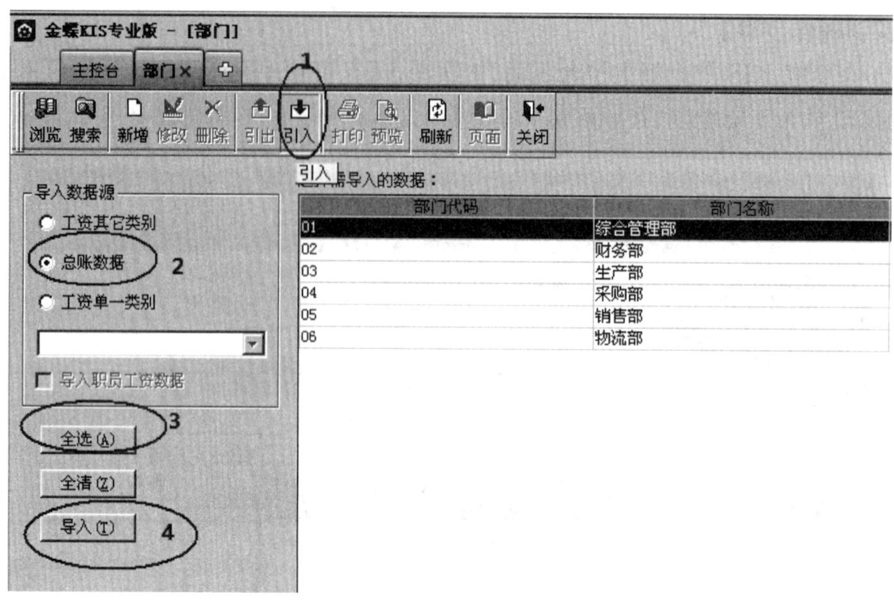

图 3-6-3

（2）系统提示“引入信息不完整”，但部门数据已被引入。

【实训操作练习 42】

引入总账中的职员信息。

【实训操作步骤】

（1）在金蝶 KIS 专业版主控台界面，依次单击【工资管理】→【职员】。在弹出的窗口详细操作步骤如图 3-6-4 所示。

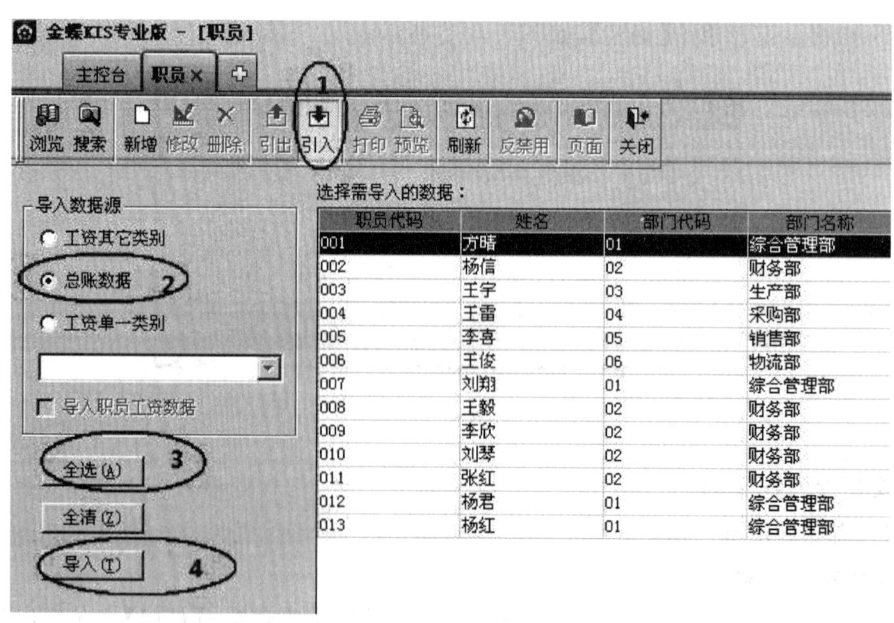

图 3-6-4

(2) 系统虽然提示"引入信息不完全",但职员数据已被引入,如图 3-6-5 所示。

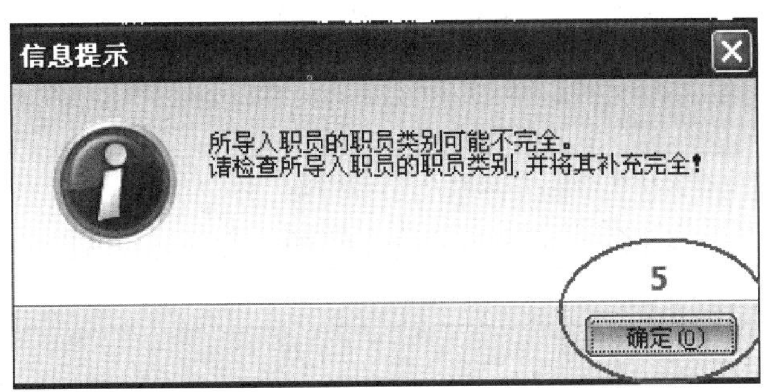

图 3-6-5

【实训操作练习 43】

设置工资计算表中应发工资、扣款合计、实发工资的计算公式。

【实训操作步骤】

(1) 在金蝶 KIS 专业版主控台界面,依次单击【工资管理】→【公式设置】。在弹出的窗口详细步骤操作如图 3-6-6 所示。

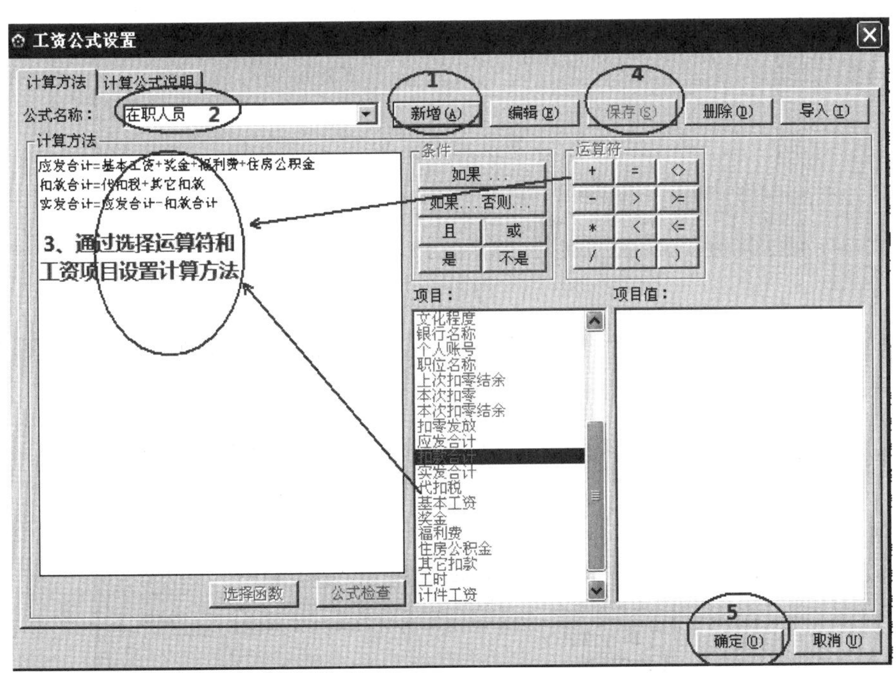

图 3-6-6

(2) 单击【确定】退出。

【实训操作练习 44】

录入东风双成汽车零部件有限公司 1 月份工资表,如表 3-6-22 所示。

表 3-6-22　　录入工资表

姓名	基本工资	奖金	公积金	应发工资	其他扣款	个税	实发工资
方　晴	8 000	1 000	200	9 200	300		
杨　信	7 000	800	200	8 000	500		
王　宇	6 000	2 000	150	9 150	800		
王　雷	5 000	1 000	100	6 100	600		
李　喜	4 500	2 000	150	6 600	300		
王　俊	3 000	2 000	120	5 120			

【实训操作步骤】

(1) 在金蝶 KIS 专业版主控台界面，依次单击【工资管理】→【工资录入】，如图 3-6-7 所示。

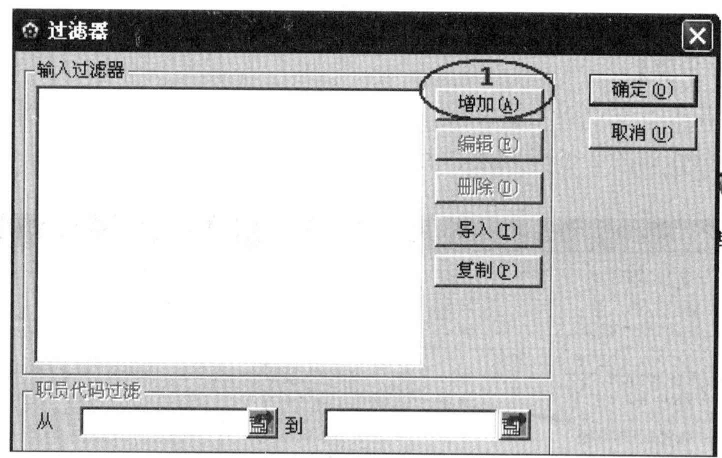

图 3-6-7

(2) 增加过滤器，设置好计算公式和工资项目，详细操作步骤如图 3-6-8、图 3-6-9 和图3-6-10所示。

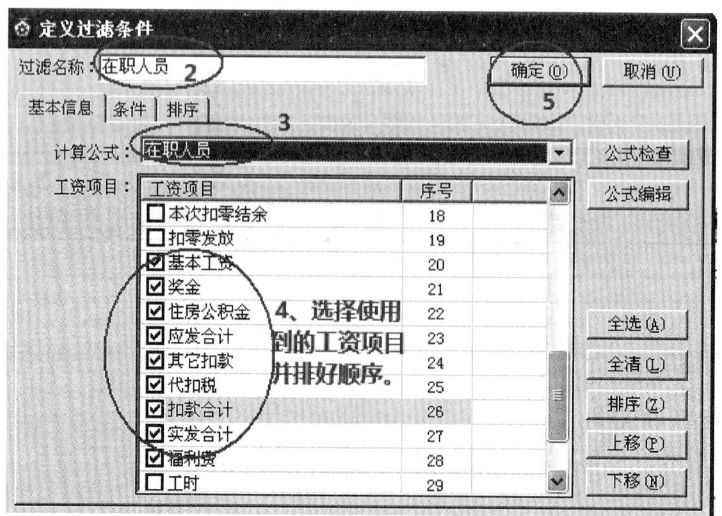

图 3-6-8

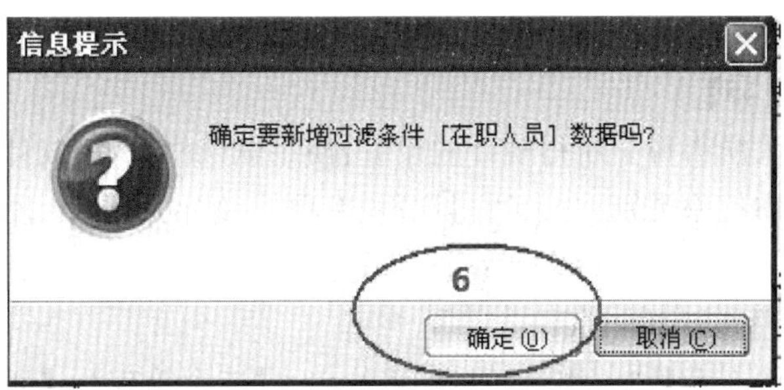

图 3-6-9

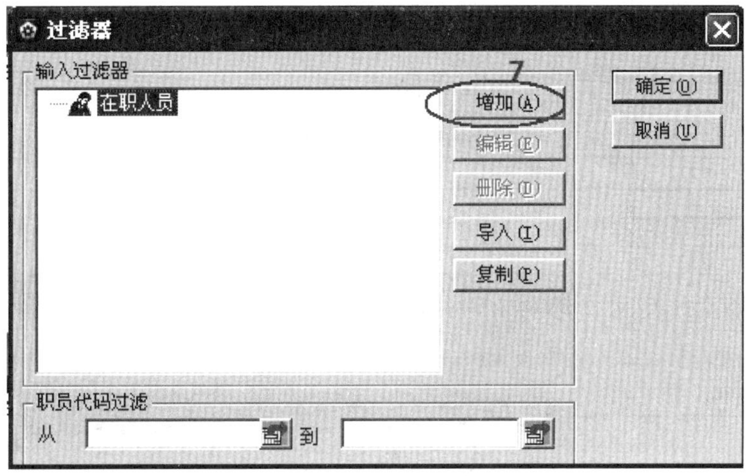

图 3-6-10

（3）录入工资表中数据，详细操作步骤如图 3-6-11 所示。

金蝶KIS专业版 - [工资数据录入-[在职人员]----(年份:2017 期间: 1) 人数: 13]　系统(S)　文件(F)

主控台　职员　工资数据录入...

复制　保存　引出　引入　查找　过滤　刷新　审核　反审核　区选　设置　扣零　发放　计算器　所得税　重算　手机通知　关闭

9　10

序号	职员代	职员姓名	部门名称	基本工资	奖金	住房公积金	应发合计	其它扣款	代扣税	扣款合计	实发合计
1	001	方晴	综合管理部	8,000.00	1,000.00	200.00	9,200.00	300.00		300.00	8,900.00
2	002	杨信	财务部	7,000.00	800.00	200.00	8,000.00	500.00		500.00	7,500.00
3	003	王宇	生产部	6,000.00	2,000.00	150.00	8,150.00	800.00		800.00	7,350.00
4	004	王雷	采购部	5,000.00	1,000.00	100.00	6,100.00	600.00		600.00	5,500.00
5	005	李喜	销售部	4,500.00	2,000.00	150.00	6,650.00	300.00		300.00	6,350.00
6	006	王俊	物流部	3,000.00	2,000.00	120.00	5,120.00				5,120.00
7	007	刘翔	综合管理部								
8	008	王毅	财务部					0.00			
9	009	李欣	财务部								
10	010	刘琴	财务部								
11	011	张红	财务部								
12	012	杨君	综合管理部								
13	013	杨红	综合管理部								

8、录入工资表中数据。

图 3-6-11

（4）录入完毕保存退出。

【实训操作练习 45】

计算 1 月份个人所得税。所得税计税设置：使用默认格式，完成计税前的初始设置。

名称：在职职工；税率类别：个人所得税；税率项目：纳税所得额；所得计算：个人所得；所得期间：1；外币币别：人民币；基本扣除：3 500。

【实训操作步骤】

（1）在金蝶 KIS 专业版"主控台"界面，依次单击【工资管理】→【所得税计算】，选择使用"标准格式"，直接单击"确定"。

（2）单击"税率"，设定税率，详细操作步骤如图 3-6-12 所示。

图 3-6-12

（3）税率预设选择界面，单击"含税级距"，如图 3-6-13 所示。

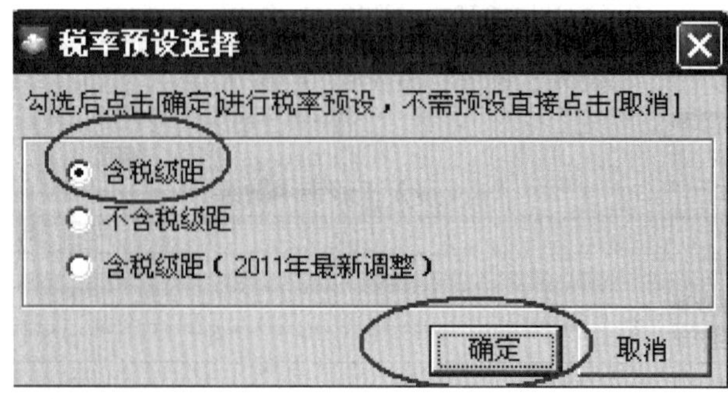

图 3-6-13

(4) 核对税率表,若与实际不符要做修改,详细操作步骤如图 3-6-14 所示。

个人所得税税率设置

新增 保存 编辑 删除 新增一行 删除当前行 退出

保存 (Ctrl+S)　个人所得税税率　1

3　4

	下限	上限	税率%	速算扣除数
1	0	1500	3.00	0
2	1500	4500	10.00	105
3	4500	9000	20.00	555
4	9000	35000	25.00	1055
5	35000	55000	30.00	2755
6	55000	80000	35.00	5505
7	80000	1000000	45.00	13555

2、最新税率表

图 3-6-14

(5) 单击【所得项】,设置所得税计算基数,详细操作步骤如图 3-6-15 所示。

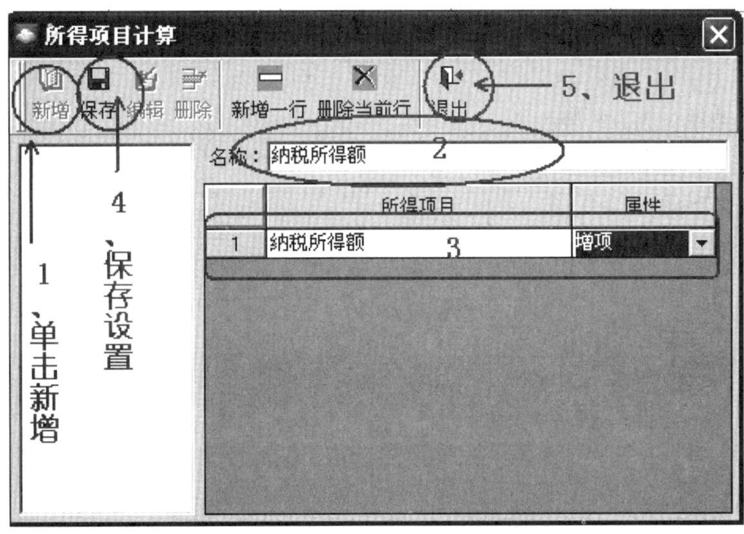

图 3-6-15

（6）单击【设置】，详细操作步骤如图 3-6-16 所示。

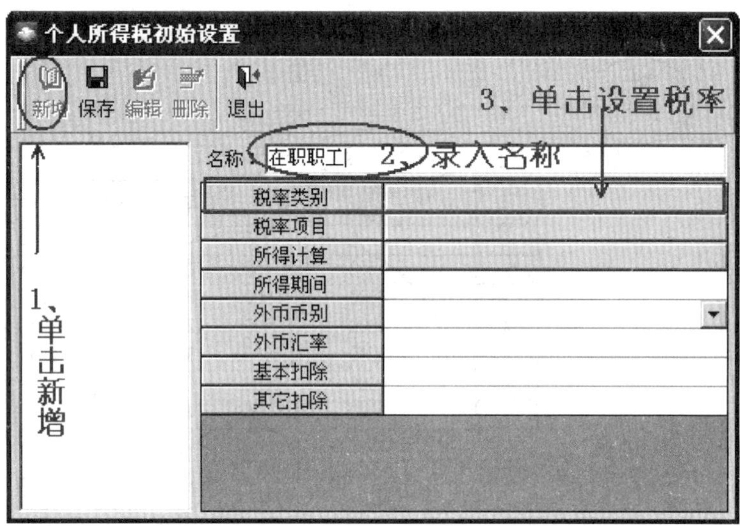

图 3-6-16

（7）单击【确定】，进入个人所得税数据录入界面，详细操作步骤如图 3-6-17 所示。

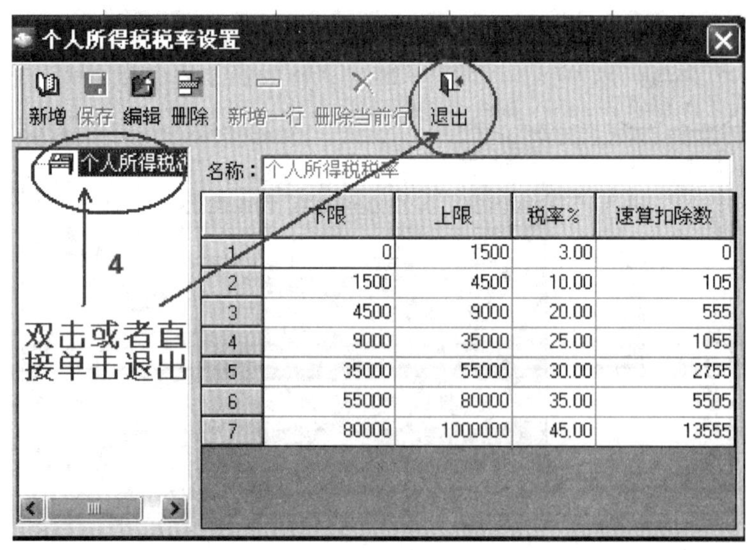

	下限	上限	税率%	速算扣除数
1	0	1500	3.00	0
2	1500	4500	10.00	105
3	4500	9000	20.00	555
4	9000	35000	25.00	1055
5	35000	55000	30.00	2755
6	55000	80000	35.00	5505
7	80000	1000000	45.00	13555

图 3-6-17

(8) 继续操作步骤如图 3-6-18 所示。

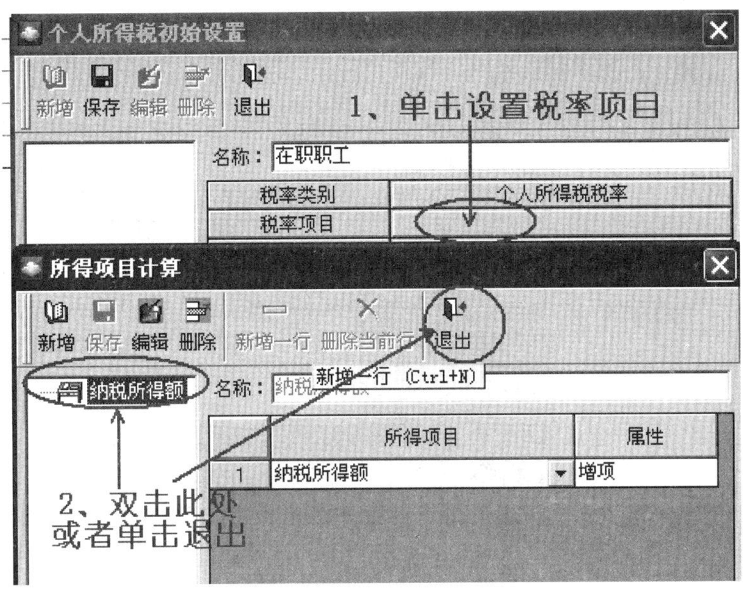

图 3-6-18

(9) 继续操作步骤如图 3-6-19 所示。

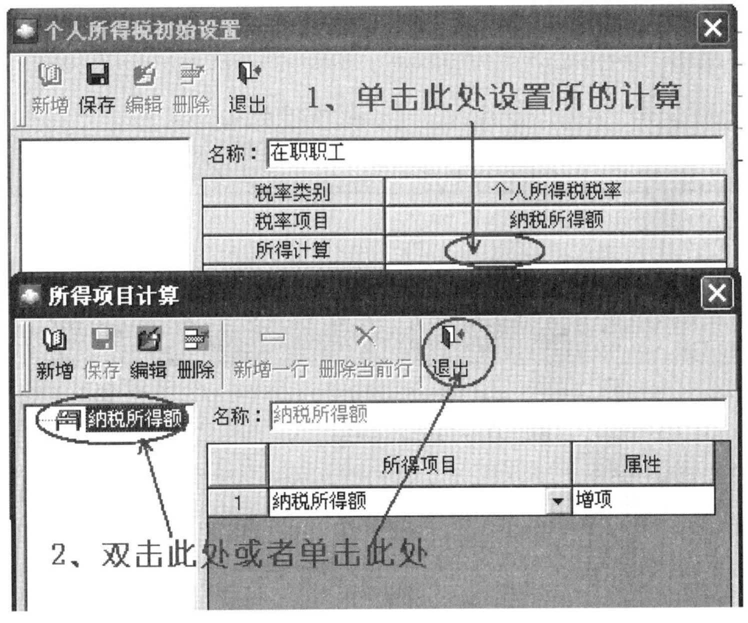

图 3-6-19

（10）继续操作步骤如图 3-6-20、图 3-6-21、图 3-6-22 和图 3-6-23 所示。

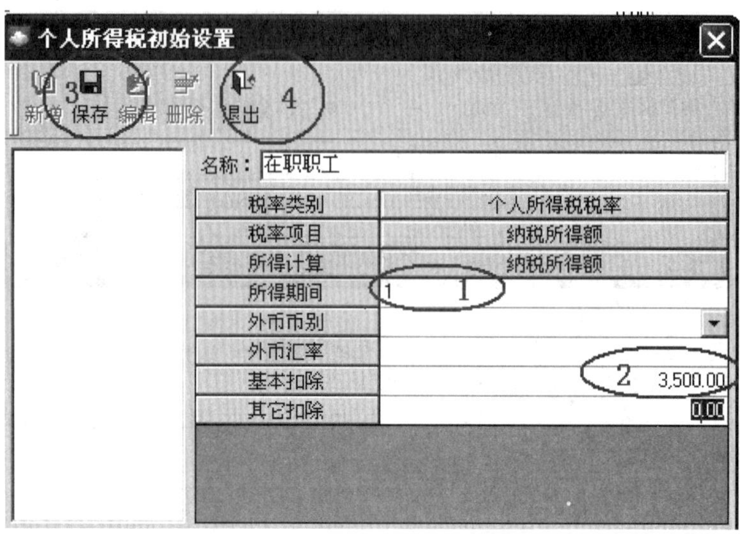

图 3-6-20

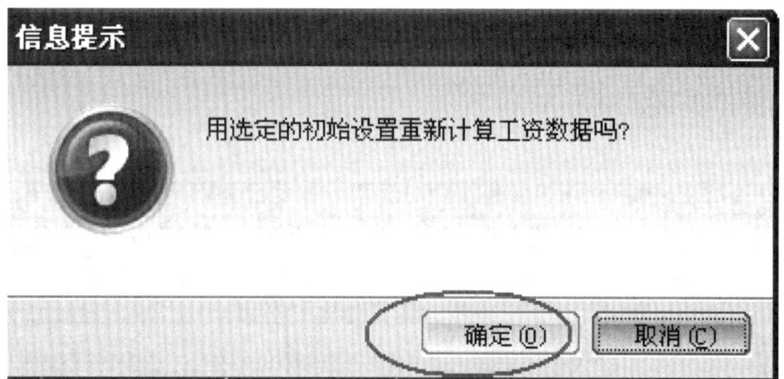

图 3-6-21

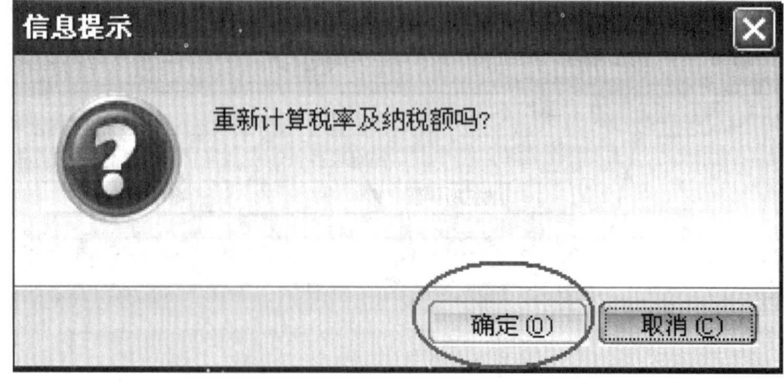

图 3-6-22

金蝶KIS专业版 - [个人所得税数据录入-[标准格式] [方法 - 本期]]

主控台　个人所得税数...

保存　引出　查找　过滤　刷新　设置　计税　所得项　税率　锁定列　计算器　关闭

序号	纳税义	所得项目	所得期	收入人民币	外币名称	人民币合计	减费用额	应纳税所得额	税率项目
1	方晴	所得项目	1	9,200.00	人民币	9,200.00	3,500.00	5,700.00	9,200.00
2	杨信	所得项目	1	8,000.00	人民币	8,000.00	3,500.00	4,500.00	8,000.00
3	王宇	所得项目	1	8,150.00	人民币	8,150.00	3,500.00	4,650.00	8,150.00
4	王雷	所得项目	1	6,100.00	人民币	6,100.00	3,500.00	2,600.00	6,100.00
5	李喜	所得项目	1	6,650.00	人民币	6,650.00	3,500.00	3,150.00	6,650.00
6	王俊	所得项目	1	5,120.00	人民币	5,120.00	3,500.00	1,620.00	5,120.00
7	刘翔	所得项目	1	0.00	人民币	0.00	3,500.00	0.00	0.00
8	王毅	所得项目	1	0.00	人民币	0.00	3,500.00	0.00	0.00
9	李欣	所得项目	1	0.00	人民币	0.00	3,500.00	0.00	0.00
10	刘琴	所得项目	1	0.00	人民币	0.00	3,500.00	0.00	0.00
11	张红	所得项目	1	0.00	人民币	0.00	3,500.00	0.00	0.00
12	杨君	所得项目	1	0.00	人民币	0.00	3,500.00	0.00	0.00
13	杨红	所得项目	1	0.00	人民币	0.00	3,500.00	0.00	0.00

图 3-6-23

（11）个人所得税自动计算完成，关闭退出，系统提示“是否保存数据?”时选择【是】。

【实训操作练习 46】

选择方案名称为“在职人员”的工资方案，完成工资计算。

【实训操作步骤】

（1）在金蝶 KIS 专业版主控台页面，依次单击【工资管理】→【工资计算】，如图 3-6-24 所示。

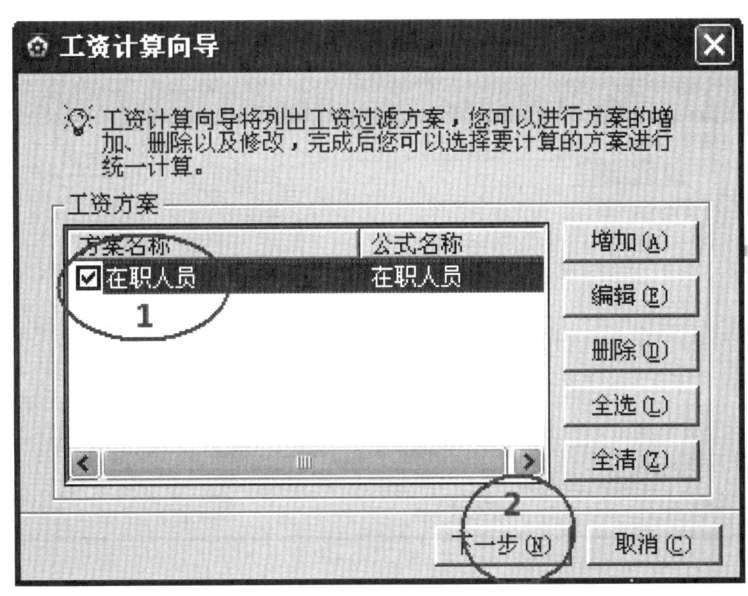

图 3-6-24

(2) 选择“在职人员”,单击【下一步】,如图 3-6-25 所示。

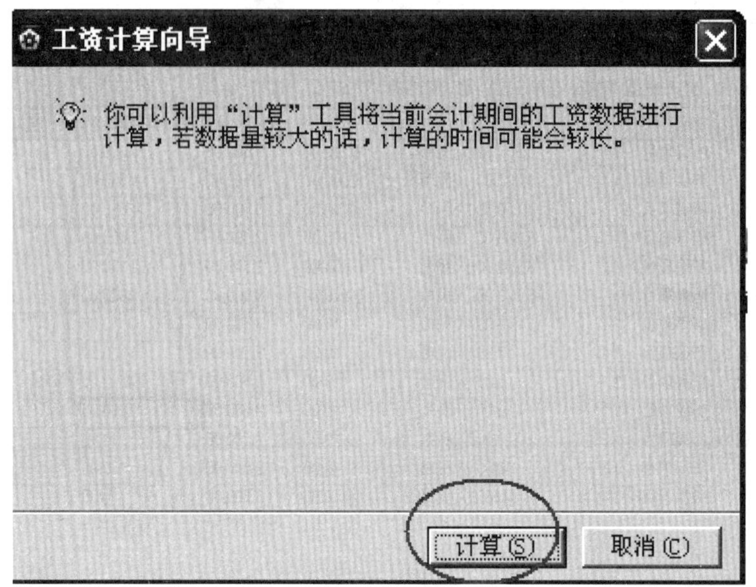

图 3-6-25

(3) 单击【计算】,系统提示计算完成报告,单击【完成】。

【实训操作练习 47】

把个人所得税数据引入到工资表中。

【实训操作步骤】

(1) 在金蝶 KIS 专业版主控台页面,依次单击【工资管理】→【工资录入】,单击【确定】,如图 3-6-26 所示。

图 3-6-26

(2) 在【工资数据录入】窗口,详细操作步骤如图 3-6-27 所示。

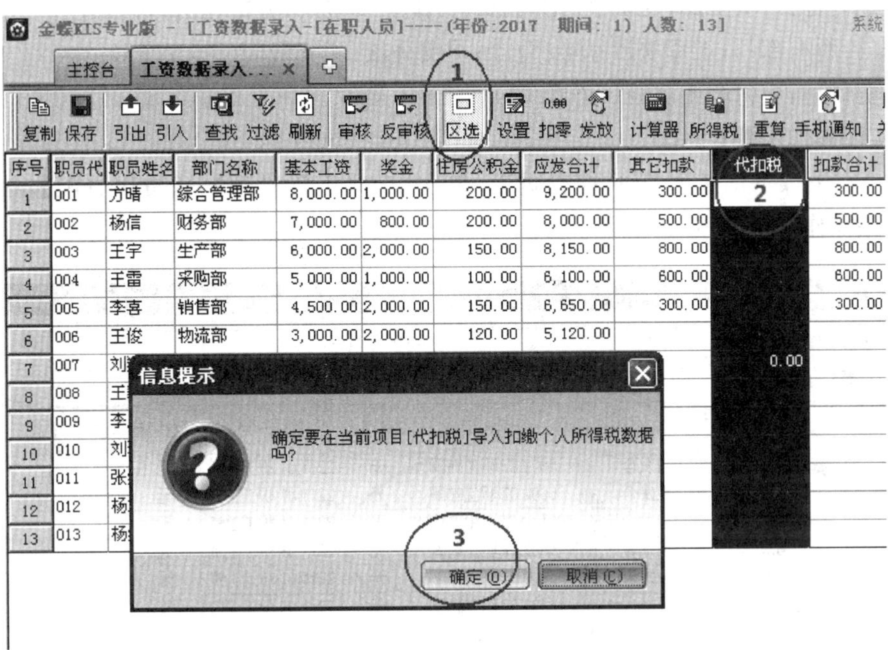

图 3-6-27

(3) 可以看到系统自动把结果引入过来,如图 3-6-28 所示。

金蝶KIS专业版 - [工资数据录入-[在职人员]----(年份:2017 期间: 1) 人数: 13]

主控台 工资数据录入...

复制 保存 引出 引入 查找 过滤 刷新 审核 反审核 区选 设置 扣零 发放 计算器 所得税 重算 手机通知

序号	职员代	职员姓名	部门名称	基本工资	奖金	住房公积金	应发合计	其它扣款	代扣税	扣款合计
1	001	方晴	综合管理部	8,000.00	1,000.00	200.00	9,200.00	300.00	765.00	1,065.00
2	002	杨信	财务部	7,000.00	800.00	200.00	8,000.00	500.00	550.00	1,050.00
3	003	王宇	生产部	6,000.00	2,000.00	150.00	8,150.00	800.00	572.50	1,372.50
4	004	王雷	采购部	5,000.00	1,000.00	100.00	6,100.00	600.00	265.00	865.00
5	005	李喜	销售部	4,500.00	2,000.00	150.00	6,650.00	300.00	347.50	647.50
6	006	王俊	物流部	3,000.00	2,000.00	120.00	5,120.00		137.00	137.00
7	007	刘翔	综合管理部						0.00	
8	008	王毅	财务部						0.00	
9	009	李欣	财务部						0.00	
10	010	刘琴	财务部						0.00	
11	011	张红	财务部						0.00	
12	012	杨君	综合管理部						0.00	
13	013	杨红	综合管理部						0.00	

图 3-6-28

(4) 保存并退出。

【实训操作练习 48】

生成工资分配凭证传递到总账。为工资管理定义工资转账关系:

分配名称：工资费用；凭证字：记；摘要：分配工资费用；分配比例：100%；

部门：所有部门；工资项目：应发合计；费用科目：工资费用(5 602.07)；

工资科目：应付职工薪酬(2 211.01)。

【实训操作步骤】

(1) 在金蝶 KIS 专业版主控台页面，依次单击【工资管理】→【费用分配】，单击【新增】，详细操作如图 3-6-29 所示。

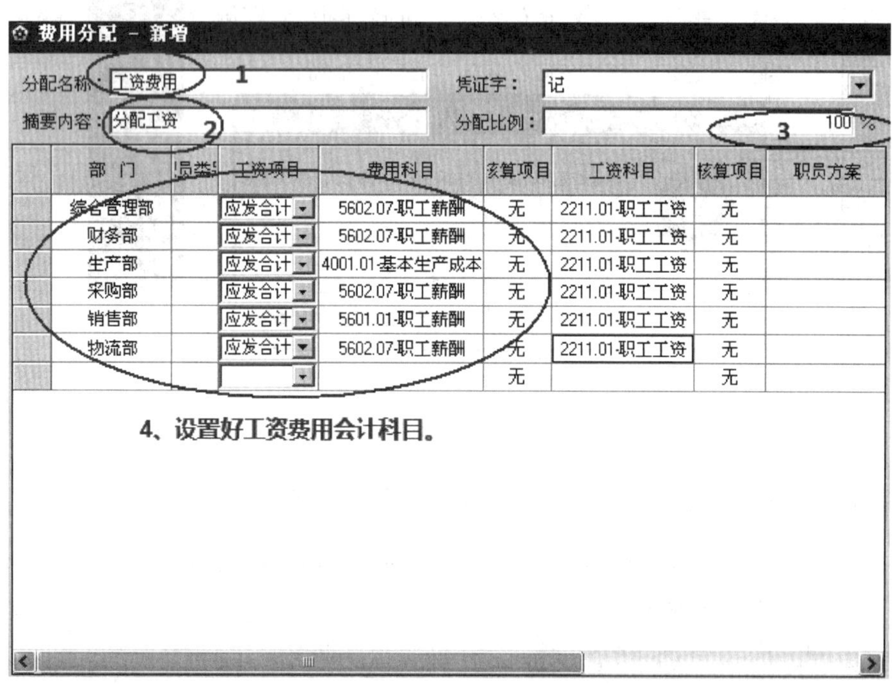

图 3-6-29

(2) 依次单击【保存】→【关闭】，返回到费用分配名称编辑界面，看到已经新增了"工资费用"分配方案，如图 3-6-30 所示。

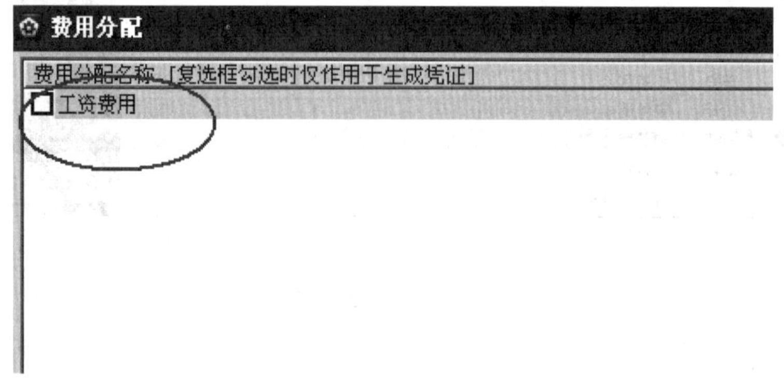

图 3-6-30

【实训操作练习 49】

选择工资费用分配方案，进行工资分配。

【实训操作步骤】

(1) 在金蝶 KIS 专业版主控台界面，依次单击【工资管理】→【费用分配】，按图 3-6-31 和图 3-6-32 指示操作。

图 3-6-31

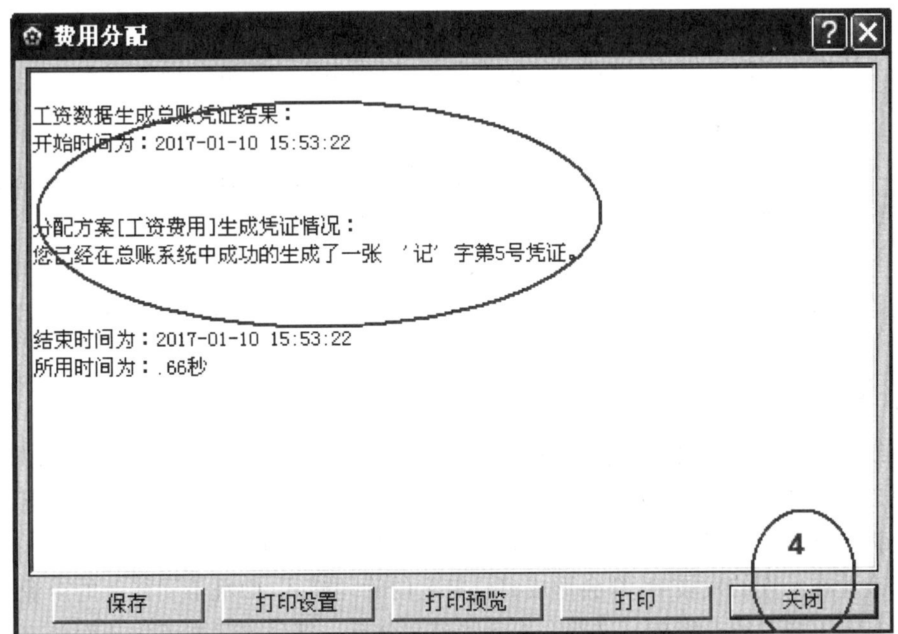

图 3-6-32

(2) 单击【关闭】退出。

项目七　应收应付管理系统

应会内容：收款单的录入、审核、生成凭证；付款单的录入、审核、生成凭证。

一、应收应付系统概述

本系统是业务环节的模块之一，负责业务系统中赊销和赊购发票的后续处理。应收应付模块是和整个业务系统绑定使用，原有财务系统应收应付功能继续保留，如果要保证业务系统传递过来的应收应付数据和财务系统一致，则在启用业务系统应收应付功能后，不再继续使用财务系统处理重复业务，否则会存在差额，产生差额的部分没有业务关联。应收应付系统的主要特点包括：

1. 灵活的业务流程处理

应收应付系统采用灵活的设计理念，以满足用户丰富繁杂的业务需要。主要体现在以下方面。

(1) 系统收款单据设置收款和预收款两种收款流程，系统付款单据设置付款和预付款两种付款流程，可以满足企业中大多数采购和销售业务的资金处理。

(2) 提供灵活的业务流程管理，使业务处理流程灵活方便。用户可根据自己的实际需要，选用往来核销或直接收款等不同的单据流程。

(3) 收付款流程可以处理多次收/付款、折扣抹零、交叉币别收款、退款、超期预警等功能，可以方便灵活地处理业务。

(4) 单据之间联系紧密，设置了核销等联系，以满足用户不同的业务需要。

2. 严密的业务控制

(1) 应收应付系统提供收付款流程必须挂接发票流程等内部控制手段，从而保证小企业进行规范化的运作以及相关业务政策得到强而有力的执行。

(2) 对于收付款来源，系统在收付款核销来源中控制必须是非现销/赊购发票，防止同时允许从采购入库单/销售出库单取数，造成业务和数据混乱，满足企业标准化管理的需求。

3. 丰富的应收应付信息

系统提供了丰富的管理报表。系统为相关业务管理人员提供了相应的明细报表、汇总报表以及业务跟踪报表，业务管理人员可以通过报表查询相应的业务进展情况；另外，系统还提供预警表和账龄分析表，主要辅助决策人员进行决策。

小企业在长期的发展中，都会形成自己特定的管理模式，而且不同行业的企业在管理上都会具有不同的行业特色。这些个性化管理部分有一部分可以规范化从而使之符合标准业务流程和业务模板。还有一部分个性化管理往往是小企业竞争力形成的一个重要的方面，对于标准商业化软件来说也需要作出考虑。

应收应付系统考虑到小企业中个性化管理，提供了采购主数据(供应商、物料等)的自

定义、套打自定义、灵活的系统参数配置等多种定制功能，从而可以让企业在标准的流程基础之上进行定制，以满足企业的个性化需求。

二、业务流程和单据说明

系统将应收应付分为收款和付款业务流程，其中收款含预收款和收款业务类型，付款含预付款和付款业务类型。不同业务类型其业务的处理过程有差异，所以对应在系统中也会有不同的业务处理流程。

现在以收款流程下的单据及具体业务流程为例，来讲解具体应用方式。

1. 预收业务流程说明，如表 3-7-1 所示。

表 3-7-1　　预收业务流程说明

目标	完成预收款的全部业务过程		
业务背景	预收是指在销售过程中客户先交钱，后完成交易的销售业务		
适用范围	适用于面向企业的预收交易销售业务		
序号	处理说明	责任部门	责任人
1	负责业务流程中金额处理的人员对客户以定金或其他用途提供的资金，可以在收款单中选择预收款来记录这部分金额	财务部	会计
2	仓管人员进行发货并填写销售出库单。销售出库单也可以依据销售订单、盘点单生成或手工新增	财务部	仓管员
3	会计收到已经确认的销售出库单，按照销售出库单进行开票。赊销的盘点单其确认之后就表示应收确立	财务部	会计
4	当进行后期处理关联业务时，到核销界面选择预收冲应收。这种业务类型可以处理预收款红蓝单的对等冲销，也可以处理预收款和对应赊销发票的核销，或者说是业务对接。一张发票或预收付款单，在金额未被完全核销之前可以被多次调用核销，如果发票或预收付款单的金额被完全核销后，系统不允许再次调用核销。一张核销单据上可以调用多张预收付款单或发票同时进行核销	财务部	会计

2. 应收业务流程说明，如表 3-7-2 所示。

表 3-7-2　　应收业务流程说明

目标	完成赊销发票收款的全部业务过程		
业务背景	应收是指在销售过程中和客户先办理赊销发票，待款到后完成交易的销售业务		
适用范围	适用于面向企业的到款交易销售业务		
序号	处理说明	责任部门	责任人
1	仓管人员进行发货并填写销售出库单。销售出库单也可以依据销售订单、盘点单生成或手工新增	财务部	仓管员

（续表）

序号	处理说明	责任部门	责任人
2	会计收到已经确认的销售出库单，按照销售出库单进行开票。赊销的盘点单其确认之后就表示应收确立	财务部	会计
3	负责业务流程中金额处理的人员对客户到款进行后续业务处理，可以在收款单中选择收款来进行这部分金额和对应赊销发票的到款核销	财务部	会计
4	如果有客户想以货抵款，则表示供求双方的关系发生了变化，双方都存在了应收关系。如果存在这种状况，需要对存在这样特殊业务的客户在供应商处建立对应基础资料，然后走相关流程得到赊购发票。最后在应收冲应付的单据中完成往来核销	财务部	会计
5	如果是退款，两种方式：①先做红字赊销盘点单，然后在收款单中的源单类型中选择红字盘点单即可。②在收款单中选择收款退款类型，然后选择对应的已经收款的发票进行退款	财务部	会计

3．应收应付单据编制的通用说明

（1）单据日期的输入。新增单据时系统自动显示当前系统日期，用户可对日期进行修改。但不可以输入已结账期间的日期。

（2）单据编号的输入。每张单据都有独立的编号，系统根据在【基础设置】→【单据设置】中的编码规则自动生成每张单据的编号，如果用户选中“允许手工录入”，那可以在制作单据时手工修改系统提供的单据编号，反之用户不能修改单据编号。选择供应商或客户，在应收应付系统的各个业务单据中，均允许选择供应商或客户单位名称，可以通过点击栏目右侧的图标打开往来单位列表，通过列表分类查找；如果查找后确认往来单位资料尚未定义，可以直接在列表窗口中新增往来单位。

（3）选单。在应收应付系统中，收款单和付款单这两张单据均有这项内容。下面就这两项内容作详细介绍。

点击“选源单”同可关联单据相关，比如采购发票（普通）/（专用）、期初应付、委外加工费用单可以同付款单关联，盘点单（普通）/（专用）/期初应收可以同收款单关联。在制作单据时，如果此单需要同其他单据建立关联，那就选择“选源单”，系统会将所有符合的源单类型单据以列表窗口形式显示，用户可以快速查找相关联的源单，建立两单据之间的关联，在选定一个单号后双击，系统会将选定的源单回填到单据制作窗口中，方便快速录单，当然，如果用户想快速查找关联源单，可以先选择好供应商或客户，然后系统会过滤此供应商或客户的所有源单，进一步缩小查找范围，进一步加快录单速度。

（4）币别。币别是指结算使用哪种货币。系统默认为本位币，用户可以修改。收款

单和付款单不支持一张单据上的源单为两种以上的币别。

(5) 汇率。汇率是指当前币别的汇率，取自币别基础资料信息，用户可以根据实际情况改为业务发生日汇率。

(6) 结算方式。结算方式是指收付款单结算采用何种处理方式。用户可以①直接手工录入结算方式代码；②使用快捷键【F7】；③选择工具栏中的【资料】，系统将弹出“结算方式”查询窗口，提供所有基础资料中结算方式列示，用户查询后选择所需要的结算方式信息。

(7) 摘要。摘要是指该笔业务的辅助性说明，用户通过业务摘要库维护摘要，并可以直接在打印单据时选择这些信息。

(8) 主管、部门、业务员。它们是指提出该笔单据业务涉及的部门、主管、职员，用户可以由三种方式选择：①直接手工输入代码；②使用快捷键【F7】；③选择工具栏中的【资料】，系统将弹出“核算项目—相关信息”查询窗口，用户查询后选择所需要的信息，其中部门和业务员在基础资料中可以关联，在选择部门后，系统自动带入业务员。

(9) 制单、审核、审核日期。这三项内容是由系统根据当前单据的编制人、审核人和日期自动填入的，主要作用是记录单据的操作人和操作日期。

三、收款单制单指南

在金蝶 KIS 专业版主界面，依次单击【应收应付管理】→【收款单】，打开收款单编辑界面，在这里主要用于制作新的收款单，如果要对单据进行修改、审核等操作，可通过收款单序时簿进行操作，收款单上包含的业务和管理信息非常多，单据头部分用来描述针对该业务处理过程共性的业务信息，如单据编码、单据日期等；单据体部分用来描述不同物料的基本信息和单据信息，如单据金额、付款金额等。

有关单据的基本操作方法需要特别说明的内容如下。

(1) “收款类型”分为三种：收款、预收款、收款退款。收款是赊销发票产生的，选择此类型，则对以前的应收账款进行处理；预收款是在销售业务发生之前先收到对方预付的全部或部分货款，选择此类型时表体不可用；收款退款是指对已经收款的发票进行退款。

(2) 结算账户：用来记录凭证模板中收款金额的科目来源，负责记录收款账户为现金还是银行等。

(3) 表头收款金额：为整单表体的实收金额合计，收款类型选择预收款后，此处即为金额唯一录入地址。

(4) 折后金额：“整单折扣”“折后金额”“折扣科目”三个项用来共同完成整单折扣功能。整单折扣×收款金额＝折后金额，即输入折扣后自动计算出折后金额。打开单据时整单折扣默认为100％，折后金额＝收款金额，折扣科目灰显。

(5) 整单折扣：输入折后金额可自动反算出整单折扣，整单折扣＝(折后金额/收款金额)×100％。

(6) 折扣科目：折扣科目用于放置折扣金额，可直接调用会计科目界面，由操作员指定存放科目。只有存在折扣的情况下此项才能够录入。如果单据有折扣此项目必填。

(7) 表头收款金额(本位币):为整单表体的实收金额合计(本位币),是参照项,始终灰显。

(8) 折后金额(本位币):为整单表体的折后金额合计(本位币),是参照项,始终灰显。

(9) 源单编号:此处负责调入赊销发票,并显示对应发票的编号。源单类型有四种来源,普通发票、专用发票、期初金额、其他应收单。

(10) 单据日期:指调入赊销发票或其他应收单的制单日期或初始应收的明细日期。

(11) 单据金额:所选单据的金额(价税合计金额)。

(12) 单据金额(本位币):所选单据的制单时本位币金额(价税合计金额)。

(13) 已核销金额:所选单据的已结算金额。此处支持分次收款以及一次对多单收款。

(14) 未核销金额:所选单据的未结算金额。

(15) 本次核销:本次对应此张单据的收款金额。利用表头工具栏的合计功能可以将实收金额合计反填到表头的收款金额处;同时,收款金额处的数值可以通过表头工具栏分摊功能按先后顺序分摊数值。

(16) 本次核销(本位币):本次对应此张单据的收款金额对应本位币。如果是本币发票,则此处金额和实收金额相同;如果是外币发票,对应本币则是按当期系统默认汇率折算的金额。

(17) 发票币别:指当前所选发票的币别。收款单据中不允许混合收款,即表体的单据必须是同一种币别。

(18) 表体汇率:收款核销的汇率,当收款币别与表体源单币别是同一外币时,表体汇率=表头的汇率。

重点提醒

付款单、核销单、其他收款单、其他付款单大同小异,不再列举。详细内容可参考软件帮助说明。

【实训操作练习 50】

编制收款单据:2017 年 1 月 20 日,客户东风商用车重型车公司网银转账支付我货款 500 000 元。

【实训操作步骤】

(1) 在金蝶 KIS 专业版主控台页面,依次单击【应收应付】→【收款单】,如图 3-7-1 所示。

(2) 详细操作步骤如图 3-7-2 所示。

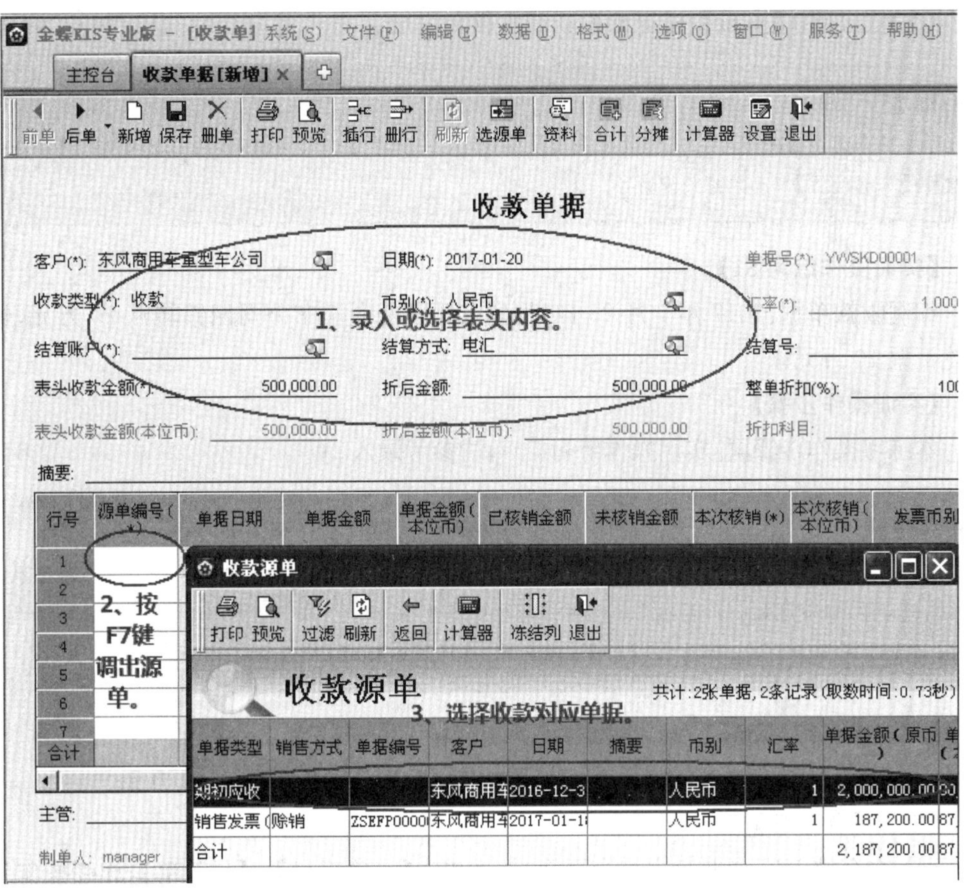
金蝶KIS专业版 - [收款单] 系统(S) 文件(F) 编辑(E) 数据(D) 格式(M) 选项(O) 窗口(W) 服务(T) 帮助(H)
主控台
收款单据[新增]
前单 后单 新增 保存 删单 打印 预览 插行 删行 刷新 选源单 资料 合计 分摊 计算器 设置 退出
收款单据
客户(*): 东风商用车重型车公司
日期(*): 2017-01-20
单据号(*): YWSKD00001
收款类型(*): 收款
币别(*): 人民币
汇率(*): 1.000
1、录入或选择表头内容。
结算账户(*):
结算方式: 电汇
结算号:
表头收款金额(*): 500,000.00
折后金额: 500,000.00
整单折扣(%):
表头收款金额(本位币): 500,000.00
折后金额(本位币): 500,000.00
折扣科目:
摘要:
行号 源单编号(*) 单据日期 单据金额 单据金额(本位币) 已核销金额 未核销金额 本次核销(*) 本次核销(本位币) 发票币别
2、按F7键调出源单。
合计
主管:
制单人: manager
收款源单
打印 预览 过滤 刷新 返回 计算器 冻结列 退出
收款源单
共计:2张单据, 2条记录 (取数时间:0.73秒)
3、选择收款对应单据。
单据类型 销售方式 单据编号 客户 日期 摘要 币别 汇率 单据金额(原币)
期初应收 东风商用车 2016-12-3 人民币 1 2,000,000.00
销售发票 赊销 ZSEFP0000 东风商用车 2017-01-1 人民币 1 187,200.00
合计 2,187,200.00

图 3-7-1

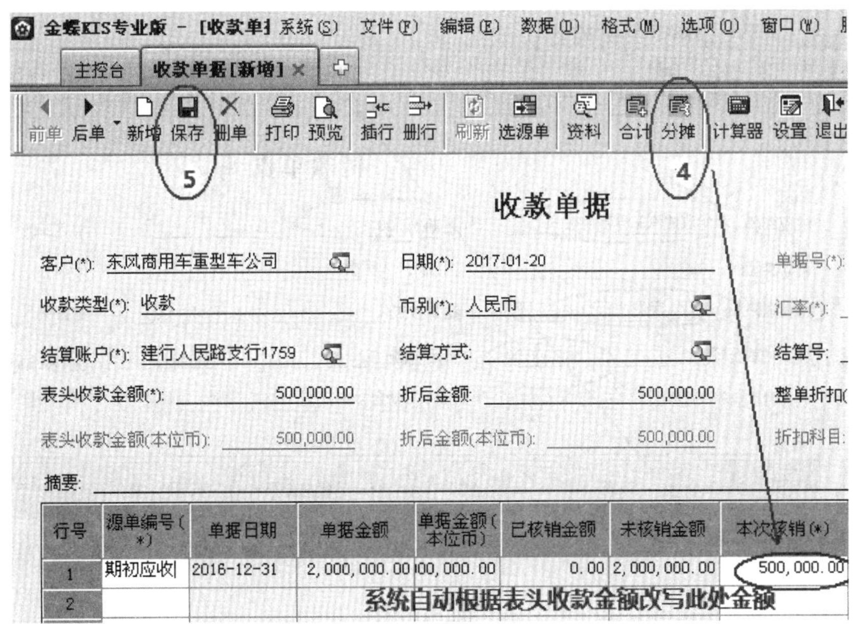
金蝶KIS专业版 - [收款单] 系统(S) 文件(F) 编辑(E) 数据(D) 格式(M) 选项(O) 窗口(W)
主控台
收款单据[新增]
前单 后单 新增 保存 删单 打印 预览 插行 删行 刷新 选源单 资料 合计 分摊 计算器 设置 退出
5
4
收款单据
客户(*): 东风商用车重型车公司
日期(*): 2017-01-20
单据号(*):
收款类型(*): 收款
币别(*): 人民币
汇率(*):
结算账户(*): 建行人民路支行1759
结算方式:
结算号:
表头收款金额(*): 500,000.00
折后金额: 500,000.00
表头收款金额(本位币): 500,000.00
折后金额(本位币): 500,000.00
折扣科目:
摘要:
行号 源单编号(*) 单据日期 单据金额 单据金额(本位币) 已核销金额 未核销金额 本次核销(*)
1 期初应收 2016-12-31 2,000,000.00 0.00 2,000,000.00 500,000.00
2
系统自动根据表头收款金额改写此处金额

图 3-7-2

(3) 依次单击【审核】→【退出】,新增收款单完成。

小提示

业务系统所有单据号可以设置为手工录入,也可以设置为自动生成,可以根据需要在【基础设置】→【单据设置】修改单据设置。

【实训操作练习 51】

编制收款单据:2017 年 1 月 25 日,收到东风股份专用车公司网银转账 20 万元,银行承兑汇票 10 万元。

【实训操作步骤】

本练习操作步骤同[实训操作练习 50],请参考录入。

重点提醒

(1) 收款的前提是已经有了应收应付记录的业务,收款单的前提是系统中有期初应收记录单或其他应收单(其他应收),否则无法使用该功能处理业务。

(2) 选择源单两种方式:按下【F7】键或者单击【选源单】命令。

【实训操作练习 52】

编制付款单据:2017 年 1 月 26 日,网银支付湖北双成公司货款 50 万元。

【实训操作步骤】

(1) 在金蝶 KIS 专业版主控台页面,依次单击【应收应付】→【付款单】,详细操作步骤如图 3-7-3 所示。

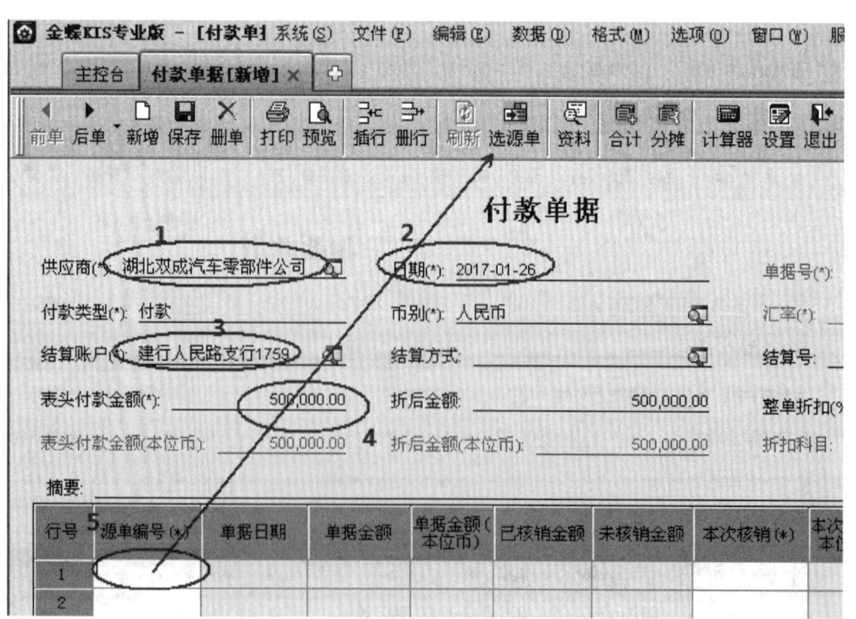

图 3-7-3

（2）在弹出的【付款源单】页面，鼠标左键单击选中源单，单击【返回】，如图 3-7-4 所示。

付款源单

打印 预览 过滤 刷新 返回 计算器 冻结列 退出

单据类型	采购方式	单据编号	供应商	日期	摘要	币别	单据金额（原币）	单据金额（本位币）	已核销金额（原币）
期初应付			湖北双成汽	2016-12-3		人民币	800,000.00	800,000.00	0.00
采购发票（	赊购	ZPOFP0000	湖北双成汽	2017-01-0		人民币	292,500.00	292,500.00	0.00
合计							,092,500.00	,092,500.00	0.00

图 3-7-4

（3）依次单击【分摊】→【保存】→【审核】→【退出】，如图 3-7-5 所示。

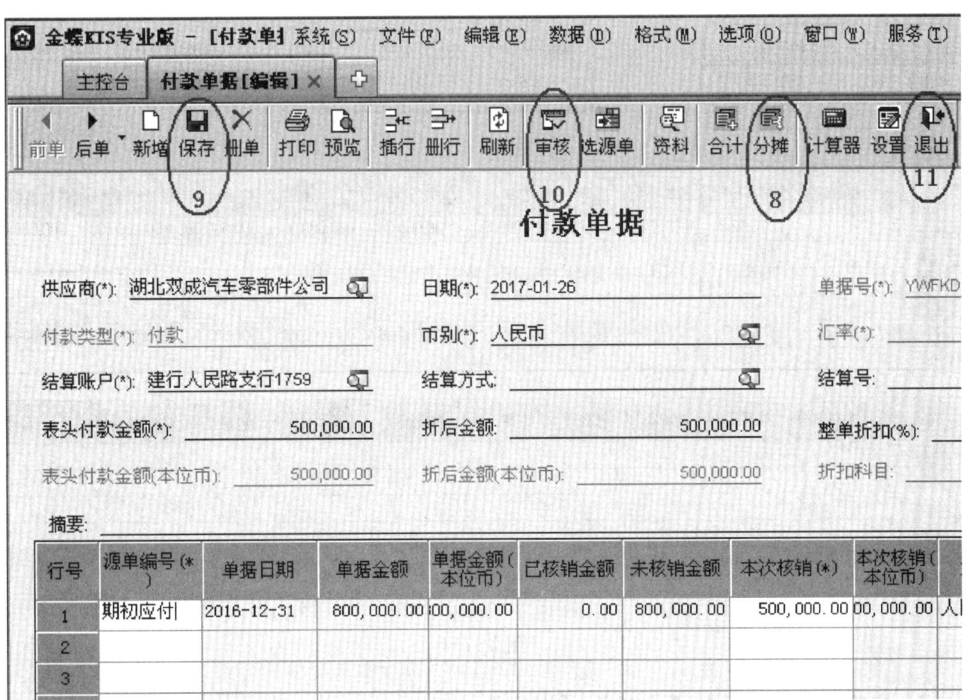

图 3-7-5

重点提醒

（1）一定要选择源单，才能保存数据。

（2）表头“付款金额”和表体“本次核销”一定要相等，单击“分摊”按钮系统会自动根据表头金额回写表体“本次核销”金额。

【实训操作练习 53】

编制付款单据：2017 年 1 月 26 日，支付十堰众远公司银行承兑汇票 10 万元。

【实训操作步骤】

同实训操作练习 54，参考录入。

【实训操作练习 54】

编制往来核销单：请于 2017 年 1 月 27 日，根据三方协议约定，将应收东风重型车公司的 20 万元货款转到应收东风股份专用车公司。

【实训操作步骤】

单据录入选择操作同收款单、付款单，此处只展示录入结果。

（1）在金蝶 KIS 专业版主控台页面，依次单击【应收应付】→【核销单】，如图 3-7-6 所示。

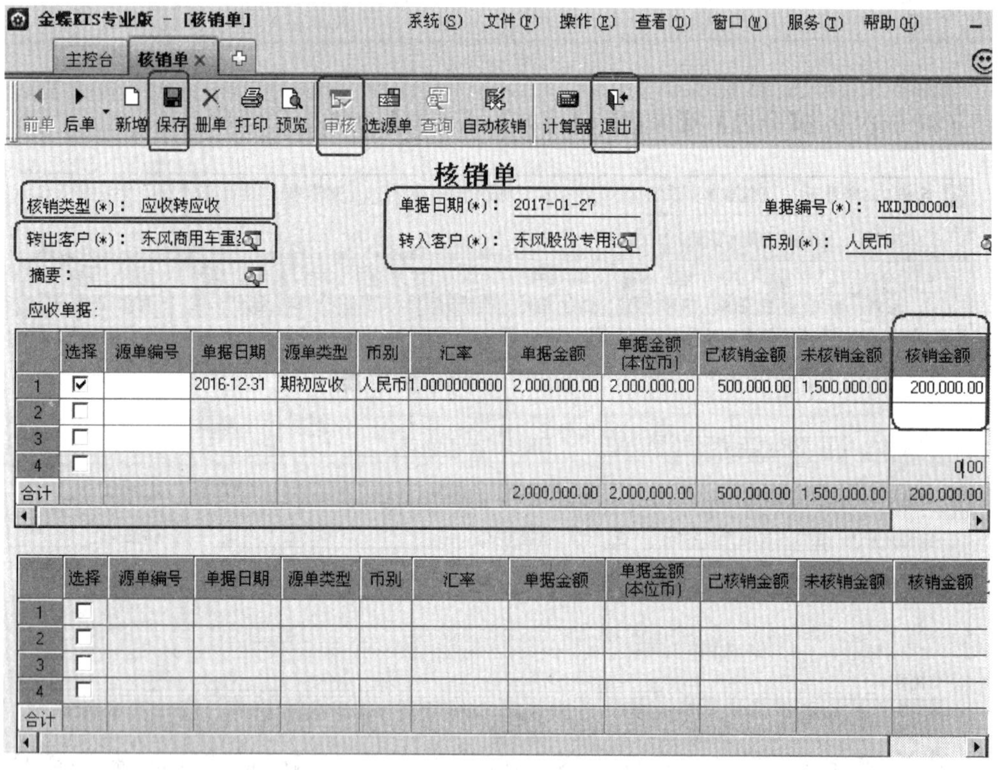

图 3-7-6

（2）依次单击【保存】→【审核】→【退出】。

【实训操作练习 55】

编制付款单据：2017 年 1 月 26 日，网银支付湖北双成公司货款 50 万元。

【实训操作步骤】

本练习操作步骤同[实训操作练习 52]。

【实训操作练习 56】

对收款单据生成凭证。

【实训操作步骤】

(1) 在金蝶 KIS 专业版主控台页面，依次单击【应收应付】→【应收应付生成凭证】，如图3-7-7所示。

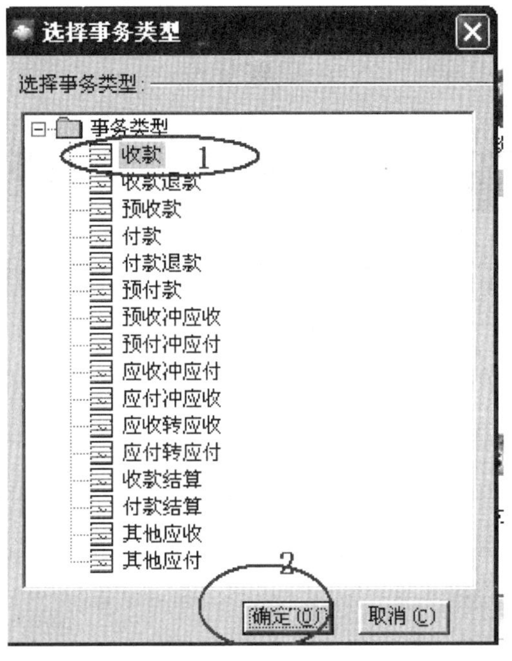

图 3-7-7

(2) 在【单据过滤】界面，直接单击【确定】。

(3) 按住【SHIFT】选中所有单据，单击【汇总】生成凭证，如图 3-7-8 所示。

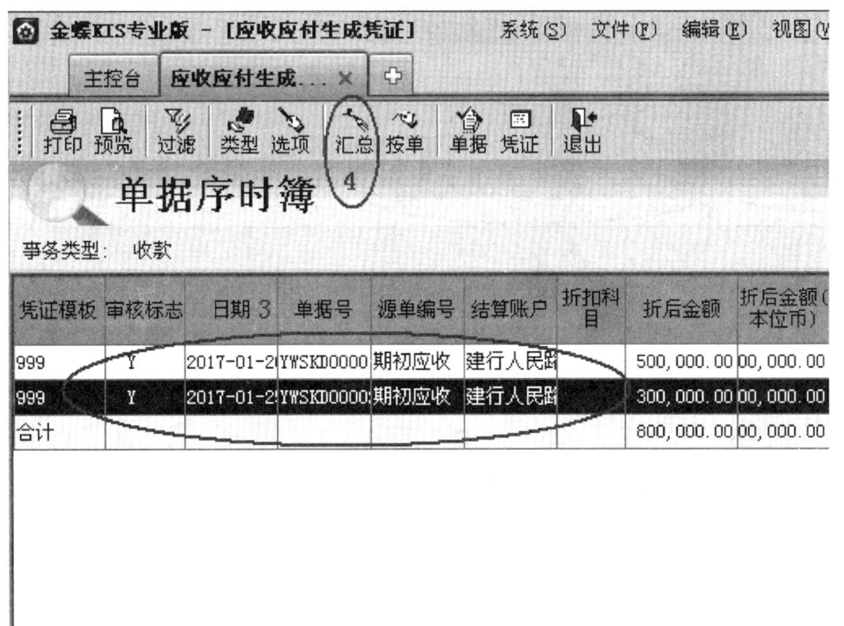

图 3-7-8

(4) 在弹出的凭证窗口，根据业务内容修改凭证，然后单击【保存】，如图 3-7-9 所示。

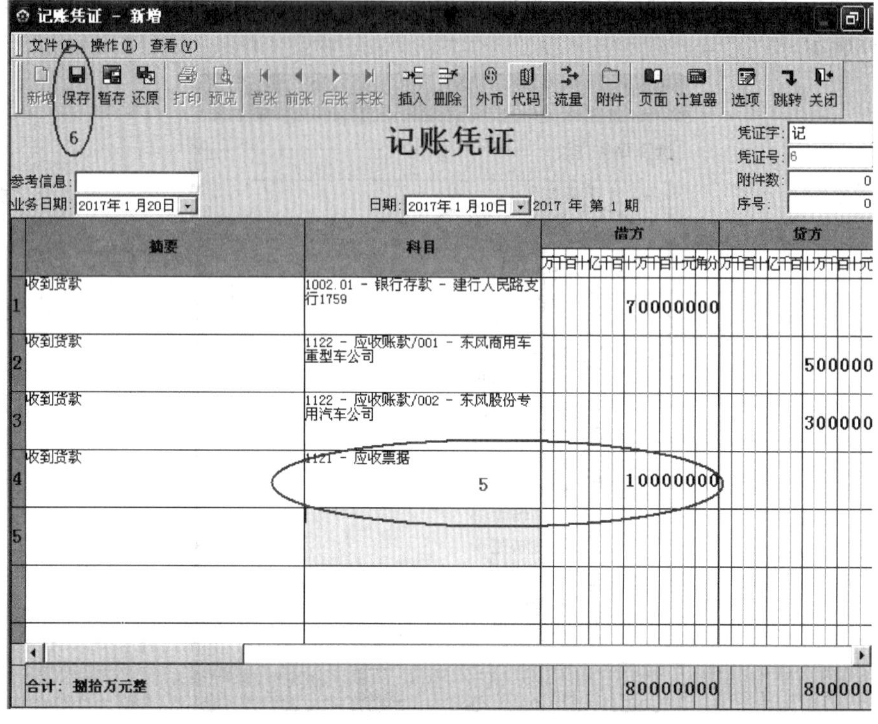

图 3-7-9

(5) 在弹出的【现金流量项目指定】窗口，指定现金流量项目，单击【确定】，如图 3-7-10 所示。

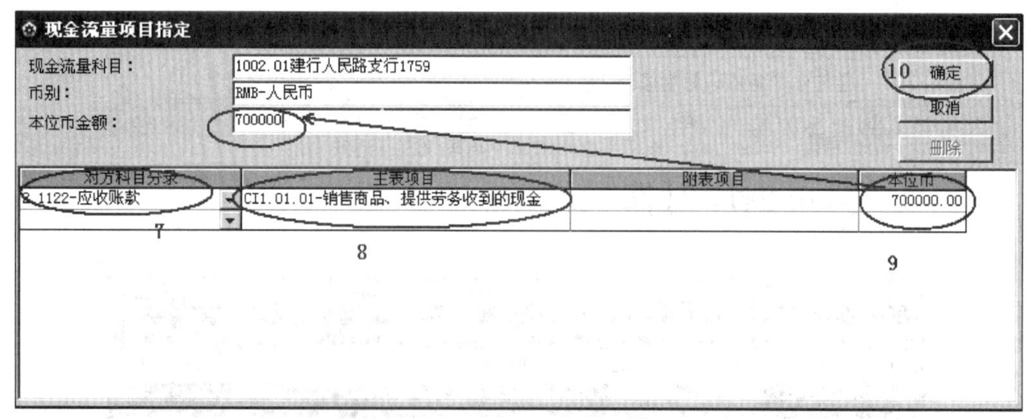

图 3-7-10

(6) 单击凭证页面【关闭】退出。

【实训操作练习 57】

对付款单生成凭证。

【实训操作步骤】

本操作步骤同[实训操作练习 50]，生成的凭证如图 3-7-11 所示。

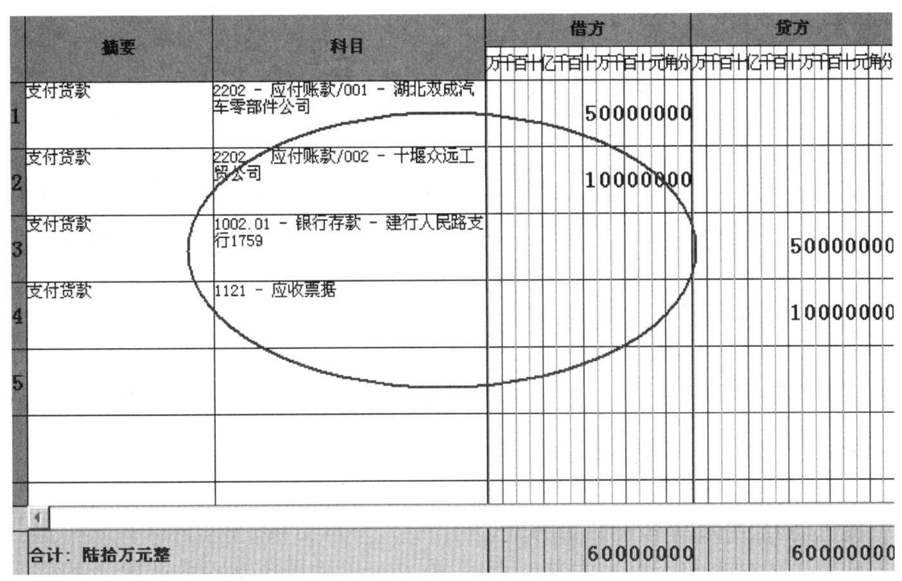

	摘要	科目	借方	贷方
1	支付货款	2202 - 应付账款/001 - 湖北双成汽车零部件公司	50000000	
2	支付货款	2202 - 应付账款/002 - 十堰众远工贸公司	10000000	
3	支付货款	1002.01 - 银行存款 - 建行人民路支行1759		50000000
4	支付货款	1121 - 应收票据		10000000
5				
	合计：陆拾万元整		60000000	60000000

图 3-7-11

【实训操作练习 58】

对核销单(应收转应收)生成凭证。

【实训操作步骤】

本操作步骤同[实训操作练习 52],生成的凭证如图 3-7-12 所示。

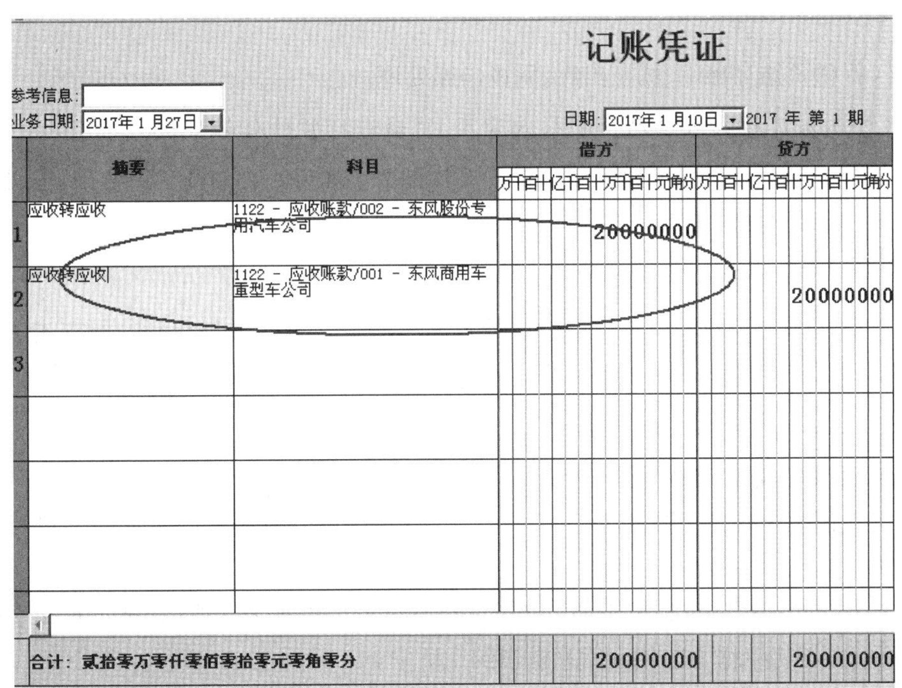

记账凭证

参考信息：

业务日期：2017年1月27日　　日期：2017年1月10日　2017 年 第 1 期

	摘要	科目	借方	贷方
1	应收转应收	1122 - 应收账款/002 - 东风股份专用汽车公司	20000000	
2	应收转应收	1122 - 应收账款/001 - 东风商用车重型车公司		20000000
3				
	合计：贰拾零万零仟零佰零拾零元零角零分		20000000	20000000

图 3-7-12

至此,所有的应收应付业务单据生成凭证完成。

项目八　存 货 核 算

应会内容：存货入库核算、自制产品入库核算、费用分摊单核算、存货出库核算、业务生成凭证处理、业务凭证模板设置、核算报表查询、期初期末处理及相关资料维护。

一、存货核算概述

存货核算管理用于工商业企业存货出入库核算，存货出入库凭证处理，核算报表查询，期初期末处理及相关资料维护。

（1）各种实际成本可并行使用。

（2）提供总仓、分仓等多种核算方式。

（3）外购入库核算可自动分配采购费用，自动生成暂估核销相关单据。

（4）一种核算单据可对应多个凭证模板，凭证模板设置灵活、简单。

1. 各种实际成本可并行使用

系统提供先进先出法、后进先出法、加权平均法、移动平均法、分批认定法五种存货计价方法，可以设置到明细物料。

（1）各种存货计价方法可并行使用，准确核算存货的出入库成本和库存金额余额。

（2）提供负结存出库、红字出库、调拨出库处理。

2. 外购入库核算可自动分配采购费用、自动进行暂估核销处理

外购入库物料实际成本根据已勾稽的采购发票上的采购金额及采购费用自动计算得出，系统支持多币别的核算。

3. 费用分配的原理是按数量进行分配

系统根据系统参数的设置进行暂估调整，可以采用差额调整和单到冲回方式。

4. 一种核算单据可对应多个凭证模板，凭证模板设置灵活简单

（1）一种核算单据可设置多个凭证模板，可指定某个凭证模板为默认凭证模板，并可设置为在每次生成凭证前指定模板。

（2）凭证模板科目来源灵活，可选择从物料资料中的科目、部门资料中的科目、固定科目取数。

（3）系统会根据凭证模板中科目下挂的核算项目与单据上字段（包括自定义字段）的对应关系，自动将单据上的相应信息携带到凭证中。

（4）金额来源可选择单据上所有金额类型的字段，包括自定义的金额类型字段。

（5）提供智能的摘要自定义功能。

二、存货核算与其他系统的接口

1. 与采购系统管理的接口

接收采购系统产生的已审核的采购发票、外购入库单等单据，进行外购入库核算和凭证处理等工作。

2. 与仓存系统管理的接口

接收仓存系统所有的出入库单据，调拨、盘点单据进行金额核算和凭证处理。

3. 与销售管理的接口

接收销售系统产生的已审核的盘点单、销售出库单等单据，进行销售出库核算和销售收入、销售成本凭证处理等工作。

4. 与应收应付管理的接口

在期末结账时对应收应付系统所有当期单据是否进行了凭证处理进行检查。

5. 与总账系统管理的接口

核算系统生成的凭证传递到总账系统，并可实现物料与总账系统的对账功能。

三、外购入库核算

1. 业务流程说明，如表 3-8-1 所示。

表 3-8-1　　　　业务流程说明

目标	完成入库核算到凭证生成的全过程		
业务背景	企业存在采购入库业务时，需要根据订单或发票核算入库成本，并确认应付账款； 本流程对采购入库核算和账务处理提供了操作工具		
适用范围	适用企业采购入库的核算业务		
序号	处理说明	责任部门	责任人
1	在“外购入库核算”中，选择本期审核、勾稽的发票，并对其进行外购入库核算	财务部	成本会计
2	通过核算处理进行费用分配	财务部	成本会计
3	根据发票与入库单信息的不同，确认暂估性质，对于系统参数设置使用差额调整暂估方式时，根据发票与入库单的差异形成暂估补差单，使用单到冲回时，系统自动生成红、蓝字的冲回单据	财务部	成本会计
4	如果勾稽单据在同一个期间，则根据采购发票反填采购入库单成本，确认入库成本	财务部	成本会计
5	在“生成凭证”中生成外购入库的凭证，同时根据需要进行冲回凭证的生成	财务部	成本会计
6	暂估业务可以在本期进行，即外购入库单和采购发票都是本期的时候，依然可以进行暂估业务的处理	财务部	成本会计

本模块主要由采购费用录入、采购发票审核、采购费用分配、入库实际成本核算几部分组成。可按以下顺序进行操作，如表 3-8-2 所示。

表 3-8-2　　本模块操作顺序

描　述	说　　明
采购费用录入	可以在采购发票中直接进行费用的录入
采购发票的勾稽	包括采购发票与外购入库单勾稽关系确认
外购入库核算	核算外购入库单的单价和金额

（1）采购费用录入。有关采购费用的详细介绍请参见金蝶 KIS 专业版联机“帮助”菜单中“采购管理”。

（2）采购发票勾稽。采购发票勾稽可建立采购发票、外购入库单的勾稽关系；根据勾稽关系可进行外购入库核算。

（3）外购入库核算。进入外购入库核算模块后，录入采购发票过滤条件（本期勾稽且对该勾稽关系未生成凭证为固定条件），单击【确定】，显示采购发票序时簿。

（4）费用分配。目前系统是在采购发票上直接录入应计成本费用，不计成本费用和运费税金。

（5）入库成本核算。采购发票只能有两种状态，即勾稽状态和未勾稽状态，单据之间的部分勾稽通过单据的拆分实现。

在采购发票中完成费用录入后，在采购发票勾稽界面单击【核算】，系统开始核算外购入库实际成本。核算时严格依据勾稽关系，先将勾稽发票上相同物料的全部金额和分配的采购费用合计，除以入库单上该物料的数量，计算出单位成本，进而计算出记录总成本。由于发票和入库单可有多条相同物料记录，但核算出的单位实际成本相同，为了避免异常余额的出现，最后一笔入库成本采用倒扣的方式计算，所以有可能某一笔的入库成本与其他有少量的差异存在。

对应的入库单分为两种可能：

（1）本期单据，没有进行暂估处理，系统根据采购发票的金额反填外购入库单成本。

（2）入库单已经暂估，上期的单据或虽为本期的单据，但已生成凭证，单据上的金额不允许刷新。

在使用差额调整模式的时候，系统会自动生成外购入库暂估补差单（只有金额而无数量的外购入库单），可以通过核算单据直接查询出来。

2. 使用单到冲回的方式，系统会自动生成冲回红字单据，并生成新的蓝字单据，该红、蓝字外购入库单自动置为已经审核和已经勾稽标志

红字入库单生成单据的字段处理如表 3-8-3 所示。

表 3-8-3　　红字入库单生成单据的字段处理

数据项	选单说明
日期	自动生成红字入库单时，如果暂估入库单为以前期间，红字入库单的日期为当期期间的第一天，如果暂估入库单为当期，则红字入库单的日期取原暂估单据的日期
部门	自动生成时，部门为外购入库单上物料的部门，不能修改
业务员	自动生成时，业务员为外购入库单上物料的业务员，不能修改
验收	自动生成时，验收为外购入库单上物料的验收，不能修改
保管	自动生成时，保管为外购入库单上物料的保管，不能修改
物料代码	自动生成时，物料代码为外购入库单上的物料代码，不能修改
物料名称、规格型号	是物料的名称、规格型号信息，是从物料基础资料中自动取得，用户不能修改
计量单位	自动生成时，计量单位为外购入库单上物料的计量单位，不能修改
数量	自动生成时，数量为外购入库单的数量
单价	单价为外购入库单的单价
金额	金额为外购入库单的金额
批号	自动生成时，批号为外购入库单上物料的批号，不能修改
生产/采购日期	自动生成时，生产/采购日期为外购入库单上物料的生产/采购日期，不能修改
保质期	自动生成时，保质期为外购入库单上物料的保质期，不能修改
有效期至	自动生成时，有效期至为外购入库单上物料的到期日，不能修改
仓库	自动生成时，仓库为外购入库单上物料的仓库，不能修改
备注	自动生成时，备注为外购入库核算生成(红冲单)

3. 蓝字外购入库单生成单据的字段处理如表 3-8-4 所示。

表 3-8-4　　蓝字外购入库单生成单据的字段处理

数据项	选单说明
日期	自动生成蓝字入库单时，如果暂估入库单为以前期间，蓝字单据日期为当期期间的第一天，如果暂估入库单为当期，则蓝字入库单日期取原暂估单据的日期
部门	自动生成时，部门为外购入库单上物料的部门，不能修改
业务员	自动生成时，业务员为外购入库单上物料的业务员，不能修改
验收	自动生成时，验收为外购入库单上物料的验收，不能修改
保管	自动生成时，保管为外购入库单上物料的保管，不能修改
物料代码	自动生成时，物料代码为外购入库单上的物料代码，不能修改

（续表）

数据项	选单说明
物料名称、规格型号	它们是物料的名称、规格型号信息，是从物料基础资料中自动取得，用户不能修改
计量单位	自动生成时，计量单位为外购入库单上物料的计量单位，不能修改
数量	自动生成时，数量为外购入库单的数量
单价	单价为根据勾稽的发票的金额计算的入库单的单价
金额	金额为根据勾稽的发票的金额计算的入库单的金额
批号	自动生成时，批号为外购入库单上物料的批号，不能修改
生产/采购日期	自动生成时，生产/采购日期为外购入库单上物料的生产/采购日期，不能修改
保质期	自动生成时，保质期为外购入库单上物料的保质期，不能修改
有效期至	自动生成时，有效期至为外购入库单上物料的到期日，不能修改
仓库	自动生成时，仓库为外购入库单上物料的仓库，不能修改
备注	自动生成时，备注为外购入库核算生成（蓝冲单）

重点提醒

当红字入库单核算时，生成的红冲单是蓝字单据，而蓝冲单则是红字单据，与蓝字入库单核算正好相反，可以通过备注中的“蓝冲单”“红冲单”标识加以区别。

核算成功是正确生成外购入库凭证的前提，因为只有经过核算才能保证采购发票与外购入库单金额平衡。

四、存货估价入账

该模块主要用来对本期发票未到的入库单进行估价入账。

暂估方式有两种：一种是在估价入库核算中录入；另一种方式是在“无单价单据序时簿”模块中进行单价更新。

1. 估价入库核算录入

进入“存货估价入账”模块后，录入过滤条件，选择需估价的单据（本期、已审核、未与发票勾稽为固定条件），单击【确定】，显示“暂估入库单序时簿”，双击某一行，弹出该行所对应的单据，用户可录入单价，系统计算出金额，或录入金额，由系统倒算出单价。

存货核算系统中与一般系统控制不同，进入存货核算系统中的单据一般都是已经审核确认的单据，但是如果需要进行存货估价入账，审核后的单据依然可以进行单价、金额的修改，以达到入账的目的。

2. 无单价单据更新

进入“存货核算”模块后，选择【无单价单据序时簿】，用户可见到多种无单价单据更新

方式，可选择一种更新方式过滤出“暂估入库”单据进行单价更新操作，对于更新成功的单据系统会给予数量上的提示，比如“3 条记录被更新”。

五、自制入库核算

1. 业务流程说明，如表 3-8-5 所示。

表 3-8-5　　业务流程说明

目标	完成自制入库核算到生成凭证的全过程		
业务背景	企业存在生产自制入库业务时，需要根据计算出的材料、人工、制造费用归集产品成本或手工维护产品成本，并生成会计凭证； 本流程对生产自制入库的产品的成本的录入、维护和凭证处理提供了操作工具		
适用范围	适用企业生产自制入库业务		
序号	处理说明	责任部门	责任人
1	在“存货核算—自制入库核算”中，根据计算出的产品成本，录入或维护自制入库的产品的成本	财务部	成本会计
2	在“存货核算—凭证处理”中生成产品入库的凭证	财务部	成本会计
3	生成凭证后的产品入库单，本期不能再进行入库核算，系统控制单据不被过滤出来	财务部	成本会计

2. 自制入库核算

进入核算系统后，单击【自制入库核算】进入该处理过程。该模块主要用来录入产品入库成本。

自制入库核算包括：产品入库核算。

自制入库核算的准备工作：审核当期的产品入库单。

3. 产品入库核算

进入自制入账核算模块后，通过“过滤”功能，选择要核算的自制入库单，按产品或按部门、产品汇总显示数量，若产品采用分批认定法，批次也是汇总依据。过滤出的记录均只有常用计量单位和实际成本中的单价、金额列可编辑。

当“系统参数”“业务参数”中没有设置使用双计量单位，那么上图中的基本计量单位信息将不再显示，仅显示常用计量单位信息。

如果用户选择按部门汇总，则上图中的最左边将会显示明细部门信息。

如果单据体部分中没有显示部分常用字段相关信息，可以在菜单栏查看按钮下的“显示隐藏列”中重置字段为显示。

可以通过物料代码、物料名称、规格型号等基础资料过滤，来缩小核算范围；同时也可以通过物料代码、物料名称、规格型号、批次进行排序。

单击【核算】，系统会将汇总计算出的单价、金额回填到单据，同一部门、同一种产品的单位成本相同。

六、存货出库核算

1. 业务流程说明，如表 3-8-6 所示。

表 3-8-6　　业务流程说明

目标	完成存货出库核算及账务处理的全过程		
业务背景	企业存在存货出库投产或销售业务，需要进行材料出库核算； 本流程对存货出库核算及其相应的账务处理提供了操作工具		
适用范围	适用企业存货出库投产或销售业务		
序号	处理说明	责任部门	责任人
1	在"存货核算—存货出库核算"中，根据实际业务需要，录入或维护发出材料的代码，以进行材料的出库核算	财务部	成本会计
2	存货出库核算中需要进行必要信息的检测，可以进行单独存货的出库核算，也可以分仓进行核算；核算完成后可以查看结转存货成本报告	财务部	成本会计
3	在"存货核算—生成凭证"，生成存货的出库凭证，存货出库一般分布在销售出库、其他出库以及生成领料中业务等等，需要按照不同的单据类型生成凭证	财务部	成本会计

2. 核算步骤说明

进行核算系统后，单击【存货出库核算】，进入出库核算向导，进入存货出库核算处理过程，详细操作步骤如表 3-8-7 所示。

表 3-8-7　　存货出库核算处理

步骤	描　　述	步骤	描　　述
准备	完成材料入库核算、审核本期材料出库单	第三步	核算选项设置
第一步	过滤存货范围	第四步	出库核算
第二步	过滤仓库或仓库组范围	第五步	查看报告

单击【存货出库核算】图标，出现"出库核算向导"界面，介绍出库核算可选用的所有计价方法，单击【下一步】，出现"存货过滤"界面。

(1) 选择结转本期所有存货时，会对所有存货核算出库成本。

(2) 选择结转指定存货类下所有存货时，需指定非明细的存货类。

(3) 选择结转指定存货代码或代码段，需指定存货代码段。当代码段两项内容相同时，即表示仅仅结转某一个指定的存货。

3. 过滤仓库或仓库组范围

(1) 若采用总仓核算，则不会出现此过滤界面。分仓核算时，可在此界面选择本次核

算的仓库，注意仓库的排列顺序也就是出库核算的顺序，可通过上移、下移来改变核算顺序。可使用“全选”，选择所有仓库，也可使用“全清”，取消选择。

(2) 若采用分仓核算时，如果存在调拨业务，应根据仓库中存货的调拨顺序来决定仓库的核算顺序，调出仓库应先核算，调入仓库后核算。

4. 核算选项设置

将各种选项列表介绍如表 3-8-8 所示。

表 3-8-8　　各种选项列表介绍

数据项	说　明
写结转报告	确定是否记录计算过程，选中了此选项，才能选择与该选项相关的下列三个选项
只写结转有误的存货	只结结转出现错误的存货写结转报告
写成本计算单	记录存货出库核算的详细计算过程，费时较多
写错误日志	结转出错时记录错误日志
输出路径	选择结转报告的输出路径，默认客户端安装目录下，建议用户修改
每次结转存货数量	此数值会影响结转速度，可根据经验调节

5. 一般出库核算

(1) 出库核算

选项设置完后，单击【下一步】，开始出库核算。系统会按照物料代码和仓库顺序，逐个物料、仓库计算，计算时需用到的资料有期初余额，本期入库数量及入库成本，物料的计价方法，出库数量。同一条出库记录，由于物料采用的计价方法不同，可能计算出不同的单位出库成本。各种计价方法可在系统中并行使用，用户应深入理解各种计价的定义和差别。

若核算到的物料入库核算未完成(有入库单的单价为零，包括红字)，系统会提示出错。根据选项决定是否停止继续核算其他物料。用户应到入库核算模块，完成相关的入库核算。

若出现负结存出库，系统会根据系统设置中的负结存出库选项，来决定出库成本，若选择手工录入，则会收集到不能确定单价的单据中。

重点提醒

①系统在出库核算时，禁止出库单价为负，若出现此种情况，用户应调整期初成本或入库成本。②已生成凭证的出库单在核算时不会刷新单价和金额，以保证凭证和单据一致。

(2) 成本核算方法定义：

先进先出法(first-in，first-out)：假定先购入的材料先发出，并根据这种假定的成本流转次序对发出材料进行计价的方法。

后进先出法(last-in，first-out)：假定后购入的材料先发出，并根据这种假定的成本流转次序对发出材料进行计价的一种方法。

加权平均法(weighted average):是根据月初结存材料和全月收入材料的数量和金额,于月末一次计算出以数量为权数的全月加权平均单价,作为本月发出材料的单价,以求得本月发出材料成本的一种方法。加权平均法又称为全月一次加权平均法。

移动平均法(move average):是根据以前结存材料与本次购入材料的数量和金额,计算出以数量为权数的移动加权平均单价,作为其后发出材料的单价,以求得发出材料成本的一种方法。

分批认定法(specific identification):是以原来购入材料时的单价作为发出材料的单价,以求得各次(批)发出材料成本的一种方法。对于批次内部的多笔记录,系统又提供了2种模式,即移动加权平均和先进先出,对于同一个批次内部的出库,核算发出成本的时候按照移动平均的规则确认。

6. 红字出入库单的出库核算

(1) 红字出入库单系统默认规则为:

无原单红字出库单作为入库单序列。

原单期间为以前期间红字出库单作为入库单序列。

原单期间为本期或以后期间红字出库单作为出库单序列。

另外,对于红字入库单,默认处理规则将作为负的收入进行存货核算;如果红字出库单已经生成凭证,其金额和单价则一律不会更改,直接用该数量和金额参与入库序列的合计或者参与出库序列的扣减并反映在出库核算报告中。

(2) 在货出库核算说明。

完成存货出库核算,单击【无单价单据序时簿】,弹出"过滤"界面(本期已审核为默认条件),若选全部,则可直接单击【确定】,显示所有的不确定单价的单据,不确定单价的单据在出库核算过程中产生。主要包括以下几种类型:

本期未核算的入库单,表现为入库单上单价、金额为零,包括红字入库单。

出库时,出现负结存,根据负结存出库核算选项,仍核算不出单价的蓝字出库单。

核算时当前出库单价为负数,导致无法更新单价的蓝字出库单。

分仓核算调拨单时,调入仓库先核算,而调出仓库后核算。

双击某一行,弹出该行所对应的单据,用户可录入单价,系统计算出金额,或录入金额,由系统倒算出单价。

也可通过"无单价单据更新"模块的相关功能实现单据上的单价的更新工作。

一般情况下,不确定单价单据是对应于出库核算的,比如进行了材料出库核算后,会产生不确定单价单据,可以到此功能中来维护;如果又进行产成品出库核算,也会产生不确定单价单据,则也可以到此功能中来维护。

七、业务生成凭证

进行核算系统后,单击【业务生成凭证】进入该处理过程。该模块主要用来将各种核算单据生成凭证。

注意

准备工作：凭证模板设置完成、核算单据已完成入库或出库核算。

1. 选择事务类型

单击业务生成凭证图标，出现核算单据事务类型选择界面，移动光标，选择需要生成凭证的核算单据，单击【确定】，进入该种核算单据"过滤"界面。

"暂估冲回"类型，是指当用户选择暂估冲回方式为单到冲回时，以前期间的暂估入库单在本期采购发票已到，并勾稽，在此种类型列出，由用户生成暂估冲回凭证。

"估价入账"类型，是指当期期间以及以前期间未与采购发票勾稽的外购入库单。

2. 录入过滤条件

所有凭证生成事务都会有一个待生成凭证单据序时簿，用户可以使用【重设】功能调出过滤界面，使用多功能过滤界面过滤出复合需要的单据；但是在生成凭证的时候，部分事务并不是仅影响序时簿中的单据的，而是影响整个与序时簿中对应单据有着关联、勾稽关系的一组单据，比如外购入库事务，则影响外购入库单、采购发票、外购入库暂估补差单等。

3. 生成凭证选项

选择【编辑】→【选项】，或者直接使用【选项】功能按钮，显示生成凭证的一些选项，包括选择默认凭证模板，错误处理等，如表 3-8-9 所示。

表 3-8-9　　生成凭证选项

类别	选　　项	描　　述
错误处理	中断凭证生成过程	在按单生成多张凭证时，生成某一张凭证时出现错误，则中断退出，即使其他单据可生成凭证也不再处理
	忽略错误继续处理下一张单据	在按单生成多张凭证时，生成某一张凭证时出现错误，忽略错误，继续生成其他单据的凭证
	给出错误提示	出现错误时给出提示
数据不完整或保存前处理	保存凭证前调出凭证修改界面手工调整	生成凭证保存前直接调出"凭证修改"界面，由用户自行确认并保存
	数据不完整时调出凭证修改界面手工调整	在生成凭证时，若凭证科目、核算项目等必录事项从凭证模板或单据上取不到，则调出不完整的凭证，由用户补录
	忽略错误，仅在报告中说明	遇到上述情况时，并不调出凭证，只是在报告中说明
默认模板	实际成本法模板	单击【模板设置】，可调整当前实际成本法物料的默认凭证模板
科目合并选项	借方相同科目合并	选择该选项，凭证借方存在相同科目则合并反映（核算项目和单位必须相同）
	贷方相同科目合并	选择该选项，凭证贷方存在相同科目则合并反映（核算项目和单位必须相同）

（续表）

类别	选　　项	描　　述
计量单位设置	计量单位自动取用对应科目预设“缺省单位”	选择该选项，如果出现业务单据上的计量单位不属于对应科目预设计量单位组，则系统在生成凭证时将直接引用对应科目预设的“缺省单位”，并保存凭证而不提示错误；如果用户没有选中上述选项，系统将在保存凭证时对上述情形提示错误，并不直接引用对应科目“缺省单位”，而由用户自行确定；故：上述选项务必慎用

4. 生成凭证

（1）凭证生成的方法。

凭证生成的方法：可以同时选择一张或多张单据，“外购入库”和“销售收入—分期收款”等类型为一组或多组单据，选择生成凭证的方式，按单（单据组）生成多张或汇总生成一张凭证。

用户可以在过滤出来的单据前面选择当前单据对应的凭证模板，如果不选择，系统使用默认模板生成凭证；每张单据前面使用多选选项，对于需要生成凭证的单据确认选择状态，则生成凭证的时候，被选择的单据作为数据源生成凭证。

生成凭证失败主要有以下几方面的原因，如表 3-8-10 所示。

表 3-8-10　　生成凭证失败的主要原因

常见错误	原　　因	解决方法
凭证借贷不平	未进行入库核算，主要出现于外购入库等类型	先进行入库核算
取不到科目	系统不能从指定的科目来源中取到科目	补录相关科目数据或调整科目取数来源
从单据上取不到相应的核算项目	凭证上科目的核算项目在单据上无对应字段	调整凭证模板上的科目，或通过自定义单据增加相关字段
与总账当前期间不对应，不能保存凭证	总账当前期间大于核算系统当前期间	反结账调整总账系统当前期间

（2）生成凭证的条件。

生成凭证时，若科目需数量金额辅助核算，则系统会按科目汇总单据上物料的数量，传递到凭证中，若物料为多计量单位，统一按基本计量单位汇总。因此数量金额核算的明细科目与对应的物料的计量单位组应保持一致。

生成凭证时，若科目需外币核算，则系统会将单据（仅指发票，出入库单据只核算本位币）上的外币金额和汇率传递到凭证中，不需要用户手工计算和录入。若对应科目核算所

有币别，则该科目外币金额按发票上不同的币别分别汇总，即有多少种币别，就显示为多少条记录。

重点提醒

若对应科目只核算一种外币，而发票上也只有这一种外币，则将此外币金额汇总写入凭证。若对应科目只核算一种外币，而选定生成凭证的发票上有多种币别或不同于科目的其他外币，则将发票的金额均折算为本位币，再按汇率倒算为指定的外币。

以前期间的暂估入库单只有生成了暂估凭证，才会自动冲回或由用户单到冲回，而只有暂估冲回了才能再生成外购入库凭证。系统启用前录入的暂估入库单均按单到冲回处理。

(3) 系统当前提供 3 种可以生成凭证的方式。

按单生成凭证。如果选择【按单生成凭证】，则对于选择的单据以一对一方式生成凭证，即一张单据就生成一张凭证，存在 2 种可能的情况：如果在一个单据类型里面选择了多张单据，使用这种模式生成凭证时，系统为每一张单生成对应的一张凭证，在单据上记录各自不同的凭证号；如果在不同的单据类型中选择了单据(一张或多张)，则只是对于当前过滤界面中的单据按单生成凭证，其他单据类型中的单据不能同时生成凭证。

按单据类型汇总生成凭证。如果选择【按单据类型汇总生成凭证】，则可以实现对于同一个单据类型中的单据汇总生成一张凭证，注意对于选项中科目合并的支持定义，凭证借贷方存在相同科目则合并反映(核算项目和单位必须相同)。

如果在不同单据类型中同时选择了多张单据，生成方式是对于当前过滤界面中的单据汇总生成凭证，其他单据类型中已经选择了的单据不能同时生成凭证。

所有选择单据生成汇总凭证。如果选择【所有选择单据生成汇总凭证】，可以实现使得不同单据类型的单据同时选择有效，即如果在不同单据类型中同时选择了多张单据，使用这种模式汇总生成凭证，则可以同时将一种单据类型的单据汇总生成一张凭证。

举例：如果同时选择了外购入库和外购入库估价入账 2 种单据类型的单据生成凭证，则系统自动生成 2 张对应凭证，并同时反填对应单据的记账信息。

重点提醒

一般来讲，生成凭证的时候前提是要先将凭证过滤出来，系统已经先行按照一定的规则过滤，当然用户可以设置自定义条件，但是一般默认的前提是单据必须已经审核，并且已经进行了存货或者成本核算，即需要记账的单据上已经有成本或者金额存在，例如成本为 0 的销售出库单是不能记账的，系统控制也就不能直接在序时簿中过滤出来。

查看报告，在生成凭证成功或失败的提示界面上，单击【查看报告】，可查看生成凭证过程的报告。凭证生成失败时，可通过报告中提示的原因作出调整，以便顺利地生成凭证。

八、业务期末结账

进入核算系统后，单击【业务期末结账】，进入该处理过程，可利用该模块结束本期业务。

1. 结账前检查

点击【结账前检查】，系统会对核算单据自动进行检查，并对需要结账检查项是否达到可结账状态进行显示。

检查内容：

(1) 检查未审核的仓存单据。检查本期是否有未审核的仓存单据（包括调拨单、成本调整单），若有，系统会给出相应提示，结账过程不能进行。用户应查看相关的序时簿，进行相应处理。

(2) 检查金额为零的出入库单据。检查本期是否有金额为零的仓存单据，若有，系统会给出相应提示，结账过程不能进行。用户应进行相应的出入库核算再结账。

(3) 检查是否还有未生成凭证的核算单据。此检查根据核算选项进行，若选择期末结账时检查未记账的单据，则系统会检查所有的核算单据是否已生成了凭证，包括成本调整单和计划价调价单，若同时选择了"调拨单生成凭证"的选项，在期末结账时对调拨单是否生成凭证进行检查，若未选择"调拨单生成凭证"的选项，则不需检查调拨单是否生成凭证。

(4) 检查未生成凭证的应收应付单据。检查本期是否有未生成凭证的应收应付单据，若有，系统会给出相应提示，结账过程不能进行。用户应进行相应的单据处理再结账。

2. 计算发生额，结转余额

(1) 计算本期收发数量、金额合计。根据本期所有的出入库单据，计算本期各个仓库(位)中各种物料(批次)的本期收入数量、金额合计，发出数量、金额合计，并写入存货余额表中。

(2) 计算本年累计收发数量、金额合计。根据上期的本年累计收入数量、金额、发出数量、金额，以及本期收发数量、金额合计，计算截止到本期的本年累计收发数量、金额。

(3) 计算本期期末余额，结转到下一期。根据本期期初余额和本期收发数量、金额合计，计算各个仓库(位)中各种物料(批次)的本期期末余额，并将它结转为下一期的期初余额。

重点提醒

若物料需进行保质期管理，在处理余额表，还会按生产日期和保质期汇总。

3. 更新即时库存数据

若在期末结账界面，选中"核对即时库存"，则系统会重算即时库存数量【F12】。该选项并非必选，只有在出现即时库存由于某种异常情况与报表数据不一致时，才需要使用。

4. 修改系统参数，完成结转

存货余额处理成功后，系统会将当期期间参数值下置一期，并提示期末结账成功。

【实训操作练习 59】

本月摊销生产车间设备租赁费(其他费用)2 000 元,水电费 1 000 元,从总账中查询本月直接人工费为 8 150 元。完成生产成本核算。

【实训操作步骤】

(1) 在金蝶 KIS 专业版主控台,依次单击【生产管理】→【费用分摊】,详细操作步骤如图3-8-1所示。

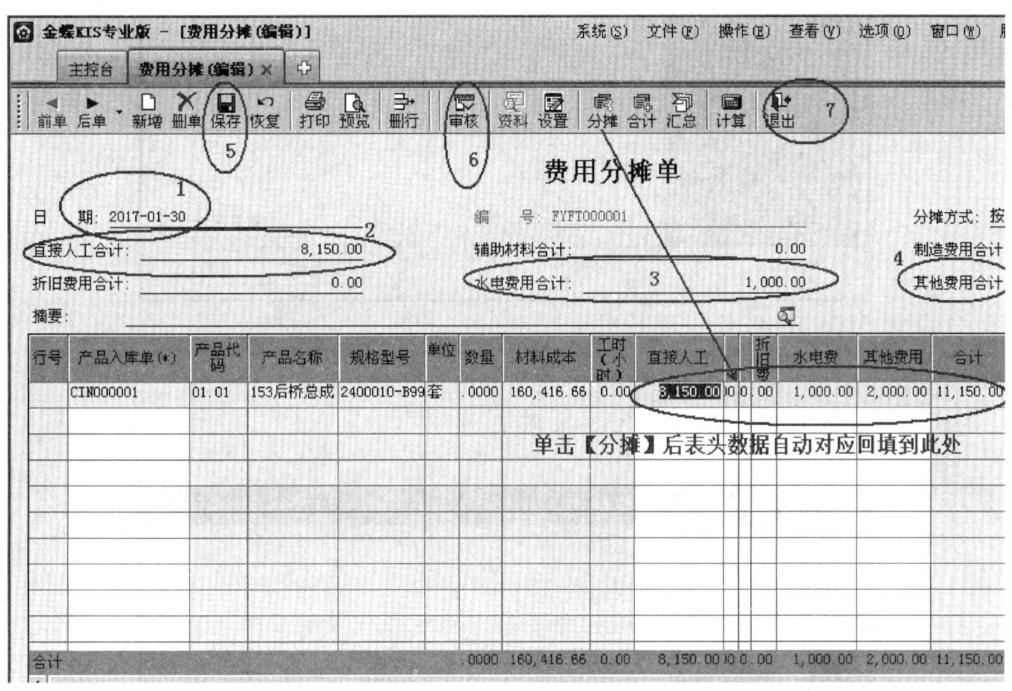

图 3-8-1

(2) 系统返回金蝶 KIS 专业版主控台,单击【生产成本核算】,如图 3-8-2 所示。

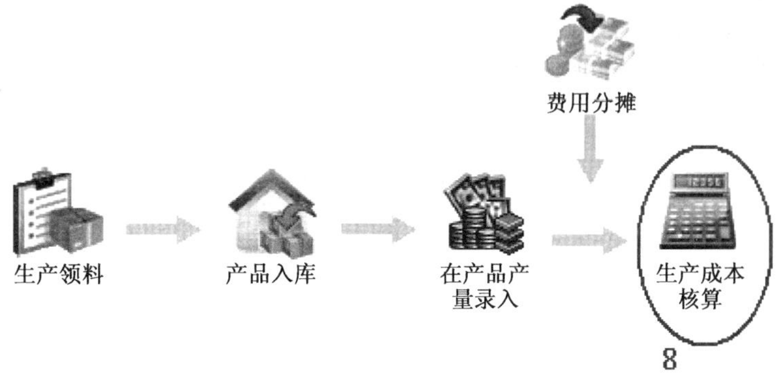

图 3-8-2

(3) 单击【继续】,如图 3-8-3 所示。

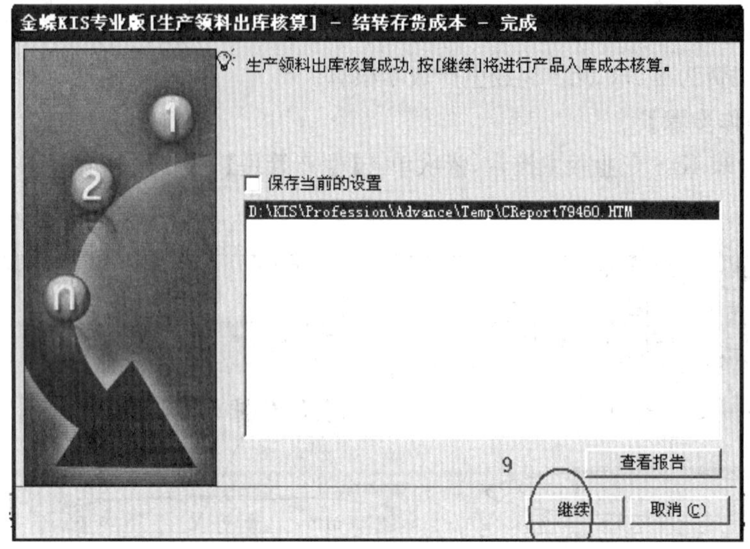

图 3-8-3

(4) 生产成本核算完成,如图 3-8-4 所示。

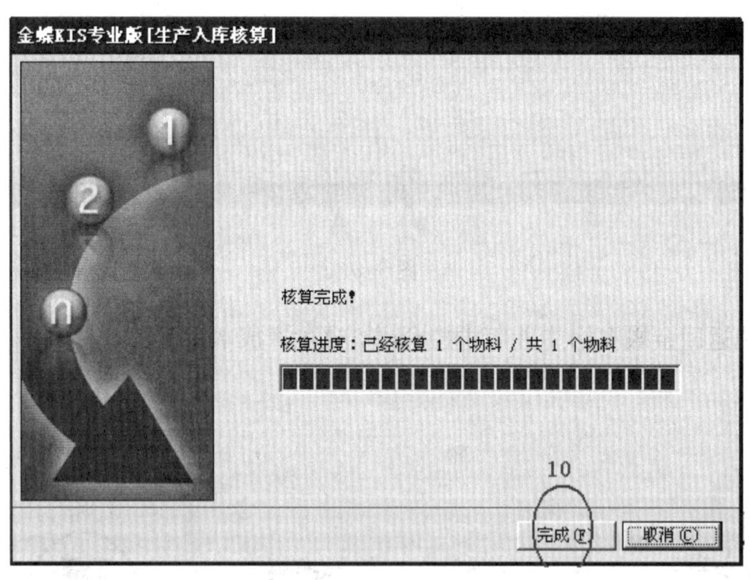

图 3-8-4

【实训操作练习 60】

完成存货出库成本核算。

【实训操作步骤】

(1) 在金蝶 KIS 专业版主控台界面,依次单击【存货核算】→【存货出库核算】,如图 3-8-5、图 3-8-6、图 3-8-7、图 3-8-8 和图 3-8-9 所示。

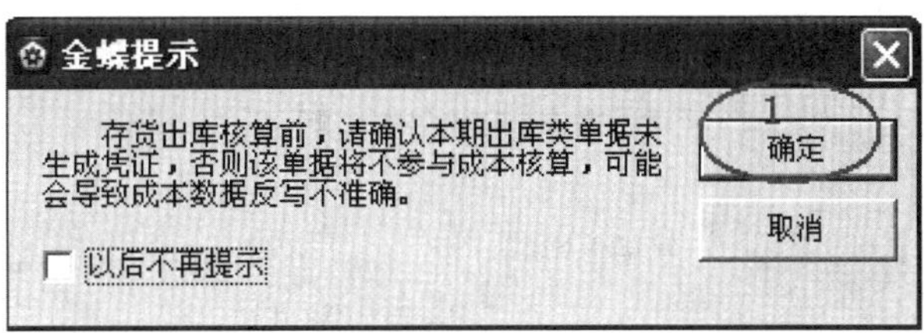

图 3-8-5

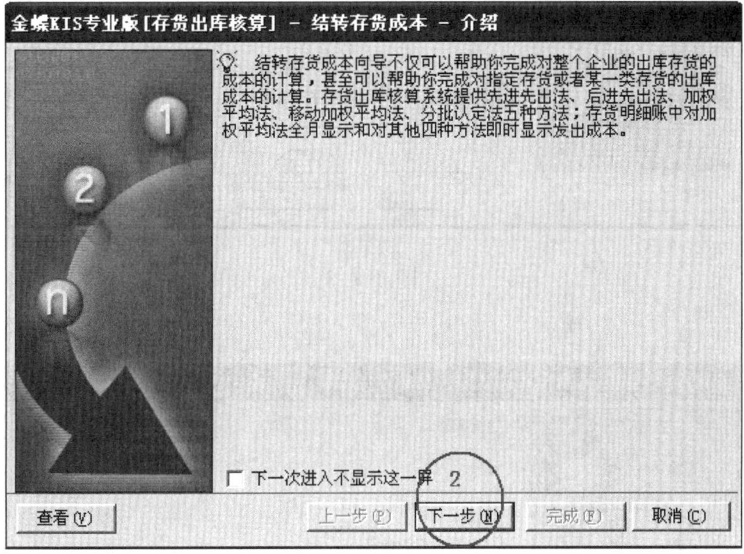

图 3-8-6

金蝶KIS专业版[存货出库核算] - 结转存货成本 - 第一步

请你选择需要进行结转的存货:

3 结转本期所有存货

结转指定存货类下所有存货

存货类:

结转指定存货代码或代码段

存货代码:

至:

结转指定单据相关存货

单据编号:

至:

4

查看(V)　上一步(P)　下一步(N)　完成(F)　取消(C)

图 3-8-7

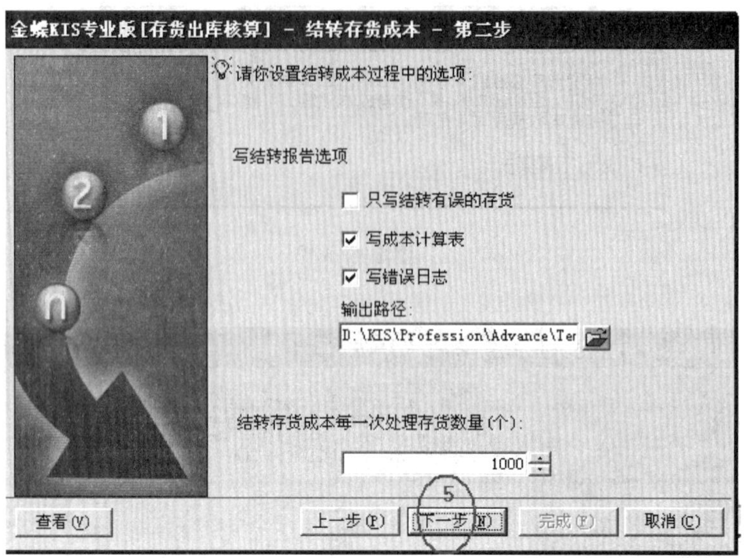

图 3-8-8

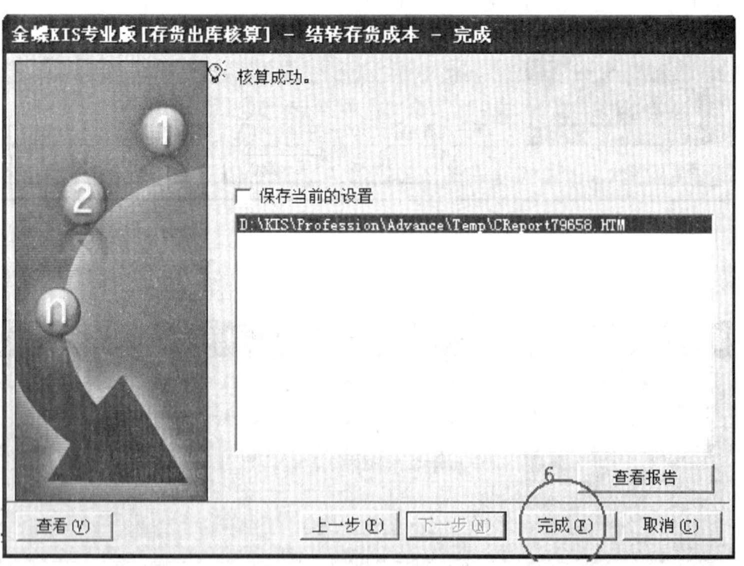

图 3-8-9

（2）存货出库成本核算完成。

【实训操作练习 61】

完成生产领料凭证生成。

【实训操作步骤】

（1）在金蝶 KIS 专业版主控台，依次单击【存货核算】→【业务生成凭证】，如图 3-8-10、图 3-8-11、图 3-8-12 和图 3-8-13 所示。

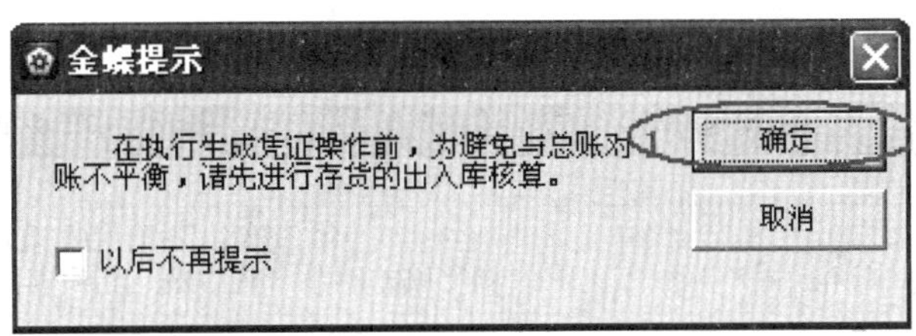

图 3-8-10

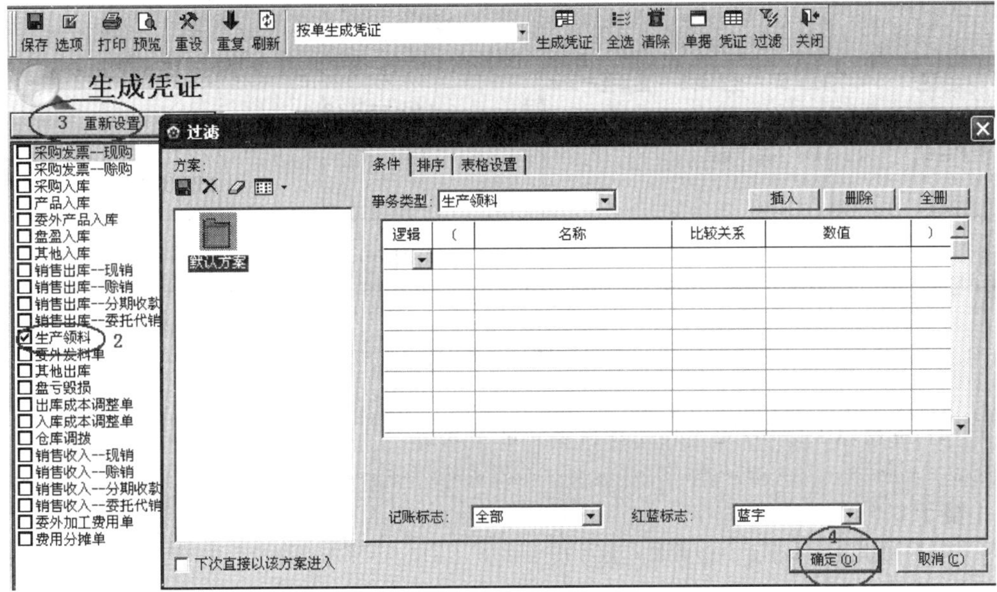

图 3-8-11

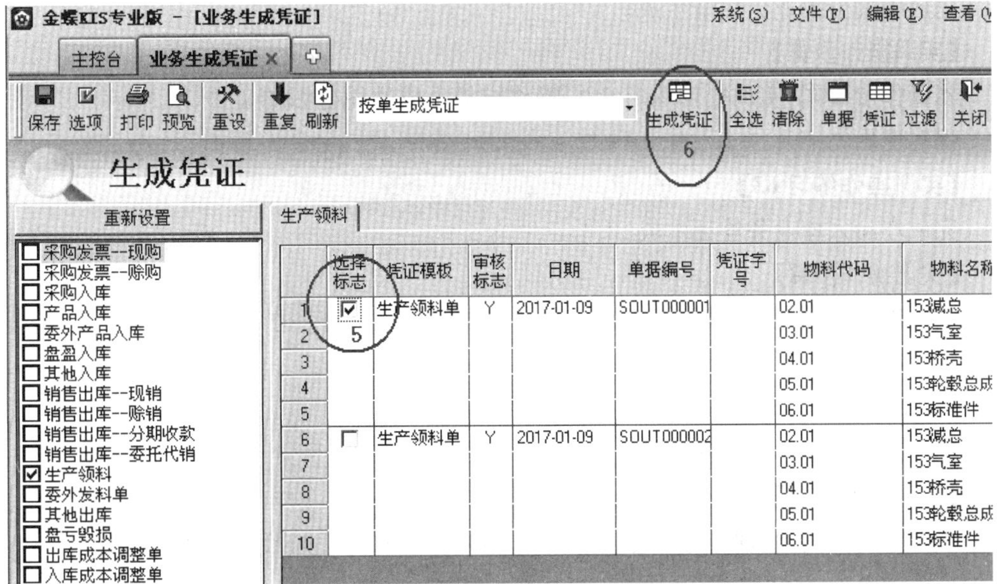

图 3-8-12

记账凭证 － 新增

文件(F) 操作(E) 查看(V)

新增 保存 暂存 还原 打印 预览 首张 前张 后张 末张 插入 删除 外币 代码 流量 附件 页面 计算器 选项 跳转 关闭

7 8

记账凭证

参考信息:

业务日期: 2017年1月9日

日期: 2017年1月12日 2017 年 第 1 期

	摘要	科目	借方	贷方
1	生产领料	4001.01 - 生产成本 - 基本生产成本	12833333	
2	生产领料	1405 - 库存商品		12833333
3				

图 3-8-13

(2) 重复以上操作，完成其他领料单凭证生成。

小提示

也可以一次选择有生产领料单生成汇总凭证。

【实训操作练习 62】

完成费用分摊业务凭证生成。

【实训操作步骤】

本操作步骤同[实训操作练习 61]，操作结果生成的凭证如图 3-8-14 所示。

保存退出。

【实训操作练习 63】

完成产品入库业务凭证生成。

【实训操作步骤】

本操作步骤同[实训操作练习 61]，操作结果生成的凭证如图 3-8-15 所示。

保存退出。

【实训操作练习 64】

完成存货销售出库凭证生成。

【实训操作步骤】

本操作步骤同[实训操作练习 61]，操作结果生成的凭证如图 3-8-16 所示。

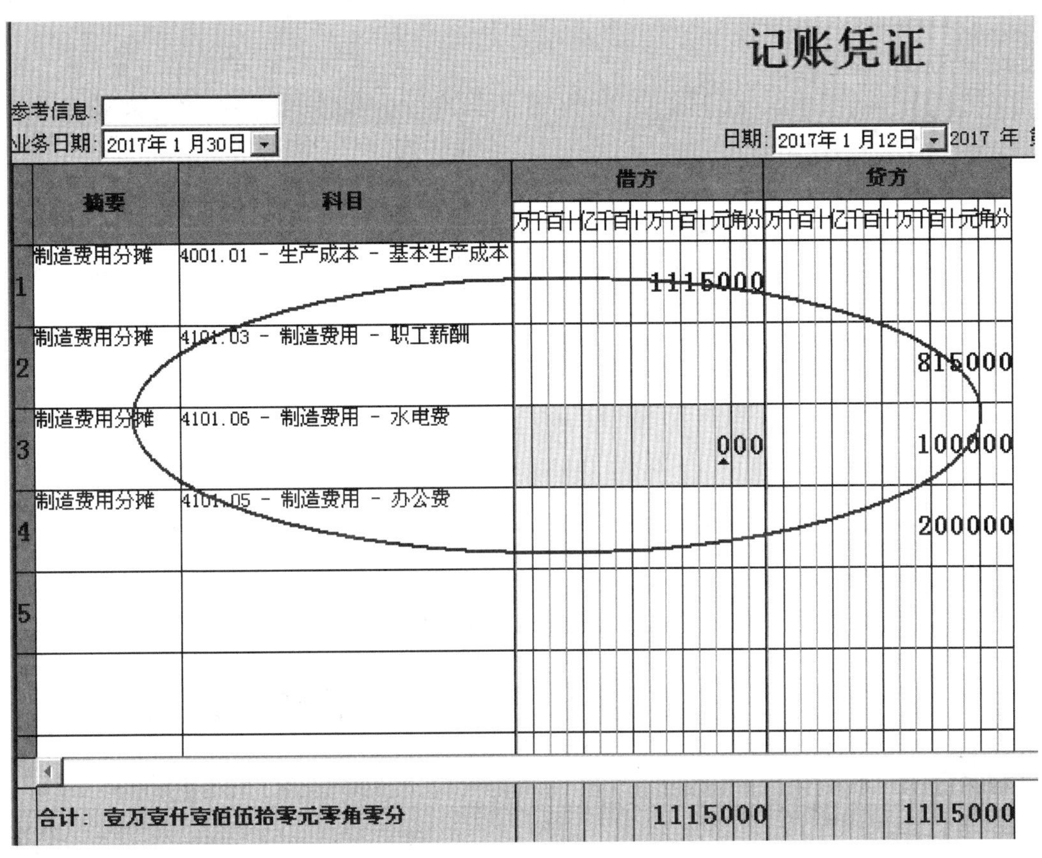

记账凭证

参考信息:
业务日期: 2017年 1 月30日　　日期: 2017年 1 月12日 2017 年

	摘要	科目	借方	贷方
1	制造费用分摊	4001.01 - 生产成本 - 基本生产成本	1115000	
2	制造费用分摊	4101.03 - 制造费用 - 职工薪酬		815000
3	制造费用分摊	4101.06 - 制造费用 - 水电费	000	100000
4	制造费用分摊	4101.05 - 制造费用 - 办公费		200000
5				
	合计: 壹万壹仟壹佰伍拾零元零角零分		1115000	1115000

图 3-8-14

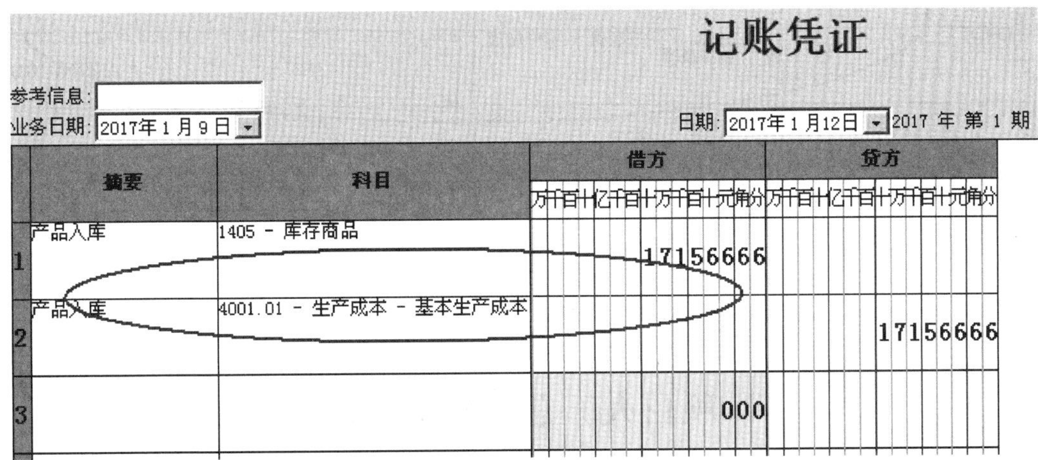

记账凭证

参考信息:
业务日期: 2017年 1 月 9 日　　日期: 2017年 1 月12日 2017 年 第 1 期

	摘要	科目	借方	贷方
1	产品入库	1405 - 库存商品	17156666	
2	产品入库	4001.01 - 生产成本 - 基本生产成本		17156666
3			000	

图 3-8-15

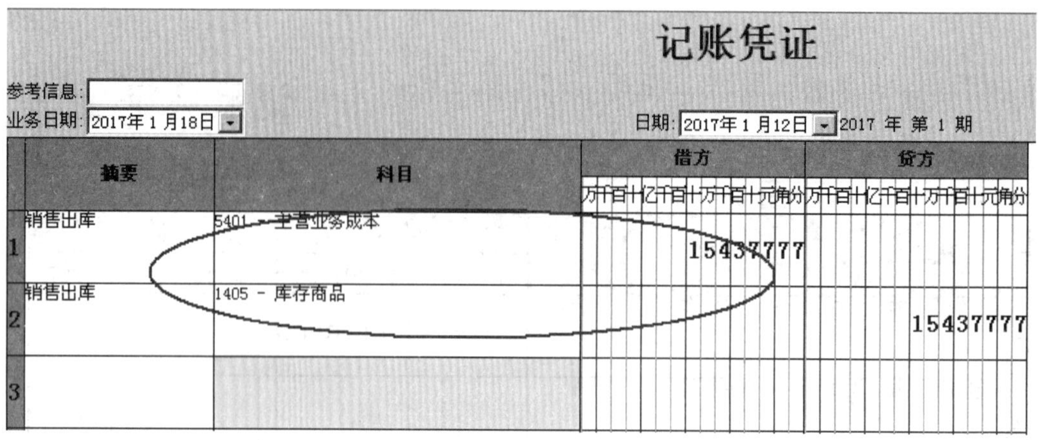

图 3-8-16

【实训操作练习 65】

完成存货销售收入凭证生成。

【实训操作步骤】

操作步骤同[实训操作练习 60],操作结果生成的凭证如图 3-8-17 所示。

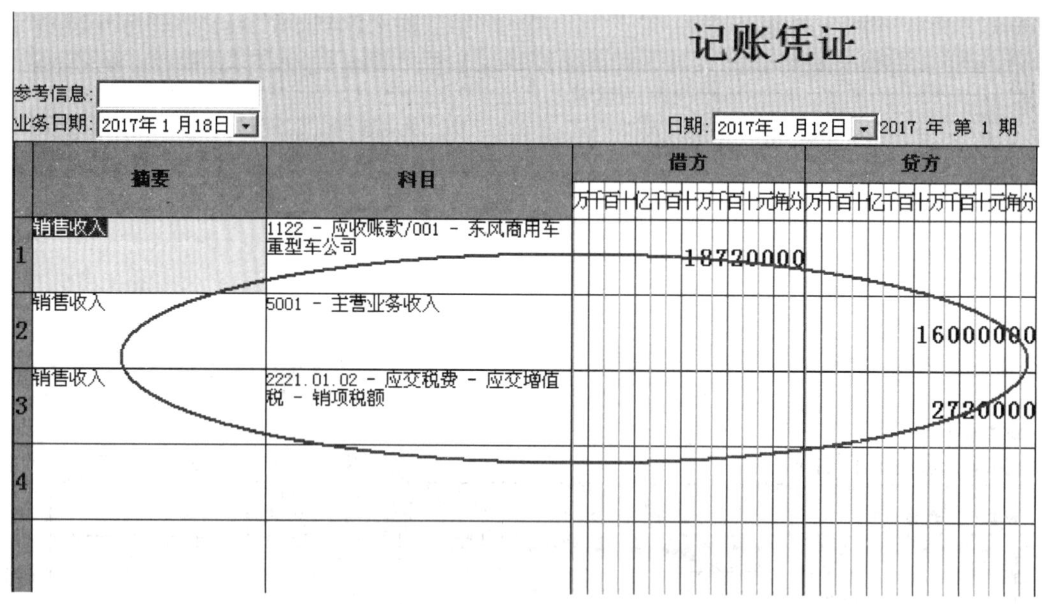

图 3-8-17

项目九　总 账 系 统

应会内容:凭证录入、凭证审核、凭证记账、凭证反记账、凭证反审核、期末结转损益。

一、账务处理概述

账务处理是财务会计系统中最核心的系统，以凭证处理为中心，进行账簿报表的管理。可与各个业务系统无缝连接，实现数据共享。企业所有的核算最终在总账中体现。

1. 财务处理系统的主要功能

(1) 提供科目预算控制。可进行科目预算，科目预算可在会计科目中设置，从而在凭证录入时可根据需要进行各种控制。

(2) 强大的账簿报表查询。查询账簿报表时，可追查至明细账直至凭证，同时可查询到核算项目信息。有跨期查询功能，可以在本期未结账的情况下查询以后期间的数据。提供多种核算项目报表的查询，可进行多核算项目类别的组合查询。具体提供的账簿包括：总分类账、明细分类账、数量金额总账、数量金额明细账、多栏式明细账、核算项目分类总账、核算项目明细账等；具体提供的报表包括：科目余额表、试算平衡表、科目日报表、核算项目余额表、核算项目明细表、核算项目汇总表、核算项目组合表、调汇历史信息表等。

(3) 多币别核算的处理。期末自动进行调汇的处理，通过调汇历史信息表可方便查询到各种币别的变动过程。

(4) 实现现金流量表的制作。在凭证录入时即可指定现金流量项目，也可通过 T 形账户，批量指定现金流量项目，生成现金流量表的主表与附表。同时现金流量表可进行多级次多币别的查询。

(5) 实现往来业务的核算处理，精确计算账龄。提供基于凭证的往来业务核销，可按数量与金额两种核销方式，准确计算数量金额的往来业务计算。分段准确计算账龄，利于资金控制以及账款催收，加强财务管理。

(6) 与购销存系统无缝连接。购销存系统可直接自动生成凭证到总账中，在总账可直接查询到购销存系统生成的凭证。业务单据与凭证间可相互联查。

(7) 对购销存系统生成的凭证提供明细管理功能。在系统参数中提供“不允许修改/删除业务系统凭证”的参数选项，当选择了该参数，则不允许修改或删除购销存系统机制凭证，反之则可以修改和删除。

(8) 自动转账设置。系统提供自动转账设置模板，期末时可由系统自动生成转账凭证，无须人工录入。

(9) 期末调汇的处理。本功能主要用于对外币核算的账户在期末自动计算汇兑损益，生成汇兑损益转账凭证及期末汇率调整表。

(10) 期末损益结转。期末损益自动结转，方便快捷核算经营成果。

2. 账务处理与其他系统的接口

(1) 与固定资产系统的接口。固定资产初始余额可以传递到总账初始余额；固定资产新增、变动、清理，折旧计提与费用分摊均可生成凭证，并传递到总账系统。

(2) 与出纳管理系统的接口。出纳管理系统的现金日记账和银行存款日记账可以从总账系统中引入。

(3) 与工资系统的接口。如果工资管理系统与金蝶 KIS 专业版账务处理系统联用时，其基本设置中的部门、职员与币别信息既可独立建立、也可由基础资料中导入，减少相应的工作量，月末工资数据可以根据费用分配的设定，直接产生费用分配凭证传到总账系统。

(4) 与报表系统的接口。报表系统可以通过 ACCT、ACCTCASH、ACCTEXT 等取数函数来实现从总账系统中取数。

(5) 与业务系统的接口。业务系统生成的凭证传递到账务处理系统，并可实现业务系统与总账系统的对账功能。

二、凭证处理业务说明

1. 凭证处理业务流程说明，如表 3-9-1 所示。

表 3-9-1　　凭证处理业务流程说明

目标	实现凭证的生成、审核、过账和修改所有的操作		
业务背景	用户在实现初始化之后，系统已成功启用。财务人员需要以凭证的方式记录公司发生的实际经济业务。同时，按照实际的工作要求，对凭证进行审核、过账，发现错误进行修改		
适用范围	(1) 各种方式产生的凭证，包括手工凭证、系统生成凭证、模式凭证、自动转账凭证、外部引入凭证、凭证冲销等 6 种方式产生的凭证。 (2) 凭证的所有处理业务，凭证的生成、审核、过账、修改和删除		
序号	处理说明	责任部门	责任人
1	新增凭证，手工录入、引入或者系统产生的凭证	财务部	会计
2	凭证查询，查询符合条件的凭证	财务部	财务人员
3	凭证审核，会计主管审核系统内的凭证	财务部	总账会计
4	凭证反审核——发现已审核的凭证错误，将其反审核，进入可修改状态	财务部	主管会计
5	凭证过账，将符合条件的凭证登记到账簿	财务部	主管会计
6	凭证反过账，发现已过账的凭证错误，将其反过账，进入可修改状态	财务部	主管会计

2. 凭证录入与审核流程说明，如表 3-9-2 所示。

表 3-9-2　　凭证录入与审核流程说明

规程目标	确保原始数据以凭证形式变为软件数据，并通过审核得以确认		
业务背景	(1) 已建立会计制度；(2) 原始凭据真实、合法、完整		
规程适用范围	(1) 直接由普通原始凭据制作凭证； (2) 由软件的业务数据生成凭证或由手工录入此类凭证		
序号	处理说明	责任部门	责任人
1	根据已审核过的原始凭据，在 KIS 系统\账务处理\凭证录入中录入凭证并自检，检查由系统自动生成凭证的准确性	财务部	总账会计

（续表）

序号	处理说明	责任部门	责任人
2	要求当天的业务凭据，当天生成或录入总账凭证	财务部	总账会计
3	原始凭据真实、合法、有效	财务部	总账会计
4	会计记账凭证的编制期不能早于实际业务的发生期	财务部	总账会计
5	审核录入凭证是否信息完整准确	财务部	主管会计
6	如凭证录入有问题，则通知制单人依据原始凭据检查和修改凭证，此工作要求在1个工作日内完成	财务部	主管会计
7	如凭证录入无问题，则在金蝶KIS专业版系统\凭证管理功能中对已录入凭证进行审核，此工作要求在凭证检查无误后1个工作日内完成	财务部	主管会计

3. 凭证反审核业务流程说明，如表3-9-3所示。

表3-9-3　　凭证反审核业务流程说明

规程目标	对发现问题的已审核凭证进行反审核，使之返回至未审核状态以便于改正		
业务背景	已审核的凭证在账簿生成或报表生成等后续处理过程中发现有误； 问题凭证为已审核凭证或已过账凭证		
规程适用范围	审核与反审核必须为同一人；如果此凭证已过账，则需先反过账后再反审核；适用于本会计期间修改或跨会计期间修改		
序号	处理说明	责任部门	责任人
1	发现问题凭证后申请反审核凭证以便以修改	财务部	主管会计
2	由主管会计检查问题原因，并对是否反审核凭证做判断	财务部	主管会计
3	不同意反审核凭证，则通过红字冲销或蓝字更正凭证	财务部	总账会计
4	同意反审核凭证，则检查此凭证是否在当前会计期间，是否需要反过账或反结账	财务部	主管会计
5	需反过账或反结账时，则先进行反过账或反结账后，再反审核凭证	财务部	主管会计
6	不需反过账或反结账时，则直接进行反审核凭证	财务部	主管会计

4. 凭证过账与对账业务流程，如表3-9-4所示。

表3-9-4　　凭证过账与对账业务流程

规程目标	对已审核凭证进行过账与及账簿查询，做结账前准备		
业务背景	凭证已审核		
规程适用范围	待过账凭证		
序号	处理说明	责任部门	责任人
1	检查待过账凭证，是否具备过账条件，如是否已审核，是否业务单据已生成凭证	财务部	总账会计

（续表）

序号	处理说明	责任部门	责任人
2	如果检查未通过，则通知相关人员查找原因，并要求及时改正	财务部	总账会计
3	此工作要求在 0.5 个工作日内完成	财务部	总账会计
4	检查通过后，对所有应过账凭证进行过账	财务部	总账会计
5	核对总账与明细账	财务部	总账会计
6	总账与明细账一致，基本可以确认过账正确	财务部	主管会计
7	总账与明细账不一致，则需检查原因，并反过账，及时改正	财务部	主管会计
8	反过账一般不允许使用，以保证过账的严肃性与准确性	财务部	主管会计
9	总账与明细账不符，需尽快查找原因，此工作需在 1 个工作日完成	财务部	主管会计
10	反过账后凭证需再反审核后才可修改	财务部	主管会计

5. 期末处理流程说明，如表 3-9-5 所示。

表 3-9-5　　期末处理流程说明

规程目标	完成本期所有凭证处理，并结账至下一个会计期间		
业务背景	为了总结某一会计期间（如月度和年度）的经营活动情况，必须定期进行结账。所有会计事项均已生成凭证且过账的情况下，我们就可以进行月底结账		
规程适用范围	结账转入下一个会计期间		
序号	处理说明	责任部门	责任人
1	期末处理条件检查	财务部	总账会计
2	基本业务凭证（除损益外）都已过账	财务部	总账会计
3	期末调汇——根据系统设置，有外币企业处理汇兑损益，并通过审核和过账	财务部	总账会计
4	自动转账——根据系统设置，相关处理包括自动生成转账凭证，并通过审核和过账	财务部	主管会计
5	结转损益——生成损益凭证，并审核与过账	财务部	主管会计
6	期末处理，进行结账，结账结束后，系统显示已进入下一个会计期间	财务部	主管会计
7	结账后发现错误，可进行反结账，但此功能只有系统管理员才有权限使用	财务部	系统管理员
8	查询账、证、表	财务部	财务人员

会计核算处理系统是以“证”“账”“表”为核心的有关企业财务信息加工系统。会计凭证

是整个会计核算系统的主要数据来源，是整个核算系统的基础，会计凭证的正确性将直接影响到整个会计信息系统的真实性、可靠性，因此系统必须能保证会计凭证录入数据的正确性。金蝶 KIS 专业版账务处理系统为您提供十分安全、可靠、准确快捷的会计凭证处理功能。

6. 凭证数据的校核和控制

(1) 凭证数据的校核。

凭证分为原始凭证和记账凭证两种，在业务发生时应首先根据原始凭证和其他有关业务资料手工填制凭证。或者根据原始凭证直接在电脑上制作记账凭证。为方便用户使用和财务管理的需要，系统提供了多种凭证数据的校核：会自动显示科目的最新余额及预算金额；会自动检验记账凭证借贷方是否平衡；检验科目是否为最明细级；检验本位币金额是否等于汇率乘原币；检验金额是否等于数量乘单价。

(2) 凭证数据的控制。

系统在对凭证内数据进行控制的同时，还对凭证在记账前的审核检验提供控制。为了使系统更加灵活。这些控制你可以根据您企业的实际情况进行设定。如果您认为凭证不需要经二次审核即可记账，您就可以在系统参数中将“凭证过账前必须经过审核”选项去掉，则凭证就可以不经审核直接过账。

三、凭证录入

凭证录入功能就是为用户提供了一个仿真的凭证录入环境，在这里，可以将您制作的记账凭证录入电脑，或者根据原始单据直接在这里制作记账凭证。在凭证录入功能中，系统为您提供许多功能操作以方便您高效快捷地输入记账凭证。

1. 工具栏主要功能介绍，如表 3-9-6 所示。

表 3-9-6　　工具栏主要功能介绍

功能	说　明
新增	用于新增凭证
保存	用于保存录入的凭证内容
还原	发现凭证录入错误，要将凭证内容整个的删除，可以单击该按钮
插入	插入凭证中的某一条分录
删除	删除凭证中的某一条分录
外币	用于切换记账凭证的输入格式。系统提供了两种记账凭证输入查看格式：一种是一般格式，一种是外币格式，系统默认为一般输入格式，在一般格式中不显示录入凭证的外币原币及汇率数据，如果要查看全部凭证中的外币汇率及原币数据，可用此功能转换成外币格式查看
代码	查询功能，按【F7】也可。用于查询系统提供的各种资料和参数，在凭证录入时有“摘要”“会计科目”和各种“核算项目”可以查询
流量	针对科目属性中指定为现金类科目或现金等价物的会计科目，可以在此定义其现金流量内容，是做现金流量表的一种方法

2. 常用功能键

(1) F7。按【F7】系统即可弹出相关科目代码或摘要库内容。“科目代码”界面查看所有的代码,如凭证摘要库、科目代码库、核算项目代码库等,可以从代码中选择所需的科目。代码查询功能是凭证录入中十分有用的一项功能,它是一种具有智能化的功能,它能根据光标所在位置自动选择需要查看的代码内容。

“财务摘要库”界面包含摘要类别、摘要代码、摘要名称,用户可以自定义这些内容。界面下方有“凭证对应科目”一栏,用户可以从中选择摘要对应的科目。录入凭证时选择摘要后,对应科目将自动带出。

(2) F8。按【F8】即以下接形式弹出摘要库、会计科目、核算项目等,并即时过滤显示。

(3) F9。按【F9】进行汉字模糊查询,只要您在科目栏中录入汉字,如“应”,再单击功能键 F9,系统会自动将包含“应”字的会计科目全部显示出来。

重点提醒

数字和汉字模糊查询,不仅仅适用于会计科目,对于凭证摘要、核算项目的录入、往来业务资料,同样有效。

3. 记账凭证主要字段说明,如表 3-9-7 所示。

表 3-9-7　　记账凭证主要字段说明

字段	说　　明
币别	一般情况下币别栏默认为不显示状态
凭证日期	凭证录入的日期若在当前的会计期间之前,则系统不允许输入;但允许输入本期以后的任意期间的记账凭证,在过账时系统只处理本期的记账凭证,以后期间的凭证不作处理
凭证字	此下拉列表显示所有在基础资料中设置的凭证字。用户可从下拉列表中选择用户需要的凭证字
凭证号	由系统自动生成
附件数	直接录入凭证后以附件的形式备份原始单据的数量
摘要栏	对凭证分录的文字解释,可以直接录入,也可以用 F7 到摘要库中读取。系统提供了摘要库的功能,在凭证录入界面,将光标移动到摘要栏,按【F7】,可以选择已录入摘要库中的摘要,单击【确定】后,摘要会自动添入当前的凭证中。摘要库进行增加、修改、删除操作
会计科目栏	录入会计科目代码。可以直接录入,在录入过程中左下方的状态栏会随时动态提示代码所对应的科目名称,如果输入完代码后,状态栏中没有科目名称显示,则说明输入的代码有错误,如果在“科目设置”中定义了助记码,则可以在此处直接输入助记码,系统会根据助记码查到您需要的科目,也可以将光标定位于会计科目栏时,按【F7】键(或双击鼠标左键),即可调出会计科目代码表,在科目代码表选择所要录入的科目,单击【确定】,即可获取科目代码

（续表）

字段	说　明
金额栏	金额分为借方金额和贷方金额两栏，每条分录的金额只能在借方或贷方，不能在借贷双方同时存在
币别、汇率、原币金额	当会计科目有外币核算时，点击【外币】键转换到外币凭证格式。币别可以按【F7】查询，汇率在选择了币别后自动提供。原币金额是指外币的金额，录入后系统会根据外币汇率×原币金额得出本位币的金额
单位、单价和数量	当会计科目要进行数量金额核算时，系统会自动弹出数量格式让用户录入。单位系统会根据会计科目属性中提供的内容自动出现，用户只要录入单价和金额即可。系统会检验数量单价的乘积是否与原币金额相等，如不相等，系统会提示是否继续
往来业务	对选择了核算往来业务的会计科目，要录入往来业务的编码。可直接手工输入或按【F7】调出往来信息供选择
结算方式、结算号	银行存款的结算方式和结算单据的号码，用户可以录入也可以不录入
经办	可以直接将经办人的姓名写在凭证上

重点提醒

系统提供了摘要的快速复制功能：在录入完第一条摘要以后，将光标移到凭证栏中的下一条摘要处，录入“..”，复制上一条摘要，录入“//”复制第一条摘要。也可以在选项中勾选自动带出上条分录信息中的摘要，系统会自动复制摘要，不需要手动操作。

四、凭证录入选项

在凭证录入的过程中，系统提供了多种选项供用户选择，力求凭证录入方便、快捷、准确。在“凭证录入”界面，选择【查看】→【选项】，系统弹出“凭证录入选项”界面。界面中包含以下选项，选项内容说明如表 3-9-8 所示。

表 3-9-8　　凭证录入选项内容说明

数据项	说　明
自动显示代码提示界面	系统自动在摘要、科目、核算项目录入时显示提示界面
凭证保存后立即新增	凭证保存后自动跳入下一张凭证的录入界面而无需再单击【新增】或快捷键【F4】才能新增凭证
新增凭证时取系统日期	当系统日期与账套期间不一致时，选择此项，在新增凭证时，凭证日期取系统日期，如：当系统日期为 2003-03-06，而账套还在第二期，如果选择了此选项，则新增凭证的凭证日期显示为 2003-03-06，如果没有选择此选项，则新增凭证的凭证日期显示为 2003-02-28。需注意的是，当系统日期与账套的期间一致，如系统日期为 2003-03-06，账套期间也为 2003 年第三期，则不管选不选择该选项，新增凭证时都取系统日期为凭证日期
新增分录借贷自动平衡	系统自动在下一条分录的金额栏进行数据借贷平衡

（续表）

数据项	说　明
自动携带上条分录信息	在凭证录入的过程中，按【一】或【Enter】键可以自动将上条分录的相关信息复制下来，以提高凭证的录入速度
单价不随金额计算	在单价、数量和金额已经存在时，改变金额（包括原币和本位币），单价将不随着金额的改变而改变。如果此时"单价×数量≠金额"，则在保存时给出提示："单价×数量≠金额，是否继续?"，由用户自己决定是否需要手工调整
结算方式和结算号重复报警	输入的银行科目的结算方式和结算号相同，系统在保存凭证时会给予警告提示
金额录入按千分位显示	选择后在金额栏不显示分隔线，而是采用小数点前整数部分每3位用逗号分隔的方式显示数据

可根据需要勾选部分选项，加快录入速度，提高工作效率。

五、凭证审核

1. 审核单张凭证

制作完一张凭证后，如果确认无误，下一步就是对凭证进行审核。

（1）在"凭证查询"界面，将光标定位于需要审核的凭证上，然后选择菜单【操作】【审核凭证】，或者单击工具条的【审核】，系统即进入"记账凭证"界面。

（2）此界面中的凭证项目不能修改，只能查看。如果发现凭证有错，在凭证上提供了一个"批注"录入框，在"批注"录入框中注明凭证出错的地方，以便凭证制单人修改。录入批注后，表明凭证有错，此时不允许审核，除非清空批注或凭证完成修改并保存。凭证修改后，批注内容自动清空。如查看完毕并确认无误后，单击【审核】或按【F3】，表示审核通过，在"审核"处签章显示该用户名。

重点提醒

如果未经审核的凭证数量很多，为明确哪张凭证是已经审核但未通过的，会计分录序时簿的"过滤条件"界面中提供了"批注"的过滤条件，方便查找到此类标记为"有"或"无"的凭证，以作进一步的修改。

（3）审核后的记账凭证，可以再单击【审核】进行反审核，消除原审核签章，该凭证变为未经审核状态。

重点提醒

①要修改已审核过的记账凭证时，必须先销章，然后才能修改。②审核与制单人不能为同一操作员，否则系统拒绝审核签章。③反审核必须与审核人是同一操作员，否则不能进行销章。

2. 成批审核

可以选择成批审核(或反审核)的功能来节省宝贵的时间。

在“凭证查询”界面中,按【Ctrl】或【Shift】选择多个凭证,然后选择菜单【操作】【成批审核】,弹出“成批审核”对话框,对话框有两个选项分别是指对未审核的凭证进行成批审核及对已审核的凭证进行成批反审核。单击【确定】,系统开始对选择的凭证进行审核签章操作,完成后提示:“审核完毕,共审核凭证×张。”

3. 凭证过账

在会计凭证审核完毕之后就可以开始过账了。凭证过账就是系统将已录入的记账凭证根据其会计科目登记到相关的明细账簿中的过程。经过记账的凭证以后将不再允许修改,只能采取补充凭证或红字冲销凭证的方式进行更正。因此,在过账前应对记账凭证的内容仔细审核,系统只能检验记账凭证中的数据关系错误,而无法检查业务逻辑关系。这其中的内容只能由会计人员自己检查。

凭证过账是一项十分简单的操作,可以在过账向导的引导下,轻松的完成过账操作,过账可分为以下三个步骤进行:

(1) 选择过账参数。在金蝶 KIS 专业版主界面上,选择【账务处理】【凭证过账】,打开“凭证过账”向导界面,选择凭证过账参数。在凭证记账界面中,我们可以通过参数控制当“凭证号不连续时”和“过账发生错误时”是否“停止过账”还是“继续过账”。如果需要查看凭证是否存在断号,可单击【断号检查】,系统将会提供一个凭证断号检查表列示系统断号情况。

还可以确定凭证过账的范围,如果选择“全部未过账凭证”,则系统将所有未过账的凭证进行全部过账操作。如果选择“指定日期之前的凭证”,则在右边出现一个日期列表框,用户可以选择一个日期,系统将对该日期之前的所有未过账凭证进行过账操作。

(2) 开始过账。凭证过账参数设置完成后,单击【开始过账】,系统开始自动过账操作。在过账过程中,系统会对所有的记账凭证数据关系进行检查,有发生错误时,如在第一步选择过账参数时,“过账发生错误时”选择“停止过账”,则系统会给出错误提示信息,并中止过账,在修正完错误之后重新过账。否则,将在过账全部结束后才显示错误信息。在凭证过账的过程中,您也可以中止过账,单击【中止】,系统提示是否中止过账,【确定】后将中止凭证过账。

(3) 显示过账信息。在这个步骤中,系统显示成功过账的凭证数及发生错误数信息。在看完过账信息之后,可以单击【关闭】,结束本次过账操作,还可以将过账的信息打印保存下来。

六、结转损益

期末时,应将各损益类科目的余额转入“本年利润”科目,以反映企业在一个会计期间内实现的利润或亏损总额。总账系统提供的结转损益功能就是将所有损益类科目的本期余额全部自动转入本年利润科目,并生成一张结转损益记账凭证。

操作前提

①只有在“科目类别”中设定为“损益类”的科目余额才能进行自动结转。②所有的凭证全部录入并审核过账。

在主界面选择【账务处理】【结转损益】，进入“结转损益”向导界面，单击【下一步】，该界面将引导你进行结转损益操作。

(1) 首先，系统显示损益类对应本年利润科目列表，单击【下一步】，录入有关记账凭证参数，如表 3-9-9 所示。

表 3-9-9　录入有关记账凭证参数

数据项	说　明
凭证日期	选择生成的结转损益凭证的凭证日期。系统默认为会计期间末，也可以手工录入
凭证字	选择生成的结转损益凭证的凭证字
凭证摘要	可手工输入结转损益凭证的摘要
生成凭证分类	系统提供三种凭证的分类：收益、损失、损益。选择“收益”，系统将收入类科目结转生成一张凭证；选择“损失”，系统将费用损失类科目结转生成一张凭证；选择“损益”，系统将收入、费用损失类科目结转生成一张凭证。系统默认为“损益”
按其余额的相反方向结转	选择该选项，在结转损益时，按损益类科目的余额的相反方向结转，不选该选项，则按损益类科目自身定义的余额方向的反方向进行结转。如：财务费用科目的期末余额为贷方 10 000，如选择该选项则结转时财务费用科目为借方 10 000，不选择该选项则结转时财务费用科目为贷方－10 000
按损益科目类型分别结转	不同类型的损益类科目生成多张结转损益凭证。 不同类型的损益类科目是指科目属性中，不同的科目类别，如营业收入、营业成本及税金、期间费用、其他收益、其他损失、以前年度损益调整、所得税
按核算项目类别结转损益	结转损益时可以根据损益类科目所挂的不同核算项目分别生成凭证。系统搜索出所有带此核算项目类别的损益类科目。将这些损益类科目按照此核算项目类别下所挂的不同核算项目结转生成不同的凭证。同时将剩下的没有带此核算项目类别的科目也结转生成另外一张结转损益凭证。 选则后增加一个核算项目类别选择的下拉框

(2) 凭证各参数设置完成后，单击【完成】，系统自动完成结转损益的过程，并提示生成转账凭证的信息。损益结转完成之后，系统提示：结转完毕，并列示生成转账凭证的凭证号，您可以在“凭证查询”模块中查询结转损益生成的凭证。单击【确定】，完成损益的结转过程。

重点提醒

用户切勿忘记要将“结转损益”生成的转账凭证审核过账，否则无法结账。账簿报表查询时，如果只是结转到本年利润科目上，查询本年利润科目有数据，查询核算项目无数据。如果结转到本年利润科目下挂的核算项目上，查询本年利润科目与核算项目均有数据。在报表系统中，制作利润表

时，有一类取数类型为，取利润表发生额（其他的类型不再详细说明），此时这种与利润表取数相关的取数类型，必须在账务处理系统中进行了相应的损益结转后才可以取数据，如果是手工进行的损益结转，则无法取数这种取数类型的数据。如果在自动转账设置中，将类型设置为结转损益，在报表取与利润表相关的数据时也可以取出数据来，则结转损益的结果是一样的，只是需要定义损益结转的凭证模板。

七、财务期末结账

在本期所有的会计业务全部处理完毕之后，就可以进行期末结账了。系统的数据处理都是针对本期的，要进行下一期间的处理，必须将本期的账务全部进行结账处理，系统才能进入下一期间。

操作前提

本期间的所有会计凭证及业务资料全部输入了电脑并且过账之后才能结账。

八、结账

在金蝶 KIS 专业版主界面，选择【账务处理】【财务期末结账】，打开“财务期末结账”向导界面，按提示操作即可完成。结账时需要注意以下几点。

(1) 如果系统发现本期内还有未过账的记账凭证，系统会发出警告，然后中断结账。

(2) 提供“结账时检查凭证断号”选项，如果在结账时当期存在凭证断号的情况，系统不予结账。

(3) 账务处理的期末结账包括总账、固定资产和工资模块，即这 3 个模块是同时结账的。

(4) 在全部事项处理完毕后，单击【结账】，系统开始结账。结账完成之后，系统进入下一个会计期间，并返回到主界面。

【实训操作练习 66】

对出纳现金日记账和银行存款日记账生成凭证。

【实训操作步骤】

(1) 在金蝶 KIS 专业版主控台，依次单击【出纳管理】→【现金日记账】。

(2) 按顺序选择一条现金业务记录，单击【按单】生成记账凭证，如图 3-9-1 所示。

(3) 系统按当前总账系统凭证编号顺序生成一张凭证，如图 3-9-2 所示。

(4) 单击【保存】，系统会弹出【现金流量项目录入】窗口，选择好现金流量项目，单击【确定】保存退出，如图 3-9-3 所示。

(5) 凭证生成完毕，单击【关闭】退出。

(6) 继续选择其他业务，完成所有业务的凭证生成。

(7) 银行日记账生成记账凭证的流程参考现金业务，不再图解讲述。

日期	当日序号	摘要	对方科目	借方金额	贷方金额	余额
2017-01-01		上年结转				80,000.00
2017-01-03	1	报销业务招待费	5602.08 管理费用 - 业务招待费		1,000.00	79,000.00
2017-01-03		本日合计			1,000.00	79,000.00
2017-01-06	1	购买办公用品	5602.04 管理费用 - 办公费		800.00	78,200.00
2017-01-06		本日合计			800.00	78,200.00
2017-01-13	1	购买烟酒	5602.08 管理费用 - 业务招待费		3,000.00	75,200.00
2017-01-13		本日合计			3,000.00	75,200.00
2017-01-18	1	财务出差借支	1221.02 其他应收款 - 个人往来/		2,000.00	73,200.00
2017-01-18		本日合计			2,000.00	73,200.00
2017-01-25	1	发放本月加班补贴	5602.07 管理费用 - 职工薪酬		5,000.00	68,200.00
2017-01-25		本日合计			5,000.00	68,200.00
2017-01-26	1	购买节假日福利	5602.07 管理费用 - 职工薪酬		5,000.00	63,200.00
2017-01-26		本日合计			5,000.00	63,200.00
2017-01-27	1	报销维修维护费	5602.03 管理费用 - 修理费		800.00	62,400.00
2017-01-27	2	零星支出			600.00	61,800.00
2017-01-27		本日合计			1,400.00	61,800.00

图 3-9-1

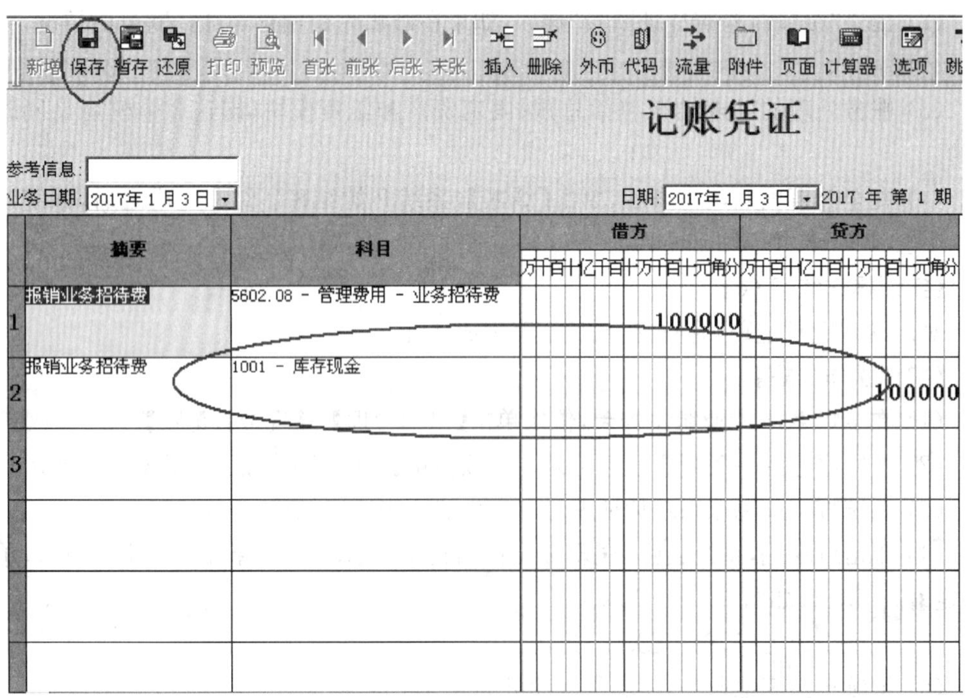

图 3-9-2

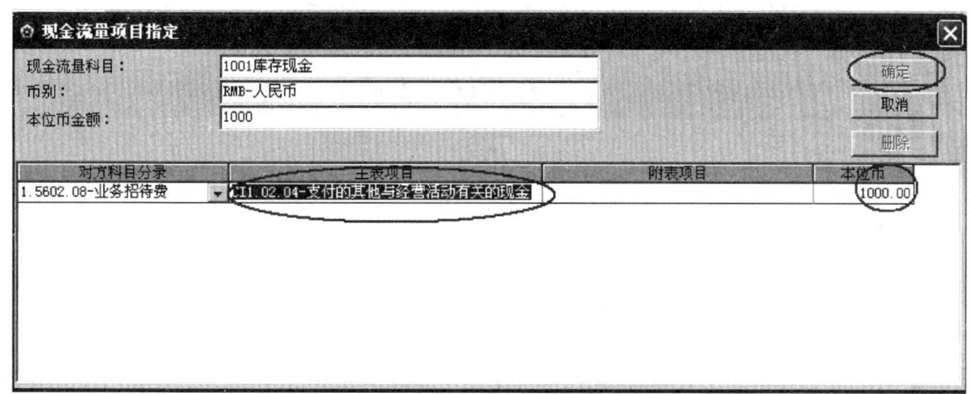

图 3-9-3

【实训操作练习 67】

审核 1 月份东风双成汽车零部件有限公司所有记账凭证。

【实训操作流程】

以财务部总账会计张红身份登录系统。

(1) 在金蝶 KIS 专业版主控台，依次单击【账务处理】→【凭证管理】，如图 3-9-4 所示。

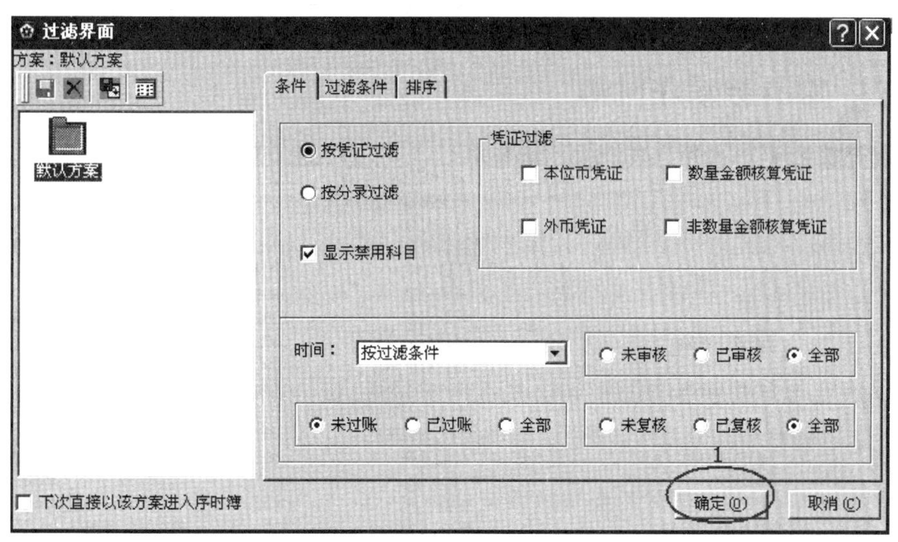

图 3-9-4

(2) 提示：因业务日期和凭证日期不一定完全一致，建议按凭证号顺序显示，便于操纵。操作方法：依次单击【过滤】→【排序】→双击选中【凭证号】→【确定】即可，如图 3-9-5 所示。

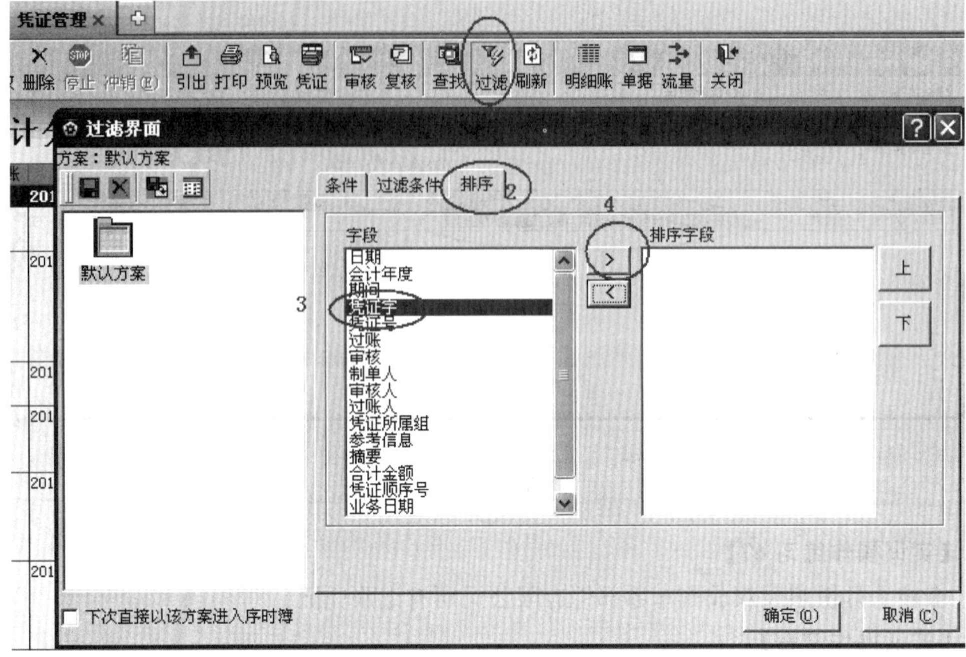

图 3-9-5

(3) 单击选择一张凭证，单击【审核】进入审核界面，如图 3-9-6 所示。

新增 复制 修改 删除 停止 冲销(R) 引出 打印 预览 凭证 审核 复核 查找 过滤 刷新 明细账 单据 流量 关闭

会计分录序时簿

审核	复核	过账	日期	会计期间	凭证字号	摘要	科目代码	科目名称
			2017-01-09	2017.1	记 - 1	采购发票单独生成	1402	在途物资
						采购发票单独生成	2221.01.01	应交税费 - 应交增值税 - 讠
						采购发票单独生成	2202	应付账款/[001]湖北双成汽车
			2017-01-09	2017.1	记 - 2	采购付款	1405	库存商品
						采购付款	2221.01.01	应交税费 - 应交增值税 - 讠
						采购付款	2202	应付账款/[002]十堰众远工贸
						采购付款	2202	应付账款/[002]十堰众远工贸
						采购付款	1002.01	银行存款 - 建行人民路支行
			2017-01-09	2017.1	记 - 3	结转折旧费用	5602.02	管理费用 - 折旧费
						结转折旧费用	1602	累计折旧
			2017-01-09	2017.1	记 - 4	购入数控车床	1601	固定资产
						购入数控车床	2221.01.01	应交税费 - 应交增值税 - 讠
						购入数控车床	2202	应付账款/[003]十堰东顺工贸
			2017-01-31	2017.1	记 - 5	分配工资	4001.01	生产成本 - 基本生产成本
						分配工资	5601.01	销售费用 - 职工薪酬
						分配工资	5602.07	管理费用 - 职工薪酬
						分配工资	2211.01	应付职工薪酬 - 职工工资

图 3-9-6

重点提醒

不建议使用【成批审核】功能，等于没审核。

（4）在弹出的审核窗口，仔细检查会计科目、借贷方向、金额、附件内容有无错误，有错误先修改正确。审核没有错误，单击【审核】按钮，凭证会打上审核标志，单击【关闭】按钮退出。

（5）继续审核下一张，直到所有凭证审核完毕。

【实训操作练习 68】

对 1 月份东风双成汽车零部件有限公司所有记账凭证进行记账操作。

【实训操作流程】

以财务部总账会计张红身份登录系统。

（1）在金蝶 KIS 专业版主控台界面，依次单击【账务处理】→【凭证过账】。在弹出的操作窗口，单击【开始过账】，如图 3-9-7 所示。

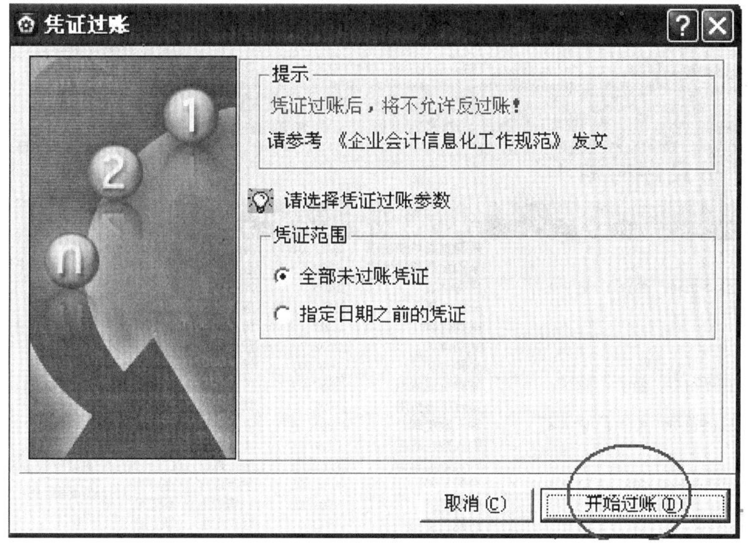

图 3-9-7

（2）单击【是】，如图 3-9-8 所示。

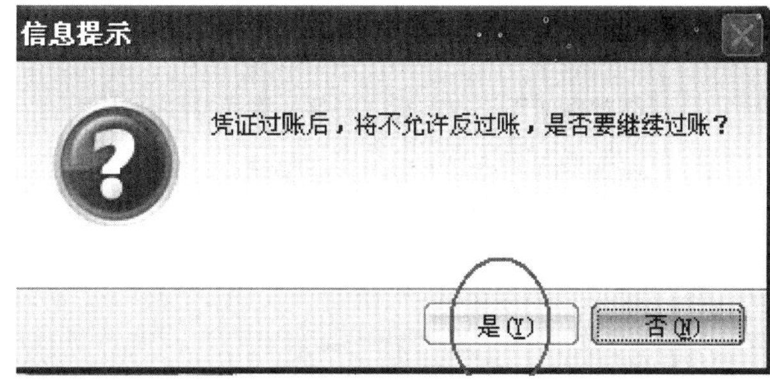

图 3-9-8

（3）由于前期操作时删除了 14 号凭证，系统提示不允许过账，如图 3-9-9 所示。

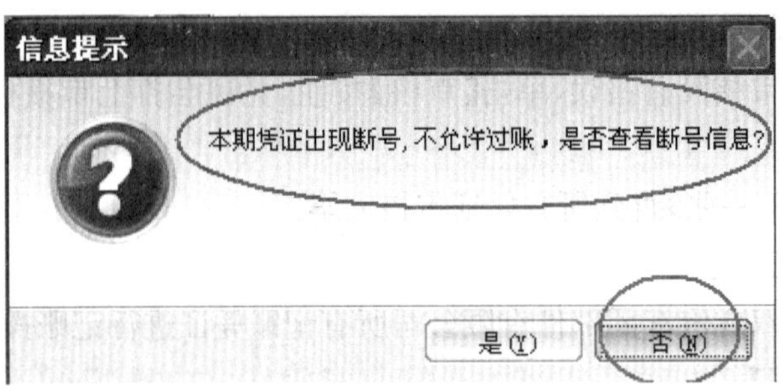

图 3-9-9

系统提示不允许过账解决办法如下：打开【凭证管理】，进行【凭证整理】，如图 3-9-10、图 3-9-11、图 3-9-12 和图 3-9-13 所示。

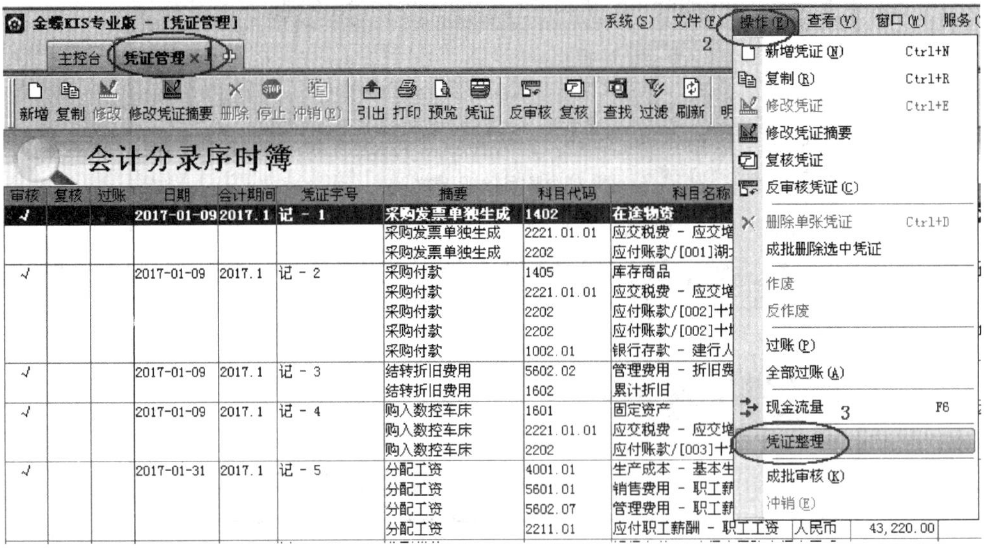

图 3-9-10

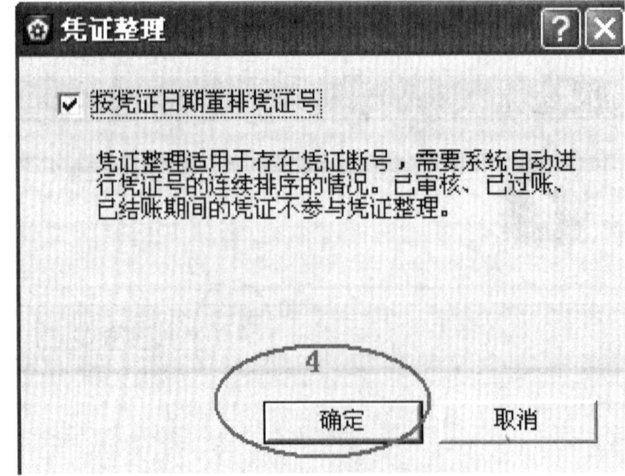

图 3-9-11

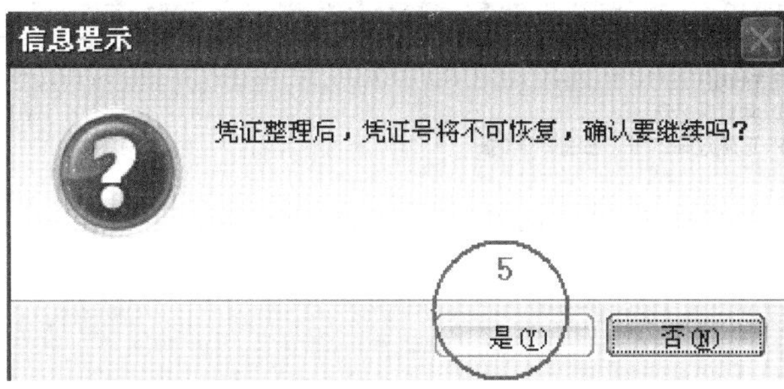

图 3-9-12

图 3-9-13

(4) 重新进行【凭证过账】，如图 3-9-14 和图 3-9-15 所示。

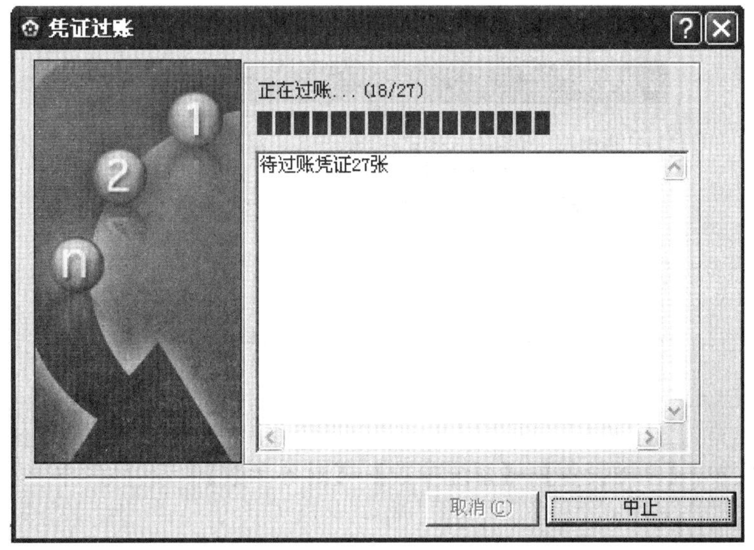

图 3-9-14

图 3-9-15

提示过账成功，说明记账成功。

【实训操作练习 69】

期末结转本期损益。要求：损益在一起结转，凭证字“记”，按普通方式结转。如有未过账凭证请先过账再结转损益。

【实训操作步骤】

（1）在金蝶 KIS 专业版主控台界面，选择【账务处理】→【结转损益】，出现以下提示，如图 3-9-16 所示。

图 3-9-16

（2）依次单击【基础设置】→【系统参数】→【财务参数】中设置好“本年利润”和“利润分配”科目。

（3）单击【结转损益】，如图 3-9-17 所示操作。

（4）结转成功，单击【确定】，如图 3-9-18 所示。

（5）更换操作员对电脑生成的转账凭证审核并记账。

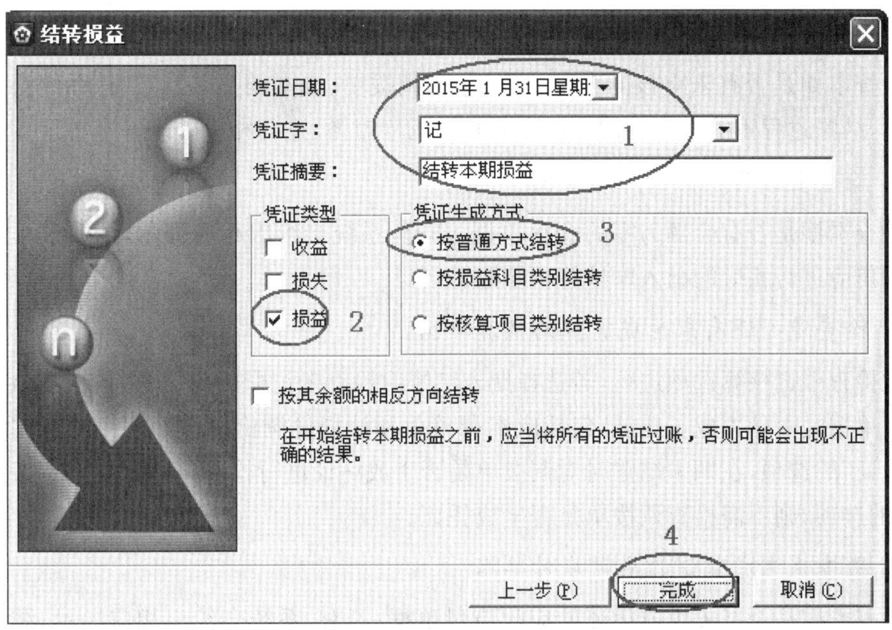

图 3-9-17

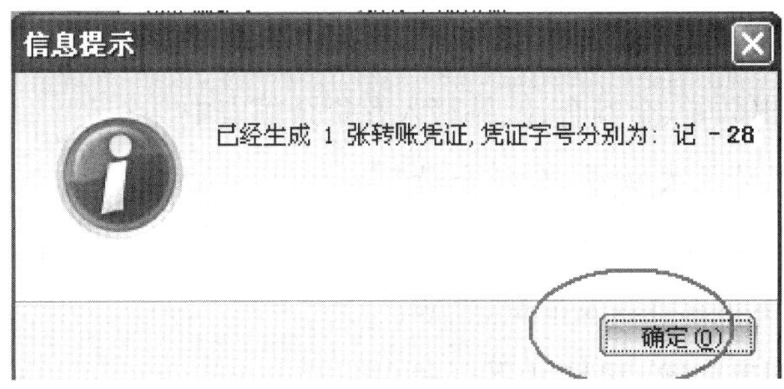

图 3-9-18

至此，凭证业务处理完毕。

项目十　期 末 处 理

一、业务期末结账

进入核算系统后，单击【业务期末结账】，进入该处理过程，可利用该模块结束本期业务。

1. 结账前检查

点击【结账前检查】，系统会对核算单据自动进行检查，并对需要结账检查项是否达到可结账状态进行显示。

2. 检查未审核的仓存单据

检查本期是否有未审核的仓存单据(包括调拨单、成本调整单),若有,系统会给出相应提示,结账过程不能进行。用户应查看相关的序时簿,进行相应处理。

3. 检查金额为零的出入库单据

检查本期是否有金额为零的仓存单据,若有,系统会给出相应提示,结账过程不能进行。用户应进行相应的出入库核算再结账。

4. 检查是否还有未生成凭证的核算单据

此检查根据核算选项进行,若选择期末结账时检查未记账的单据,则系统会检查所有的核算单据是否已生成了凭证,包括成本调整单和计划价调价单,若同时选择了"调拨单生成凭证"的选项,在期末结账时对调拨单是否生成凭证进行检查,若未选择"调拨单生成凭证"的选项,则不需检查调拨单是否生成凭证。

5. 检查未生成凭证的应收应付单据

检查本期是否有未生成凭证的应收应付单据,若有,系统会给出相应提示,结账过程不能进行。用户应进行相应的单据处理再结账。

6. 计算发生额,结转余额、计算本期收发数量、金额合计

根据本期所有的出入库单据,计算本期各个仓库(位)中各种物料(批次)的本期收入数量、金额合计,发出数量、金额合计,并写入存货余额表中。

7. 计算本年累计收发数量、金额合计

根据上期的本年累计收入数量、金额、发出数量、金额,以及本期收发数量、金额合计,计算截止到本期的本年累计收发数量、金额。

8. 计算本期期末余额,结转到下一期

根据本期期初余额和本期收发数量、金额合计,计算各个仓库(位)中各种物料(批次)的本期期末余额,并将它结转为下一期的期初余额。

重点提醒

若物料需进行保质期管理,在处理余额表,还会按生产日期和保质期汇总。

9. 更新即时库存数据

若在期末结账界面,选中"核对即时库存",则系统会重算即时库存数量(F12)。该选项并非必选,只有在出现即时库存由于某种异常情况与报表数据不一致时,才需要使用。

10. 修改系统参数,完成结转

存货余额处理成功后,系统会将当期期间参数值下置一期,并提示期末结账成功。

11. 退出

结账成功后,单击【完成】,退出"期末结账"。结账未成功,单击【取消】,也可退出期末结账。

二、出纳结账

为了总结会计期间(如月度和年度)资金的经营活动情况,必须定期进行结账。

进入出纳管理系统后,单击【出纳结账】进入该处理过程。

会计期末结账,结出本会计期间借、贷发生额、期末余额,并将其结转到下期会计期间。单击【开始】,将自动结账。本系统同时提供反结账功能,但只有系统管理员组的成员才有权力进行此操作。

【结转未达账】在此是指把本期(包括以前期间转为本期)未勾对的银行存款日记账和未勾对的银行对账单结转到下一期。

重点提醒

结转未达账的选项必须打上标志,否则将造成下期余额调节表不能平衡。

执行期末结账后,当前会计期间的现金日记账、现金盘点单、银行存款日记账、银行对账单的数据将不能再进行修改。因此在结账之前应确保当前会计期间的所有业务已正确处理完毕。

重点提醒

进行反结账时,提供了是否"取消本期对以前期记录的勾对"的选择项,如果选择了该功能,则在反结账时,本期所做的对以前期记录所作的勾对全部取消。若不选,上期结转的银行存款日记账、银行对账单以及与这些记录进行勾对的银行存款日记账、银行对账单的勾对标志将被取消。结账回本期后需要重新进行勾对。

三、财务期末结账

在本期所有的会计业务全部处理完毕之后,就可以进行期末结账了。系统的数据处理都是针对于本期的,要进行下一期间的处理,必须将本期的账务全部进行结账处理,系统才能进入下一期间。

操作提示

本期间的所有会计凭证及业务资料全部输入了电脑并且过账之后才能结账。

四、结账

在金蝶 KIS 专业版主界面,选择【账务处理】→【财务期末结账】,打开"财务期末结账"按提示操作即可。

结账时需要注意以下几点:

(1) 如果系统发现本期内还有未过账的记账凭证,系统会发出警告,然后中断结账。

(2) 提供"结账时检查凭证断号"选项,如果在结账时当期存在凭证断号的情况,系统

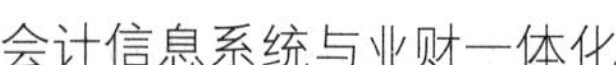

不予结账。

（3）账务处理的期末结账包括总账、固定资产和工资模块，即这 3 个模块是同时结账的。

在全部事项处理完毕后，单击【结账】，系统开始结账。结账完成之后，系统进入下一个会计期间，并返回到主界面。

【实训操作练习 70】

完成出纳期末结账工作。

【实训操作步骤】

在金蝶 KIS 专业版主控台界面，依次单击【出纳管理】→【出纳结转】，如图 3-10-1、图 3-10-2和图 3-10-3 所示。

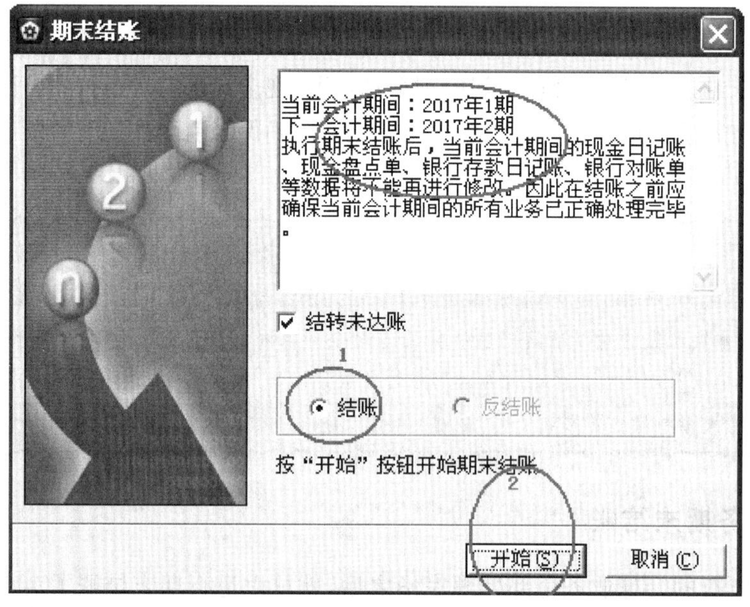

图 3-10-1

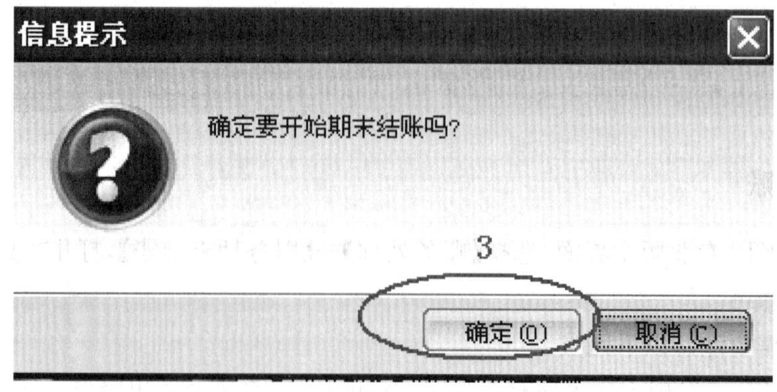

图 3-10-2

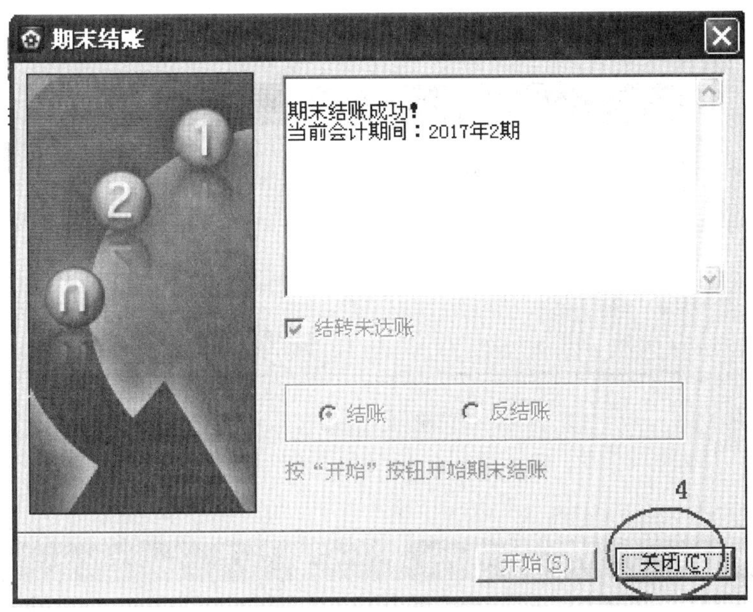

图 3-10-3

操作完成。

【实训操作练习 71】

完成存货核算期末结账工作。

【实训操作步骤】

在金蝶 KIS 专业版主控台界面，依次单击【存货核算】→【出纳结转】，如图 3-10-4，图 3-10-5 和图 3-10-6 所示。

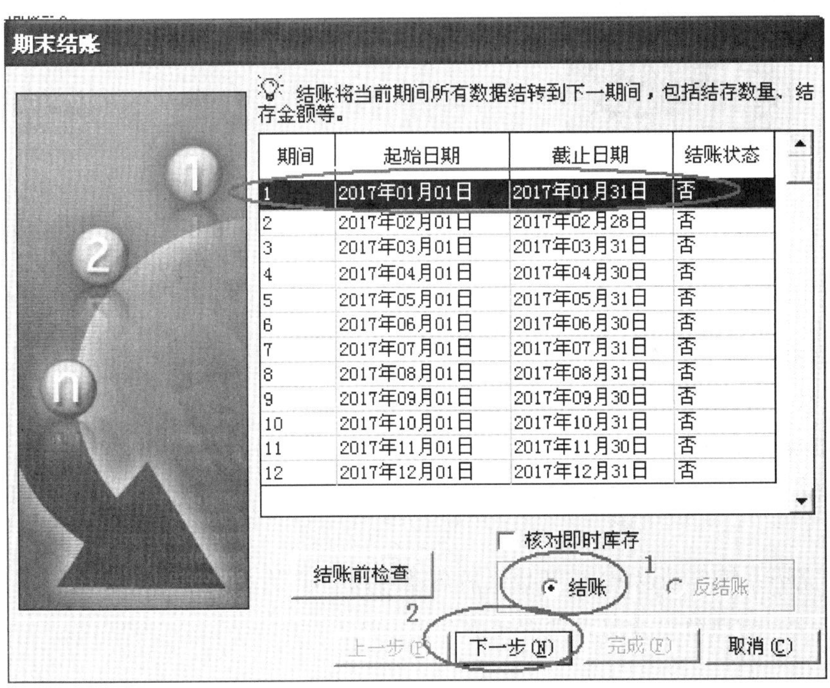

期间	起始日期	截止日期	结账状态
1	2017年01月01日	2017年01月31日	否
2	2017年02月01日	2017年02月28日	否
3	2017年03月01日	2017年03月31日	否
4	2017年04月01日	2017年04月30日	否
5	2017年05月01日	2017年05月31日	否
6	2017年06月01日	2017年06月30日	否
7	2017年07月01日	2017年07月31日	否
8	2017年08月01日	2017年08月31日	否
9	2017年09月01日	2017年09月30日	否
10	2017年10月01日	2017年10月31日	否
11	2017年11月01日	2017年11月30日	否
12	2017年12月01日	2017年12月31日	否

图 3-10-4

图 3-10-5

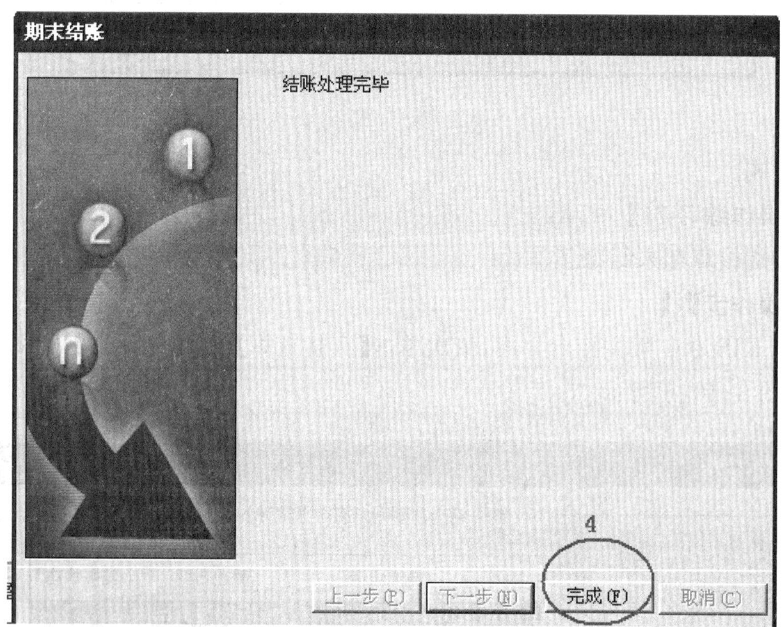

图 3-10-6

【实训操作练习 72】

完成账务处理期末结账工作。

【实训操作步骤】

在金蝶 KIS 专业版主控台界面,依次单击【账务处理】→【期末财务结账】,如图 3-10-7 所示。

结转完毕系统自动退出,重新登录后自动转到 2017 年第 2 期。

至此,1 月份所有财务业务处理完毕。

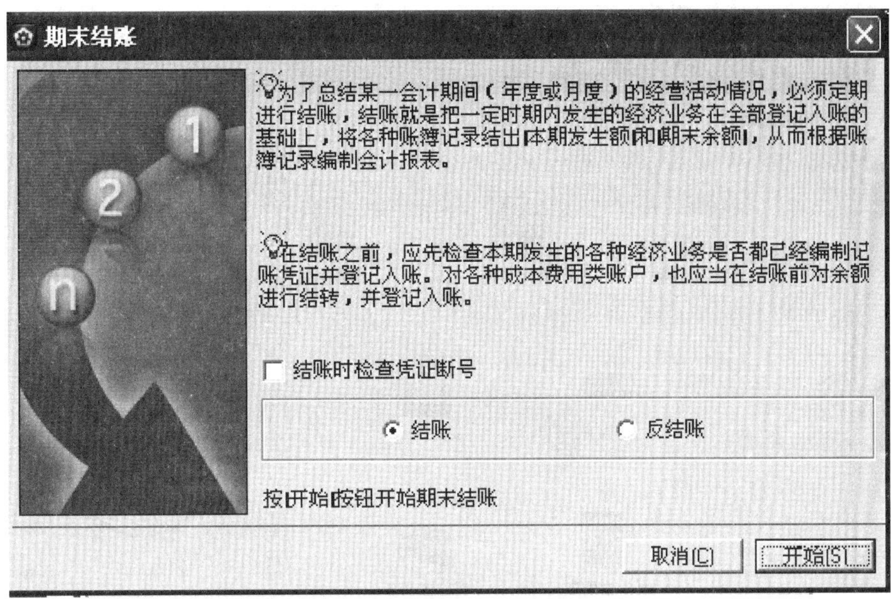

图 3-10-7

项目十一　会计报表管理

应会内容：报表编制、公式设置。

一、报表管理概述

金蝶 KIS 专业版报表与分析系统，主要功能是对目前企业对外报送的三大主表：资产负债表、利润表和现金流量表进行管理。还可以管理用户自定义的各种多语言版本的上述报表及企业内部使用的用户自定义的各类管理报表，如图 3-11-1 所示。

报表与分析系统与其他各个系统使用方式不同，在主界面上没有模块的划分，也没有明确的使用流程。报表主界面中由六个主菜单和菜单下的各个功能项组成。打开已存在的报表或是新建一张空表，显示为一个类似于 EXCEL 表格风格的界面，这就是我们日常操作的窗口。我们将以各个菜单项为主线来介绍报表与分析系统的各个功能。

目前，报表系统能与账务处理系统、工资系统、固定资产系统及购销存之间实现数据联用。在与账务处理系统联用时，可以通过 ACCT、ACCTEXT 等函数来实现从总账系统中取数；与工资系统联用时，可以通过工资取数函数 FOG-PA 实现从工资系统中取数；与固定资产系统联用时，可以通过固定资产取数函数 FOG-PA 实现从固定资产系统中取数；与购销存联用时，可以通过购销存取数函数实现从购销存中取数。在下面的章节将会详细介绍这些函数的使用。其他的一些公用函数，将省略，请参考 SQL 数据库管理的相关书籍，如 SUM 函数，可以进行求和的计算等。

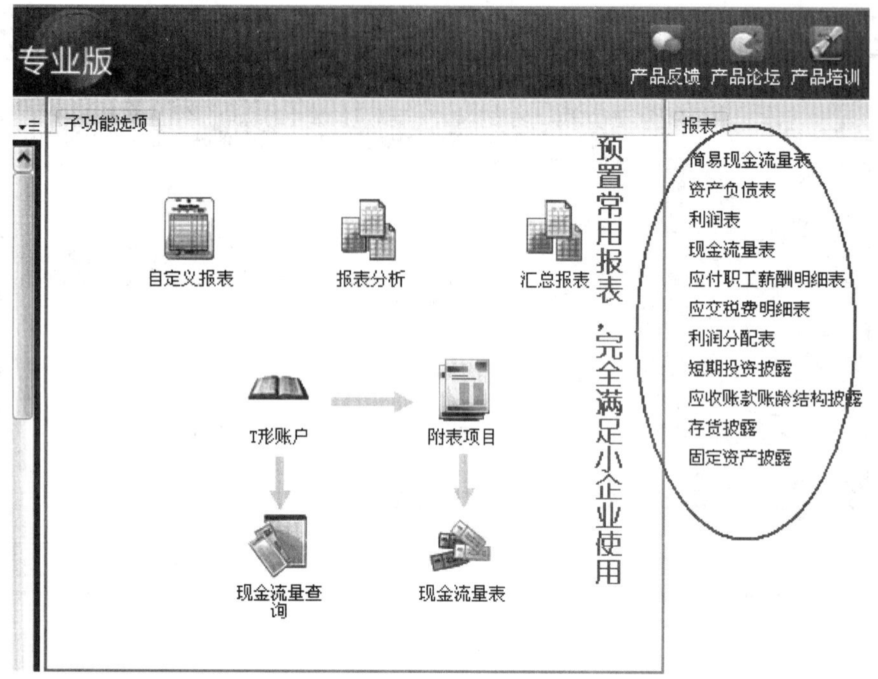

图 3-11-1

本系统的特点：

(1) 本系统预设资产负债表、利润表、利润分配表、应交增值税明细表。

(2) 用户可自定义多语言版本的资产负债表、利润表及内部管理报表。

(3) 通过报表函数可以实现从其他系统的相关模块取数，实现数据共享。

(4) 报表数据引入引出，可进行便捷的数据交换。

(5) 函数设置多样，可进行方便灵活的报表设置。

(6) 报表函数公式向导，令操作更简捷、灵活、方便。

二、报表函数

函数在报表系统中有着重要的作用，在报表系统中提供了各种的取数函数，每种取数函数都有不同的功能，本章将对一些主要的函数操作方法和作用进行介绍。

1. 定义函数的基本操作

选择菜单【视图】，单击【编辑栏】则显示“√”，此刻会出现公式的编辑框，可以直接在界面中进行公式的编辑。编辑公式的方法有三种：①通过【插入】→【函数】；②按【F8】键快捷键；③选择函数图标调出函数列表进行函数操作。

2. 函数分类别介绍

函数有：数学与三角函数；财务计算函数；常用报表函数；逻辑函数；总账函数；现金流量表函数；工资取数函数；固定资产取数函数；业务报表函数；业务核算函数。

(1) 数学函数说明，所有的函数的含义在函数报表的左下角提示。例如，单击 ABS，

在报表函数的左下角提示 ABS:计算给定值的绝对值。如表 3-11-1 所示。

表 3-11-1　　计算给定值的绝对值

数据项	数学函数说明	必填项(是/否)
ABS	计算给定数据的绝对值	根据实际需要可选
ATN	计算数据的反正切值	根据实际需要可选
AVG	求平均数函数	根据实际需要可选
COS	返回给定数据余弦值	根据实际需要可选
COUNT	统计数量函数,计算所有非空格单元格的个数	根据实际需要可选
EXP	将定值以 e 的幂形式表现	根据实际需要可选
LOG	计算给定数值的自然对数值	根据实际需要可选
MAX	求最大值函数	根据实际需要可选
MIN	求最小值函数	根据实际需要可选
ROUND	根据指定数值四舍五入	根据实际需要可选
SIN	返回给定数据正弦值	根据实际需要可选
SQR	返回给定正数的平方根	根据实际需要可选
SUM	求和函数	根据实际需要可选
TAN	返回给定数值的正切值	根据实际需要可选
VAL	数据转换函数	根据实际需要可选

(2) 固定资产函数如表 3-11-2 所示。

表 3-11-2　　固定资产函数

数据项	固定资产函数说明	必填项(是/否)
DDB	计算用双倍余额递减法求解某一固定资产的折旧值	是
FV	基于固定利率及等额分期付款方式,返回某项投资的未来值	是
IPMT	返回给定期次内某项投资回报或贷款偿还的给定利息	是
NPER	基于固定利率和等额付款的方式,返回一项贷款或投资的期数	是
PMT	返回在固定利率下,投资或贷款的等额分期偿还额	是
PPMT	返回在给定期次内某项投资回报(或贷款偿还)的本金部分	是
PV	返回某项投资的一系列等额分期偿还额之和(或一次性偿还额的现值)	是
RATE	基于等额分期付款(或一次性付款)方式,返回投资或贷款的实际偿还率	是
REF_F	返回指定报表,指定页,指定单元的值	
SLN	返回指定固定资产的每期线性折旧额	是
SYD	返回指定固定资产按年数总和法计算的每期折旧额	是

（3）总账函数类型说明如表 3-11-3 所示。

表 3-11-3　　总账函数类型说明

数据项	说　　明	必填项(是/否)
ACCT	总账科目取数公式	是
COMPUTERTIME	返回计算机当前日期	是
DATE	返回计算机当前日期	是
DATEDIFF	求指定日期参数 2 与参数 1 之间的天数差	是
ITEMINFO	返回指定核算项目的属性值	是
KEYWORD	取表页的关键字的函数	是
PAGENAME	取表页名称函数	是
PAGENO	返回当前表页的值	是
REF	返回指定表页、指定单元格的值	是
RPRDATA	返回指定格式的当前报表日期	是
RPTQUARTER	季度取数函数	是
RPTSHEETDATE	获取当前报表指定表页的开始日期或结束日期，并以指定日期格式返回	是
SYSINFO	返回指定关键字的系统信息	是

（4）函数代码代表的含义如表 3-11-4 所示。

表 3-11-4　　函数代码代表的含义

数据项	说　　明	必填项(是/否)
C	期初余额	是
JC	借方期初余额	是
DC	贷方期初余额	是
AC	期初绝对余额	是
Y	期末余额	是
JY	借方期末余额	是
DY	贷方期末余额	是
AY	期末绝对余额	是
JF	借方发生额	是
DF	贷方发生额	是
JL	借方本年累计发生额	是
DL	贷方本年累计发生额	是
SY	利润表本期实际发生额	是

（续表）

数据项	说　　明	必填项(是/否)
SL	利润表本年实际发生额	是
BG	取科目本年最高预算余额	是
BD	取科目本年最低预算余额	是
BJG	本期最高预算借方发生额	是
BDG	本期最高预算贷方发生额	
TC	折合本位币期初余额	是
TJC	折合本位币借方期初余额	是
TDC	折合本位币贷方期初余额	是
TAC	折合本位币期初绝对余额	是
TY	折合本位币期末余额	是
TJY	折合本位币借方期末余额	是
TDY	折合本位币贷方期末余额	是
TAY	折合本位币期初绝对余额	是
TJF	折合本位币借方发生额	是
TDF	折合本位币贷方发生额	是
TJL	折合本位币借方本年累计发生额	是
TDL	折合本位币贷方本年累计发生额	是
TSY	折合本位币利润表本期实际发生额	是
TSL	折合本位币利润表本年实际发生额	是

(5) 在 ACCTEXT 函数中增加了八种取数类型，分别说明如表 3-11-5 所示。

表 3-11-5　　　　八种取数类型说明

数据项	说　　明	必填项(是/否)
C	上日余额	是
Y	本日余额	是
QJF	收入数量	是
QDF	发出数量	是
TC	折合本位币上日余额	是
TY	折合本位币本日余额	是
YA	本日平均余额	是
TYA	折合本位币本日平均余额	是

(6) 业务报表函数如表 3-11-6 所示。

表 3-11-6

数据项	说　明	必填项(是/否)
FOIOJ_AIA	用于获取所有入库单上一种或多种物料的金额	是
FOIOJ_AIQ	用于获取所有入库单上指定物料的数量	是
FOIOJ_AOA	用于获取所有出库单上一种或多种物料的金额	是
FOIOJ_AOQ	用于获取所有出库单上指定物料的数量	是
FOIOJ_CIA	用于获取盘盈入库单上一种或多种物料的金额	是
FOIOJ_CIQ	用于获取盘盈入库单上指定物料的数量	是
FOIOJ_DOA	用于获取盘亏毁损单上一种或多种物料的金额	是
FOIOJ_DOQ	用于获取盘亏毁损单上指定物料的数量	是
FOIOJ_GIA	用于获取产品入库单上一种或多种物料的金额	是
FOIOJ_GIQ	用于获取产品入库单上指定物料的数量	是
FOIOJ_MOA	用于获取生产领料单上一种或多种物料的金额	是
FOIOJ_MOQ	用于获取生产领料单上指定物料的数量	是
FOIOJ_OIA	用于获取其他入库单上一种或多种物料的金额	是
FOIOJ_OIQ	用于获取其他入库单上指定物料的数量	是
FOIOJ_OOA	用于获取其他出库单上一种或多种物料的金额	是
FOIOJ_OOQ	用于获取其他出库单上指定物料的数量	是
FOIOJ_PIA	用于获取外购入库单上一种或多种物料的金额	是
FOIOJ_PIQ	用于获取外购入库单上指定物料的数量	是
FOIOJ_POA	用于获取指点定单金额	是
FOIOJ_POQ	用于获取指点定单、指定物料的数量	是
FOIOJ_PVA	用于获取采购发票上一种或所有物料的金额	是
FOIOJ_PVQ	用于获取采购发票上指定物料的数量	是
FOIOJ_SOA	用于获取销售订单上一种或多种物料的金额	是
FOIOJ_SOQ	用于获取销售订单上指定物料的数量	是
FOIOJ_SRA	用于获取盘点单上一种或多种物料的折扣	是
FOIOJ_SSA	用于获取销售出库单上一种或多种物料的成本	是
FOIOJ_SSQ	用于获取销售出库单上指定物料的数量	是
FOIOJ_STA	用于获取盘点单上一种或多种物料的税金	是
FOIOJ_SVA	用于获取盘点单上一种或多种物料的金额	是
FOIOJ_SVQ	用于获取盘点单上指定物料的数量	是

（7）业务核算函数如表 3-11-7 所示。

表 3-11-7　业务核算函数

数据项	说　明	必填项(是/否)
FOIOJ_LFAVGP	用于获取所有入库单上指定物料的平均单价	是
FOIOJ_LFBDIF	用于获取一种或多种物料的期初差异	是
FOIOJ_LFBEGA	用于获取一种或多种物料的期初金额	是
FOIOJ_LFBEGQ	用于获取指定物料的期初数量	是
FOIOJ_LFCDIF	用于获取入库单上一种或多种物料的期初金额借方差异	是
FOIOJ_LFDDIF	用于获取出库单上一种或多种物料的期初金额贷方差异	是
FOIOJ_LFINCA	用于获取入库单上一种或多种物料的金额	是
FOIOJ_LFINCQ	用于获取入库单上指定物料的数量	是
FOIOJ_LFOUTA	用于获取出库单上一种或多种物料的金额	是
FOIOJ_LFOUTQ	用于获取出库单上指定物料的数量	是
FOIOJ_LFRATE	用于获取指定物料的成本差异率	是

三、报表处理

1. 报表计算

报表的“数据”菜单提供关于报表计算的两种计算方式，包括“自动计算”和“手动计算”。如果您选择的是自动计算方式，当报表中的数据或是公式发生变动时，系统将自动进行报表的重新计算；如果您选择的为手工计算的方式，当报表中的数据或是公式发生变动时，选择【数据】→【报表重算】，对报表进行重新计算，报表数据才会改变。对于正在计算中的报表，选择【数据】→【终止计算】，可以将正在计算中的报表强行终止计算。自动计算与手动计算可通过工具条上的按钮进行切换。

2. 报表重算

当报表中的数据或是公式发生变动时，在手工计算的计算方式下，必须通过报表重算来实现报表数据的改变。而对于多张报表进行报表重算，则可以通过报表重算方案的设置来简化操作。

3. 重算当前报表

重算当前报表，对当前打开报表进行数据重算，按快捷键【F9】。

4. 重算当前表页

重算当前表页，对当前打开表页进行数据重算，按快捷键【F11】。

【实训操作练习 73】

编制查看东风双成汽车零部件有限公司 2017 年 1 月 31 日资产负债表。

【实训操作步骤】

在金蝶 KIS 专业版主控台界面，依次单击【报表与分析】→【资产负债表】，如图 3-11-2、图 3-11-3、图 3-11-4 和图 3-11-5 所示。

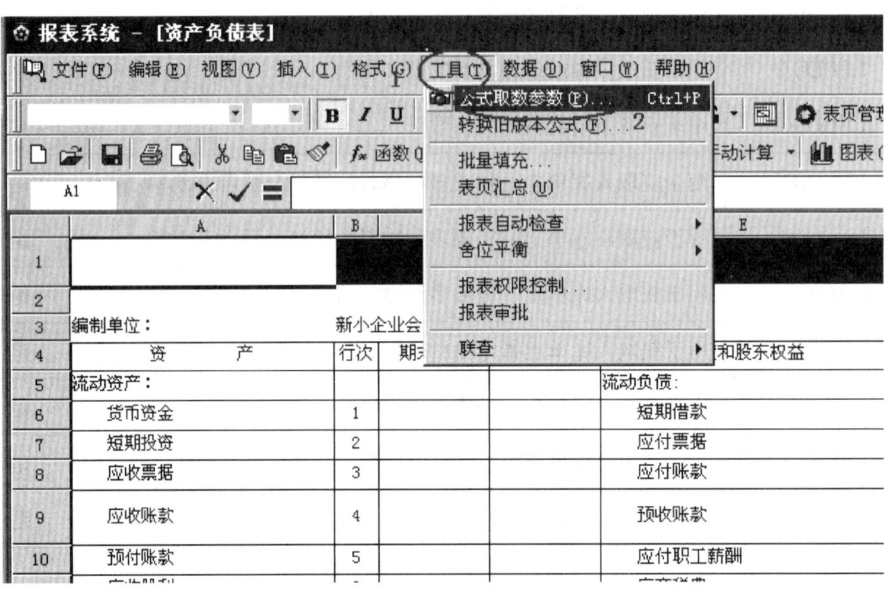

图 3-11-2

设置公式取数参数

缺省年度：3 2017 开始日期：2012年6月19日

开始期间：1 结束日期：2012年6月19日

结束期间：1 缺省币别：综合本位币

ACCT公式取数时包括总账当前期间未过账凭证

报表打开时自动重算

数值转换

运算符： 转换系数：1 控制小数位数：0

选中本选项后，ACCT公式取当前期间数据时包括未过账凭证的金额。

4

确定(O) 取消

图 3-11-3

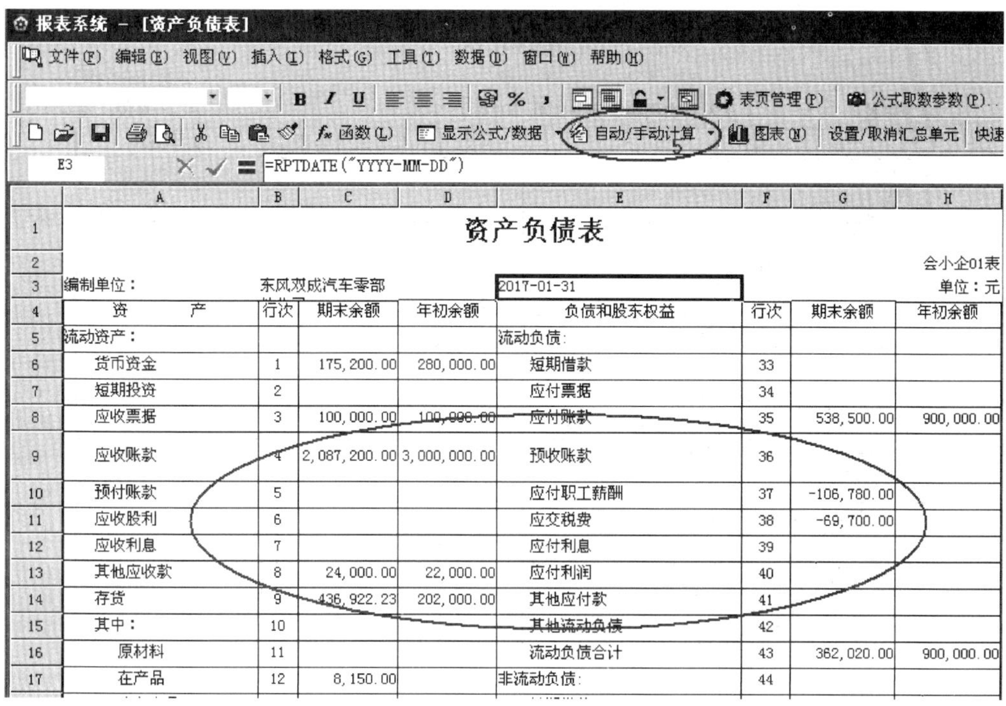

	A	B	C	D	E	F	G	H
1					资产负债表			
2								会小企01表
3	编制单位：	东风双成汽车零部			2017-01-31			单位：元
4	资　　产	行次	期末余额	年初余额	负债和股东权益	行次	期末余额	年初余额
5	流动资产：				流动负债:			
6	货币资金	1	175,200.00	280,000.00	短期借款	33		
7	短期投资	2			应付票据	34		
8	应收票据	3	100,000.00	100,000.00	应付账款	35	538,500.00	900,000.00
9	应收账款	4	2,087,200.00	3,000,000.00	预收账款	36		
10	预付账款	5			应付职工薪酬	37	-106,780.00	
11	应收股利	6			应交税费	38	-69,700.00	
12	应收利息	7			应付利息	39		
13	其他应收款	8	24,000.00	22,000.00	应付利润	40		
14	存货	9	436,922.23	202,000.00	其他应付款	41		
15	其中：	10			其他流动负债	42		
16	原材料	11			流动负债合计	43	362,020.00	900,000.00
17	在产品	12	8,150.00		非流动负债:	44		

图 3-11-4

A	B	C	D	E	F	G	H
流动资产合计	16	2,823,322.23	3,604,000.00	其他非流动负债	48		
非流动资产：	17			非流动负债合计	49		
长期股权投资	18			负债合计	50	362,020.00	900,000.00
长期债权投资	19						
固定资产原价	20	960,000.00	760,000.00				
减:累计折旧	21	13,888.89					
固定资产账面价值	22	946,111.11	760,000.00				
在建工程	23						
工程物资	24						
固定资产清理	25						
生产性生物资产	26			所有者权益(或股东权益):			
无形资产	27			实收资本(或股本)	51	3,500,000.00	3,500,000.00
开发支出	28			资本公积	52		
长期待摊费用	29			盈余公积	53		
其他非流动资产	30			未分配利润	54	-67,736.66	-36,000.00
非流动资产合计	31	946,111.11	760,000.00	所有者权益(或股东权益)	55	3,432,263.34	3,464,000.00
资产总计	32	3,769,433.34	4,364,000.00	负债及所有者权益(或股东	56	3,794,283.34	4,364,000.00

图 3-11-5

若报表不平衡，请查看会计科目取数公式是否有误。

【实训操作练习 74】

编制查看东风双成汽车零部件有限公司 2017 年 1 月 31 日利润表。

【实训操作步骤】

操作步骤同[实训操作练习 73]资产负债表，编制后报表结果如图 3-11-6 所示。

利润表

会小企02表

编制单位：　东风双成汽车零部件公司　2017-01　　单位：元

项　目	行次	本年累计金额	本月金额
一、营业收入	1	160,000.00	160,000.00
减：营业成本	2	154,377.77	154,377.77
税金及附加	3		
其中：消费税	4		
营业税	5		
城市维护建设税	6		
资源税	7		
土地增值税	8		
城镇土地使用税、房产税、车船税、印花税	9		
教育费附加、矿产资源补偿费、排污费	10		
销售费用	11	6,650.00	6,650.00
其中：商品修理费	12		
广告费和业务宣传费	13		
管理费用	14	66,708.89	66,708.89
其中：开办费	15		
业务招待费	16	4,000.00	4,000.00
研究费用	17		

图 3-11-6

【实训操作练习 75】

编制查看东风双成汽车零部件有限公司 2017 年 1 月 31 日现金流量表。

【实训操作步骤】

操作步骤同[实训操作练习 73]资产负债表，编制后报表结果如图 3-11-7 所示。

现金流量表

会小企03表

编制单位：　东风双成汽车零部件公司　7-　　单位：元

项目	行次	本年累计金额	本月金额
一、经营活动产生的现金流量：			
销售产成品、商品、提供劳务收到的现金	1	1000000.00	1000000.00
收到其他与经营活动有关的现金	2	0.00	0.00
购买原材料、商品、接受劳务支付的现金	3	788000.00	788000.00
支付的职工薪酬	4	160000.00	160000.00
支付的税费	5	0.00	0.00
支付其他与经营活动有关的现金	6	16400.00	16400.00
经营活动产生的现金流量净额	7	35600.00	35600.00
二、投资活动产生的现金流量：			
收回短期投资、长期债券投资和长期股权投资收到的现金	8	0.00	0.00
取得投资收益收到的现金	9	0.00	0.00
处置固定资产、无形资产和其他非流动资产收回的现金净额	10	0.00	0.00
短期投资、长期债券投资和长期股权投资支付的现金	11	0.00	0.00
购建固定资产、无形资产和其他非流动资产支付的现金	12	0.00	0.00
投资活动产生的现金流量净额	13	0.00	0.00

图 3-11-7

项目十二　管理会计应用—老板报表

金蝶 KIS 专业版—老板报表以金蝶 KIS 专业版为基础，结合企业老板日常工作的实际需求，及产品研发部和产品市场部的调研成果，开发完成的专为老板使用的软件，使老板能及时、便捷、全面地了解企业的销售、采购、生产、财务等各项经营状况，为正确决策提供详实依据！其所用报表及数据均来源于用户所安装的专业版。

老板报表预置了多达 156 种财务业务报表，企业还可以根据管理需要设计定制报表，如图 3-12-1 所示。

序号	报表名称
1	数量金额明细账
2	科目日报表
3	凭证汇总表
4	多栏式明细账
5	核算项目组合表
6	调汇历史信息表
7	总分类账
8	账龄分析表
9	科目余额表
10	核算项目明细账
11	核算项目余额表
12	核算项目明细表
13	核算项目汇总表
14	核算项目分类总账
15	往来对账单
16	数量金额总账
17	试算平衡表
18	明细分类账

序号	报表名称
139	委外加工费用对账表
140	委外加工超期预警表
141	委外发料差异分析表
142	委外发料执行情况表
143	委外加工单执行情况明细表
144	委外加工单执行情况汇总表
145	委外订单入库跟踪表
146	简易现金流量表
147	资产负债表
148	利润表
149	现金流量表
150	应付职工薪酬明细表
151	应交税费明细表
152	利润分配表
153	短期投资披露
154	应收账款账龄结构披露
155	存货披露
156	固定资产披露

图 3-12-1

一、系统构成

金蝶 KIS 专业版—老板报表为一个独立安装的客户端。在安装金蝶 KIS 专业版的过程中，在“选择组件”界面只需增加“老板报表”选项即可，如图 3-12-2 所示。

安装完成后桌面会增加一个独立图标 

，双击图标即可进入专门登录界面。界面主要由 5 个功能模块构成：常用资料、常用报表、信息看板、经营分析、财务分析，如图 3-12-3 所示。

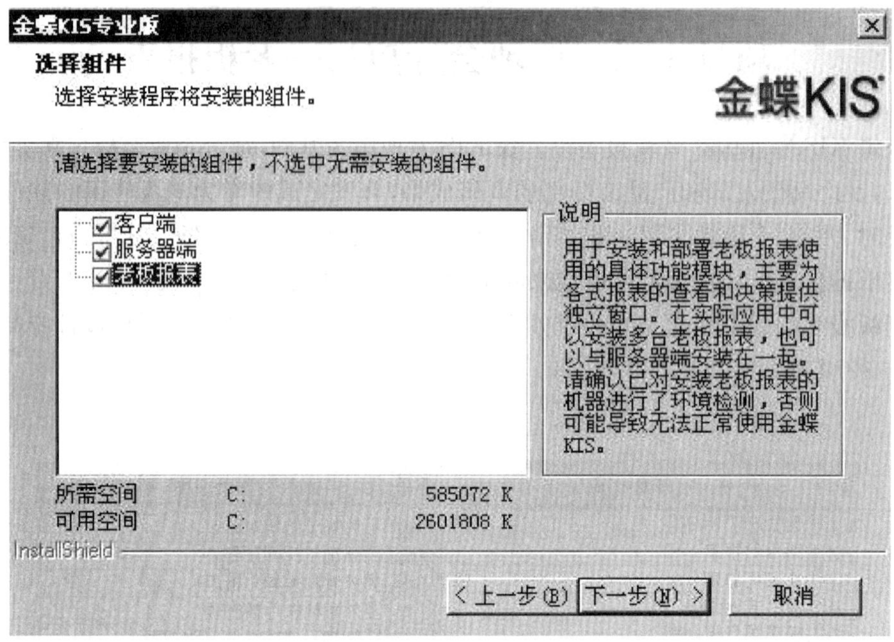
金蝶KIS专业版
选择组件
选择安装程序将安装的组件。
金蝶KIS
请选择要安装的组件，不选中无需安装的组件。
客户端
服务器端
老板报表
说明
用于安装和部署老板报表使用的具体功能模块，主要为各式报表的查看和决策提供独立窗口。在实际应用中可以安装多台老板报表，也可以与服务器端安装在一起。请确认已对安装老板报表的机器进行了环境检测，否则可能导致无法正常使用金蝶KIS。
所需空间 C: 585072 K
可用空间 C: 2601808 K
InstallShield
< 上一步(B)
下一步(N) >
取消

图 3-12-2

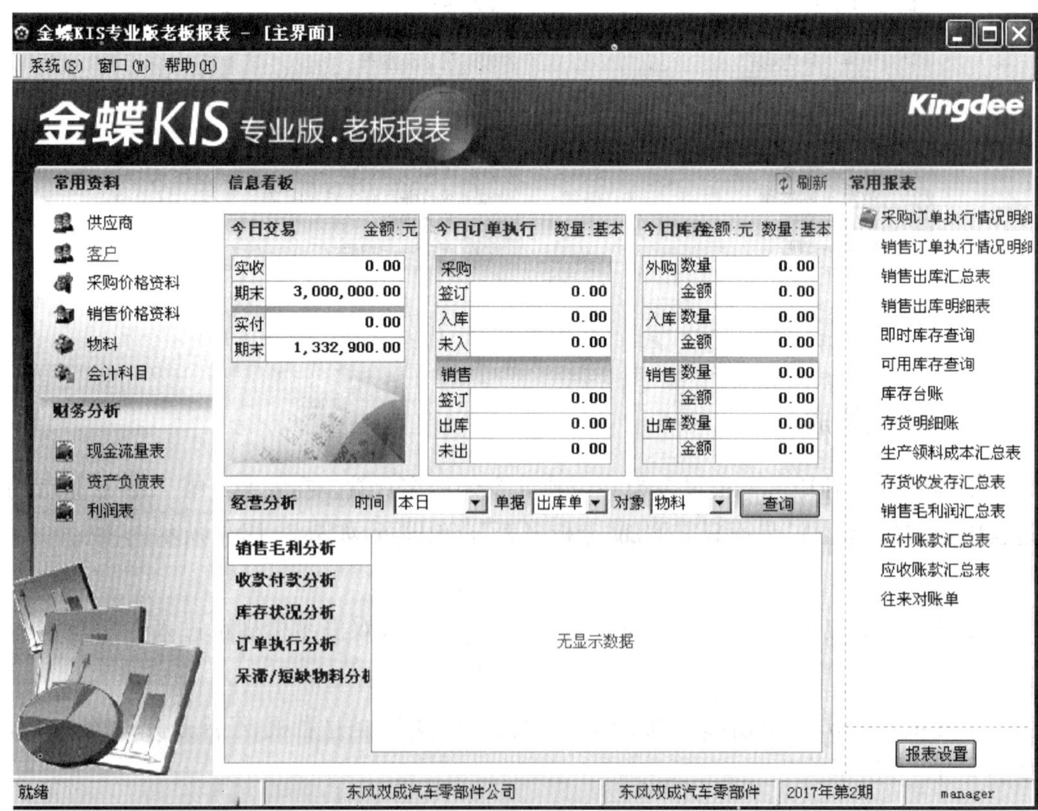
金蝶KIS专业版老板报表 - [主界面]
系统(S) 窗口(W) 帮助(H)
金蝶KIS 专业版.老板报表
Kingdee
常用资料
供应商
客户
采购价格资料
销售价格资料
物料
会计科目
财务分析
现金流量表
资产负债表
利润表
信息看板
刷新
今日交易 金额:元
实收 0.00
期末 3,000,000.00
实付 0.00
期末 1,332,900.00
今日订单执行 数量:基本
采购
签订 0.00
入库 0.00
未入 0.00
销售
签订 0.00
出库 0.00
未出 0.00
今日库存 金额:元 数量:基本
外购 数量 0.00
金额 0.00
入库 数量 0.00
金额 0.00
销售 数量 0.00
金额 0.00
出库 数量 0.00
金额 0.00
经营分析 时间 本日 单据 出库单 对象 物料 查询
销售毛利分析
收款付款分析
库存状况分析
订单执行分析
呆滞/短缺物料分析
无显示数据
常用报表
采购订单执行情况明细
销售订单执行情况明细
销售出库汇总表
销售出库明细表
即时库存查询
可用库存查询
库存台账
存货明细账
生产领料成本汇总表
存货收发存汇总表
销售毛利润汇总表
应付账款汇总表
应收账款汇总表
往来对账单
报表设置
就绪
东风双成汽车零部件公司
东风双成汽车零部件
2017年第2期
manager

图 3-12-3

二、功能概述

1. 常用资料

此功能模块中包含一些常用信息资料，主要有供应商、客户、采购价格资料、销售价格资料、物料、会计科目，这些数据均来源于用户安装的专业版，以方便老板及时、便捷地查询企业的基本信息。

2. 常用报表

常用报表中包含老板需要经常查看的报表，并提供报表的增加删除等操作。系统预设的业务报表有：采购订单执行情况明细表、销售订单执行情况明细表、销售出库明细表、及时库存查询、应收(付)账款汇总表、往来对账单、资产负债表、现金流量表等共 17 张。用户也可根据自身实际需求和操作习惯通过“报表导入”和“报表设置”功能自行设计常用报表栏中显示的报表，操作详见后续操作说明。

3. 信息看板

信息看板提供老板最关心的业务经营状况分析，包含今日交易、今日库存、今日订单执行，这些内容是企业经营分析和财务分析的简化说明，以便老板及时、便捷地掌握企业的经营动态。

(1) 今日交易：显示企业当日本币的收付款情况，包含当日的实收金额、期末余额、实付金额、期末余额四个核心数据；

(2) 今日订单执行：显示企业当日采购/销售订单的执行情况，包含当日的采购签订/入库/未入库数量、当日的销售签订/出库/未出库数量；

(3) 今日库存：动态反映企业的即时库存及物料变动情况，包含当日外购入库的数量及金额、销售出库的数量及金额。

4. 经营分析

通过简单实用的图表、报表剖析企业的关键运营数据，让老板及时、便捷地了解企业的财务、业务运营情况。主要包含以下五种分析：

(1) 销售毛利分析：以销售毛利润汇总表为基础而形成的分析图表，可以按时间(昨日、本日、明日、上周、本周、下周、上月、本月、下月、上年、本年、今天之前、今天之后)，按单据(出库单、发票)，按对象(客户、部门、业务员、物料)进行过滤，筛选出销售毛利占前 5 位的货品数据或者排名前 3 位的客户、部门及业务员。如图 3-12-4 所示，就是对物料销售毛利的考量。

(2) 收款付款分析：以应收账款汇总表和应付账款汇总表为基础而形成的分析图表，可按时间(昨日、本日、明日、上周、本周、下周、上月、本月、下月、上年、本年、今天之前、今天之后)、币别过滤，筛选出实收金额、实付金额占前三位的客户和供应商。如图 3-12-5 所示，就是对实收排名前 3 的客户的考量。

(3) 库存状况分析：以即时库存查询表为基础，通过图表分析企业存货量占前 7 位的仓库。

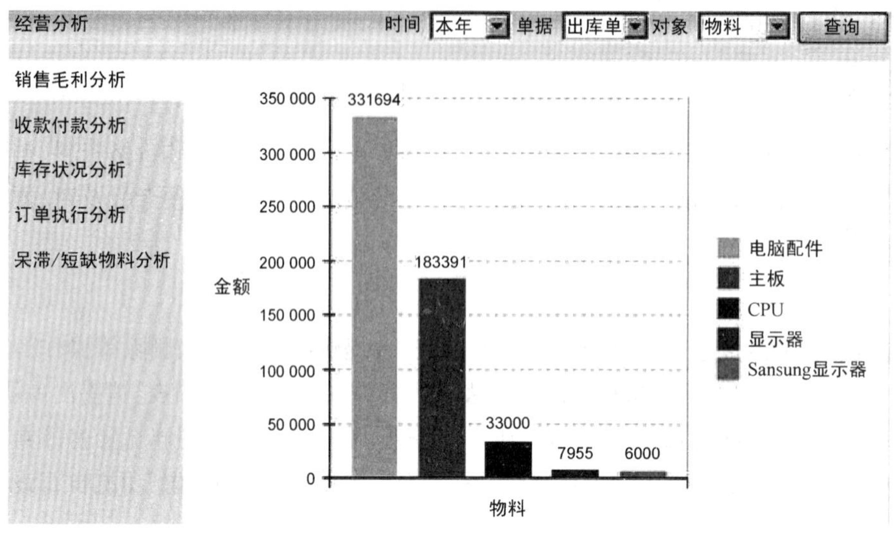

图 3-12-4

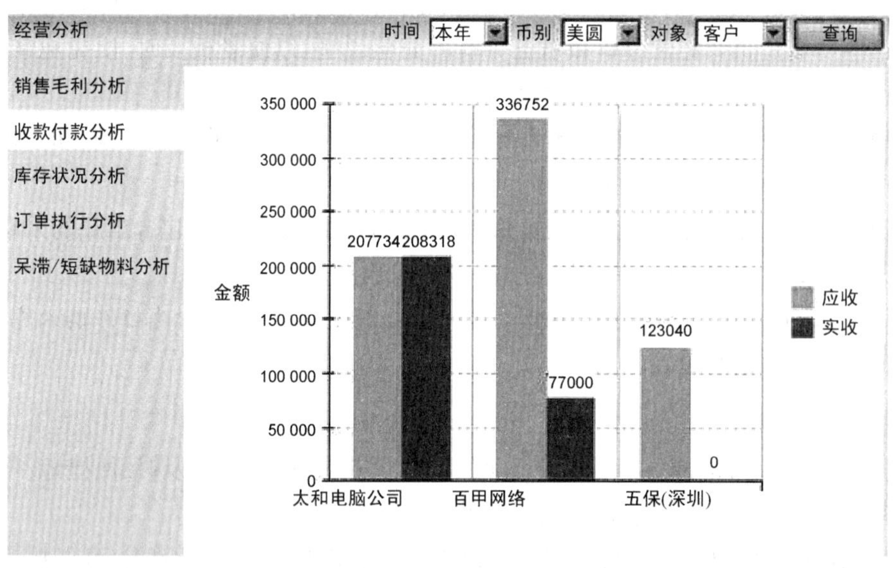

图 3-12-5

(4) 订单执行分析:以采购订单执行情况汇总表和销售订单执行情况汇总表为基础,可按时间(昨日、本日、明日、上周、本周、下周、上月、本月、下月、上年、本年、今天之前、今天之后)过滤,以分析采购和销售订单执行情况。

(5) 呆滞/短缺物料分析:以超储/短缺库存分析表为基础,以物料数量为筛选依据,排序出前 7 位超储/短缺的物料。如图 3-12-6 所示,就是对超储排名前几位的物料的考量。

注:以上分析图形可以双击放大,全屏观看。再次双击缩小回到主界面。

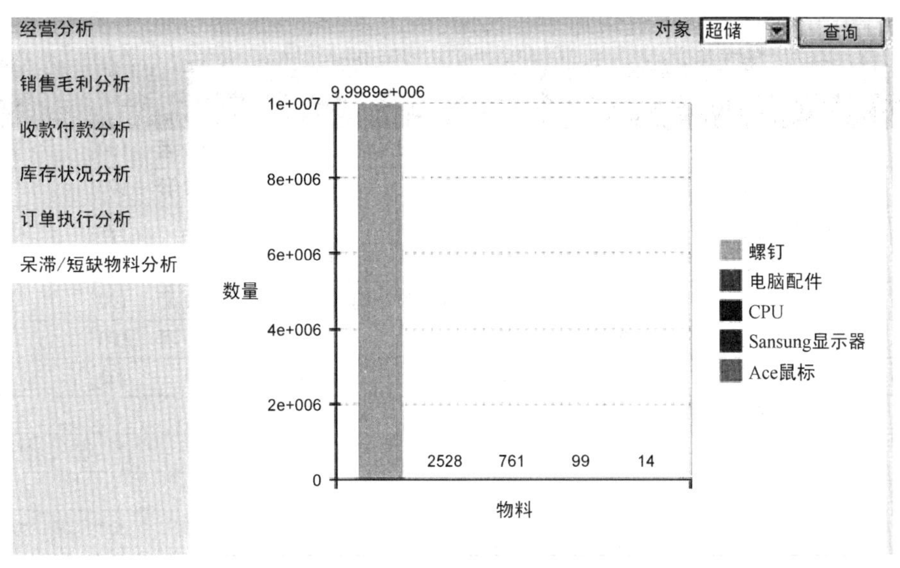

图 3-12-6

5. 财务分析

包含资产负债表、利润表、现金流量表三大财务报表，让报表使用者通过简单操作从财务角度了解企业的运营情况。

下面我们分别从业务、财务角度查询了解企业经营状况和财务状况。

【实训操作练习 76】

编制查看东风双成汽车零部件有限公司 2017 年 1 月 31 日业务报表。

【实训操作步骤】

(1) 双击桌面 

图标，打开老板报表模块。

(2) 在金蝶 KIS 专业版老板报表界面，单击页面右侧【常用报表】中的某一张报表就可以查看相关信息。

老板报表共预置了多达 156 张财务业务报表，完全可以满足企业管理人员的查询统计分析需要，管理者可以根据个人习惯自行定制，把自己常用的报表筛选出来放在“常用报表”栏，方便查看。

(3) “采购订单执行情况明细表”，可以查询采购订单执行完成情况，分析供应商履约情况，对供应商进行绩效考评，如图 3-12-7 所示。

(4) “采购订单入库付款跟踪表”，可以清晰查询到采购业务从订单到入库到付款全过程。

(5) “生产任务通知单执行情况明细表”，可以查询生产任务执行完成情况，分析生产部生产任务执行是否及时，对生产部门进行绩效考评。

签订						入库单号	完成日期	入库						未入库		
单位	数量	单位(基本	量(基	位(常	量(常			单位	数量	位(基	量(基	位(常	量(常	位(基	量(基	(常
套	100	套	100	套	100											
						WINOO(	2017-(	套	100	套	100	套	100			
	100	套	100	套	100				100	套	100	套	100			
	100		100		100				100		100		100			
套	100	套	100	套	100											
						WINOO(	2017-(	套	100	套	100	套	100			
	100	套	100	套	100				100	套	100	套	100			
	100		100		100				100		100		100			
套	20	套	20	套	20											
	20	套	20	套	20									套	20	套
	20		20		20										20	
	220		220		220				200		200		200		20	

图 3-12-7

(6)“销售订单执行情况明细表”,可以查询销售单执行完成情况,分析销售部销售计划执行是否及时,对销售部门进行绩效考评。

(7)“可用库存查询”和“即时库存查询”,可以从不同维度查看库存信息,便于采购物流部门及时作出决策。

实训练习题

准备工作:在“我的电脑”——D盘新建一个文件夹,命名为“×××金蝶财务数据备份”,×××——自己班级、姓名,用来存放账套数据库和备份信息。

备份建议:1. 每一个章节内容做一次备份,方便随时复习使用。

2. 遇到难度较大、操作步骤繁多复杂的练习题,如购销存业务、生产管理、工资税费计算、成本核算、应收应付业务,每一道题做一次备份,可以重复练习,熟练掌握。

一、账套管理模块

东风天成汽车零部件公司主营东风商用车车桥生产销售业务，是一般纳税人，增值税税率13%。

实训操作练习1

新建一个账套，账套信息见下表。

数 据 项	录入内容	必填项(是/否)
账套号	建议使用系统默认的账套号码	是
账套名称	东风天成公司	是
账套路径	建议默认系统设置，不做改动	是
公司名称	东风天成汽车零部件公司	是
地址	武当山	否
电话	18971916133	否

实训操作练习2

手动备份东风天成公司账套数据，备份时在备份文件后面加上“空账套”，说明没有数据。

实训操作练习3：删除东风天成公司账套。

实训操作练习4：恢复东风天成公司账套。

二、基础资料模块

实训操作练习 5

设置东风天成零部件公司系统参数。

1. 在“系统参数——系统消息”窗口，录入企业相关信息。

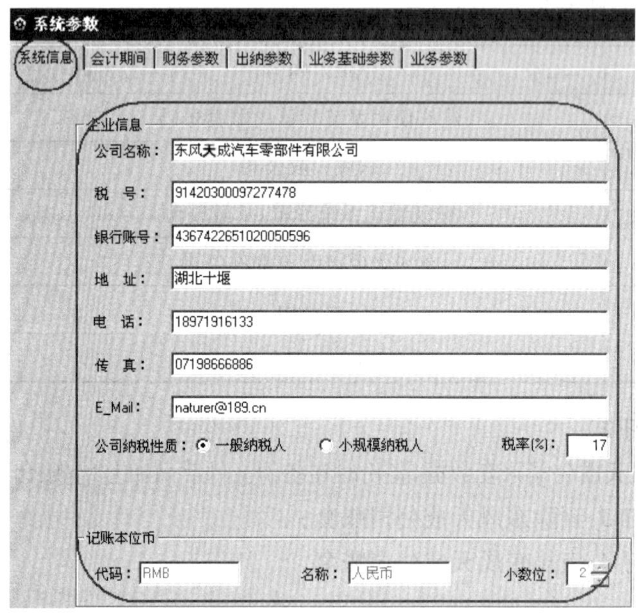

2. 【会计期间】选择 2020 年。

3. 设置【财务参数】。

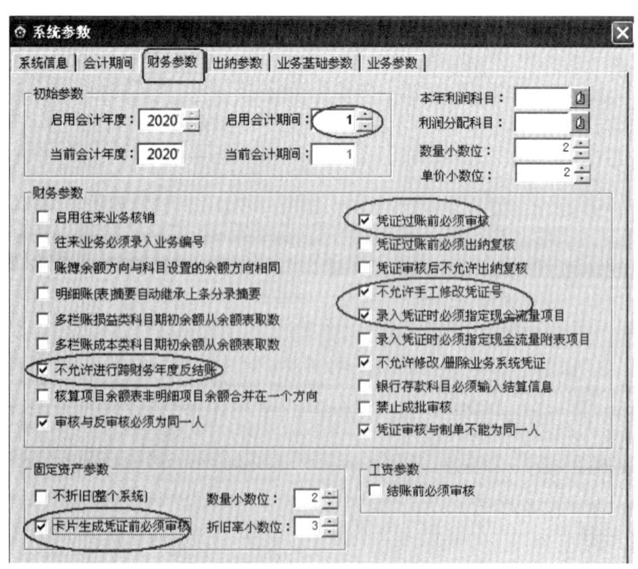

4.【出纳参数】。

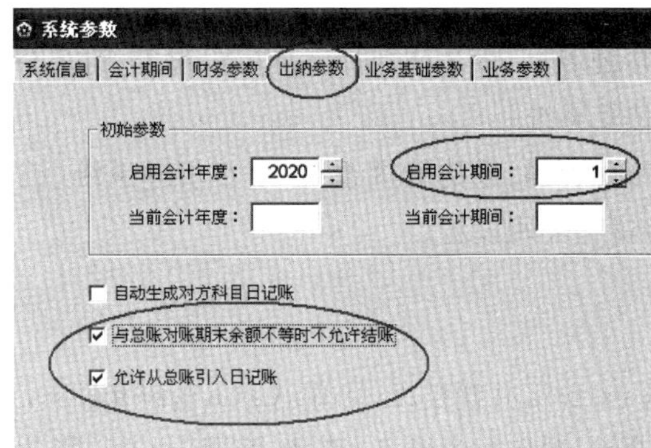

5.【业务基础参数】。

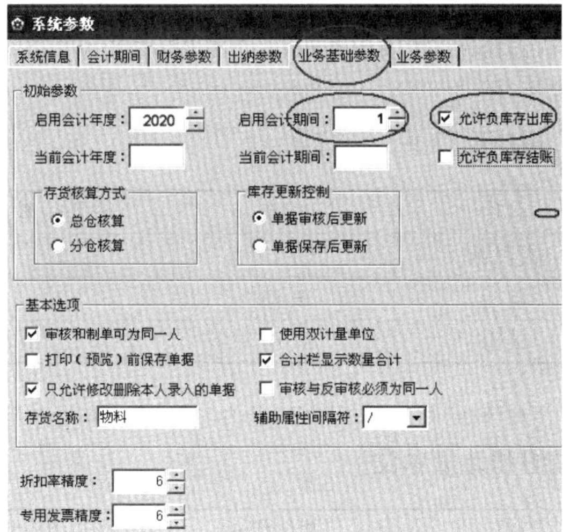

6.【业务参数】。

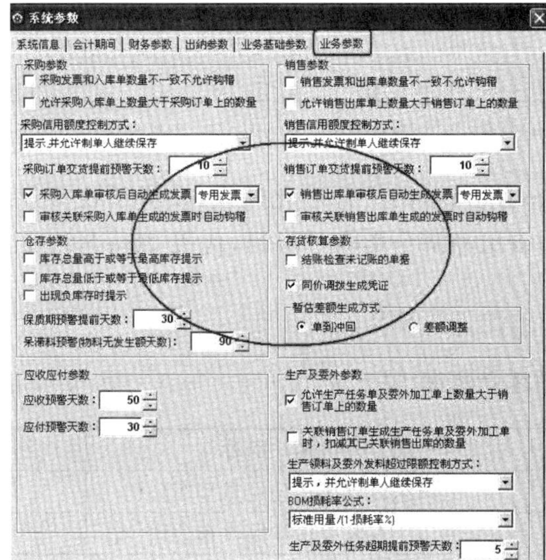

实训操作练习 6

新增用户组。

财务组，授权组为基础资料、账务处理、固定资产、报表、财务分析、出纳管理、工资、应收应付管理系统、存货核算系统；

业务组，授权组为基础资料、采购管理系统、仓存管理系统、销售管理系统、生产管理系统、委外管理系统、购销存公用设置。

实训操作练习 7

新增操作员。

1. 杨信，CEO，密码 yx1235，并授权；2. 方晴，CFO，密码 fq1235，系统管理员组；3. 王毅，密码 wy1235，成本往来会计，授权财务组；4. 李欣，密码 lx1235，资金会计，授权财务组权限；5. 刘琴，密码 lq1235，资产会计，授权财务组；6. 张红，密码 zh1235，总账费用会计，授权财务组；7. 王磊，密码 wl1235，仓管人员，授权业务组；8. 王鑫，密码 wx1235，采购部，授权业务组；9. 刘翔，密码 lx1235，销售部，授权业务组；10. 王俊，密码 wj1235，生产部，授权业务组。

实训操作练习 8

东风天成零部件公司使用以下币别信息。

代码	名称	汇率	小数位数	固定汇率
RMB	人民币	1	2	否
USD	美元	6.81	2	否
HKD	港币	0.87	2	否

实训操作练习 9：

新增以下计量单位组和计量单位。

单位组	单位代码	单位名称
常用组	01	套
	02	个
	03	辆
	04	件

实训操作练习 10

东风天成零部件公司进行了财务标准化建设，设置了收支分类会计科目核算体系。需要在核算项目中新增支出经济分类会计科目，代码 111；名称支出经济分类（明细核算项目见录入结果）。

实训操作练习 11

在核算项目中新增客户档案，见下表。

客户代码	客户简称	其他信息
001	东风商用车公司重型车公司	
002	东风股份专用汽车公司	

实训操作练习 12

在核算项目中新增部门档案，信息如下。

部门代码	部门名称	部门代码	部门名称
01	综合管理部	04	采购部
02	财务部	05	销售部
03	生产部	06	物流部

实训操作练习 13

在核算项目中新增职员档案，信息如下。

代码	名称	部门名称	职　务	性别
001	方晴	综合管理部	总经理	女
002	杨信	财务部	副总经理	男
003	王宇	生产部	部门经理	女
004	王雷	采购部	部门经理	男
005	李喜	销售部	部门经理	女
006	王俊	物流部	部门经理	男
007	刘翔	综合管理部	部门经理	男
008	王毅	财务部	主管会计	男
009	李欣	财务部	主管会计	女
010	刘琴	财务部	主管会计	女
011	张红	财务部	部门经理	女
012	杨君	综合管理部	部门副经理	男
013	杨红	综合管理部	部门副经理	女

实训操作练习 14

在核算项目中新增物料档案，物料代码、名称如下。

物料编码	物料名称	采购单价	规格型号	物料属性	计量单位类别名称	计价方法	存货科目代码	销售收入科目代码	销售成本科目代码
01	桥总成								
01.01	153 后桥总成	6 000	2400010-B992ST	自制	常用组	加权平均法	1405	6001	6401
01.02	1094 后桥总成	6 000	2400010-N0E1ST	外购	常用组	加权平均法	1405	6001	6401
02	减总								
02.01	153 减总	2 500	2402F635-010	外购	常用组	加权平均法	1405	6001	6401

（续表）

物料编码	物料名称	采购单价	规格型号	物料属性	计量单位类别名称	计价方法	存货科目代码	销售收入科目代码	销售成本科目代码
02.02	1094 减总	2 500	2402N-010	外购	常用组	加权平均法	1405	6001	6401
03	气室								
03.01	153 后气室	200	3519N-010/015	外购	常用组	加权平均法	1405	6001	6401
03.02	1094 后气室	200	3530N-010/015	外购	常用组	加权平均法	1405	6001	6401
04	桥壳								
04.01	153 桥壳	2 000	2401N-010	外购	常用组	加权平均法	1405	6001	6401
04.02	1094 桥壳	2 000	2401N12-010	外购	常用组	加权平均法	1405	6001	6401
05	轮毂总成								
05.01	153 轮毂总成	1 200	35N94-01065/066	外购	常用组	加权平均法	1405	6001	6401
05.02	1094 轮毂总成	1 200	35N-02065/066-B	外购	常用组	加权平均法	1405	6001	6401
06	小件								
06.01	153 标准件	100	标准件	外购	常用组	加权平均法	1405	6001	6401
06.02	1094 标准件	100	标准件	外购	常用组	加权平均法	1405	6001	6401

实训操作练习 15

在核算项目中新增仓库档案，信息如下。

仓库代码	仓库名称	仓库类型
01	公司库	普通仓
02	襄阳中转库	普通仓
99	废品库	虚仓

实训操作练习 16

在核算项目中新增如下供应商。

供应商代码	供应商名称
001	湖北天成汽车零部件公司
002	十堰众远工贸公司
003	十堰东顺工贸公司
004	十堰众城汽车零部件公司

实训操作练习 17

从会计科目模板中引入会计科目。

东风天成汽车零部件公司使用小企业会计准则会计科目。

实训操作练习 18

删除东风天成零部件公司工作中基本上不需要的会计科目“2401——递延收益”。

实训操作练习 19

新增会计科目或修改下表中会计科目属性(注:表中所有明细会计科目均为新增会计科目,一级总账科目修改核算属性)。

科目代码	科目名称	辅助核算
1001	库存现金	核算现金流量,出日记账
1002.01	建行人民路支行 1759	核算现金流量,出日记账
1002.02	农行人民路支行 8572	核算现金流量、外币、日记账
1122	应收账款	客户
1221.01	单位往来	客户
1221.02	个人往来	职员
2202	应付账款	供应商

实训操作练习 20

新增 153 车桥总成 BOM,物料清单明细如下。

级　次	名　称	数　量	备　注
一级	153 车桥总成	1	
二级	153 桥壳	1	
二级	153 轮毂总成	1	
二级	153 减速器总成	1	
二级	153 标准件	1	
二级	153 气室	1	

新增 1094 车桥总成 BOM,物料清单明细如下。

级　次	名　称	数　量	备　注
一级	1094 车桥总成	1	
二级	1094 桥壳	1	
二级	1094 轮毂总成	1	
二级	1094 减速器总成	1	
二级	1094 标准件	1	
二级	1094 气室	1	

三、初始化模块

实训操作练习 21

在【应收应付初始数据】中录入表中的应收账款和应付账款余额，传递到总账系统。

往来业务明细数据	
应收账款	东风商用车重型车公司 200 万元
	东风股份专汽公司 100 万元
应付账款	湖北天成公司 80 万元
	十堰众城公司 10 万元

实训操练习 22

东风天成汽车零部件公司资产分类按照会计制度标准分类设置。

编码	名　称	年限	折旧方法
01	房屋建筑物	20	平均年限法
02	生产设备	10	平均年限法
03	运输设备	5	平均年限法
04	电子设备	3	平均年限法
05	办公设备	3	平均年限法

实训操作练习 23

东风天成汽车零部件公司期初原始卡片资料如下。

录入固定资产卡片，并把初始数据传递到总账模块。

固定资产初始卡片明细
1. 奥迪 A6L 一辆 50 万元，使用年限 5 年，2018 年 5 月购买并投入使用； 2. 福克斯轿车 1 辆 15 万元，使用年限 5 年，2018 年 5 月购买并投入使用； 3. Thinkx201，5 台，4 万元，使用年限 5 年，2018 年 12 月开始使用； 4. 办公桌椅一批，2018 年 12 月开始使用，原价 50 000 元，试用期 3 年； 5. 打印机 5 台，2 万元，使用年限 3 年，2018 年 12 月开始使用； 1. 2. 3 的资产均使用平均年限法计提折旧，资产残值为 0

实训操作练习 24

东风天成汽车零部件库存初始数据如下。

2019 年 12 月 31 日 153 库存商品业务明细数据
1. 153 后桥总成 10 台，60 000 元； 2. 153 桥壳 20 个，50 000 元； 3. 153 减总 20 个，40 000 元； 4. 153 气室 30 个，6 000 元； 5. 153 轮毂总成 30 套，36 000 元； 6. 153 标准件 100 套，10 000 元

（续表）

2019 年 12 月 31 日 1094 库存商品业务明细数据
1. 1094 后桥总成 10 台，80 000 元； 2. 1094 桥壳 20 个，60 000 元； 3. 1094 减总 20 个，10 000 万元； 4. 1094 气室 30 个，10 000 元； 5. 1094 轮毂总成 30 套，40 000 元； 6. 1094 标准件 100 套，12 000 元

在存货模块录入以上初始数据并传递到总账模块。

实训操作练习 25

录入东风天成公司 2019 年 12 月 31 日会计科目余额明细，并试算平衡（单位：元）。

科目代码	科目名称	方向	期初余额
1001	库存现金	借	80 000.00
1002.01	建设银行（人民币户）	借	200 000.00
1121	应收票据	借	100 000.00
1221.02	其他应收款—个人往来—杨信	借	20 000.00
1221.02	其他应收款—个人往来—刘翔	借	2 000.00
4001	实收资本	贷	3 500 000.00
4001.01	杨信	贷	1 500 000.00
4001.02	方晴	贷	2 000 000.00
4101	利润分配	贷	111 000.00

操作结果如下：

科目初始数据　　币别：人民币　　汇率：

科目		期初余额		核算
代码	名称	方向	原币	项目
1001	库存现金	借	80,000.00	
1002	银行存款	借	200,000.00	
1002.01	建行人民路支行1759	借	200,000.00	
1004	备用金	借		
1012	其他货币资金	借		
1012.01	银行汇票	借		
1012.02	银行本票	借		
1012.03	信用卡	借		
1012.04	信用证保证金	借		
1012.05	外埠存款	借		
1101	短期投资	借		
1101.01	股票	借		
1101.02	债券	借		
1101.03	基金	借		
1101.04	其他	借		
1121	应收票据	借	100,000.00	
1122	应收账款	借	3,000,000.00	√
1123	预付账款	借		√
1131	应收股利	借		
1132	应收利息	借		
1221	其他应收款	借	22,000.00	
1221.01	单位往来	借		√
1221.02	个人往来	借	22,000.00	√
1401	材料采购	借		
1402	在途物资	借		
1403	原材料	借		
1404	材料成本差异	借		
1405	库存商品	借	414,000.00	

科目初始数据　币别：人民币　汇率：

科目		期初余额		核算
代码	名称	方向	原币	项目
1501.01	面值	借		
1501.02	溢折价	借		
1501.03	应计利息	借		
1511	长期股权投资	借		
1601	固定资产	借	760,000.00	
1602	累计折旧	贷	65,000.00	
1604	在建工程	借		
1605	工程物资	借		
1605.01	专用材料	借		
1605.02	专用设备	借		
1605.03	工器具	借		
1606	固定资产清理	借		
1621	生产性生物资产	借		
1621.01	未成熟生产性生物资产	借		
1621.02	成熟生产性生物资产	借		
1622	生产性生物资产累计折旧	贷		
1701	无形资产	借		
1702	累计摊销	贷		
1801	长期待摊费用	借		
1901	待处理财产损溢	借		
1901.01	待处理流动资产损溢	借		
1901.02	待处理非流动资产损溢	借		
2001	短期借款	贷		
2201	应付票据	贷		
2202	应付账款	贷	900,000.00	√
2203	预收账款	贷		√
2211	应付职工薪酬	贷		
2211.01	职工工资	贷		

科目初始数据　币别：人民币　汇率：

科目		期初余额		核算
代码	名称	方向	原币	项目
2221.10	车船税	贷		
2221.11	教育费附加	贷		
2221.12	矿产资源补偿费	贷		
2221.13	排污费	贷		
2221.14	个人所得税	贷		
2221.15	资源税	贷		
2231	应付利息	贷		
2232	应付利润	贷		
2241	其他应付款	贷		
2501	长期借款	贷		
2701	长期应付款	贷		
3001	实收资本	贷	3,500,000.00	
3002	资本公积	贷		
3101	盈余公积	贷		
3101.01	法定盈余公积	贷		
3101.02	任意盈余公积	贷		
3101.03	职工奖励及福利基金	贷		
3101.04	储备基金	贷		
3101.05	企业发展基金	贷		
3101.06	利润归还投资	贷		
3103	本年利润	贷		
3104	利润分配	贷	111,000.00	
3104.01	提取法定盈余公积	贷		
3104.02	提取任意盈余公积	贷		
3104.03	职工奖励及福利基金	贷		
3104.04	储备基金	贷		
3104.05	企业发展基金	贷		
3104.06	利润归还投资	贷		
3104.07	应付利润	贷		
3104.08	未分配利润	贷	111,000.00	
4001	生产成本	借		

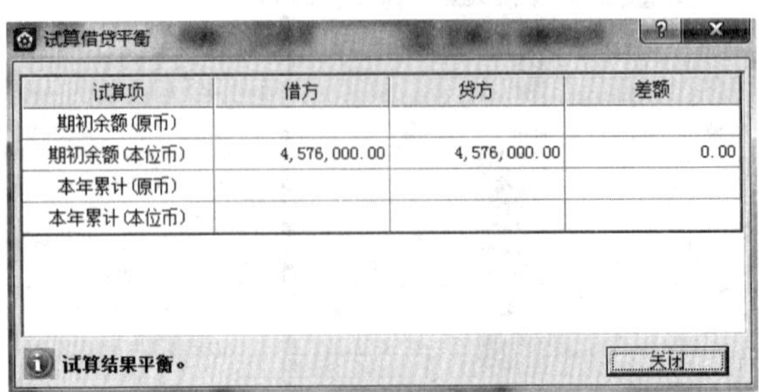
试算借贷平衡

试算项	借方	贷方	差额
期初余额(原币)			
期初余额(本位币)	4,576,000.00	4,576,000.00	0.00
本年累计(原币)			
本年累计(本位币)			

试算结果平衡。　关闭

试算不平衡一定要查找原因，查找原因本身也是一个熟悉账务处理的过程。

实训操作练习 26：录入出纳初始数据，启用出纳模块。从总账引入科目及其期初余额和发生额，并启用出纳模块。

实训操作练习 27：启用业务系统。

实训操作练习 28：启用财务系统。

四、采购销售库存生产管理模块

实训操作练习 29-1

东风天成零部件公司 2020 年 1 月 1 日下订单从湖北天成汽车零部件公司购进 153 桥壳 100 个，不含税单价 2 000 元，153 减速器总成 50 个，不含税单价 2 500 元。1 月 5 日，货到验收入库，发票收到款未付。

以操作员王鑫身份登录系统，录入采购订单并审核；根据采购订单自动生成采购发票并勾稽；成本会计生成采购入库记账凭证。

实训操作练习 29-2

东风天成零部件公司 2020 年 1 月 8 日下订单从湖北天成汽车零部件公司购进 11094 桥壳 100 个，不含税单价 2 000 元，1094 减速器总成 50 个，不含税单价 2 500 元。1 月 12 日，货到验收入库，发票收到款未付。

以操作员王鑫身份登录系统，录入采购订单并审核；根据采购订单自动生成采购发票并勾稽；成本会计登录生成采购入库记账凭证。

实训操作练习 30-1

东风天成零部件公司 2020 年 1 月 3 日下订单从十堰众远天成汽车零部件公司购进 153 轮毂总成 100 套，不含税单价 1 200 元；153 标准件 300 套，不含税单价 100 元；153 气室 100 个，不含税单价 200 元。1 月 10 日，货到验收入库，发票收到，款已支付。

采购部门录入采购订单并审核，根据采购订单自动生成采购发票并勾稽；财务部门成本会计生成凭证。

实训操作练习 30-2

东风天成零部件公司 2020 年 1 月 8 日下订单从十堰众远天成汽车零部件公司购进 1094 轮毂总成 100 套，不含税单价 1 200 元；1094 标准件 300 套，不含税单价 100 元；1094 气室 100 个，不含税单价 200 元。1 月 15 日，货到验收入库，发票收到，款已支付。

采购部门录入采购订单并审核，根据采购订单自动生成采购发票并勾稽；财务部门成本会计生成凭证。

实训操作练习 31-1

生产部王俊 1 月 5 日下达生产计划通知单到车间，生产 20 台 153 车桥总成，制作领料单保存，1 月 18 日产品入库，制作产品入库单保存。

仓管王磊 1 月 5 日根据车间领料单发料并审核领料单，1 月 18 日验收产品入库审核产品入库单。

实训操作练习 31-2

生产部王俊 1 月 5 日下达生产计划通知单到车间，生产 20 台 1094 车桥总成，制作领料单保存，1 月 18 日产品入库，制作入库单保存。

仓管王磊 1 月 5 日根据车间领料单发料并审核领料单，1 月 18 日验收产品入库并审核产品入库单。

实训操作练习 32-1

采购部王鑫 1 月 25 日紧急采购回 20 个 153 桥壳，仓管人员王磊验收入库，发票未到款未付，暂估单价 2 000 元入库。

生产部王俊 1 月 25 日下达生产计划通知单到车间，生产 5 台 153 车桥总成，制作领料单保存，2 月 5 日完工。

仓管王磊 1 月 25 日根据生产部发料单发出零部件并审核领料单。

实训操作练习 32-2

采购部王鑫 1 月 25 日紧急采购回 20 个 1094 桥壳，仓管人员王磊验收入库，发票未到款未付，暂估单价 2 000 元入库。

生产部王俊 1 月 25 日下达生产计划通知单到车间，生产 5 台 1094 车桥总成，制作领料单保存，2 月 5 日完工。

仓管王磊 1 月 25 日根据生产部发料单发出零部件并审核领料单。

实训操作练习 33-1

东风天成零部件公司 2020 年 1 月 5 日收到东风商用车订单采购 153 车桥 20 个，不含税单价 8 000 元，交货日期 1 月 18 日。

1 月 18 日，销售部发出车桥，财务开出专用发票，款未收到。

实训操作练习 33-2

东风天成零部件公司 2020 年 1 月 5 日收到东风商用车订单采购 1094 车桥 20 个，不含税单价 8 000 元，交货日期 1 月 18 日。

1 月 18 日，销售部发出车桥，财务开出专用发票，款未收到。

实训操作练习 34-1

东风天成零部件公司 2020 年 1 月 20 日收到东风股份订单采购 153 车桥 5 个，不含税单价 8 000 元，交货日期 1 月 30 日。1 月 25 日，从十堰仓库调拨 5 个 153 车桥到襄阳中转库，1 月 30 日收到东风股份收货通知，销售人员在电脑上做销售发货并审核，2 月开发票结算。

实训操作练习 34-2

东风天成零部件公司 2020 年 1 月 20 日收到东风股份订单采购 1094 车桥 5 个，不含税单价 8 000 元，交货日期 1 月 30 日。1 月 25 日，从十堰仓库调拨 5 个 1094 车桥到襄阳中转库，1 月 30 日收到东风股份收货通知，销售人员在电脑上做销售发货并审核，2 月开发票结算。

五、固定资产模块

实训操作练习 35

1 月 18 日从十堰东顺工贸公司新购进一台 A50 专用数控机床,专用发票不含税价 20 万元,进项税额 26 000 元,款项未付。

1 月 20 日从外地公司新购进一台 TX80 专用机床,专用发票不含税价 10 万元,进项税额 13 000 元,款项网银支付。

1 月 25 日从十堰东顺工贸公司新购进一条自动化生产线验收交付使用,专用发票不含税价 30 万元,进项税额 39 000 元,款项未付。

1 月 20 日购买 5 台华为笔记本电脑,专用发票不含税价 5 万元,进项税额 6 500 元,款项网银支付。

实训操作练习 36:计提本月固定资产折旧,生成凭证后传递到总账。

实训操作练习 37:对本月新增加固定资产生成记账凭证,传递到总账。

六、出纳管理模块

实训操作练习 38

1 月东风天成零部件出纳现金业务发生如下，要求逐日逐笔录入出纳管理系统。录入完毕自动生成记账凭证(单位:元)。

日　　期	业　　务	经手人	借贷	金　额
1 月 3 日	报销业务招待费	王宇	贷	1 000.00
1 月 6 日	报销办公用品	王雷	贷	800.00
1 月 13 日	购买烟酒	李喜	贷	3 000.00
1 月 18 日	财务出差借支	王俊	贷	2 000.00
1 月 25 日	发放本月加班补贴	刘翔	贷	5 000.00
1 月 26 日	购买节假日福利	李欣	贷	5 000.00
1 月 27 日	报销维修维护费	刘琴	贷	800.00
1 月 27 日	报销零星支出	张红	贷	600.00
1 月 31 日	调账	张红	借	600.00

实训操作练习 39

1 月东风天成零部件银行业务如下，录入出纳管理系统并生成记账凭证(单位:元)。

日　　期	业　　务	经手人	借贷	金　　额
1 月 5 日	支付供应商货款	王宇	贷	200 000.00
1 月 6 日	收到客户货款	王雷	借	300 000.00
1 月 12 日	支付设备款	李喜	贷	80 000.00
1 月 25 日	发放本月工资	刘翔	贷	150 000.00
1 月 26 日	支付审计费用	李欣	贷	8 000.00
1 月 27 日	支付财务咨询费	刘琴	贷	8 800.00
1 月 31 日	调账	刘琴	借	59 600.00

七、工资管理模块

实训操作练习 40

新建工资类别“在职人员”。

实训操作练习 41

引入总账中的部门信息。

实训操作练习 42

引入总账中的职员信息。

实训操作练习 43

设置工资计算表中应发工资、扣款合计、实发工资的计算公式。

实训操作练习 44

录入东风天成零部件公司 1 月份工资表(单位:元)。

姓名	基本工资	奖金	公积金	应发工资	其他扣款	个税	实发工资
方晴	8 000	1 000	200	9 200	300		
杨信	7 000	800	200	8 000	500		
王宇	6 000	2 000	150	9 150	800		
王雷	5 000	1 000	100	6 100	600		
李喜	4 500	2 000	150	6 600	300		
王俊	3 000	2 000	120	5 120			

实训操作练习 45

计算 1 月份个人所得税。所得税计税设置使用默认格式,完成计税前的初始设置。

名称在职职工;税率类别个人所得税;税率项目纳税所得额;所得计算个人所得;所得期间 1;外币币别人民币;基本扣除 3 500 元。

实训操作练习 46

1. 选择方案名称为“在职人员”的工资方案,完成工资计算。
2. 把个人所得税数据引入到工资表中。

实训操作练习 47

生成工资分配凭证传递到总账。请为工资管理定义工资转账关系。

分配名称工资费用;凭证字记;摘要分配工资费用;分配比例 100%;

部门所有部门;工资项目应发合计;费用科目工资费用(5 602.07);

工资科目应付职工薪酬(2 211.01)。

实训操作练习 48:选择工资费用分配方案,生成工资分配记账凭证。

八、应收应付模块

实训操作练习 49

编制收款单据,2020 年 1 月 20 日,客户东风商用车重型车公司网银转账支付我货款 500 000 元。

实训操作练习 50

编制收款单据,2020 年 1 月 25 日,收到东风股份专用车公司网银转账 20 万元,银行承兑汇票 10 万元。

实训操作练习 51

编制付款单据,2020 年 1 月 26 日,网银支付湖北天成公司货款 20 万元。

实训操作练习 52

编制付款单据,2020 年 1 月 26 日,支付十堰众远公司银行承兑汇票 10 万元。

实训操作练习 53

编制往来核销单,请于 2020 年 1 月 27 日,根据三方协议约定,将应收东风重型车公司的 20 万元货款转到应收东风股份专用车公司。

实训操作练习 54

编制付款单据,2020 年 1 月 28 日,网银支付湖北天成公司货款 30 万元。

实训操作练习 55:对收款单据生成凭证。

实训操作练习 56:对付款单生成凭证。

实训操作练习 57:对核销单(应收转应收)生成凭证。

九、成本核算魔块

实训操作练习 58

本月摊销生产车间设备租赁费(其他费用)2 000 元,水电费 1 000 元,从总账中查询本月直接人工费为 8 150 元。完成生产成本核算。

实训操作练习 59:完成存货出库成本核算。

实训操作练习 60:对生产领料单生成记账凭证。

实训操作练习 61:完成费用分摊业务凭证生成。

实训操作练习 62:完成产品入库业务凭证生成。

实训操作练习 63:完成存货销售出库凭证生成。

实训操作练习 64:完成存货销售收入凭证生成。

实训操作练习 65:对出纳现金日记账和银行存款日记账生成凭证。

十、总账模块

实训操作练习 66:审核 1 月份东风双零部件公司所有记账凭证。

实训操作练习 67:

对 1 月份东风双零部件公司所有记账凭证进行记账操作。

实训操作练习 68

期末结转本期损益。要求损益在一起结转,凭证字“记”,按普通方式结转。如有未过账凭证请先过账再结转损益。

实训操作练习 69:完成出纳期末结账工作

实训操作练习 70:完成存货核算期末结账工作。

实训操作练习 71:完成账务处理期末结账工作。

十一、会计报表模块

实训操作练习 72

编制查看东风天成零部件公司 2020 年 1 月 31 日资产负债表。

实训操作练习 73

编制查看东风天成零部件公司 2020 年 1 月 31 日利润表。

实训操作练习 74

编制查看东风天成零部件公司 2020 年 1 月 31 日现金流量表。

十二、老版报表查询分析模块(管理会计应用)

实训操作练习 74

查询 2020 年 1 月生产计划下达执行情况、采购计划下达执行情况、销售订单完成情况。学会导出为 Excel 格式,做成计划完成情况分析报告。

实训操作练习 75

查询 2020 年 1 月 153 车桥、1094 车桥期初生产销售及库存情况。

实训操作练习 76

查询 2020 年 1 月 153 车桥、1094 车桥销售收入、成本、毛利、毛利率;学会导出为 Excel 格式,做成计财务分析报告。

实训操作练习 77

查询 2020 年 1 月应收账款、应付账款明细表,导出为 excel 文件,整理成可以报送给公司领导的格式。

实训操作练习 78

查询 2020 年 1 月客户销售排行榜、供应商供应排行榜,导出为 excel 文件,生成视图模式,整理成可以报送给公司领导的分析资料。

实训操作练习 79

以多种过滤方式(显示核算项目、显示所有明细等)查询 2020 年 1 月会计科目余额表,导出为 excel 文件,整理成可以报送给公司领导的分析资料。

实训操作练习 80

查询 2020 年 1 月会计报表,导出为 excel 文件。